EDITORA DO CONHECIMENTO

Auxiliando a humanidade a encontrar a verdade.

Paraíso sem Adão

Paraíso sem Adão

Rai Bez Adama

J.W. Rochester
obra psicografada pela médium russa
Vera Ivanovna Kryzhanovskaia

CONHECIMENTO EDITORIAL LTDA.
Rua Prof. Paulo Chaves, 276 - Vila Teixeira Marques
CEP 13480-970 – Limeira – SP
Fone/Fax: 19 3451-5440
www.edconhecimento.com.br

Tradução: Victor Selin
Edição de texto: Margareth Rose Fonseca Carvalho
Colaboraram nesta edição: Antonio Rolando Lopes Júnior
Paulo Gontijo de Almeida
Projeto gráfico: Sérgio Carvalho
Ilustração da capa: Banco de imagens

ISBN 978-85-7618-181-1 – 2ª Edição - 2011
• Impresso no Brasil • Presita en Brazilo

Dados Internacionais de Catalogação na Publicação (CIP)
(Câmara Brasileira do Livro, SP, Brasil)

Rochester, John Wilmot, Conde de (espírito) Paraíso sem Adão / John Wilmot, Conde de Rochester; [obra psicografada por Vera Ivanovna Kryzhanovskaia; [tradução de Victor Selin] – 2ª. edição –, Limeira, SP: Editora do Conhecimento, 2011. (Coleção: Pequenos e Notáveis - O livro de bolso da Conhecimento).

Título original: *Rai Bez Adama*
ISBN 978-85-7618-181-1

1. Espiritismo 2. Ficção espírita 3. Psicografia I. Kryzhanovskaia, Vera Ivanovna 1861-1924. II Título. III Série.

11-06303 CDD – 133.93

Índice para catálogo sistemático:
1. Ficção espírita : Espiritismo 133.93

J. W. Rochester

Paraíso sem Adão

Obra psicografada pela médium russa
Vera Ivanovna Kryzhanovskaia

2ª edição
2011

PEQUENOS E NOTÁVEIS
O livro de bolso da Conhecimento

EDITORA DO CONHECIMENTO

Obras de J. W. Rochester, psicografadas por Vera Ivanovna Kryzhanovskaia editadas pela Editora do Conhecimento:

- O Castelo Encantado – 2001
- Num Outro Mundo – 2001
- Dolores – 2001
- O Terrível Fantasma (Trilogia – Livro 1) – 2001
- No Castelo Escocês (Trilogia – Livro 2) – 2001
- Do Reino das Trevas (Trilogia – Livro 3) – 2002

(a trilogia acima também está disponível em livro de bolso)

- Os Luciferianos (Bilogia: Os Servidores do Mal – Livro 1) – 2002
- Os Templários (Bilogia: Os Servidores do Mal – Livro 2) – 2002
- Ksenia – 2003 (também em livro de bolso)
- A Filha do Feiticeiro – 2003
- O Paraíso sem Adão – 2003 (também em livro de bolso)
- A Teia – 2003
- O Chanceler de Ferro do Antigo Egito – 2004
- No Planeta Vizinho – 2004
- O Faraó Mernephtah – 2005
- A Vingança do Judeu – 2005
- Episódio da Vida de Tibério – 2005 (também em livro de bolso)
- Herculanum – 2007 (também em livro de bolso)
- A Abadia dos Beneditinos – 2008
- Hatasu – A Rainha do Egito – 2009
- In Hoc Signo Vinces – 2010
- Narrativas Ocultas – 2010 (também em livro de bolso)

Obs: A data após o título se refere à nossa primeira edição.

Dedicado a minha filha.

V. I. K.

No amor não existe igualdade; não há a assim chamada livre união de almas e outros ideais inventados por professores alemães em suas horas de lazer... Não, no amor, uma das pessoas é escravo e a outra, senhor. Não é à toa que os poetas discursam sobre os grilhões impostos pelo amor. Sim, o amor é uma corrente que nos prende, e das mais pesadas.

Turguenev[1]

As lágrimas femininas atraem o fogo dos Céus sobre aqueles por quem são derramadas.

Rig-Veda[2]

1 — Ivan Turguenev (1818 - 1883) - Escritor russo, autor de inúmeros contos, romances e peças teatrais.
2 — Rig-Veda - O mais antigo livros dos Vedas (as escrituras sagradas do Hinduísmo), composto por 1028 hinos.

Apresentação

Vitória Harisson era uma jovem americana que se apaixonou por um estrangeiro — o conde Artemiev — e se tornou sua esposa, mesmo contra a vontade de seu tutor, acreditando que o matrimônio lhe traria uma vida de paz e amor. Em sua pueril inocência, não imaginava a terrível solidão e os dissabores que a aguardavam. O ápice do descaso conjugal culminou no regresso do conde à sua pátria natal, a gélida Rússia, deixando-a só e desamparada, com a uma filha pequena — sua única felicidade, fruto e lembrança de seu amor por Artemiev.

Esse inesperado abandono levou Vitória a buscar auxílio na comunidade "Paraíso sem Adão", uma instituição filantrópica criada para acolher mulheres vitimadas por maus-tratos nos casamentos malsucedidos. Nesse abrigo, num ambiente de isolamento, mulheres e meninas abandonadas se dedicavam ao desenvolvimento intelectual e ao aprendizado de ofícios voltados para o auto-sustento, buscando no trabalho o remédio para o alívio das chagas da alma, e aprendendo que podiam ser independentes das humilhações impostas pelo matrimônio e pelo julgo masculino.

Após a morte de Vitória, Ellen permaneceu no

abrigo, onde passou toda sua infância e adolescência num ambiente de completa aversão ao gênero masculino, criando assim dois principais objetivos para sua vida: o primeiro, se dedicar de corpo e alma ao movimento feminista de sua comunidade, da qual se tornara uma fervorosa defensora e pregadora; o segundo, encontrar seu pai e se vingar das privações e desgostos pelas quais sua mãe havia passado, e que acabaram por esgotar sua saúde, levando-a à morte.

Mas a bela e orgulhosa Ellen não imaginava que, numa de suas viagens à Europa, o destino — essa estranha e sábia força que nos conduz ao ajuste cármico — pudesse colocar em seu caminho duas grandes provações: o reencontro com o pai e a luta contra o ardente amor do barão Ravensburg, que encarnava as piores facetas masculinas.

Conseguiria Ellen perdoar seu pai, ou manteria o antigo plano de vingança contra aquele que covardemente a abandonara na infância? Teria forças suficientes para se manter fiel às causas que defendia, ou se entregaria ao amor do jovem e atraente barão, mesmo sabendo das consequências que tal união conjugal poderia trazer ao seu futuro?

Mais uma vez, Rochester surpreende o leitor, trazendo à luz um tema delicado para a então sociedade do século XIX: o feminismo. Com seu estilo característico e sua sagaz criatividade, o autor nos conduzirá a mais uma formidável história, psicografada pela médium russa Vera Ivanovna Kryzhanovskaia.

Capítulo I

— Clara, você por aqui?

— E você, Vitória, como veio parar em Boston? Eu imaginava que estivesse em Nova Iorque ou retornado à Rússia.

Com essas palavras, duas damas encontraram-se na porta de uma loja. Elas apertaram as mãos e, em seguida, aquela que se chamava Vitória respondeu com um suspiro:

— Estou morando em Boston há mais de quatro anos. Circunstâncias terríveis me trouxeram para cá. E você, Clara, vejo que está de luto! Ficou viúva? Lembra... quando deixamos o colégio interno. Éramos alegres, despreocupadas e cheias de esperanças. Jamais poderíamos imaginar que doze anos depois nossa vida estaria completamente destroçada!

— Pois é! Pelo seu rosto, Vitória, nota-se que a vida não a poupou.

— Bem, Clara, aproveitemos este feliz encontro e vamos até minha casa. Quero lhe apresentar minha filha, Ellen. Lá poderemos conversar mais à vontade.

— Agradeço e aceito o convite. Só não posso ir agora, pois preciso fazer umas compras para a comunidade da qual faço parte.

— Mas como? Você não mora em sua própria casa?

— Não. Meu amável esposo me deixou numa situação tão "maravilhosa" que eu teria sucumbido com três filhos, não fosse a sociedade "Paraíso sem Adão". Não me diga que nunca ouviu falar dela? Essa comunidade é bem conhecida em Boston.

— Naturalmente! Agora me recordo que o doutor Wilson me falou a respeito dessa instituição. Entretanto, pelas palavras dele, essa comunidade é somente um setor anexo a um manicômio.

No rosto de Clara surgiu um desdenhoso sorriso.

— Ele realmente deve considerar loucura a criação de um paraíso não profanado por Adão. Essa história é antiga. Os homens sempre vêem com desprezo e ironia qualquer tentativa das mulheres de se livrarem do seu grosseiro e despótico domínio. O nosso "hospício" tem por objetivo não somente abrigar vítimas de casamentos desastrosos, mas, principalmente, educar as moças de forma a torná-las independentes na vida e alheias aos perniciosos sonhos de amor e casamento. Então, mesmo que mais tarde sejam seduzidas pelas cruéis leis da natureza que obrigam a mulher a amar e a se entregar a um tirano, pelo menos o farão conscientemente.

Essas últimas palavras fizeram Vitória emocionar-se. Pegando a amiga pela mão, pediu-lhe:

— Prometa que virá me visitar à noite. Parece que foi a própria Providência quem a enviou. Você precisa me contar todos os detalhes sobre esse abrigo, pois gostaria de educar Ellen exatamente pelos princípios que citou.

Depois de trocarem endereços e combinarem a hora do encontro, elas se separaram. Vitória Rutherford-Ardi embarcou na carruagem e ordenou que a levassem para casa.

Ao saber que a filha ainda não havia retornado do passeio com a governanta, trancou-se no quarto, deitou-se no sofá e ficou pensativa. O encontro com a amiga despertou lembranças do passado e deu nova direção a seus planos para o futuro.

Vitória Harrison perdeu os pais na infância. O tio, que também era seu padrinho, adotou-a e a educou. Rico e solteirão, deu a Vitória uma brilhante educação. Ele a amava como a uma filha. Vitória deixou o colégio interno aos dezesseis anos. Era uma moça encantadora, esbelta e graciosa, de abundantes cabelos loiros, cútis de branco ofuscante e grandes olhos escuros que brilhavam com inteligência e bondade.

O senhor Crawford, orgulhoso da sobrinha, instalou-a em sua luxuosa casa, localizada num dos melhores quarteirões de Nova Iorque e passou a apresentá-la à sociedade.

Vitória era bela e a única herdeira do velho ricaço. Por isso, não lhe faltavam admiradores e pretendentes. Mas dizia "não" a todos porque nenhum conseguira tocar seu coração; o tio, que a adorava, estava feliz, pois assim ela continuava com ele.

Passaram-se dois anos, os mais felizes da vida de Vitória. Certa vez, no baile dos Vanderbilds, ela conheceu um jovem russo que, conforme diziam, viajava a bel-prazer e há alguns meses residia em Nova Iorque.

Vladimir Aleksandrovitch Artemiev era um elegante, educado e belo rapaz. Parecia ser muito rico, pois vivia à larga e frequentava a alta sociedade.

Artemiev agradou a Vitória desde o primeiro olhar. Essa impressão foi recíproca, pois ele se apresentou ao velho Crawford, passou a cortejar insistentemente sua sobrinha e três meses depois lhe propôs casamento. Para extrema surpresa de ambos, o velho rejeitou terminantemente o pedido. Artemiev despertou nele uma incontrolável aversão, e um pressentimento de que essa união traria infelicidade à sua adorada sobrinha.

Crawford era trabalhador, enérgico, persistente, tendo conquistado sua posição pelo próprio esforço. Durante a dura vida de trabalho, adquiriu profundo conhecimento do ser humano e desenvolveu um olhar certeiro e penetrante. Portanto enxergou em Artemiev, sob a encantadora aparência de homem mundano, um egocêntrico e preguiçoso vagabundo sem coração, acostumado a satisfazer somente a própria vaidade e caprichos. Vendo com tristeza o crescente interesse que aquele homem provocava em sua sobrinha, Crawford levantou informações sobre ele através da embaixada americana em São Petersburgo. O que soube só confirmou sua opinião.

Vladimir Aleksandrovitch pertencia a uma antiga e rica família, servia num dos regimentos da Guarda e levava uma vida bem dissoluta. Participara de uma intriga política que fora desastrosa para seus companheiros menos cuidadosos; ele, entretanto, escapou ileso. Ficou mal explicado se realmente estava pouco comprometido ou se sua família conseguiu absolvê-lo através de amigos influentes. Para livrá-lo de perigos eventuais e dar um tempo para o desagradável caso cair no esquecimento, a família obrigou-o a pedir baixa e mandou-o passar alguns anos fora do país. A mãe enviava anualmente uma grande quantia de dinheiro, que lhe garantia não somente a sobrevivência mas lhe permitia até casar. Foi isso que explicou a Crawford quando veio pedir-lhe a mão da sobrinha. Além disso, declarou que tinha decidido morar em definitivo em Nova Iorque.

A inesperada negativa do velho ianque[1] ofendeu a vaidade do rapaz, despertando nele toda a sua teimosia. A partir daquele momento, Vitória adquiriu para ele um valor muito maior e seu desejo de possuí-la multiplicou-se por terem ousado contrariá-lo.

A conversa que teve com a moça, loucamente apaixonada por ele, provocou uma cena agitada e o rompimento entre ela e o tio. Aos rogos e lágrimas de Vitória, o velho respondia com um inabalável "não".

— Aquele esbanjador sem coração e sem princípios morais a fará infeliz. O olhar frio e indiferente dele reflete o egoísmo e o vazio de sua alma, mas você está cega de amor e, naturalmente, não percebe isso. Se depender de mim jamais será seu marido. Quando você voltar a enxergar, vai até agradecer a minha inflexibilidade.

Realmente, a jovem Harrison, cega de paixão, não queria ver nem ouvir nada e quando se viu obrigada a escolher entre o noivo e seu benfeitor, declarou que permaneceria fiel ao seu amado.

Vitória deixou a casa do tio e foi morar com uma de suas amigas. Duas semanas depois, casou-se com Artemiev, convencida por ele de que o fato consumado iria quebrar a teimosia do velho. Nem ela própria admitia que aquele que sempre a amara poderia se ressentir por causa de algo absolutamente natural.

Mas Vitória estava enganada. Thomas Crawford era implacável. Através de um procurador enviou à sobrinha uma pequena quantia em dinheiro, que era a herança de seu pai, as jóias e a mobília do quarto dela. Mandou dizer-lhe que as relações entre eles

---

1 Ianque — Diz-se dos habitantes da Nova Inglaterra, nos Estados Unidos, constituída pelos estados de Connecticut, Maine, Massachusetts, New Hampshire, Rhode Island e Vermont.

estavam definitivamente cortadas, que a considerava uma estranha e que ela jamais receberia um tostão da fortuna dele. A carta que ela enviou ao tio foi-lhe devolvida sem abrir e, um pouco mais tarde, Vitória soube que o senhor Crawford deixara Nova Iorque e fora passear na Europa.

A jovem senhora Artemiev ficou profundamente decepcionada com a insistente ira do tio, mas ainda estava embevecida de amor e felicidade; por isso não sentiu a perda da afeição e da proteção que a acompanharam desde a infância.

A felicidade da pobre Vitória foi curta e os pressentimentos de Crawford confirmaram-se rapidamente. A paixão passageira de Vladimir Aleksandrovitch esfriou logo que ela engravidou; quando nasceu a filha, Artemiev definitivamente cansou-se da vida familiar e passou a buscar avidamente diversões fora de casa, deixando a jovem mãe sozinha.

O casamento de Vitória, semelhante a uma fuga, e o subsequente rompimento com o tio, distanciaram-na ainda mais de grande parte das famílias que ela antes frequentava; o marido, por sua vez, não criou para ela um novo círculo de amizades e, desse modo, ela ficou só.

Por fim, veio a desilusão com o marido, piorando ainda mais a tristeza de seu isolamento. Artemiev tirou a máscara, revelando em toda crueza sua alma depravada e cruel egoísmo. Sendo sócio de muitos clubes e apaixonado por esportes, voltava para casa apenas para comer e dormir. Para que a linda, inteligente e jovem esposa não encontrasse algum "consolador", Artemiev fechou a porta de casa para qualquer pessoa. Limitava-se a contar à mulher o que acontecia na sociedade, calando, naturalmente, sobre as próprias aventuras.

Desesperada com esse tipo de vida e indignada com o comportamento e as traições do marido, Vitória definhava a olhos vistos. Mas isso não afetava Artemiev, que nada notava. Cansara-se da esposa, que era para ele um peso e um laço em seu pescoço. Tinha afeição somente pela pequena Ellen, que o atraía pela beleza e inteligência precoce; ele até a acariciava de vez em quando.

Assim passaram-se quatro anos. Melancólica e exausta, Vitória suportava uma existência penosa e monótona, vivendo somente para a filha. Sua única confidente e amiga era sua antiga babá, Harrietta. Enquanto Vitória estava no colégio interno, o senhor Crawford conservou a babá na casa e, depois do casamento dela, essa senhora a acompanhou. Agora cuidava dela como a uma filha. Não fosse essa dedicada alma, Vitória não saberia administrar a casa conforme as exigências do marido, que lhe entregava para tal mísera quantia de dinheiro.

Naquela época, Artemiev recebeu uma carta que o deixou muito preocupado. Sua mãe escreveu que um tio falecera deixando-lhe uma grande herança e que ele deveria apressar-se para tomar posse dela. Acrescentava que a brincadeira juvenil que o obrigara a deixar a pátria fora esquecida e perdoada e agora dependia somente dele ocupar um bom cargo no ministério, pois um velho amigo da família fora promovido e prometera destinar a ele, Vladimir, a primeira vaga em sua repartição.

> Você ainda fará uma brilhante carreira. Como todas as damas guardam de você tantas lembranças boas, você poderia arranjar uma noiva rica, se não fosse tão descabe-

çado e imprudente para se casar com uma americana paupérrima.

Assim terminava a carta da mãe de Vladimir, que a releu várias vezes, ficando emocionado a ponto de o sangue subir-lhe à cabeça. Em sua imaginação aparecia a tentadora visão da distante capital, com suas inúmeras diversões, conquistas e aventuras amorosas que, sem dúvida o aguardavam nos salões, onde já se via desempenhando o papel de herói. Agora que suas posses duplicaram, todos iriam adulá-lo ainda mais.

Sim, sua mãe estava certa! Ele fora um imbecil em se casar. Agora, teria de chegar a São Petersburgo acompanhado daquela mulher estranha, que iria abalar terrivelmente o seu prestígio de cavalheiro. Além do mais, estava saturado da constante tristeza dela e até a vida em Nova Iorque entediava-o.

Então, foi tomado de raiva intensa contra Vitória.

— Aquela vazia e romântica imbecil que se agarra a mim e me estraga a vida! — murmurou furioso.

Repentinamente, teve uma brilhante ideia. Por que deveria arrastar consigo a esposa para São Petersburgo? Seria até mais natural se partisse sozinho para a Rússia para tomar posse da herança, restabelecer contatos, conseguir o cargo prometido e, por fim, construir o seu lar. Somente uns seis ou sete meses mais tarde, ou no mais tardar um ano, levaria a esposa e a filha. Mas, por enquanto, até organizar seus negócios importantes e complicados, era necessário ir sozinho a fim de que nada o atrapalhasse.

Assim, decidido, Artemiev respirou aliviado, reprimindo algumas dores de consciência e passou a se preparar ativamente para a viagem.

Primeiramente, escreveu à mãe dizendo que chegaria sozinho, pedindo-lhe que enviasse uma considerável soma em dinheiro para pagar supostas dívidas. No início, pretendia entregar esse dinheiro à esposa, mas quando o recebeu achou por bem deixar a maior parte para uma de suas amantes, como presente de despedida.

"Vitória pode muito bem reduzir um pouco suas despesas, pois, de qualquer forma, não recebe ninguém. Além do mais, ainda possui o dinheiro dado pelo velho Crawford", justificou a si próprio.

Ele ignorava que o pequeno capital fora gasto há muito tempo nas despesas pessoais de Vitória e da filha. Aliás, mesmo se soubesse, isso não o incomodaria!

A partir do momento em que soube da partida do marido, Vitória entrou em sombrio desespero. O coração sussurrava-lhe que Artemiev a deixava por um longo tempo, talvez para sempre. A suspeita de que a pessoa por quem sacrificara tudo, inclusive o seu benfeitor, a abandonaria e à criança como uma carga inútil, torturava sua alma com um sentimento inexplicável, mas intenso. Entretanto, era por demais orgulhosa para queixar-se, rebaixar-se ou apelar às repreensões ou acusações. Então, aparentando frieza e tranquilidade, passou a preparar as coisas do marido para a viagem.

Finalmente chegou o dia da partida. As horas alongaram-se demasiado e a refeição matinal se passou em profundo silêncio; em seguida, Vladimir Aleksandrovitch dirigiu-se ao gabinete para guardar algumas miudezas e trancar as malas.

Tomado por uma incompreensível e doentia tristeza, andou pelo quarto e encostou-se pesadamente na maciça escrivaninha. Não imaginava que esse momento seria tão difícil e que a separação daquelas criaturas que lhe pareciam um estorvo o emocionaria tanto. Talvez a consciência tenha despertado em algum cantinho obscuro de sua alma e gritava: "Seu patife! Por causa de simples diversões você despreza o dever e abandona as sagradas obrigações que assumiu voluntariamente!"

Passou a mão pela testa, como se quisesse afastar esses incômodos pensamentos e, agarrando o chapéu, saiu quase correndo do quarto. Passando direto pelo refeitório, onde a velha Harrieta limpava a mesa, Artemiev entrou no dormitório.

Encontrou Vitória parada junto à janela. Ela estava terrivelmente pálida, olhar febril e ardente, mas não chorava; apenas amassava nervosamente com a mão a fita que trazia na cintura. No umbral da janela estava sentada uma encantadora menina de três anos, brincando com a boneca.

A pequena Ellen parecia com a mãe. Tinha a mesma cor deslumbrante da cútis e os mesmos traços; somente os cabelos e os olhos azuis e luminosos eram do pai.

Vladimir Aleksandrovitch parou por um instante na porta, dirigindo um rápido olhar para os dois comoventes seres que abandonava. Quando Ellen sorriu e estendeu-lhe os bracinhos, algo obscuro agitou-se em seu frio e egocêntrico coração.

Aproximando-se rapidamente da criança, cobriu-a de beijos, em seguida puxou a esposa para si e beijou-a carinhosamente:

— Não fique triste, minha querida! Daqui a alguns meses nos veremos novamente. Só Deus sabe como gostaria de levar comigo você e a minha filha, mas é impossível por causa dos meus parentes e todos os negócios que preciso pôr em ordem. Virei buscá-las, assim que me estabelecer. Por enquanto não chore e cuide de si e do nosso anjinho. Quando chegar em São Petersburgo imediatamente lhes enviarei algum dinheiro.

Abraçou a esposa pela última vez e, sem olhar para trás, saiu do quarto. Naquele instante, estava com a melhor das intenções; mas, como dizem, o inferno está cheio de "boas intenções".

Ao trancar a porta atrás de Artemiev, a velha Harrieta acompanhou-o com o olhar cheio de ódio e desprezo.

— Vá, vá embora, seu patife! Que a maldição divina o acompanhe! — resmungou ela.

Harrieta estava convencida de que ele jamais retornaria. Teve certeza desde que encontrou por acaso uma carta, caída do bolso do sobretudo de Artemiev, quando ele pretendia levá-la ao correio. Ele depois procurou a carta sem resultado e achou que a tinha deixado cair na rua.

Indignada com o fato de Artemiev partir sem a esposa, a velha tinha algumas suspeitas. Escondeu aquela carta, que estava endereçada à mãe de Artemiev, e deveria conter planos detalhados sobre o futuro. A carta estava escrita em russo, mas isso não desanimou Harrieta. Ela tinha uma parente, casada com um contramestre naval russo, que possuía uma taverna no porto; ele traduziu-lhe a carta, cujo teor superou todas as expectativas.

Era uma resposta à carta anterior da mãe de Artemiev, recebida junto com o dinheiro solicitado. A mãe expressava satisfação pelo fato de o filho chegar sozinho e lamentava amargamente que a separação da esposa não fosse definitiva, pois ela sempre ocultara esse infeliz casamento da sociedade, esperando que, mais cedo ou mais tarde, terminasse em divórcio.

No início de sua carta, Vladimir Aleksandrovitch agradecia calorosamente à mãe por ter mantido em segredo a estupidez feita por ele. Confessava, ao mesmo tempo, que ele próprio sempre ocultara sua situação de casado nas raras correspondências com a pátria. Em seguida vinha uma cruel e falsa descrição de Vitória como mulher, exigente e limitada, de quem ele há muito tempo ansiava separar-se, sendo impedido somente por sua magnanimidade e amor pela filha; além disso, a separação, em consequência da viagem, seria talvez definitiva, em razão do fraco estado de saúde da esposa. Na opinião dos médicos, Vitória sofria de um perigoso mal cardíaco, agravado por profunda complicação do sistema nervoso, o que prognosticava morte iminente. Esse fim natural, para o casamento, seria bem melhor que o divórcio; quanto à sua filha, ele esperava que a menina conquistasse a vovó com sua beleza e inteligência.

A velha Harrieta ficou estarrecida e considerava seu patrão um patife inveterado. A velha guardava cuidadosamente esse documento revelador, pelo ódio que sentia por Artemiev. Quem sabe se no futuro essa carta não serviria como arma para sua senhora, contra o seu indigno marido?

Passou-se quase um ano sem Vitória receber qualquer notícia do marido. Nos primeiros tempos ela aguardava cartas dele com febril impaciência e depois com tristeza, pois o dinheiro estava acabando rapidamente. Por fim, teve de reconhecer, desesperada, que fora traiçoeiramente abandonada e devia contar só consigo mesma, pois era demasiado orgulhosa e preferia morrer de fome a exigir o sustento do marido.

A jovem senhora Artemiev, corajosamente, reduziu ainda mais suas parcas despesas, alugou um pequeno apartamento, vendeu a mobília e as jóias; como era ótima musicista, logo encontrou alunos de música. Mas esse tipo de vida ao qual não estava acostumada refletiu-se de forma destrutiva na sua saúde já abalada. Certa vez, correndo de uma aula para outra sob intensa chuva, resfriou-se e pegou tifo. Foi uma época terrível para a pobre Harrieta. Esta esforçava-se ao máximo, cuidando da paciente e lutando contra a miséria que havia se abatido sobre a casa.

Certo dia, quando levava ao penhor um objeto para comprar remédio, encontrou na volta o velho Crawford que imaginava ausente. Esse encontro despertou em seu coração uma nova esperança. Esquecendo de tudo, Harrieta correu até a casa dele onde soube que o senhor Crawford, após voltar da Europa onde passara mais de dois anos, viajara pelos estados sulinos, tendo retornado a Nova Iorque há algumas semanas.

Harrieta voltou para casa com o firme propósito de tentar reconciliar o tio com a sobrinha. Estava claro para ela que o próprio Deus trouxera a Nova Iorque o padrinho de sua jovem senhora, exatamente no momento em que ela quase morria na miséria.

Ao entardecer, deixou uma vizinha solidária à cabeceira do leito de Vitória e foi com a pequena Ellen à casa de Crawford. O velho mordomo ficou espantado ao ver as inesperadas visitantes. Quando soube das desgraças que se abateram sobre a sua pequena e querida senhora, como ele costumava chamar Vitória, seu coração encheu-se de pena da infeliz. Com lágrimas nos olhos, o fiel criado beijou a criança.

— Venha comigo, senhora Harrieta. Não importa o que aconteça, vou levá-la até a porta do gabinete do meu patrão. Como ele está sozinho, faremos a pequenina entrar no quarto e a visão desse anjinho talvez amoleça seu coração.

Thomas Crawford estava sentado pensativo numa poltrona diante da lareira. O vazio da enorme casa oprimia-o; cada aposento, cada objeto lembrava-lhe a garota que educara e que tinha esperanças de ser sua alegria e conforto na velhice. Absorto em seus pensamentos, não ouviu a porta que se abriu nem os inseguros passinhos na sua direção; somente o som repentino de um soluço fê-lo estremecer e voltar-se rapidamente.

A alguns passos estava parada Ellen, que Harrieta havia empurrado para dentro do gabinete, instruindo-a previamente sobre o que devia falar. Decidida por natureza, certa de que estava indo falar com um velho parente, o único que poderia devolver a saúde da mamãe, a garotinha entrou corajosamente no gabinete. Mas, ao ver-se num ambiente estranho, diante de um velho sisudo, a coragem abandonou-a. Sem ousar ir em frente nem recuar a menina começou a chorar.

— Quem é você, pequenina? O que quer de mim? — perguntou Crawford, disfarçando a emoção sem tirar os olhos da criança.

Apesar do pobre e velho vestidinho, a garotinha estava linda com seus longos cabelos escuros e cacheados, rostinho pálido e grandes olhos azuis que o olhavam assustados.

— Eu sou Ellen... — balbuciou ela, indecisa.

Em seguida, lembrando as instruções de Harrieta, estendendo para ele seus bracinhos, exclamou:

— Vovô! Perdoe-nos! Devolva a saúde da mamãe!

Este pedido desanuviou instantaneamente a sisudez de Crawford. O pedido era feito pela filha de Vitória! Estava claro que uma desgraça se abatera sobre sua sobrinha. Cedendo à emoção do momento, inclinou-se para a menina, levantou-a e beijou-a ternamente.

— Mas quem a trouxe aqui?

— Harrieta! Ela está lá, atrás da porta — respondeu Ellen com o rostinho mais risonho.

Satisfeita com o sucesso da tentativa, Harrieta apareceu imediatamente no quarto e contou em detalhes toda a vida de Vitória, desde o casamento.

Quando Crawford soube como a sua sobrinha fora vergonhosamente abandonada, ficou possesso.

— Aquele patife! Imprestável, trapaceiro! Graças a Deus foi embora e nunca mais voltará aqui! — resmungou, dando com soco na mesa. — Perdôo a pobre Vitória; ela já foi muito castigada pela própria cegueira.

Ordenando imediatamente preparar a carruagem, Crawford, com a menina e Harrieta, foi ver a sobrinha. A visão de Vitória, irreconhecível por causa do emagrecimento, prostrada sem sentidos no leito, comoveu o coração de Crawford e toda a sua antiga raiva e rancor foram definitivamente esquecidos.

Algumas horas mais tarde, Vitória, sem ter consciência disso, retornava à casa onde crescera e junto ao seu leito foram reunidos os melhores médicos de Nova Iorque.

Graças ao bom tratamento e a sua juventude, Vitória foi salva. A alegria do reencontro com o tio, seu perdão total e palavras carinhosas em muito colaboraram na recuperação.

Já estava quase restabelecida quando, de São Petersburgo, chegou uma carta com dinheiro, endereçada à senhora Artemiev. O pacote foi recebido por Crawford, que o abriu sem qualquer constrangimento. Como ele pressupunha, a carta era de Vladimir Aleksandrovitch que, com palavras doces, desculpava-se com a esposa pelo longo silêncio e informava que, em razão de grande confusão nos negócios, era obrigado a adiar o encontro deles por um período indeterminado. Por isso, pedia-lhe que aguentasse mais um pouco, prometendo enviar mais dinheiro em breve.

Após ler a carta, Crawford sorriu com ironia. Querendo saber a verdade sobre a situação e modo de vida de Artemiev, decidiu enviar à Rússia uma pessoa de sua confiança para levantar minuciosas informações a respeito dele. O enviado, seu ex-tesoureiro, viajou munido de cartas de recomendação e instruções detalhadas. Cumpriu bem a sua missão e, ao voltar, informou a Crawford todos os detalhes da vida de Vladimir Aleksandrovitch. Este vivia ao bel-prazer em São Petersburgo, com a "cocote" americana Charlotte Simpson, que trouxera de Nova Iorque e continuava sustentando. Ocupava um cargo de destaque e bem remunerado, tinha fama de solteirão e fazia sucesso tanto na alta quanto na baixa sociedade.

Crawford recebeu essas informações com um sorriso de desprezo. Na mesma noite incumbiu Harrieta de escrever uma carta, na qual comunicava a Artemiev que Vitória, obrigada a dar aulas para sobreviver, morrera de tifo; a pequena Ellen, contaminada por ela, alguns dias depois seguiu a mãe para o túmulo. Em função disso, Harrieta devolvia a Vladimir Aleksandrovitch o dinheiro que enviara à esposa. No dia seguinte, a carta e o dinheiro foram remetidos a São Petersburgo. Harrieta jurou a Crawford que manteria segredo até quando ele achasse necessário.

Enquanto isso, Vitória recuperou-se fisicamente, mas seu espírito permanecia doente. Apesar da alegria da reconciliação com o tio, continuava arredia, fraca e extremamente nervosa. Crawford concluiu que a ferida em sua alma ainda não estava curada e decidiu instalar a sobrinha num novo ambiente, onde nada lembraria a desavergonhada pessoa que a abandonara traiçoeiramente.

O enérgico ianque jamais deixava decisões na gaveta e assim que seu plano amadureceu definitivamente, chamou a sobrinha ao gabinete para conversar.

Pela primeira vez, Crawford falou-lhe sobre o passado e contou em detalhes todas as culpas de Artemiev contra a esposa e a filha; relatou também a chegada do dinheiro e as informações que recebera de São Petersburgo bem como sua decisão de declarar como mortas Vitória e a filha.

— Talvez tenha feito mal em não consultá-la sobre isso — acrescentou o velho —, mas pretendia separá-la de vez daquele miserável que, aparentemente, ficou feliz por livrar-se tão confortavelmente desse "erro da juventude". Já faz quatro meses que ele deve ter recebido a notícia de sua suposta morte; apesar disso, não escreveu, não perguntou detalhes, sequer exigiu a certidão de óbito. Só isso bastaria para entender o quanto ele vale, mas tenho aqui um documento escrito por ele pessoalmente. Espero que isto acabe de vez com suas ilusões.

Então, Crawford entregou à sobrinha a carta que Harrieta escondera.

Vitória estava terrivelmente pálida e, cerrando os lábios, ouviu o tio sem interromper. Sem falar uma palavra, leu a tradução da carta do marido. Somente o tremor das mãos e o brilho febril dos olhos revelavam sua emoção. Após longo silêncio, Vitória pegou a mão do velho e levou-a aos lábios.

— Tio Tom, obrigada por tudo! Eu própria faria o mesmo. Agora, estou feliz, pois ele jamais poderá tirar Ellen de mim. Estamos mortas para ele.

— Sem dúvida! Mas não esqueça de que a cautela é a mãe da segurança! Para evitar qualquer imprevisto, acho que você deve desaparecer completamente.

Então, Crawford revelou-lhe seu plano, que Vitória aceitou sem quaisquer restrições: o senhor Thomas venderia todas as suas propriedades em Nova Iorque e se mudariam para Boston. Vitória receberia o sobrenome da avó materna, Rutherford-Ardi. Assim, ela romperia definitivamente com o passado e viveria apenas para a filha e o tio.

Passaram-se três anos quando, repentinamente, uma nova desgraça abateu-se sobre a pobre Vitória. Após alguns meses de sofrimento, seu tio morreu de câncer no estômago. Ela se sentiu completamente infeliz e solitária, pois a fiel Harrieta já tinha falecido há muito tempo.

Pelo testamento de Crawford, a herança, que superava quaisquer expectativas, passava para sua queridinha, Ellen, enquanto que para a sobrinha deixava uma grande renda e a casa onde residiam.

No início do nosso relato, já se haviam passado dois anos desde a morte de Crawford e Ellen estava com nove anos. Sua extraordinária inteligência e caráter enérgico surpreendiam a mãe, fazendo-a, ao mesmo tempo, temer pelo futuro da filha. Os homens cortejariam aquela moça linda, rica e inteligente, e ela cairia, vítima do poderoso sentimento, fatal para a mulheres. Neste momento já estaria sozinha, pois a saúde de Vitória esvaía-se rapidamente e não havia dúvidas quanto à proximidade do seu fim. Por isso, considerou o encontro com a amiga um sinal da Providência, especialmente porque a comunidade "Paraíso sem Adão" correspondia ao ideal de educação que pretendia dar à filha.

Capítulo 2

À noite, Vitória recebeu a visita de Clara Forest. Após o chá, Ellen e a governanta foram para o seu quarto, enquanto as amigas se instalaram num amplo divã turco.

— Primeiro me conte sobre você — disse Vitória, beijando a amiga. — Depois, passe-me informações detalhadas sobre a sua comunidade, as instalações, estatutos e tudo mais.

— Oh! Sobre mim não há muito que contar — disse Clara, suspirando. — Como deve lembrar, deixei o colégio interno já noiva de James Forest, filho de um velho amigo de meu pai. Ao me entregar a ele, meu pai imaginava estar garantindo a minha felicidade; ele morreu acreditando nisso, mas, para mim, logo chegou a desilusão. Percebi que meu marido era um esbanjador e farrista; desperdiçou toda a minha herança em diversas especulações e, depois, apaixonando-se loucamente pela babá dos nossos filhos, fugiu com ela para a Europa. Mais tarde, soube que morreu na miséria, abandonado pela beldade que encontrou um amante mais jovem e rico. Ao ficar só, sem recursos para sobreviver e com quatro filhos para criar, pensei que ia enlouquecer. Foi particularmente doloroso quando meu único garoto morreu de difteria. Realmente, não sei o que aconteceria se o acaso, ou melhor, se Deus, não colocasse no meu caminho a senhora Oliver, diretora da comunidade à qual pertenço agora. Ela recebeu a mim e minhas três filhas. Agora elas estão recebendo uma boa e sensata educação na escola onde trabalho como inspetora.

— Conte-me em detalhes quais são o objetivo e as bases da sua comunidade.

— Posso explicar tudo o que desejar! Nossa sociedade foi fundada há quinze anos, por uma pessoa que sofreu o mesmo desastre no casamento como eu e você. Uma mulher rica, solitária e sem filhos, dona de extraordinária energia, dedicou sua vida e posses a esse empreendimento; Deus abençoou a iniciativa dela, pois o movimento vem crescendo acima das expectativas. Atualmente a comunidade é inteiramente sustentada por grandes doações. Quando você for me visitar, poderá julgar por si mesma. Nosso estatuto, em resumo, é o seguinte: a comunidade acolhe mulheres desgraçadas pelo casamento, tantas quantas puder alimentar, bem como suas crianças, se as tiver. São admitidas mulheres sem qualquer distinção de classe social e cada uma delas contribui para a comunidade, na medida de suas forças e capacidade. Mulheres financeiramente independentes, que entram definitivamente na comunidade, pagam sua manutenção e doam uma determinada quantia à instituição, conforme acordo prévio. Essa doação é aplicada na manutenção do orfanato e dos indigentes, pois também abrigamos órfãos e meninas abandonadas.

— O que suas alunas se tornam no futuro? — perguntou Vitória, que ouvia tudo com atenção.

— Cada menina aprende um ofício que poderá

sustentá-la e torná-la independente. Tentamos formar o caráter, desenvolver a energia das alunas e destruir as perigosas ilusões sobre o amor e a felicidade conjugal. Cada uma delas deve estar preparada para a vida. Assim, se tiver um casamento infeliz, não ficará à mercê do marido.

— Tudo que está contando me dá vontade de ir morar com vocês. Você entenderá quando lhe contar minha vida.

Então, Vitória contou à amiga o que já é do conhecimento do leitor.

— Temo pelo futuro de Ellen — acrescentou em seguida. — Minha saúde está abalada e qualquer ataque de coração pode levar-me repentinamente ao túmulo. Isso significa que logo ela ficará sozinha. Tremo só de pensar o que acontecerá com minha filha, quando ela, bonita, rica e atraente, se vir sozinha entre pessoas estranhas! Na sua comunidade estaria segura e receberia uma educação sensata. Diga-me, quais são as formalidades para a admissão?

— Venha visitar-nos por esses dias, minha pobre Vitória, e a apresentarei à senhora Oliver. Se, após visitar a comunidade, você insistir em ficar, poderá discutir com ela a sua admissão. Nossa diretora é uma mulher de alta classe, muito inteligente e experiente. No passado foi muito infeliz, por isso tem pena de todas as sofredoras que se reuniram sob o teto da hospitaleira comunidade, que muito evoluiu sob a sua administração. Num futuro próximo planejamos construir abrigos semelhantes em diversas cidades dos Estados Unidos.

Após discutir mais alguns detalhes, as amigas decidiram que Vitória iria visitar a instituição já no dia seguinte. Ela foi tomada por uma impaciência febril e passou toda a noite em claro, pensando no novo projeto; quanto mais pensava, mais ele lhe agradava.

A comunidade "Paraíso sem Adão" daria a Ellen uma educação sensata e a livraria das ilusões que arruinaram a vida de sua mãe. Ela não seria uma garota inocente, julgando o amor e o casamento um sonho mágico e um objetivo de vida. Naquele ambiente propício, entre mulheres austeras, sérias e sofridas, ela vigiaria para que Ellen estudasse seriamente e jamais lesse romances, que inflamam a imaginação das jovens com um "herói" de contos de fadas, enfeitado com todas as virtudes de cavalheiro, que a moça procura pela vida, imaginando tê-lo encontrado no primeiro rapaz elegante e amável que resolver cortejá-la. Não! Ellen deverá desenvolver um olhar bastante claro e penetrante, para enxergar por trás da máscara o verdadeiro rosto dos homens. Assim estaria protegida contra todos os obstáculos do destino. Contaria somente com as próprias forças, sem jamais confiar num "benfeitor" desconhecido, que a escolhesse por suas posses e por seu lindo rostinho, ignorando seu coração honesto e amor dedicado para, enfim, tornar-se seu tirano e carrasco.

Na manhã seguinte, Vitória foi ao endereço deixado pela amiga. O local era distante, pois a comunidade ficava fora da cidade. Clara dissera que a primeira diretora instalara o abrigo em sua linda propriedade, que acabou doando à comunidade.

Finalmente, a carruagem parou diante de um portão com grades. Na arcada de pedra havia uma inscrição em grandes letras douradas: "Abrigo Paraíso sem Adão"; sob ela um baixo-relevo mostrava uma colmeia cercada de abelhas tendo em volta zangões abatidos. Um muro alto e maciço cercava o que parecia ser um enorme terreno. Por trás do verde bosque, destacava-se um edifício de oito ou nove andares, feito de pedra e ferro.

O criado tocou a campainha e uma mulher de vestido preto, de avental branco e touca da mesma cor, abriu o portão lateral. Após saber que a visitante desejava ver a senhora Forest, pediu-lhe que desembarcasse da carruagem e a seguisse, pois o regulamento não permitia a entrada de homens, mesmo criados, para além das grades do portão, sem uma autorização especial.

Vitória mandou o criado aguardá-la e seguiu a mulher até a casa por uma galeria aberta. Lá, outra servente, em idêntico traje sóbrio e puritano, informou que a senhora Forest se encontrava no jardim, no setor infantil; era a hora do recreio, mas a visitante poderia ser levada até lá.

Olhando tudo em volta com curiosidade, Vitória seguiu por um enorme e bem cuidado jardim. Por todos os lados viam-se canteiros de flores raras, chafarizes e luxuosos pavilhões, que a guia explicou serem oficinas onde se ensinavam pintura, escultura e fotografia.

— Do outro lado da casa foram instaladas classes de jardinagem com magníficas estufas, lavanderias experimentais e oficinas de rendeiras e tecelãs — acrescentou com orgulho a criada.

Por fim entraram numa área circular, coberta de areia, onde brincavam muitas meninas sob a supervisão de duas damas, numa das quais Vitória reconheceu Clara.

Esta imediatamente aproximou-se e começaram a conversar. A senhora Forest apresentou a visitante à sua colega que, após saber que Vitória viera para uma entrevista com a diretora, ofereceu-se para cuidar sozinha das crianças enquanto Clara acompanhava a amiga.

— Você terá de aguardar um pouco; a senhora Oliver está na enfermaria. Mandarei avisá-la de sua chegada; por enquanto, vamos até a recepção — disse Clara, visivelmente satisfeita com a boa impressão que Vitória teve de tudo o que viu.

O elevador levou as amigas ao terceiro andar. Passando por um corredor largo e arqueado, como o de um mosteiro, Vitória leu, surpresa, a placa "Arquivo" numa das portas.

— Mas como? Vocês têm até um arquivo?

— Sem dúvida! E muito interessante, pois, além dos documentos oficiais, como registro de doações, atos de compra e venda etc., ele guarda uma coletânea de autobiografias, única no mundo, de todas as pessoas que passaram pela comunidade, desde o dia de sua fundação. Cada irmã, ao entrar para nossa casa, compromete-se a escrever ou ditar a história de sua vida. A leitura dessas memórias é obrigatória a todas as alunas que concluem o curso e constitui o melhor antídoto contra quaisquer delírios românticos. Aqui, à direita, fica a biblioteca.

A biblioteca localizava-se em duas grandes salas: a primeira destinava-se às crianças e a outra aos adultos. Vitória olhou com satisfação as grandes estantes de livros, cercadas de confortáveis poltronas, mesas com revistas, tapetes macios no chão e pesadas cortinas cobrindo as portas. Sentia-se bem nesse abrigo e o "Paraíso sem Adão" lhe agradava cada vez mais.

Vitória imaginara encontrar uma comunidade puritana e asceta, que voluntariamente se condenava à pobreza e ao trabalho, uma espécie de mosteiro. Para sua surpresa, encontrou abundância, aconchego e um trabalho útil, tranquilo e nada estafante.

A recepção ficava ao lado da biblioteca. Era um

aposento menor, bem mobiliado, com muitas flores. Clara fez a amiga sentar-se e foi avisar à diretora da chegada da visitante.

Passos leves e o farfalhar de um vestido de seda fizeram Vitória levantar a cabeça. Aproximou-se uma mulher alta, de rosto triste, mas agradável. Após apertarem-se as mãos, examinaram-se com curiosidade.

A senhora Oliver ainda era jovem, mas os cabelos grisalhos e um vinco pronunciado junto à boca indicava as pesadas provações suportadas; nos grandes olhos cinzentos brilhava uma determinação clara e tranquila, atestando sua vitória sobre o passado. Trajava um vestido simples mas elegante, e um lenço de renda cobria seus cabelos prateados.

— Bem vinda, minha senhora! A irmã Forest disse que deseja entrar para nossa comunidade — disse a senhora Oliver sentando-se.

— Sim! Mas Clara lhe contou os meus motivos?

— Ela somente disse que a senhora deseja educar sua filha pelos princípios que professamos. Terei muito prazer em fornecer-lhe todas as informações e mostrarei as classes onde as crianças recebem uma educação de acordo com sua posição social. Nós educamos serventes e trabalhadoras, mas também médicas e doutoras em direito ou filosofia. Nossas oficinas produzem excelentes artigos, tão baratos que ninguém pode concorrer conosco; por isso estamos cheios de encomendas e ganhamos o suficiente para cobrir todas as despesas da comunidade. Nem preciso dizer que o trabalho é o melhor remédio para as feridas da alma.

— Sua atividade parece ser complexa e difícil — observou Vitória.

— Sim, às vezes é bem difícil influenciar corações

destroçados, indignados contra Deus e o destino. É muito difícil acalmar o ódio insatisfeito, a tempestade de ciúme impotente ou apagar sonhos insanos que perseguem algumas infelizes, sobretudo quando os culpados por seus sofrimentos ainda estão vivos, o que lhes incute a esperança de deixar nosso abrigo. Sou completamente só: estou divorciada e meus filhos faleceram. Por isso, sinto-me feliz por ter um objetivo na vida, dedicando-me a consolar e apoiar minhas infelizes irmãs. Posso até dizer que Deus abençoou nossos esforços! Vi em muitas almas sofridas renascerem a tranquilidade e a docilidade, especialmente entre mulheres simples, felizes por conseguirem se livrar da miséria, das grosserias do marido bêbado e juntar um pequeno capital, pois guardamos uma parte de seus ganhos. Este valor é entregue a elas quando desejam deixar o abrigo.

A conversa ganhou logo um clima afetivo. Vitória sentiu profunda simpatia por essa inteligente e bondosa mulher, que usava de forma tão nobre a liberdade que a vida destroçada lhe reservara. Quando retornaram à recepção, depois de percorrerem toda a instituição, entre elas já se iniciava uma amizade. Vitória decidira entrar para a comunidade e informou isso à diretora.

— Só posso parabenizá-la pela decisão. Nesse novo ambiente a senhora esquecerá suas tristes lembranças — respondeu com solidariedade a senhora Oliver, entregando a Vitória um exemplar dos estatutos da casa.

Quando o velho médico de Vitória, amigo do falecido tio, soube de sua decisão, ficou muito irritado, disse que seu plano era insensato e discorreu furiosamente sobre as imbecis psicopatas, que pregavam utopias e deturpavam os fatos. Elas tornariam Ellen um ser ridículo, que não confiaria na sociedade, revoltada contra o mais poderoso e natural sentimento do coração humano.

Vitória ouviu o discurso inflamado do médico com um sorriso nos lábios.

— Pois pretendo exatamente estimular nela a desconfiança para com o sentimento que, em nove entre dez casos, faz a infelicidade da mulher. Não quero que Ellen morra solitária e abandonada como eu, nem que seja ofendida no mais sagrado dos sentimentos. Minha filha deve enxergar a vida com sensatez e conhecer a verdadeira face do sedutor que lhe oferecerá "seu coração, sua mão e fidelidade". Ela deverá saber que essas são palavras sem qualquer sinceridade e que o "cavalheiro" apaixonado pode tornar-se, na vida íntima, um insuportável algoz. Não! O "Paraíso sem Adão" é uma das mais filantrópicas instituições que jamais conheci e deveria ter filiais em todos os lugares. Seria ótimo se existissem instituições semelhantes para a educação de meninos, onde eles se tornariam maridos honestos, conscientes de que na vida a dois as obrigações são idênticas e que não devem exigir das mulheres todas as virtudes, reservando para si somente o prazer.

Vitória preparou-se apressadamente para a mudança. Na comunidade reservaram-lhe três aposentos, que lhe permitiram decorar a seu gosto. Também obteve algumas pequenas concessões por sua generosidade, pois, em pagamento pela manutenção da filha, entregava à comunidade a metade dos seus dividendos, bem como dos de Ellen, destinados à garota até que se casasse. Além disso, doou à instituição a casa que lhe pertencia. Assim, um mês após o encontro com a senhora Forest, Vitória instalou-se definitivamente na comunidade.

O doutor Wilson insistia em não aprovar essa mudança de vida e prognosticava sérias complicações de sua doença, que seriam inevitavelmente provocadas pelo contato com aquela manada de furiosas imbecis. Entretanto, essa previsão não aconteceu; pelo contrário, a saúde de Vitória melhorou sensivelmente.

No abrigo ela se sentia muito melhor do que na grande casa vazia, cheia de recordações; lá não tinha tempo para sonhar e remexer no passado. A dinâmica atividade que a cercava divertia-a e dava-lhe desejo de também ser útil.

Vitória recebera brilhante educação, era ótima musicista e pintava muito bem; por isso assumiu o ensino de música e pintura. Além disso, ajudava a senhora Oliver na supervisão das oficinas, o que as aproximou muito. Passava muitas horas no arquivo, na leitura das memórias lá guardadas, histórias da vida real, nas quais se desenhavam com diferentes nuances dois personagens principais: a infeliz e abatida mulher e o homem, grosseirão e narcisista, que não reconhecia outra lei, senão o prazer, e preferia uma insolente e esbanjadora sacerdotisa do amor à fiel e discreta esposa.

Vitória observava com curiosidade doentia as operárias nas oficinas; todas trabalhavam com fervor, mas nos rostos sombrios e no severo e amargo vinco dos lábios fortemente apertados lia-se uma epopéia de sofrimentos físicos e morais. Às vezes, alguma pobre mulher, com lágrimas nos olhos, inclinava a cabeça sobre as agulhas de tricô ou a máquina de costura e mergulhava no trabalho a tal ponto que nada via nem ouvia; geralmente eram as recém-chegadas, cuja dor ainda estava por demais viva, ou alguma vítima de ofensa mais dolorosa que as outras, cuja ferida nem o tempo cicatrizava. Tais mulheres recebiam maior atenção de Vitória, pois sua própria ferida também não cicatrizava. Às vezes, na escuridão da noite, tinha saudades da felicidade breve, e logo vinha-lhe à mente a imagem do homem sem coração que destruíra sua vida. A justiça não atingira o culpado; ele vivia em fartura e honra, respeitado por todos, enquanto ela definhava e era obrigada a deixar a filha aos cuidados de terceiros.

Em tais momentos, um agudo sentimento de solidão premia-lhe o coração. Tomada de indescritível tristeza, levantava do leito, ia até o quarto de Ellen e somente a visão da filha a acalmava. Ficava admirando a pequenina adormecida, seu rostinho fresco de expressão orgulhosa e decidida, as mechas dos sedosos cabelos. Então, o temor pelo futuro da filha novamente se apossava dela! Quantos perigos iriam ameaçar essa linda criatura, entregue a si mesma na hora fatídica em que o coração da mulher começa a ansiar pelo amor, quando basta um mero acaso para despertar nela aquele sentimento natural e sagrado, que muitas vezes se transforma num fogaréu que a consome completamente?

Ellen estava entusiasmada com sua nova vida. Após viver sozinha, entre a mãe, doente e triste, e o tio Tom, infinitamente bondoso, mas sempre sério e ocupado com negócios, a menina sentia-se feliz no imenso jardim, entre as garotas de sua idade. Tudo para ela era novidade: os jogos em grupo, o grande lago com cisnes, as aulas na classe, muito mais interessantes do que as aulas com a governanta. Para coroar essa felicidade, sua mãe estava muito melhor, parecia tão alegre e ativa como Ellen jamais vira.

Por sua inexperiência, Ellen não percebia que às suas novas amigas faltava a despreocupada alegria própria da infância e que pesava sobre elas a estranha e severa atmosfera que reinava na casa. As crianças corriam, brincavam, tagarelavam, mas sem o entusiasmo barulhento, próprio da idade. Todas aquelas pequeninas tinham um passado sombrio, lembranças de miséria, privações, cenas grotescas e lágrimas de suas mães. Esse passado se estampava em seus rostinhos pálidos e precocemente sérios.

A agitada alegria de Ellen, provocada inicialmente pela felicidade de não estar mais só, logo se transformou em tranquila seriedade, idêntica à de suas colegas. Então, passou a procurar uma amiguinha e a encontrou na pessoa da pequena canadense, chamada Blanche Clerval. Essa garotinha bonita, ruiva, de olhos esverdeados e boquinha púrpura era tão inconstante, explosiva e entusiasmada, quanto Ellen era insistente, positiva e enérgica. Apesar da completa divergência de caráter, as meninas gostaram uma da outra, repartiam cada guloseima e cada diversão e até juraram nunca se separarem. Mas o destino decidiu diferente.

A mãe de Blanche falecera dois anos após Vitória ter ingressado na comunidade. Ela tinha se separado do marido que se apaixonara por uma atriz com quem se casou assim que se livrou das obrigações do primeiro casamento. Essas circunstâncias levaram a senhora Clerval a Boston, onde acabou entrando para a comunidade. Ao morrer, declarou que deixava a filha para a comunidade até que tivesse condições de sustentar-se. Por isso, Blanche era considerada filha adotiva do "Paraíso sem Adão" e todos tentavam aliviar o pesado golpe recebido pela menina.

Cerca de oito meses após a morte da senhora Clerval, repentinamente apareceu um senhor desejando falar com a diretora do abrigo. Mostrando documentos, ele declarou ser o pai de Blanche que viera para buscar a filha, que desejava educar sozinho. A senhora Oliver tentou protestar baseando-se no último desejo da falecida; ela sentia repulsa por aquele pai enfatuado, decadente, que pretendia tomar-lhe uma das discípulas. Mas o senhor Clerval insistia, ameaçando apelar para as autoridades e acusar a comunidade de reter, à força, uma menor de idade, e a diretora teve de concordar. Ao saber que o pai ia levá-la embora, Blanche ficou apavorada e resistiu aos gritos e lágrimas. Clerval deu-lhe um puxão grosseiro pela mão com um olhar severo e a garota, assustada, calou-se e teve um ataque nervoso.

Por fim, Clerval foi embora, cedendo ao apelo da senhora Oliver de que deixasse a menina ficar até a noite, com a promessa de que ela pessoalmente levaria Blanche à casa dele. Quando a garota se acalmou, a diretora teve com ela uma conversa séria, aconselhando-a a obedecer ao pai e não irritá-lo com uma resistência inútil; também lhe disse que a comunidade continuaria sempre a ser um abrigo e um lar para ela, onde poderia se refugiar em caso de desgraça ou solidão. Ellen também jurou permanecer sua fiel amiga até a morte; despediram-se em lágrimas, prometendo corresponder-se com frequência.

Este caso muito impressionou Ellen, reavivando nela a lembrança do próprio pai. Apesar dos anos passados, a garota lembrava perfeitamente de Vladimir Aleksandrovitch e seus carinhos ocasionais, mas jamais se referia a isso. No início, seu tio proibira de falarem sobre ele, dizendo-lhe que ele morrera, depois, quando inquiriu a mãe sobre o motivo do desaparecimento do pai, essa pergunta provocou nela um ataque cardíaco. Desde então, a garota não mais levantou a questão, apesar de pensar muito nele. Precocemente desenvolvida, Ellen era muito observadora; além disso, tinha motivos para viver no "Paraíso sem Adão". Logo se convenceu de que seu pai era um patife, a mãe uma inocente vítima e ela própria uma criança abandonada. Desde então, a imagem de Vladimir Aleksandrovitch ocupou um lugar especial em seu espírito. Não o esqueceu, mas passou a encará-lo como inimigo, causador da doença e da permanente tristeza de sua adorada mãe.

Nos últimos meses, o estado de saúde de Vitória passou, de súbito, a piorar. Os ataques cardíacos tornaram-se mais frequentes e fortes e a preocupação com a mãe fez Ellen esquecer a tristeza da separação da amiga.

Ela já estava com doze anos e entendia que a vida da mãe corria perigo. Toda vez que um ataque de taquicardia obrigava Vitória a jogar o corpo para trás e apertar as mãos ao peito, a garota pingava as gotas de calmante com a mão trêmula, servia o cálice à paciente, enxugava-lhe o suor frio da testa, colocava compressas e acalmava-se apenas quando o ataque passava e Vitória adormecia de exaustão.

Por causa dessa tensão constante, a menina perdeu o sono e o apetite; acordava à noite de ouvido atento, tentando sentir se a mãe dormia e, ao menor movimento dela, pulava da cama. Vitória se preocupava muito com isso e tentava de todas as formas ocultar da filha o próprio sofrimento. Para tanto, frequentemente ficava sentada até muito depois da meia-noite em sua pequena sala de visitas, alegando trabalho ou desejo de ler um pouco.

Certa noite, Ellen acordou e viu a cama da mãe

vazia. Muito assustada, começou a chorar, sem ousar levantar, pois sabia que Vitória não gostava quando ela ia vê-la na sala de visitas. Por fim, o profundo silêncio ficou tão insuportável que, arriscando-se a levar uma reprimenda, pulou da cama e como uma sombra deslizou até a porta semi-aberta da salinha.

Vitória estava sentada à escrivaninha, imersa na observação de um grande retrato emoldurado numa pasta de couro. Ellen jamais vira esse retrato antes, mas aquele rosto era-lhe conhecido e vivia em sua memória. A palidez mortal da mãe e as silenciosas lágrimas que lhe rolavam na face confirmavam a suspeita de que era o retrato do pai, sobre quem jamais se falava, tanto que ela nem sabia se ele estava vivo ou se a mãe chorava a sua morte.

Ellen sentiu então um irrefreável desejo de saber a verdade. Aproximando-se de Vitória, ajoelhou-se, abraçou-a e, apertando a cabeça no colo da mãe, murmurou com voz suplicante:

— Mamãe! Onde está o papai? Diga, ele está vivo ou já morreu como afirmava meu tio? — disse ela, vendo a mãe estremecer.

— Sim, este é o retrato de seu pai! Mas não sei se ainda está vivo — respondeu Vitória, baixinho, com a voz entrecortada. — Em todo caso, minha pobre filha, para nós duas ele morreu! Quando eu morrer, ele não fechará minhas pálpebras, não será seu defensor nem lhe dará apoio. Ellen, esqueça que tem um pai. Mas, se algum dia, você sucumbir ao traiçoeiro sentimento do amor, seja muito, mas muito cuidadosa na escolha do marido, para não sofrer como eu e não ter de explicar ao seu filho uma triste verdade como essa.

Ellen ficou em lágrimas e cobriu de beijos as mãos frias da mãe. Instantes depois, levantou a cabecinha e disse com decisão:

— Mamãe, conte-me o seu passado. Já sou grande e prometo merecer a sua confiança.

Vitória pensou um pouco e depois respondeu:

— Está bem! Você tem o direito de saber a verdade.

Então, contou resumidamente toda a história de seu casamento, a partida do marido e acrescentou:

— Você ainda é muito jovem para entender tudo. Está vendo essa volumosa brochura na gaveta da mesa? É o meu diário. Nele escrevi a história de minha alma, desde moça, noiva, esposa, até tornar-me mãe. Prometa-me que o lerá somente após completar dezoito anos. Além disso, encontrará a minha biografia no arquivo do abrigo. Só então entenderá completamente o que sofri e minha vida irá servir-lhe de terrível exemplo.

Vitória fechou a pasta do retrato e, guardando-a na gaveta, acrescentou:

— Esqueça o rosto desse homem, Ellen! Ele nunca nos amou. Agora vá dormir: você está muito cansada, minha querida.

Mas a menina estava excitada demais para dormir. Puxou um banquinho para perto da mãe, dizendo que não sentia sono, e, com seriedade infantil, passou a falar sobre o objeto de seu maior interesse. As conjeturas de Ellen eram tão corretas, que Vitória, surpresa e até encantada, deixou-se levar e começou a dialogar abertamente com ela, esquecendo-se de que era uma garotinha de doze anos.

Aos poucos, o cansaço vencia Ellen, mas ela não queria de forma nenhuma interromper a conversa que, a seus olhos, colocava-a no mesmo patamar dos adultos. Enquanto isso, Vitória, distraída em suas recordações, não notava que o sono imperceptivelmente dominava a menina. Só notou que seus olhos estavam fechados quando a cabecinha dela caiu pesadamente em seu colo. Então, beijou os sedosos cabelos da filha e, sem querer acordá-la, descansou, recostando-se na poltrona.

De repente, uma dor terrível transpassou-lhe o peito. Sentiu o coração inchar e apertar-se, travando-lhe a respiração; surgiu um forte zumbido nos ouvidos e pareceu que caía num sombrio abismo. Perdeu os sentidos e estancou... Seu pobre coração, que suportara tantos medos, amarguras e sofrimentos parou de bater para sempre...

Enquanto isso, Ellen continuava a dormir, sem sentir o frio da mão que convulsivamente segurava a sua. A menina também não acordou quando, às sete horas da manhã, entrou a senhora Forest, que costumava visitar a amiga todas as manhãs, temendo por sua saúde.

Ao ver aquele quadro tocante, a senhora Forest estacou, surpresa; depois, empalideceu e soltou um grito surdo. O rosto de cera de Vitória, seus olhos abertos, vítreos e sua estranha imobilidade não deixavam dúvidas... Sua pobre amiga falecera. Então, em silenciosa compaixão, inclinou-se para a infeliz órfã, que teria um terrível despertar.

Capítulo 3

Era um lindo dia primaveril do ano de 18... Pelas janelas abertas que davam para o jardim de um pequeno hotel, soprava o aroma de violetas em flor. Os raios dourados do sol poente brincavam alegremente sobre a seda rósea dos sofás e poltronas, as molduras douradas dos quadros de pintores desconhecidos e sobre os valiosos bibelôs, espalhados nas mesas e estantes.

Num pequeno divã, à sombra de plantas altas e exóticas, estava uma moça num elegante vestido de seda negra, absorta em seus pensamentos. Era bonita e esbelta; o fino rosto de traços clássicos e corretos destacava-se pela luminosa palidez, acentuada pelos abundantes cabelos escuros; nos grandes olhos azuis, que realçavam seu rostinho, brilhava uma fria determinação própria da maturidade. Em volta da boca pequena e rosada havia uma enérgica e arrogante dobra.

Na poltrona em frente estava um rapaz, alto, corpulento e elegante. Em seu rosto longo e anguloso refletia-se uma ânsia mal contida.

— Então, senhorita Rutherford? Posso contar com sua anuência? — disse ele, finalmente, quebrando o prolongado silêncio.

A moça levantou os olhos para ele.

— Perdoe-me, senhor Tiplton, mas essa questão é tão importante que merece ser bem pensada. O senhor afirma que me ama! Qualquer homem pode jurar isso quantas vezes lhe aprouver, portanto, é absolutamente natural que a mulher não acredite cegamente em juras de amor. Não é segredo para ninguém a minha opinião sobre o casamento. O fato de eu resolver estudar a sua proposta, só comprova a consideração que tenho pelo senhor.

— Fico-lhe grato, senhorita Ellen! Espero confirmar a boa impressão que tem de mim; quando formos marido e mulher, tentarei curá-la completamente dessas absurdas ideias que lhe incutiram naquela maldita casa de doidos, onde tentam derrubar a ordem social vigente e minar a unidade familiar — observou o jovem americano com um sorriso fátuo.

Uma expressão enigmática passou pelo rosto de Ellen. Pegando lápis e papel, entregou-os ao seu interlocutor.

— Faça-me o favor de escrever nessa folha a sua proposta.

Visivelmente constrangido e insatisfeito, Tiplton vacilou por instantes; depois, debruçando-se sobre a mesa, escreveu rapidamente a proposta com eloquentes expressões e entregou-a a Ellen. Ela segurou a mão dele e examinou por algum tempo as profundas mas simples linhas que sulcavam sua palma. Em seguida, olhou longamente a página escrita, estudando a caligrafia atrapalhada, angulosa e espalhafatosa do rapaz.

Por fim, levantou a cabeça e olhou zombeteiramente para o rapaz, taciturno.

— Lamento, senhor Tiplton, mas devo recusar a sua proposta. Pelas linhas de sua mão li que o senhor não tem coração. Sua caligrafia indica que possui um caráter bastante desagradável.

Um forte rubor cobriu o rosto do americano.

— Como pode basear sua recusa em tais banalidades? — exclamou furioso.

— A quiromancia, tanto quanto a grafologia, não são banalidades e sua ira comprova isso — respondeu Ellen tranquilamente. — Não posso ser sua esposa, pois prometi a mim mesma casar somente com o homem cujas linhas da mão e caligrafia indicarem ser ele um idealista, de coração amoroso e tendências artísticas.

— Senhorita Rutherford, está zombando de mim, depois de me tratar tão amavelmente e dar-me esperanças! Eis a tão decantada retidão feminina! A senhorita diz que nós, homens, somos levianos e nos considera indignos de confiança enquanto que as mulheres, essas lindas vítimas de nossa tirania, estão cheias de coquetismo e hipocrisia — disse Tiplton, tremendo de raiva e agarrando o chapéu.

— De que se queixa, senhor Tiplton? Estou lhe fazendo um favor, livrando-o de casar-se com uma coquete, mimada e, além do mais, hipócrita — observou Ellen, tranquilamente. — Se vocês, homens, desiludiram-se das mulheres, criem para si um "Paraíso sem Eva" e pronto!

— Não! É melhor lutar pelo fechamento dessa desprezível instituição que educa as mulheres para se oporem às leis humanas e divinas — contestou Tiplton, saindo rapidamente da sala.

Quando o distante ruído da porta da rua fechando anunciou a partida definitiva do infeliz pretendente, Ellen soltou uma gargalhada. Levantou-se e já se preparava para sair, quando o pesado cortinado da porta abriu-se e na soleira apareceu um mulher de vestido preto com uma pequena pasta na mão. Era tão magra, áspera e feia que aparentava uns quarenta anos, apesar de ter somente vinte cinco. Seu traje discreto e os cabelos enrolados na nuca não combinavam com ela.

— Bem, já posso cumprimentá-la? Quando você vai se tornar a senhora Tiplton, proprietária do depósito da melhor lã de Boston e, de brinde, do coração do amável senhor Daniel? — perguntou zombeteiramente a recém-chegada.

— Infelizmente, deixei escapar essa felicidade graças à quiromancia, que expediu um péssimo atestado ao senhor Daniel — respondeu Ellen, rindo. — Nós nos separamos com as relações estremecidas e ele decidiu iniciar um ousado ataque contra nossa comunidade, pretendendo fechá-la. Está vendo, minha pobre Nelly, a desgraça que provoquei por não querer tornar-me senhora Tiplton?

— Deixe-o atacar. A comunidade possui dentes e garras e saberá defender-se! Mas esqueçamos essas bobagens! Preciso conversar com você.

— Do que se trata, Nelly? Estou inteiramente à sua disposição — respondeu Ellen, ficando imediatamente séria.

— Em primeiro lugar, seu editor escreve que a quarta edição, isto é, os vinte mil volumes, foi toda vendida e pede autorização para uma nova edição.

— Ótimo! Queria que você acertasse com ele a reserva de uma certa quantidade de volumes para brinde. Gostaria de levá-los comigo à Europa e distribuí-los por lá.

— Amanhã mesmo falarei com ele. Agora, preciso saber sua opinião sobre as respostas às vinte cartas recebidas hoje pela manhã. Elas são resultados de sua última palestra sobre os direitos e a emancipação da mulher.

Passando para o quarto contíguo, sentaram-se junto a uma grande escrivaninha e começaram a ler as cartas, anotando tudo o que devia ser respondido. Depois, Nelly saiu para enviar imediatamente a correspondência, enquanto Ellen foi para a oficina.

Anoitecia. Ela baixou as cortinas da janela e, instantes depois, a luz elétrica iluminou a grande sala. Na oficina havia barro, mármore e obras iniciadas. Ellen vestiu um grande avental de linho e passou a esculpir o busto de sua mãe, baseando-se no retrato-miniatura no qual ela aparecia ainda moça.

O amor de Ellen pela mãe transformara-se numa espécie de culto. Sua distração predileta era moldar em mármore os encantadores traços da falecida e sua preocupação permanente era vingar-se dos homens por todas as amarguras que levaram Vitória prematuramente ao túmulo. A morte inesperada da mãe, exatamente na noite em que, pela primeira vez, conversara com a filha como amiga, causara uma profunda impressão na menina.

O terrível desespero e a cega teimosia com que se agarrava ao corpo da mãe levantaram suspeitas quanto à sua saúde e sanidade mental. Realmente, logo depois do funeral, Ellen caiu em febre e, durante duas semanas, sua vida pendeu por um fio. Por fim, a juventude e o criterioso cuidado da diretora e da senhora Forest triunfaram sobre a doença. Ellen começou a recuperar-se lentamente, mas tornou-se estranhamente séria, concentrada e passou a estudar com inusitada energia. Ricamente prendada pela natureza, Ellen era uma excelente aluna e, além disso, tornou-se excelente musicista. Mas tinha maior aptidão para a escultura e seu rápido progresso e a firmeza do seu cinzel espantavam os professores.

Certo dia, um livro de quiromancia caiu por acaso nas mãos de Ellen. Esse ramo da ciência oculta, que permitia ler o caráter da pessoa pelos sinais misteriosos colocados pela natureza na palma da mão, interessou-a demais. Sentindo ódio e desconfiança pela metade forte da raça humana, achou extremamente interessante poder olhar por de trás da máscara com que o homem esconde a sua verdadeira índole.

Nesses anos de trabalho e estudos, Ellen afeiçoou-se sinceramente a uma moça que a desgraça levara à comunidade.

Nelly Sinclair era filha única de um rico negociante e crescera na ociosidade e luxo. O pai adorava a menina, que perdera a mãe na mais tenra infância. Aos dezesseis anos ficou noiva do filho do sócio de seu pai. Já estava marcado o dia do casamento, quando o velho Sinclair morreu num acidente ferroviário. Essa morte inesperada destruiu a vida e o futuro de Nelly.

Não se sabe se os negócios do senhor Sinclair estavam realmente ruins ou se o sócio aproveitou o acidente para desorganizá-los em benefício próprio; o certo é que Nelly ficou sem um tostão. Quando isso foi divulgado, seu noivo declarou-lhe, sem qualquer constrangimento, que a necessidade de recuperar o prestígio da loja, abalado pelas ações imperdoáveis de seu falecido pai, obrigava-o a casar com uma ricaça. A pobre Nelly, que amava o noivo e acreditava em seu amor, pensou que enlouqueceria com esse novo golpe do destino. Não conseguiu apoio de ninguém, pois os parentes e amigos sumiram, não querendo assumir a adoção da órfã. Para não morrer de fome, foi obrigada a trabalhar como babá.

É difícil descrever o que sofreu a orgulhosa e mimada moça, tendo de submeter-se a esse tipo de trabalho. Já pensava seriamente em suicídio, quando o acaso levou-a até a senhora Oliver, que se compadeceu dela e acolheu-a no abrigo. A sombria e triste moça conquistou a simpatia de Ellen. Apesar de Nelly ser cinco anos mais velha, logo se tornaram amigas inseparáveis.

Quando Ellen completou dezoito anos, decidiu ler o diário da mãe. Até então, respeitara a vontade da falecida e não havia tocado no caderno. Logo que anoiteceu, Ellen trancou-se no quarto em que falecera a mãe e onde cada objeto era-lhe sagrado.

Com profunda devoção, abriu a gaveta e retirou o caderno de capa verde; não tocou no maço de cartas amarrado com fita preta. Em seguida, retirou a pasta com o retrato do pai e, após um instante de hesitação, abriu-a.

Examinou por muito tempo, com olhar frio e perscrutador, os traços daquele que nunca fora seu verdadeiro pai. Agora já não era criança e sabia que um homem belo e encantador como aquele podia inspirar amor. Sua falecida mãe fora péssima fisionomista por não ter percebido, sob aquela máscara atraente, um homem egoísta, esbanjador e desalmado; mas, para Ellen, o rosto do pai era um livro aberto. A testa retangular, o nariz bem definido, a boca sensual com os cantos repuxados para baixo indicando desprezo e, finalmente, os grandes olhos, preguiçosos e cansados, cujo olhar indiferente gelava o coração, tudo isso, gritava: "Só quero divertir-me e satisfazer meus caprichos, pois não sei amar!". Absorta no estudo daquela fisionomia, Ellen até esqueceu a quem analisava tão cruelmente. Fechando a pasta, jogou-a na gaveta da mesa, murmurando com desprezo:

— Assassino traiçoeiro! Que a vingança divina o castigue, se você escapou da terrena!

Em seguida, pegou o caderno, beijou-o e abriu. Primeiramente, uma folha de papel dobrada chamou sua atenção; nela, Vitória escrevera o seguinte:

> Quando ler estas páginas, minha adorada filha, já estarei há muito tempo no túmulo e você já será mulher. Desejo que a confissão escrita neste caderno lhe sirva de lição. Você mesma julgará o quanto fui culpada pela destruição da minha própria vida; se foi a falta de energia ou o excesso de orgulho que me taparam a boca quando deveria reclamar, defender meus direitos, ou revoltar-me contra o comportamento indecente de seu pai. Parece-me, entretanto, que você teria feito o mesmo, conservando em primeiro lugar a dignidade feminina e deixando a pessoa que a abandonava entregue à Justiça Divina e à sua própria consciência. Será que algum dia você encontrará esse homem indigno que, mesmo vivo, transformou-me em viúva e a você numa órfã? Desejo que o encontre, para que ele sinta toda a amargura da perda de uma filha como você.

Com os olhos cheios de lágrimas Ellen começou a ler o diário da mãe. Diante dela, passo a passo, descortinou-se a lenta agonia de uma alma ofendida em todos os melhores sentimentos, torturada pela tristeza, monotonia e permanente solidão. Acompanhava com emoção a luta e a indignação daquele coração orgulhoso, que a sedutora voz da vingança incitara a retribuir pancadas com pancadas, traição com traição, e a procurar o esquecimento no turbilhão de uma vida desregrada. Por fim, venceram o amor materno e o bem na alma esgotada da infeliz e abandonada mulher, que encontrou a própria salvação em sua filha e no olhar dela encontrava forças para permanecer, até o fim, fiel à sua condição.

À medida que Ellen lia as últimas páginas, uma excitação febril apoderava-se dela. Cada linha daquele diário atestava que a chaga daquele coração continuara aberta; apesar de o bom senso condenar o homem que lhe causara tanto mal, Vitória desejou vê-lo antes de morrer. Nas longas noites de insônia, a moribunda pensava nele, sentindo uma ardorosa necessidade de ter perto de si a criatura que era a metade de sua vida e que não conseguia esquecer.

Ellen fechou o caderno com um pesado suspiro. Que misterioso e poderoso sentimento era esse, que desarmava, cegava e dominava totalmente o ser humano? Que inesgotável tesouro de amor deve conter o coração de uma mulher, para tudo esquecer e perdoar, sentindo até alegria e consolo ao ver o seu carrasco! Quase involuntariamente, ela juntou as mãos numa prece.

— Meu Deus! Livrai-me desse horrendo sentimento, que escraviza o bom senso e a vontade e obriga a suportar milhares de sofrimentos e decepções em troca de uma felicidade passageira!

Em seguida, pegando um grande retrato de Vitória, passou a examiná-lo com especial curiosidade. Não notou sinal algum do traiçoeiro sentimento que dominava a mãe. Os traços harmoniosos do rosto e a clara expressão dos grandes olhos pensativos refletiam a retidão e a serenidade da alma pura e amorosa. O rosto não contradizia seus atos: nada ofuscava a auréola que cercava sua memória. A filha a respeitava tanto quanto a amava. Se existe a justiça que eleva os eleitos às esferas superiores, então a alma de Vitória devia estar no reino da luz eterna.

Aquela leitura, fez Ellen decidir jamais se casar. Não queria submeter-se à injusta lei que exigia dela uma fidelidade canina ao homem, o qual iria ignorar o juramento que os ligava, reservando para si o direito de entregar-se à libertinagem. Pelo contrário, resolveu dedicar toda sua vida para abrir os olhos das mulheres às humilhações que sofriam e libertá-las do jugo matrimonial.

Com o objetivo de preparar-se bem para a luta que iria enfrentar, lançou-se com fervor aos estudos; após três anos, foi aprovada nos exames de doutora em leis. Como já alcançara a maioridade, deixou o abrigo e mudou-se para a casa que sua mãe doara à comunidade. Junto com ela foram Nelly Sinclair, que enriquecera novamente, e a senhora Forest, a grande amiga da mãe, agora sozinha, envelhecida e doente.

As três filhas da senhora Forest foram embora. Uma era médica numa das cidades sulinas; outra tornou-se pintora e morava na Europa, onde prosseguia os estudos no ateliê de um famoso artista; a terceira, para grande desgosto da mãe, casou-se e morava em Chicago com o marido. Como esse casamento era feliz, a bondosa Clara foi morar com Ellen, da qual gostava como de uma filha.

Nelly Sinclair voltou para a comunidade após dois anos de ausência, tendo passado esse tempo na casa de um velho tio marinheiro, irmão de sua mãe. Como desaparera por mais de quinze anos, todos o consideravam morto. De repente, reapareceu em Boston, procurou Nelly e lhe pediu que fosse morar com ele, pois estava velho, doente e sentia-se muito só. Ela achou que era seu dever cumprir esse desejo, ainda mais porque o velho parecia uma pessoa pobre. Então, mudou-se para seu discreto apartamento e cuidou dele por cerca de dois anos, como uma amorosa filha. Após sua morte, ficou surpresa ao saber que ele era muito rico e deixara para ela toda a sua fortuna.

Nelly recebeu com certa indiferença essa mudança em sua situação. Fiel às próprias convicções, voltou para a comunidade; antes disso, comprou uma linda propriedade onde fundou uma filial do "Paraíso sem Adão". Decidida a jamais se casar, a senhorita Sinclair foi morar com Ellen para ajudá-la e mantê-la no bom caminho, pois um episódio a colocara em evidência, dando-lhe certa notoriedade e a bela moça poderia ser alvo do assédio dos homens.

Na comunidade, vivia uma mulher com duas filhas, que estava separada, mas não divorciada do marido. Quando este morreu repentinamente, a mãe exigiu a tutela das filhas. O irmão do marido, entretanto, lutava por esse direito, afirmando que a comunidade, cujo objetivo, conforme ele, consistia em desviar as mulheres do verdadeiro caminho a elas destinado pela natureza, tornava-a incapaz da tutela das filhas. Ele não desejava que suas sobrinhas recebessem aquela insana educação e fossem levadas a doar todos os seus bens à insaciável instituição. Quando o caso chegou aos tribunais, a mãe incumbiu Ellen de defender sua demanda. O discurso de Ellen, brilhante, irônico e, ao mesmo tempo, profundamente estudado, transpirando ardente convicção, chamou a atenção dos juízes fazendo-os sorrir ante as ácidas indiretas endereçadas à parte oponente. Ellen ganhou a causa, ficando famosa; além disso, o pobre e cruelmente ridicularizado "Adão" não só perdeu o processo, como também o coração, que docilmente colocou aos pés daquela cruel filha de "Eva", que somente admitia o paraíso sem ele. Ellen disse ao pretendente que o exemplo de seu falecido irmão e o inferno que este criara para a própria mulher fizeram-na perder toda a vontade de ser sua esposa.

Esse sucesso fez surgir um novo plano na ativa mente da vencedora: aproveitar seu dom de oratória para fazer palestras públicas que, sem dúvida, trariam à comunidade muitas novas e úteis adeptas.

Após obter a aprovação das amigas e da senhora Oliver, Ellen lançou-se ao trabalho. Começou a coletar no arquivo do abrigo material para futuras palestras e, três meses depois, estreou no púlpito. Suas primeiras conferências tiveram enorme êxito e cresciam cada vez mais. Quando Ellen discursava, o salão ficava superlotado tanto de homens como de mulheres; o engraçado era que os homens, na maioria das vezes, apaixonavam-se pela bela palestrante e não desistiam diante de seus ardentes e zombeteiros ataques ao sexo forte, sonhando até em convertê-la ao "bom caminho".

Por enquanto, essas tentativas não tinham nenhum sucesso. Atirando-se de cabeça na luta antimatrimonial, Ellen sonhava com a possibilidade de ampliar seu campo de ação e as absurdas tentativas dos homens de subjulgá-la somente a faziam rir.

— Chegou o tempo de nós ditarmos as leis aos homens — dizia Ellen às suas amigas. — É preciso apenas mostrar às mulheres o poder que possuem se juntas condenarem firmemente os seus "senhores" à solidão até que eles se submetam e dediquem ao casamento a sua parte equivalente de honestidade, fidelidade e amor.

Sob a influência dessas ideias, Ellen publicou uma

brochura com o título: "Abaixo o jugo dos homens! Liberdade e igualdade às mulheres!" Nesse livro, escrito com a dedicação e acidez que lhe eram próprias, Ellen fazia o resumo histórico da escravidão da mulher, partindo, em tom de piada, da criação do Mundo:

> Leiam com atenção o início da Gênese, na Bíblia, e imediatamente notarão os primeiros brotos da arrogância de Adão! Ele estava entediado num lugar de bem-aventurança, no paraíso! E por quê? Porque imaginava estar acima de toda a criação e o único a ter recebido o sopro Divino. Ficou cansado de comandar somente animais inferiores, que não podiam entendê-lo nem bajular sua vaidade. Além disso, invejava os animais, pois cada um tinha uma companheira a quem podia judiar como bem lhe aprouvesse, enquanto ele não tinha ninguém sobre quem exercer o seu poder e superioridade, que suportasse docilmente, sem fugir de suas zombarias e implicâncias. Adão passou a lamentar-se e a perturbar o Criador com suas queixas e súplicas:
>
> — Senhor, por que me fizeste sozinho? Por que não me deste uma criatura que eu pudesse dominar com a superioridade que me foi concedida por Ti, alguém que não me abandonasse por pior que eu agisse com ela?
>
> Incomodado por tais gritos e súplicas, o Senhor criou Eva, amorosa, pura, com todas as virtudes espirituais e físicas, capaz de entender tudo o que é grande e lindo, mas que era dócil demais.
>
> Adão ficou entusiasmado e, no início, a vida deles foi suportável. Ele ainda não se acostumara ao papel de líder e a atmosfera

do Paraíso predispunha à paz e ao *dolce far niente*.[1] Mas quando foram expulsos e tiveram de ganhar o pão de cada dia com o suor do próprio rosto, Adão revelou todos os encantos do seu egoísmo e maldade. Eva tornou-se o bode expiatório, seu burro de carga, e essa opressão da mulher foi aumentando a cada geração.

Se Adão tivesse sido expulso sozinho, Eva permaneceria tranquila e feliz no Paraíso.

Mas isso tudo é passado. Chegou a hora de pôr fim a essa situação e devolver à mulher o lugar ao Sol que lhe pertence. Para isso é preciso, antes de mais nada, provar aos homens que as mulheres podem viver sem eles, tornando-se independentes pelo próprio trabalho; em segundo lugar, vencer o secular e ridículo preconceito, que é o temor de virar "solteirona". Essa ideia absurda não condiz com os tempos modernos e obriga milhares de moças a se casarem de qualquer jeito e com qualquer um, somente para não ganharem o horrível apelido de "solteirona".

Essa publicação teve enorme sucesso. Homens compravam-na tanto quanto as mulheres, e até mais. Uns divertiam-se, outros ficavam irritados com esse ataque direto e até pretendiam apresentar queixa contra a comunidade e a palestrante, depois que algumas moças, impressionadas pela pregação antimatrimonial, recusaram seus noivos e entraram para a comunidade. A maioria dos homens, entretanto, limitou-se a zombarias, dizendo não temer a guerra desencadeada contra eles, que sempre haveria mulheres suficientes desejando casar e lamentando que uma moça tão

1 ***Dolce far niente*** – Ficar sem fazer nada.

encantadora, criada para o amor, estivesse contaminada por ideias tão absurdas.

Ellen não ligava e prosseguia os ataques, planejando até transferir a guerra para a Europa. Lá pretendia organizar um levante das mulheres contra a superioridade dos homens, criar associações semelhantes à sua comunidade e dar um caráter mais dinâmico ao movimento de emancipação feminina.

Com a anuência da senhora Oliver, ficou decidido que Ellen partiria no outono para o Velho Mundo, onde permaneceria um ano e visitaria, inclusive, a Rússia. Apesar da opinião geral, de que naquele país seria mais difícil agir do que em qualquer outro, Ellen insistiu em sua decisão. Finalmente, a senhora Oliver rendeu-se aos seus argumentos e prometeu até conseguir cartas de recomendação para famílias da alta sociedade através de sua parenta casada com um russo que residia em São Petersburgo.

Um desejo oculto incitava Ellen a visitar a Rússia, sem que ela ao menos desconfiasse disso. Era o desejo de ver o pai, se ainda estivesse vivo e, se possível, vingar-se dele. Um indescritível e amargo ódio premia-lhe o coração só de pensar naquele homem tão próximo e, ao mesmo tempo, mais estranho que qualquer transeunte. Em tais momentos, um terrível sentimento de solidão apoderava-se dela; a consciência de estar só no mundo, entregue às próprias forças, despertava-lhe o desejo de rever o pai que jamais conhecera, o pai que não quis amar a própria filha, para retribuir-lhe cada ferimento. Ninguém, todavia, sequer suspeitava dessa obsessão. Para todos, a bela missionária estava indo batalhar pela emancipação das mulheres e preparava-se ativamente para a espinhosa missão. Somente Nelly colocou-se abertamente contra, reprovando com hostilidade essa intenção de Ellen.

— Para que procurar locais para trabalhar além do oceano — dizia ela —, quando por aqui temos trabalho de sobra que exige pessoas dedicadas e ativas? Além disso, tenho um pressentimento de que esta viagem lhe trará infelicidade. Se quiser um bom conselho, jamais vá à Rússia, que foi fatal à sua mãe.

A oposição da melhor amiga quase abalou Ellen, mas a motivação secreta foi mais forte e a viagem ficou decidida.

Quando a partida foi irremediavelmente marcada, Nelly calou-se e disse que acompanharia Ellen como sua secretária. Uma outra moça da comunidade iria como auxiliar da missionária ou de sua secretária, conforme a ocasião. Finalmente, a senhora Forest deveria acompanhar as três amazonas em sua empreitada.

Nos primeiros dias de agosto, Ellen e suas três companheiras partiram para Nova Iorque, de onde viajariam à Europa. Toda a comunidade foi levá-las à estação, desejando feliz viagem e muito sucesso.

No magnífico transatlântico que seguia para Bremen[2] havia numerosos viajantes, em sua maioria homens. Ellen era bonita demais para não chamar atenção; além disso o capitão do navio e algumas outras pessoas a conheciam, o que aumentava ainda mais o interesse de todos por ela.

Desde os primeiros dias na embarcação, Ellen notou um elegante rapaz que insistia em olhá-la. Sua aparência despertou-lhe certa antipatia e, ao mesmo tempo, um interesse que a fazia procurar com os olhos a figura alta e elegante do desconhecido e examiná-lo

2 Bremen — Cidade alemã, capital do estado de mesmo nome, situada às margens do rio Weser.

com curiosidade. Era um rapaz sem dúvida bonito, de uns trinta anos, rosto de finos e nobres traços ao qual as sobrancelhas espessas e o nariz levemente adunco davam uma expressão enérgica. Sua face era pálida e, sob os bigodes negros, destacavam-se belos lábios sensuais; seus grandes olhos cinzentos, com um tom esverdeado, faiscavam.

Sob a influência desse sentimento de antipatia, ela passou a evitar o desconhecido, voltando sua atenção para a parte feminina dos passageiros. Durante o almoço, fez amizade com sua vizinha de mesa, uma alemã de meia-idade, que lhe pareceu simpática. Depois, ambas subiram ao tombadilho e continuaram uma conversa interessante sobre a vida das mulheres no Japão, onde a senhora Alma-Rosa passara alguns anos como educadora. Ela retornava à Alemanha para casar-se com um homem de quem estava noiva há doze anos.

A orgulhosa americana olhou com profunda pena o rosto pálido e murcho de sua interlocutora e sua aparência cansada e doentia. Ellen achava aquele desejo de submeter-se à escravidão do matrimônio uma loucura, pois a mulher já não tinha mocidade nem beleza para encantar o seu senhor. O que esperava ela da vida conjugal, se tantas outras, cheias de juventude, beleza, inteligência e riqueza foram abandonadas?

Decidindo-se rápido, Ellen passou a falar de sua comunidade, sobre as vantagens da liberdade, a obrigação das mulheres de se unirem na criação de abrigos semelhantes ao "Paraíso sem Adão" e, finalmente, sobre a necessidade de se livrarem da submissão dos homens.

Rosa ouvia surpresa. Como educadora, estava acostumada à submissão e à abnegação. Por isso, as opiniões revolucionárias de Ellen escandalizaram-na.

— Isso é utopia! A mulher foi criada para obedecer ao homem e viver em função das obrigações de família. Além disso, amo o meu Wilhelm e estaria pagando com a ingratidão sua fidelidade se faltasse à minha promessa e começasse a lutar contra o matrimônio.

Um sorriso zombeteiro passou pelos lábios de Ellen.

— Não duvido que a senhora o ama, mas e ele? Não acredito na fidelidade dos homens e em sentimentos profundos da parte deles. Permita-me uma pergunta indiscreta: quando foi a última vez que viu o seu noivo?

— Já faz nove anos. Mas correspondemo-nos assiduamente e ele me ama do mesmo jeito, como no dia de nosso noivado — respondeu Rosa, corando.

— Querida Rosa, percebo que você é incurável, e desejo de todo coração que seja feliz e jamais sofra desilusões. Mas deixe-me continuar com as minhas convicções. O conceito germânico de obrigações familiares em nada me atrai.

Então, com sua alegria e animação características, Ellen passou a descrever a vida da mulher, condenada, desde a infância, a serzir as meias do pai, dos irmãos e, mais tarde, do marido e dos filhos, costurar, cozinhar e tricotar para todos na casa. Tudo em meio a gritos, barulho e estardalhaço de uma dúzia de crianças que ela teve a felicidade de trazer ao mundo, ninar, educar e ensinar. Isso acontece no lar, enquanto o marido, desempenhando o papel de "rei da criação", fica bebericando a sua cerveja, jogando baralho ou discursando em clubes e sociedades patrióticas.

Ela concluiu o seu quadro caricato, divertindo-se com o ar perdido e revoltado de Rosa. De repente, seu olhar encontrou o do desconhecido que ela decidira evitar, mas não notara a sua aproximação. Nos olhos dele havia uma expressão tão irônica de desprezo e superioridade que um forte rubor cobriu o rosto de Ellen. Medindo-o com um olhar orgulhoso e hostil, afastou-se acompanhada da senhora Forest e Nelly.

Apesar da firme decisão de evitar o desconhecido, que lhe parecia cada vez mais antipático, no dia seguinte Ellen foi apresentada a ele pelo capitão do navio, que se interessou pela bela passageira, cortejava-a com insistência e, nas horas vagas, discutia com ela e as companheiras suas absurdas convicções. Durante uma dessas conversas, o capitão chamou o desconhecido e pediu permissão para apresentar às damas o barão Evgueny Ravensburg, que logo se interessou pela comunidade "Paraíso sem Adão" e pelos objetivos das missionárias.

Ellen tratou o rapaz friamente e com desconfiança, mas ele pareceu não notar e passou a conversar com Nelly sobre o movimento feminino na América. Ele ouvia as amáveis e irreverentes discussões do capitão com a senhorita Rutherford, mas não se intrometia na conversa, mantendo-se numa fria discrição.

Desde esse dia, o barão passou a aproximar-se das damas assim que elas apareciam no salão ou no tombadilho; conversava alegre e amavelmente, mas sem qualquer insinuação de corte. Certa vez, disse já ter visitado a América anteriormente, mas não ficara tanto tempo como agora.

— O senhor viaja por diversão? Já esteve na América do Sul?

— Não, visitei somente os Estados Unidos. Essa viagem foi receitada por meu médico, para me distrair e acalmar os nervos, muito abalados por um caso em que fui réu — respondeu o barão, brincando com a ponta do bigode.

— Mas que crime o senhor cometeu? — perguntou Ellen por simples curiosidade.

— Louco de ciúmes, estrangulei minha esposa — respondeu o barão com tranquilidade e indiferença.

Ellen estremeceu e recuou, olhando com horror e asco o rosto tranquilo e despreocupado do barão.

Aquele cínico revelava-se um verdadeiro monstro. Não somente divertia-se viajando após o assassinato, mas até ousava falar de seus nervos abalados.

— Seria indiscrição de minha parte perguntar-lhe de que país o senhor é? Onde fica esse paraíso de justiça que absolve tais diversões? Na Alemanha e no meu país o assassinato é punido com a morte — disse Ellen após um curto silêncio.

O barão permaneceu indiferente.

— Meu ciúme foi legítimo; além disso, matar a esposa adúltera num momento de excitação não é considerado assassinato premeditado, mas uma ação passional, desculpável. Sou russo, minha senhora; no meu país, como em todo o mundo, a infidelidade da esposa é considerada crime milhares de vezes pior que assassinato. A esposa jamais deve esquecer de que o marido é o senhor, que ela deve reverenciar e respeitar e a quem deve obedecer e ser fiel. Por isso, a mulher não deve esquecer que merece a morte por sua infidelidade.

A testa branca de Ellen enrugou-se, os olhos azuis escureceram de emoção e faiscavam de indignação. Refazendo-se rapidamente, observou com ironia:

— Nota-se que o senhor vem de um país mal saído da barbárie. Talvez na sua encantadora pátria ainda não admitam que a mulher possui uma alma! Se assim for, não acha insensato exigir daquelas infelizes todas as virtudes que o senhor acabou de enumerar?

— Não. Em nosso país, admitimos que a mulher tem alma, naturalmente inferior à nossa. Mas não me diga que a fidelidade é uma virtude tão extraordinária. Até os cães a possuem. Casei-me levianamente. Numa próxima vez, ao escolher uma esposa, serei mais criterioso e estudarei antes o caráter da eleita.

Desta vez Ellen ficou completamente estarrecida. Esse monstro sanguinário estava tão cego em sua vaidade, que imaginava que alguém ainda ia querê-lo.

— O senhor pretende se casar novamente? Não me diga que imagina encontrar uma mulher tão corajosa a ponto de desposá-lo!

— Oh! Posso encontrar uma centena. Cada uma delas estará convencida de que conseguirá seduzir-me ou, em todo caso, enganar-me mais habilmente para evitar a catástrofe que custou a vida da minha primeira esposa — respondeu o barão com um sorriso.

— Barão, o senhor é muito modesto! Cada palavra sua comprova o tipo de respeito que tem pelas mulheres. Na Rússia, aparentemente, elas são por demais submissas. Já é tempo de alguém tirá-las do torpor, mostrar-lhes que têm os mesmos direitos do homem, ensiná-las a viver sozinhas, desprezando o jugo matrimonial e evitar, como o mais perigoso inimigo, a ignóbil outra metade da raça humana.

— Oh! Nós, homens, ignóbeis? São palavras cruéis, senhorita Rutherford! Qual foi o infeliz representante do nosso sexo que a ofendeu a ponto de fazer seu jovem coração odiá-lo tanto?

— Meu coração nada tem a ver com isso. Graças a Deus jamais me rebaixei a ponto de amar algum representante do vosso sexo — respondeu Ellen com desprezo.

— Então, isso ainda acontecerá. Não confie em

Eros;[3] ele é um rapaz muito astuto! Gosta de atingir com suas flechas justamente pessoas que se acham inatingíveis.

— Não o temo nem desejo criar um inferno particular. Aliás, sou por demais experiente para cair nessa armadilha.

— Verdade? Tão jovem e tão experiente? Quem diria! — observou, zombeteiro, o barão.

Ellen corou e franziu o cenho.

— O senhor não me entendeu, barão. Estou falando teoricamente. A instituição onde estudei permitiu-me aproveitar a triste experiência de outras. Na prática, não estou interessada em homens e pretendo estar sempre livre de sua maléfica influência. Somente uma educação deficiente e os velhos preconceitos explicam como tantas criaturas desenvolvidas, talentosas, ativas e enérgicas se tornam brinquedos inúteis em mãos grosseiras e levianas. Em vez de ensinar, desde a mais tenra infância, a necessidade de trabalhar para ser independente e útil à sociedade, dizem à moça que o casamento é o único objetivo de sua vida e a posição mais honrosa que ela pode ocupar. As mães, cegas e insensatas, esquecendo o próprio sofrimento, as desilusões, preocupam-se apenas em casar a filha, sem abrir-lhe os olhos para o que a espera e sem contar que o amor nada mais é que um sonho, cujo despertar se torna um terrível pesadelo de infinita submissão à pessoa que se apropriou de todos os direitos, deixando-lhe somente as obrigações.

— Suas palavras têm uma dose de razão! Mas quantas mulheres considerariam felicidade uma vida

3 Eros — Deus grego do amor, filho de Afrodite e Ares, representado por um menino alado com um arco e flechas. Entre os romanos, foi associado ao Cupido.

solitária? — perguntou o barão, ficando sério repentinamente. — Não! O ímpeto de amar e ser amada é tão poderoso no coração da mulher que, apesar das nossas maldades e da nossa tirania, a única dificuldade é escolher entre tantas vítimas voluntárias, desejosas de ir para o altar e que encontram prazer especial em se deixarem torturar — acrescentou ele, retornando ao tom zombeteiro.

Mas Ellen já não o ouvia e franziu as sobrancelhas, muito séria. Lembrou-se da mãe, que, ao terminar a longa agonia espiritual, pagou com a vida o seu sonho doentio, deixando-lhe o enigma: teria ela deixado de amar o patife?

O barão olhava com curiosidade o seu rosto sombrio e a severa e amarga dobra em volta de seus lábios.

"Existe algum mistério no passado dessa moça", pensou. "Ela é jovem e pura demais para ter sofrido desilusões amorosas. Talvez tenha acontecido algo entre seus pais que obscureceu sua infância."

Ellen, já refeita, sorriu ao olhar perscrutador do barão.

— Que plano sombrio estava arquitetando a encantadora e cruel inimiga do nosso sexo? Com que discurso a senhorita eliminará a nós, homens, provocando assim a extinção da raça humana?

Ellen balançou a cabeça.

— Pensava na triste verdade de suas palavras. Portanto, não tema pela raça humana! O senhor acabou de dizer que existem muitas mulheres, até demais, dispostas a serem encilhadas em sua biga triunfal, felizes em se deixarem estrangular, satisfeitas com as migalhas de amor que caem de sua mesa. Enquanto isso, nessa mesma mesa, as mulheres da vida absorvem a melhor parte do coração e da carteira do seu marido. Mas eu desprezo a esmola; prefiro morrer fiel às minhas convicções de que o verdadeiro paraíso só pode existir sem Adão.

Ellen levantou-se e inclinou a cabeça levemente. Toda a sua figura respirava tal inocência, encantamento e virginal sedução, que os olhos do barão faiscaram com admiração, quando ele também se levantou e disse surdamente:

— Mesmo assim, esperemos que a mais sedutora das filhas de Eva não evite a poderosíssima lei do amor e que entre a metade imprestável da raça humana haja um felizardo que a ensinará a carregar com tolerância e docilidade uma corrente de rosas.

Ellen ruborizou diante de seu olhar ardente.

— Não! Não quero amar nem ser amada — respondeu balançando a cabecinha.

Para disfarçar o embaraço, dirigiu-se rapidamente à sua cabine. Jogou-se no divã e fechou os olhos, tentando ordenar os estranhos sentimentos que repentinamente a invadiram.

Ellen era de natureza rigidamente equilibrada, acostumada a avaliar as próprias emoções. Perguntava-se agora com certa preocupação qual o significado daquela sua estranha antipatia pelo barão Ravensburg. Muitos homens já lhe falaram de amor e ela vira muitos olhares apaixonados, mas jamais seu coração batera como agora e nunca pensara tanto em alguém quanto neste desconhecido. Estaria ele brincando ao dizer que matara a esposa por ciúmes, ou de fato vingara cruelmente sua honra difamada?

Os pensamentos desviavam-se e Ellen chegou à seguinte conclusão: por que somente a honra dos homens é manchada pela infidelidade feminina, enquanto que a honra das mulheres nada sofre com milhares de traições masculinas? Não seria isso mais uma gritante injustiça? Claro que sim!

De repente, recordou-se do escritor sueco Bierisen, que em sua obra intitulada *Luva*, opinava que o passado do homem, ao casar-se, deveria ser tão irrepreensível quanto o da moça e que ambos tinham o direito de exigir um do outro uma vida casta. Lembrou a tempestade de ira e zombaria que se desencadeou na época contra o respeitável autor, por ousar propagar tal absurdo! Os senhores "reis da criação" mantiveram seu privilégio de casar atolados até as orelhas na promiscuidade e prosseguir nessa vida devassa, exigindo da esposa a castidade de um anjo, a fidelidade canina e o respeito cego às suas sujeiras.

Seus pensamentos foram interrompidos com a chegada de Nelly. A senhorita Sinclair, alta e magra, trajada com simplicidade puritana num vestido preto com estreitas e brancas faixas na gola e nos punhos, tinha um ar particularmente austero.

Na verdade, na comunidade a regra era usar roupas somente nas cores preta e cinza, vestindo-se na moda mas de forma simples. A senhorita Nelly exagerava essa regra e seus trajes tinham aparência quase monástica. Mas Ellen e a maioria das outras moças divergiam um pouco dela, permitindo-se enfeitar seus trajes escuros com babados, lacinhos coloridos e flores. Naturalmente, nenhuma delas tentava agradar ninguém, todas queriam estar bonitas para si mesmas. A experiente senhora Oliver, com sua tolerância puramente maternal, não punha obstáculos a essa inocência juvenil. Naquele dia, Ellen usava um vestido de seda negra, um lenço de cabeça rendado, preso por um broche de safiras, e penteado da última moda. Sua beleza fresca e radiante destacava ainda mais a angulosidade e magreza de sua amiga.

Sentando-se ao lado de Ellen, Nelly apertou-lhe a mão.

— Vim para termos uma conversa séria e chamar sua atenção para um perigo que está ignorando ou não percebe — disse ela com sua voz profunda e metálica.

Notando Ellen corar, acrescentou:

— Você já me entendeu! Isso comprova que meu aviso não é em vão. Permita-me repreendê-la por conversar e discutir demais com o barão russo, que me causa insuportável nojo. Eu a amo como a uma irmã e meu coração me diz que esse homem representa para você um perigo fatal. Você é bonita e percebi por seus olhares eloquentes que você o atrai. Portanto, ele irá vigiá-la como o gavião à sua presa, e depois abandoná-la como uma luva usada assim que seu capricho for satisfeito. Como você não é o tipo de mulher que encara o amor como diversão, acabará lhe entregando todo o seu coração e quebrando-o, pois o barão é tão egoísta, esbanjador e sem princípios como o foi seu pai. Pense nisso, Ellen, e tome cuidado! Evite esses perniciosos encontros e fuja do perigo, pois o instinto arrasta a mulher para o amor!

Ellen baixou a cabeça, sombria e pensativa, mas após um curto silêncio, endireitou-se e disse com decisão:

— Tem razão, Nelly! Também sinto que esse homem pode tornar-se perigoso para mim. Vou seguir o seu sensato conselho e evitá-lo, pois não quero amar e sofrer como minha mãe.

— Fico feliz com sua decisão, pois um homem como ele não estenderia a mão para uma mulher a não ser para sujá-la ou rebaixá-la. Desejo que você evite o cálice do qual bebi até o fundo, quando tive que arrancar do coração a imagem do noivo que tão cruelmente me revelou que eu era somente um acessório do meu dote! Mesmo assim, não consegui esquecer aquele sujeito indigno, ao qual estava ligada com todas as fibras do meu ser. Meus sonhos de futuro e as esperanças perdidas perseguiram-me como zombeteiros fantasmas e muitas vezes o suicídio pareceu-me a única solução! Mas Deus, em Sua misericórdia, não permitiu que eu cometesse esse crime! Chegou um momento em que senti vergonha de mim mesma e da minha fraqueza. Então, dos escombros do passado, ergui-me como uma nova pessoa. Destruí, eliminei da minha mente tudo o que se referia àquele patife. Então me tornei tranquila e, espero, inatingível. Gostaria de livrá-la dessa terrível sina, por isso repito: evite o barão!

Ellen, pálida e desolada, ouvia em silêncio. Tristeza, amargura e uma obscura nostalgia enchiam sua alma.

— Certo, Nelly, tentarei evitá-lo e aos outros homens, mas temo que o destino irá colocá-lo novamente no nosso caminho. Ele é russo, vive em São Petersburgo e ainda hoje pela manhã citou uma pessoa para a qual temos cartas de recomendação. Portanto, é muito provável que o encontremos na sociedade. Em todo caso, tranquilize-se: saberei manter o barão a uma distância segura. Estou mais preocupada com outra questão: será que vou encontrar aquele... homem horrível do qual conservo uma lembrança tão nítida e ruim? Será que ele ainda vive? Em caso positivo, estará livre ou casado? Será que tem filhos para os quais foi um verdadeiro pai? Ele acha que eu e mamãe morremos, como morreu a sua consciência e as obrigações que tinha para conosco. Ele me privou do lar paterno, me condenou a uma amarga infância e me tirou a adorada mãe.

As lágrimas embargaram sua voz e ela se calou. Desde a morte de Vitória, Ellen jamais se sentira tão solitária e abandonada. Toda a sua vida fora dedicada ao serviço de uma ideia considerada ridícula por muitas pessoas; estava entregue às próprias forças nessa luta e nas tentações que o futuro talvez lhe reservasse.

Nelly, que a olhava compadecida, atraiu-a para perto de si e a beijou.

— Eu a compreendo, pobrezinha! Esse encontro, se acontecer, será muito difícil para você. Mas, quem sabe? Talvez nesse momento fale a voz do sangue, ele goste de você e deseje abraçar a filha querida. Então chegará a hora da vingança! A Nêmesis[4] adormecida despertará e vingará você e sua mãe.

A hostilidade de Nelly era sincera e sua severa opinião sobre o barão era inteiramente justificada.

Evgueny Ravensburg pertencia a uma família nobre e possuía grande fortuna. Ninguém jamais impediu seus gostos esbanjadores. Fora educado numa instituição de elite, onde os discípulos se exercitavam mais na devassidão do que nas ciências. Concluindo honrosamente o curso, ocupou um lugar no ministério, mais honroso do que lucrativo, e que lhe oferecia muito tempo ocioso. Aparecia em sua chancelaria às duas horas da tarde, discutia em agradável conversa com os colegas toda a escandalosa crônica dos salões de recepção e dos bastidores, ou escrevia bilhetinhos que os mensageiros particulares levavam rapidamente aos destinatários. O trabalho era feito às pressas e os incômodos visitantes que ousavam aparecer para informar-se sobre as solicitações entregues eram secamente dispensados. Aquela recepção, sempre cheia de solicitantes, incomodava terri-

---

4 Nêmesis - Deusa grega da vingança e da justiça. Termo particularmente apreciado por Rochester para designar "vingança".

velmente os pobres funcionários. Aquela "sub-raça", que frequentemente não tinha dinheiro nem para almoçar, podia esperar, ou era dispensada com a frase estereotipada: "A chancelaria irá informá-lo imediatamente, assim que chegar a decisão do seu pedido".

Isso não quer dizer que o barão fosse naturalmente mau. Simplesmente era leviano e egoísta, típico filho da época, produto de uma educação frouxa, de uma sociedade depravada e da bajulação feminina. Fanático admirador do belo sexo e sem ter experimentado o verdadeiro amor, o barão esgueirava-se habilmente entre milhares de intrigas passageiras. Usava truques infalíveis, fosse para tentar uma mulher casada, tomar a "cocote" do amigo ou seduzir uma moça, apesar do perigo de tais aventuras. Em seu trajeto, encontrou poucas mulheres inatingíveis ou duras de coração. Bonito, elegante, adorado por seus chefes, com quem estava quase em pé de igualdade, era bem recebido por todos e sentia-se inteiramente satisfeito. Fora à América somente por diversão e, durante a sua estada em Boston, assistiu por curiosidade a uma palestra de Ellen. O barão ficou surpreso em ver que a palestrante, em vez de ridícula velhota, era uma moça encantadora que lhe agradou sobremaneira e quis conhecê-la. Entretanto, por não ter contatos na cidade, teve de desistir do intento.

Mais tarde, para sua grata surpresa, encontrou a missionária no navio e, aproveitando a amizade com o capitão, apresentou-se a ela. Ellen agradava-lhe cada vez mais. Sua inteligência, esmerada formação e raciocínio peculiar encantavam-no. O barão inventara a história do assassinato da suposta esposa somente para irritá-la e divertir-se com sua indignação.

Depois, notou com arrependimento que Ellen passou a evitá-lo. Trancava-se na cabine, saía somente para o almoço e, mesmo assim, sentava-se entre a senhora Forest e Nelly, limitando-se a cumprimentar de longe a ele e ao capitão. Como o tempo estava chuvoso e desagradável, as damas não saíam com frequência para o tombadilho.

Finalmente, na véspera da chegada a Bremen, fez um lindo dia. Ellen e suas companheiras saíram ao tombadilho para respirar ar puro e sentaram-se nos únicos lugares vagos, junto às cordas.

Perto delas havia um grupo de homens de aparência extremamente séria; todos vestiam trajes pretos, elegantes mas simples. Ellen já os tinha notado anteriormente e, baseando-se na aparência discreta, supôs que fossem do "exército da salvação". Neste momento ela também observava atentamente aquele estranho grupo, que se mantinha sempre distante dos outros passageiros.

De repente, um dos senhores dirigiu-se diretamente a ela, fez-lhe uma profunda reverência e perguntou se poderia ter a honra de conversar com a senhorita Rutherford-Ardi, famosa missionária.

Ellen respondeu afirmativamente e perguntou-lhe o que desejava.

— Chamo-me Timotheo Brown e sou presidente do clube e sociedade "Homens castos, redentores do pecado original".

— Não tenho o prazer de conhecer os objetivos da sua organização — respondeu Ellen com discrição. — Devo avisá-lo, senhor Brown, que pertenço à comunidade "Paraíso sem Adão", ou seja, sou inimiga do sexo masculino e do jugo secular que rebaixa a mulher ao nível de escravidão.

Timotheo Brown fez uma nova reverência.

— Vim para dizer-lhe que nos curvamos diante de seus objetivos e admiramos o talento com que defende uma das causas mais justas. Nós, homens, há muito tempo tornamo-nos indignos de ter lar e família, porque nossos irmãos subjugam a metade mais bela da raça humana. Nossa sociedade foi fundada com o objetivo de criar homens dignos do respeito e do amor das mulheres. Com palavras e ações professamos os princípios anunciados pelo venerável Biernson,[5] do qual somos discípulos. Reconhecemos a total igualdade entre homens e mulheres e desejamos mudar completamente os costumes. A vida de um rapaz deve ser tão irrepreensível quanto a de uma moça; ele deve amar pela primeira vez exclusivamente a sua companheira de vida e considerar a fidelidade matrimonial o seu dever mais sagrado. Por isso, o estatuto do nosso clube exige a castidade de seus membros, no sentido mais amplo dessa palavra.

Extremamente interessada, Ellen e suas companheiras, apertaram a mão do senhor Brown, expressando seu profundo respeito para com aqueles homens publicamente arrependidos, que davam o primeiro exemplo para a mudança de costumes que só poderia levar à união das duas metades do gênero humano.

Iniciou-se uma animada conversa na qual foi revelado que o senhor Brown e seus colegas estavam indo à Suécia levar a Biernson seus respeitos e pedir-lhe conselhos sobre o melhor modo de divulgar suas ideias através da imprensa e palestras. Ao saber que Ellen pretendia realizar algumas palestras na Rússia, o senhor Brown disse que tentaria chegar com seus irmãos a São Petersburgo a tempo de ouvi-la e, se possível, também organizar conferências.

---

5 Björnstjerne Björnson (1832 — 1910) - Escritor e ativista popular norueguês. Escreveu as obras ***Monogamia e poligamia***, ***A lei e não a guerra***, entre outras, e foi Prêmio Nobel da Literatura em 1903.

Ao término da conversa, as damas trocaram com os interlocutores emblemas adotados por suas comunidades. Em troca do distintivo com a colmeia cercada de abelhas e zangões mortos elas receberam bonitas medalhas de prata com a imagem bíblica de José[6] tentando escapar dos braços da esposa de Putifar[7] como um protótipo de castidade.

Mal quando o senhor Brown e seus colegas se afastaram, imediatamente aproximou-se o barão que as estava vigiando de longe e perguntou se aqueles divertidos senhores pertenciam à ordem dos amish.[8]

Ellen, muito animada, contou que tivera o prazer de conhecer o integrante da sociedade da castidade masculina e explicou os objetivos desta. Em seguida, acrescentou que aqueles senhores estariam em São Petersburgo no mesmo período que ela e realizariam palestras complementando as suas.

Ravensburg ouviu tudo calado, enrolando o bigode, e abriu um zombeteiro sorriso às últimas palavras.

— Todos esses grandes projetos se transformarão em pó, senhorita Rutherford — disse ele, finalmente. — A polícia não permitirá nem à senhorita nem a eles organizarem palestras públicas.

— Por quê? Seria isso da alçada da polícia? — perguntou Ellen, com surpresa e insatisfação.

— Porque em nossa capital a segurança social é bem preservada. A imprensa e os discursos são

6 José - Na Bíblia, filho mais novo do patriarca hebreu Jacó. Vendido como escravo pelos irmãos a mercadores que iam ao Egito, acabou por tornar-se o chanceler do Faraó Apopi. Para conhecer toda sua história, recomendamos a leitura de *O Chanceler de Ferro do Antigo Egito*, de Rochester, **EDITORA DO CONHECIMENTO**.

7 Putifar - Senhor de José quando este ainda era escravo. Tentado e seduzido pela esposa de seu Senhor, acabou preso (Gênese, capítulo 39).

8 Amish - Seita cristã puritanista em diferentes estados nos Estados Unidos e no Canadá.

censurados com rigor e a polícia poderá julgar suas palestras uma ameaça à ordem social.

— Seria ridículo da parte da polícia meter-se em coisas que não lhe dizem respeito! — exclamou Ellen com indignação. — A polícia tem obrigação de manter o bem-estar, a ordem e a limpeza da cidade e jamais ser uma censora de costumes. Qualquer pessoa pode ter os próprios credos e o direito de defendê-los.

— Na América sim, mas não na Rússia, onde os cidadãos são convidados a compartilhar da opinião das autoridades.

— Mas não pretendemos nos voltar contra as autoridades! Vou pessoalmente falar com o vosso minotauro policial e explicar-lhe que não somos anarquistas dinamitadores, nada diremos contra a monarquia e o governo que respeitamos. Falaremos sobre inofensivos problemas domésticos, sem referência a qualquer pessoa. Se o chefe da polícia for inteligente, ficará envergonhado da própria ignorância. Enfim, para convencê-lo definitivamente, vou mostrar-lhe os programas das nossas palestras e tenho certeza de que ele os aprovará.

— Desejo-lhe sucesso, embora não acredite nisso — respondeu o barão com um sorriso. — Enfim, quando chegar a hora, veremos.

Capítulo 4

Era um sombrio dia de outubro. Num luxuoso *boudoir*,[1] diante de uma escrivaninha de pau-rosa trabalhada, sentava-se uma dama de meia-idade. Era difícil determinar se já passara dos quarenta ou cinquenta, a tal ponto seu rosto parecia branco ou róseo sob a camada de pó-de-arroz; as sobrancelhas negras, artisticamente desenhadas em ousados arcos, destacavam-se sobremaneira do espesso cabelo ruivo postiço sob uma pequena coifa de renda.

Ainda esbelta, apertada num corpete que desenhava a beleza do seu porte, a dama trajava um vestido azul curto, de pelúcia e mangas curtas, um semicapote enfeitado de rendas e acinturado com uma faixa negra que terminava num grande laço de pontas longas. Seus braços semidesnudos estavam enfeitados por simples braceletes dourados e os dedos cheios de anéis valiosos.

A decoração do *boudoir* combinava inteiramente com sua elegante dona. O chão estava coberto por um espesso tapete persa e as paredes revestidas com um tecido escuro e aveludado. Os móveis, baixos e

---

1 *Boudoir* (do francês) – Pequeno quarto de senhora, decorado com elegância.

confortáveis, eram revestidos de cetim dourado com uma faixa bordada de seda branca. A abundância de flores raras e bibelôs valiosos fazia o ambiente ainda mais aconchegante.

Lídia Andreevna, a baronesa Nadler, era viúva de um general que ocupara um alto cargo em São Petersburgo. Muito rica, gostando de prazeres e possuindo um caráter animado, distraía a viuvez com brilhantes recepções, o patrocínio de novos talentos e a participação ativa em causas filantrópicas. A baronesa tinha duas filhas: Kitti e Marússia. A mais velha com dezoito anos e a mais nova com dezesseis; mas a mãe não admitia mais de dezesseis para a primeira e catorze para outra, não desejando parecer velha por ter filhas tão crescidas.

Naquele dia, a baronesa passara a manhã colocando em ordem a correspondência e separando pedidos enviados à sociedade beneficente da qual era presidente.

Apesar de serem ainda três horas da tarde, lá fora estava quase escuro e um espesso e úmido nevoeiro envolvia a rua coberta de neve e lama. O contraste entre o gélido frio da rua e o aconchegante luxo do ***boudoir***, impregnado de um leve perfume, provocava um sentimento de profunda satisfação. Ao lado da escrivaninha, estava acesa uma lâmpada sobre um alto suporte de bronze. Os raios de luz, filtrados através do abajur vermelho, refletiam-se como rubis no cetim das cortinas e poltronas.

Diante da baronesa, numa poltrona baixa, sentava-se uma visita. Era uma mulher ainda jovem, mas um tanto murcha, de rosto pálido e profundas olheiras. Seu traje tinha pretensões de luxo: um vestido de seda negra, que farfalhava agradavelmente ao menor movimento; trazia nos ombros uma grande estola de pele que parecia sem propósito naquela sala aquecida, mas da qual não conseguia separar-se, feliz com a nova aquisição. Seus cabelos louros, penteados à moda grega, mas terrivelmente armados, estavam enfeitados por um chapeuzinho preto.

Cheia de pose, falava com animação das próprias ocupações e do extremo cansaço que lhe provocava seu serviço; ainda mais, como voltava dos bailes e noitadas às três ou quatro horas da manhã e tinha de levantar às sete, não tinha tempo para recuperar o sono.

A baronesa ouvia distraidamente esse tagarelar e pensava sobre a carta que recebera aquela manhã da senhorita Rutherford. Três semanas atrás chegara a primeira missiva de Ellen anexada à carta de recomendação de uma dama da embaixada russa em Nova Iorque, pedindo a Lídia Andreevna que ajudasse e protegesse a jovem americana.

A baronesa Nadler era liberal e interessava-se, teoricamente, pela emancipação das mulheres; mas temia meter-se em alguma especulação americana que poderia trazer-lhe problemas e despesas. Por isso, respondeu com muita cautela, pedindo mais informações sobre o que desejavam dela. A resposta recebida pela manhã dissipou suas desconfianças. Ellen pedia-lhe que fizesse propaganda, com a distribuição gratuita de brochuras e que encontrasse uma residência apropriada para quatro damas com criadas. Tudo indicava que a senhorita Rutherford e a comunidade que representava tinham posses e necessitavam somente de apoio moral e participação. Nesses casos, a baronesa jamais recusava.

O mordomo entrou, afastando o cortinado, e informou da chegada da senhora Obzorov.

A anfitriã levantou-se imediatamente; mal conseguiu chegar até a porta do quarto quando apareceu uma bela dama de uns trinta anos. Era uma mulher de cabelos bem escuros, elegantemente trajada num vestido de seda verde-garrafa e chapéu da mesma cor, enfeitado de rosas e um maço de plumas.

Segurando a baronesa pela mão, a visitante exclamou num tom emocionado:

— Ah, querida Lídia Andreevna! Vim pedir seu conselho para algo muito importante.

A baronesa beijou-a nas faces e soprou-lhe ao ouvido:

— Fale mais baixo, querida, não estamos sós.

Em seguida, apontou para a primeira visitante e as apresentou.

— Esta é Maria Aleksandrovna Zaguliaev e esta é Varvára Arkadievna Obzorov.

As damas acomodaram-se e Zaguliaev ajeitou-se demais ao sentar, só para farfalhar sua saia de seda. A conversa não fluía. A senhora Obzorov, visivelmente irritada com a presença da incômoda visitante, revirava por entre os dedos a correntinha dourada do lornhão; em seguida, pegando da escrivaninha uma brochura de capa azul, passou a folheá-la e interessou-se:

— Que brochura é essa: "Abaixo o jugo dos homens!"? Onde a senhora conseguiu isso, Lídia Andreevna? Parece-me bastante curioso.

— Sem dúvida! Eu praticamente a devorei. Sua autora, a senhorita Rutherford-Ardi, é missionária da comunidade "Paraíso sem Adão", uma sociedade de esposas abandonadas, que sofreram maus tratos dos maridos. Ela chegou à Europa com mais duas irmãs da comunidade e já realizou palestras em Bremen e Berlim com enorme sucesso. Ela me enviou as reportagens dos melhores jornais: todas favoráveis. Devo admitir que escreve muito bem e tocou profundamente o meu coração ao ler a eloquente descrição da nossa infelicidade e das revoltantes injustiças cometidas em relação a nós mulheres. Ela está certa ao afirmar que a mulher deve lutar por sua independência e, ao mesmo tempo, evitar o amor e o casamento.

— Muito provavelmente é uma solteirona despejando sua ira sobre os homens e rejeitando o amor só porque não conseguiu achar um marido — observou Obzorov, folheando nervosamente a brochura.

A baronesa deu uma gargalhada e, em seguida, tirou da gaveta da mesa o retrato de Ellen.

— Minha prima, Nina Nadler, enviou de Nova Iorque o retrato da senhorita Rutherford. Olhe-o, Vava, e certifique-se de que não foi velhice nem feiúra que a tornaram missionária do "Paraíso sem Adão"!

— Realmente, ela é linda! Então, a senhorita Rutherford prega contra o casamento por pura convicção. Aliás — a senhora Obzorov, levou o lencinho rendado aos olhos —, está muito certa. Quem de nós teria casado, se soubesse o que nos reservava o matrimônio?

As damas trocaram observações ácidas a respeito dos maridos. Maria Aleksandrovna as ouvia compenetrada. Ela queria dar sua opinião na conversa, mas não sabia como. Não sendo casada oficialmente, não podia queixar-se do "marido". Apesar de trazer em seu coração uma longa lista de maldades recebidas de homens, não podia discorrer sobre a infidelidade deles sem trair-se. Por fim, decidiu ficar do lado de Ellen:

— Oh! Sem dúvida, é preferível viver do próprio trabalho do que se vender ao primeiro que aparecer, só para conseguir o título de "dama", sem pensar nas desilusões que nos esperam; especialmente nos dias de hoje, quando os homens são muito depravados e avaros, interessando-se apenas pelo dote, sem dar qualquer valor às qualidades pessoais das mulheres.

— Vejo que as senhoras serão ardentes partidárias da senhorita Rutherford. Então, tenho o prazer de informá-las de que logo ela chegará. Já aluguei para ela uma residência na rua Mokhovoy, perto daqui.

Maria Aleksandrovna disse que gostaria muito de conhecer a americana por quem se interessou sobremaneira. Em seguida, passou a discursar sobre o seu trabalho, que a fazia independente, sobre seu desprezo pelo matrimônio e, finalmente, foi embora, para grande satisfação das damas.

— Quem é essa mulher? Ela fala demais do próprio trabalho e tem um péssimo gosto no trajar — disse Varvára Arkadievna quando a "trabalhadora" foi embora.

— É filha de um subalterno de meu marido, que teve a infelicidade de ser seu padrinho. Eu a recebo na minha casa, mas não a apresento às minhas filhas por sua reputação meio duvidosa. Mas, como sua família é pobre, arranjei-lhe um serviço de trinta e cinco rublos num escritório teatral.

— Não me diga! E com esses trinta e cinco rublos por mês ela usa vestidos forrados de seda e estolas de pele? Ah, ah, ah! — a senhora Obzorov riu alto. — Aposto que, apesar de todo aquele desprezo, algum insignificante Adão colabora com seu trabalho.

— Bah! Já que é proibido investigar a paternidade, o que dizer então da origem da estola de peles? — observou a baronesa, sorrindo. — Mas deixemos Zaguliaev em paz. Diga-me, querida, qual o assunto que queria discutir comigo?

A senhora Obzorov fez Lídia Andreevna sentar-se ao seu lado no divã e balbuciou, apertando-lhe a mão:

— Temo que meu marido suspeite dos meus encontros com Vladimir. Ele está me espionando e segue-me com olhares desconfiados. E isso tudo apesar do que ele próprio se permite fazer! — acrescentou ela, agitando o punho fechado.

— Você não devia levar essas bobagens tão a sério: todos os homens são promíscuos — disse a baronesa num tom apaziguador.

— Mas como bobagens? Imagine que ontem encontrei Vladimir por acaso na avenida Nevsky e começamos a conversar. De repente, vejo meu marido na equipagem, com a senhorita Jobard do teatro Mikhailovsk! Ele apressou-se a esconder-se da janela da equipagem, mas ela exibia uma estola de pele de marta[2] que jamais tive. Minha querida, até senti um mal-estar. Naturalmente, não eram ciúmes, mas uma enorme indignação. Desconfio que ele quer me surpreender com meu amante para divorciar-se e casar com a atriz. Pois bem, vou preparar-lhe uma surpresa! Vou flagrá-lo primeiro! Depois, divorcio-me dele e caso com Vladimir, que me adora. É esse o plano que vim contar-lhe e pedir a sua opinião.

A baronesa balançou a cabeça negativamente.

— É muito arriscado, querida Vava.

— Por quê? Só vou agir com segurança.

— Em tais situações nunca se tem certeza. Lembra-se de Raissa Lvovna? Divorciou-se do marido para se casar com Lukanov, que foi seu amante por cinco anos. E o que aconteceu? Assim que ela ficou livre, ele foi embora para a América deixando-a a ver navios. Vladimir Aleksandrovitch é um homem encantador, mas muito leviano e adora a vida dissoluta. É

2 Marta - Carnívoro de pequeno porte encontrado na Europa e Ásia, procurado por sua pele fina e valiosa.

um solteirão inveterado, que não se deixará encilhar facilmente na biga matrimonial. Já montaram muitas armadilhas para capturá-lo, mas ele sempre escapou. Além disso, você vai perder muito na questão monetária. Vladimir Aleksandrovitch é rico, mas nada que se compare a Gueorguy Adamovitch, seu marido, financista e diretor da estrada de ferro, ganhando cinquenta mil rublos anuais.

— Que vantagem tenho eu, se ele ganha tão bem e gasta em estolas para a senhora Jobard? — exclamou Vava, irritada e com o rosto vermelho. — Ele me dá somente três mil para as despesas e se não acrescentasse mais mil na Páscoa e no Natal, eu teria de andar por aí como uma pedinte em andrajos, pois os trezentos rublos que me presenteia no dia de meu aniversário e no onomástico, mal dão para pagar as luvas e os chapéus.

— Mas Vladimir Aleksandrovitch talvez lhe dê menos ainda.

— E daí? Ele me agrada mais. É tão másculo e encantador! E como adora a minha pequena Lulu! Ele a cobre de presentes e não consegue beijá-la sem emocionar-se. Será um marido extremamente agradável e não um grosseirão, como Gueorguy.

A baronesa tamborilou com os dedos na mesa.

— Acredite em mim, Vava, não dá para avaliar um marido pelo amante! Quanto ao fato de Vladimir Aleksandrovitch mimar Lulu, isso nada prova. Todos sabem que ele gosta de meninas de três a quatro anos; na minha opinião, nisso existe algum motivo secreto, pois em relação aos meninos ele é completamente indiferente. Quem sabe se, na mocidade, quando passou alguns anos na América, teve algum caso sério e perdeu uma filha, cuja lembrança o persegue até hoje?

O criado, anunciando a chegada de Vladimir Aleksandrovitch Artemiev, interrompeu a conversa. Vava ficou agitada, enquanto a baronesa sorriu maliciosamente e sussurrou-lhe:

— Começo a acreditar que chegou a hora dele.

O indigno marido da pobre Vitória pouco mudara. Ninguém lhe daria mais de quarenta anos, apesar de já passar dos cinquenta.

Estava vestido com luxuosa elegância. Seu porte alto não perdera a flexibilidade; nos espessos cabelos castanhos não havia nenhum fio grisalho e os grandes olhos azuis estavam, como de hábito, claros e com uma expressão de frio desprezo. Cumprimentou as damas como um velho amigo.

— Enfim o senhor apareceu! Eu já estava pensando que tinha esquecido meu endereço — disse a baronesa Nadler, estendendo a mão a Artemiev.

— Que acusação injusta! Há muito tempo pretendia vir aqui trazer os meus respeitos assim que soube que a senhora retornara da aldeia, mas os negócios do governo...

— Não me venha com essa conversa! Como se eu não soubesse que o senhor ocupa-se muito mais dos assuntos de Eros do que dos negócios do governo — interrompeu a baronesa, rindo.

Vladimir Aleksandrovitch não contestou e ficou alisando a sedosa barba com a mão, na qual brilhava um enorme solitário.

Enquanto isso, Lídia Andreevna prosseguiu:

— Já que está aqui, vou sequestrá-lo para o almoço. E você, Vava, pode nos fazer companhia?

— Com prazer! Meu marido está almoçando com um amigo do banco.

— Perfeito! Mas, meus amigos, desculpem-me por

deixá-los alguns instantes. Preciso verificar se minhas filhas já retornaram das compras com a senhorita Soper. Vava, dê atenção a Vladimir Aleksandrovitch!

Assim que a anfitriã saiu, permitindo amavelmente aos amantes passarem alguns momentos a sós, Vladimir Aleksandrovitch ficou mais à vontade. Puxou sua poltrona para junto da senhora Obzorov, beijou-lhe a mão e disse à meia-voz:

— Você parece insatisfeita com alguma coisa, minha querida! Conte-me, quem fez intrigas sobre mim? Qual o motivo de seu injustificado ciúme?

Ela balançou a cabeça.

— Você se engana, não estou com raiva nem ciúme, mas preocupada, pois Gueorguy começou a desconfiar. Precisamos ser mais cuidadosos.

Artemiev deu de ombros.

— Querida Vava! Você vê fantasmas em pleno dia. Acabei de ver seu marido, que me convidou para jantar com ele hoje no Contan.

— E você aceitou?

— Naturalmente! Seu marido é muito agradável e serve magníficos jantares.

Varvára Arkadievna ficou irada.

— Você é ingênuo demais se não percebe que ele faz isso para tê-lo por perto e poder vigiá-lo. Pois eu pretendia convidar você para o meu camarote no teatro de Marinsk. Mais tarde poderia me acompanhar à minha casa e juntos tomaríamos chá.

— É uma pena eu me privar de uma noite tão agradável! Mas já aceitei o convite de seu marido e seria insensato declíná-lo agora. Minha presença com ele vai dissipar suspeitas, se como você diz, elas existem.

Vermelha de irritação, a senhora Obzorov retirou sua mão da de Artemiev e levantou-se de chofre.

— E para convencê-lo de vez, você cortejará alguma das malfeitoras que serão convidadas junto com a Jobard? Oh! Vocês, homens, são depravados até a medula!

Virando-lhe as costas, ela correu para a sala vizinha.

Vladimir Aleksandrovitch estava acostumado demais a tais cenas para preocupar-se; além disso, estava ficando entediado com os sentimentos por demais explosivos de Varvára Arkadievna. Por isso a atitude dela apenas lhe provocou um desdenhoso sorriso. Instantes depois, levantou-se preguiçosamente; antes de ir atrás de sua linda amada, inclinou-se e apanhou a brochura com o retrato de Ellen que a senhora Obzorov derrubara ao passar perto da escrivaninha.

Jogou a brochura na mesa sem maior interesse, mas o retrato chamou sua atenção e ele o aproximou da luz da lâmpada.

Seu olhar fixou-se como por encanto naquele rosto sério e sedutor. Jamais vira a dama do retrato, mas os grandes olhos azuis claros e sua expressão eram-lhe familiares, lembravam algo que não conseguia definir. Então, procurou involuntariamente alguma inscrição e notou a assinatura na borda do retrato, escrita a lápis: "Ellen Rutherford-Ardi".

Artemiev ficou taciturno. O nome Ellen despertava-lhe um sentimento desagradável, invocando a imagem distante de uma garotinha que adorava, cujos grandes e inocentes olhos outrora sorriram para ele, os bracinhos envolveram seu pescoço e a boquinha rósea gritava com delicadeza infantil:

— Papai, querido papai!

Se ela não tivesse morrido, seria agora uma moça como essa inglesa, que lhe lembrava alguma conhecida de quem não conseguia recordar o nome. Sombrio e distraído, Artemiev foi para a sala onde, na mesma hora, apareceu também a baronesa.

Um pouco mais tarde, juntou-se ao grupo um homem de meia-idade, muito desgastado e desengonçado, mas que se comportava como um rapaz. A baronesa recebeu-o com particular amabilidade, pois era um de seus pretendentes. Esse senhor estava louco pelos ruivos cabelos de Lídia Andreevna e ansiava construir um abrigo conjugal para a própria velhice; ela, por sua vez, desejava ser princesa, esposa de ***kamerguer***[3] e ser apresentada à corte. Esses interesses mútuos criaram agradável simpatia entre eles.

O almoço transcorreu alegremente, apesar do amuo de Vava e distração de Artemiev. A baronesa contou tudo o que sabia sobre o "Paraíso sem Adão", a chegada da missionária e suas palestras contra o matrimônio e a infidelidade dos homens. Este último tema originou um diálogo malicioso com o príncipe.

Ao término do almoço, Artemiev despediu-se da anfitriã; a senhora Obzorov disse que precisava voltar para casa e assim eles saíram juntos. Descendo a escadaria, Varvára Arkadievna perguntou, de repente, com um carinhoso sorriso:

— Como pretende voltar para casa, Vladimir? Minha equipagem me aguarda na rua. Se quiser, podemos ir ao paço Gostiny. Lá eu dispenso a equipagem, pegamos uma de aluguel e vamos à sua casa. Faz tempo que quero conhecê-la. Parece-me que hoje poderemos passar juntos uma horinha sem chamar a atenção de ninguém!

O rosto de Artemiev expressava carinho e lástima.

— Definitivamente, estou com azar hoje. Apesar

3 *Kamerguer:* Funcionário de alto escalão da corte imperial. Destacava-se pela chave numa fita azul que trazia na cintura.

de querer demais, não posso arriscar levá-la a minha casa. Estou hospedando um primo de Moscou e ele pode estar lá a essa hora. Você entende o risco que correríamos! Mas apareça amanhã na exposição de frutas, estarei por lá. Espero que consigamos fugir para um abrigo onde ninguém nos perturbará.

Um ar de insatisfação e suspeita passou pelo rosto de Varvára Arkadievna. Mas as objeções do amante eram irrefutáveis e ela teve de embarcar sozinha. Vladimir Aleksandrovitch chamou uma equipagem de aluguel. Felizmente, ela não viu a expressão de desdém com que ele pensou ao acender o cigarro: "Não quero, obrigado! Para mim chega por hoje! Essa doida ainda pode me complicar. Para mim acabou, minha senhora! Evitarei privar Gueorguy Adamovitch do prazer de possuí-la."

Artemiev morava na rua Bolshaia Morskaia, num magnífico apartamento que dava para a rua. Consistia em um gabinete, sala de visitas, sala de jantar e dormitório, tudo ricamente mobiliado e de bom gosto. Ao lado desse apartamento, dito "oficial", uma porta do dormitório de Artemiev levava a uma outra residência de dois quartos, corredor e cozinha; as duas escadarias do segundo apartamento levavam ao quintal. Essa moradia tinha para Artemiev um atrativo especial, pois ele, por princípio, não recebia suas amantes pela entrada principal. Suas inúmeras visitantes entravam pela porta do quintal; para recebê-las, foi instalado um luxuoso *boudoir*, com iluminação elétrica e espessas cortinas na janela, que ocultavam dos olhares curiosos os segredos do aconchegante ninho.

De volta para casa, sabendo que ninguém estivera na sua ausência, Vladimir Aleksandrovitch entrou no dormitório. Trocou o paletó por um robe e ordenou que lhe servissem uma xícara de chá com conhaque. Sentia-se nervoso e mal-humorado. Deitou-se no macio e baixo divã, pegou uma revista e começou a ler.

Não transcorrera nem quinze minutos e, no quarto vizinho, ouviu-se uma voz irritada, pronunciando palavras russas inadequadas. Instantes depois, a porta do *boudoir* escancarou-se e no dormitório irrompeu uma mulher vestindo uma rotunda de veludo e peles brancas. O criado, imperturbável e indiferente, seguia-a, como se a ira da visitante não lhe dissesse respeito; quando ela jogou a rotunda no chão com impaciência, o criado levantou-a fleumaticamente e a levou embora.

Artemiev levantou-se imediatamente.

— Que agradável surpresa, querida Colette! — exclamou, indo ao encontro dela. — Por que está tão zangada?

— Qualquer um ficaria irritado, mesmo que não quisesse. Seus criados têm um modo muito estranho de receber as damas. O mordomo, aquele idiota, primeiro me submeteu a um verdadeiro interrogatório e depois me pôs para fora de casa; o porteiro me levou pelo quintal sujo e me obrigou a subir pela escada de serviço, estreita e sem tapete, onde acabei sujando minhas saias.

Continuando a falar, ela foi até o espelho e começou a retirar os grampos que seguravam o chapéu de feltro com uma grande pluma. Era uma linda mulher, elegante e bem formada, apesar do busto um tanto farto. Os finos traços de seu rosto eram ágeis, os grandes olhos castanhos miravam com ousadia e os lábios sensuais sorriam deixando entrever dentes brancos e afiados como os de um gato. A bela atriz era na realidade um animal predador. No palco, fazia muito bem o papel de cocote, pois interpretava a si própria.

O vestido de seda bordada caía-lhe muito bem e era a última palavra da moda.

— Querida Colette, acalme-se! Não estrague a cor de seu rosto com a irritação. Isso faz mal! — tentava convencê-la Artemiev, ajudando-a a desabotoar os inúmeros botões das longas luvas suecas. — O mordomo é, sem dúvida, um idiota, e vai ouvir uma boas de mim; mas você está sendo injusta com a minha escadaria. Ela é decente e eu mesmo a uso frequentemente, quando volto tarde para casa e não quero ficar junto à porta, aguardando o mordomo vestir-se. Pelo quintal entro livremente, pois sempre trago comigo a chave do apartamento. Acho que essa passagem discreta é mais apropriada para uma dama.

Colette Legrand nunca fora rancorosa e aparentemente ficou satisfeita com essa explicação. Aceitou uma xícara de chá e seguiu o anfitrião ao *boudoir*. Lá, bebericando o chá e degustando doces, ela começou uma conversa animada. Depois de contar algumas fofocas picantes sobre suas colegas de palco, disse que recebera de Paris um lote de vestidos, um dos quais, de veludo verde-esmeralda, era simplesmente magnífico e ela contava usá-lo no baile da colônia francesa.

— Só que para completar o traje faltam brincos de brilhante. Descobri no Fabergé[4] um par que parece feito de propósito para essa ocasião. Ficarei desesperada se não o conseguir. Aliás, pressinto que aparecerá uma boa alma que me presenteará com esse par. O que pensa disso, meu querido Vladimir? — acrescentou ela com um sorriso provocante, batendo carinhosamente com a mão na face de Artemiev.

4 Peter Carl Fabergé (1846 - 1920) - Famoso ouvires e joalheiro russo de São Petersburgo, favorito da aristocracia. Se tornou particularmente conhecido pelas engenhosas jóias em formato de ovos de Páscoa, frequentemente utilizadas como presentes aos czares Alexandre III e Nicolau II.

— Acho seus pressentimentos sempre proféticos — respondeu ele, rindo.

A conversa ficava cada vez mais alegre. Colette contou com extraordinária animação ter ouvido sua amiga Suzette Jobard, amante de Obzorov, que este tivera uma cena feia com a esposa por causa do bracelete que encomendara para a dama do coração e que o joalheiro enviara por engano para sua casa.

— Ela quase lhe arrancou os olhos e ameaçou com divórcio. Suzette contou que foi um escândalo incrível. Graças a Deus você não é casado, meu querido; senão isso acabaria com meus nervos.

— Não me diga que, para completar a desgraça, você me privaria do seu amor? — perguntou Artemiev, não sem sarcasmo.

— Oh, não! Isso seria irritante, mas, ainda assim, suportável! Acontece que o meu amor por você é uma doença incurável — e deu-lhe um sonoro beijo. — Falando francamente, nós somos mais incômodas para as esposas do que elas para nós. Nenhuma delas consegue rivalizar conosco em trajes e jóias; e do amor do marido só aproveitam as migalhas que lhes deixamos.

Colette soltou uma forte gargalhada. O rosto de Artemiev foi se desanuviando cada vez mais; contagiava-se com aquela alegria; ela conhecia bem demais seu ofício. Ninguém conseguia tão bem libertar das preocupações os velhos pândegos e não havia dinheiro que pagasse os alegres momentos proporcionados por ela. Por isso, uma hora mais tarde, ao despedir-se de Artemiev, Colette levava consigo uma quantia suficiente para comprar o par de brincos exposto na vitrine de Fabergé.

Ficando só, Vladimir Aleksandrovitch recostou-se no divã e ficou pensativo. O bom humor passageiro acabou e ele correu um olhar cansado na luxuosa decoração com seus espelhos e tapetes perfumados.

Tantas mulheres passaram por aqui: de jovens e inocentes camponesas a cocotes de curta carreira; de alguma famosa "dama" do submundo, até mulheres da sociedade, decaídas a ponto de correr ao apartamento do amante. Todas, nesse mesmo quarto, ouviram dele as mesmas chulas juras de amor e deliciaram-se com o mesmo carinho passageiro. Durante tantos anos, perseguira incansavelmente e de qualquer modo prazeres e conquistas fáceis, experimentando a devassidão sob todas as formas e nuances, sempre procurando, sem encontrar, algo novo que pudesse refrescar seus sentimentos gastos e embrutecidos. Apesar dos esforços, restavam-lhe a saturação, o cansaço e a insatisfação que não conseguia entender.

Às vezes, como agora, nos momentos de solidão, do fundo de sua consciência levantava-se um incômodo pensamento que perturbava sua paz e não desaparecia nem com o barulho da orgia e jorros de champanhe. Sua imaginação, com doentia persistência, desenhava-lhe dois distantes túmulos; não o incomodavam pois entre eles havia um enorme oceano, mas à lembrança daquelas sepulturas abandonadas passava-lhe um frêmito pelo corpo...

Passando a mão pela testa, Artemiev tentava energicamente livrar-se dos incômodos pensamentos e começou a pensar em Colette, a alegre e encantadora Colette. Em vão tentava ressuscitar a alegria que ela provocava; acabou sentindo profundo asco pela linda pecadora. De que lhe servia aquela mulher que virou quase por acaso sua amante, uma criatura devassa que se vendia e era comprada da mesma forma que todas as outras semelhantes? Como se não soubesse que, entusiasmada com a quantia que conseguira arrancar dele para satisfazer seu capricho, ela correra rapidamente para outro homem? Ele até sabia quem: um rapaz bem mais pobre, mas de quem ela gostava mais.

Que horror! Como essa situação era idiota e nojenta, tão asquerosa quanto o sufocante perfume que Colette usava, que impregnou todo o quarto e que Vladimir Aleksandrovitch não suportava quando estava de mau humor. Levantando do divã foi ao gabinete, avisando antes ao criado para abrir a janela do ***boudoir***.

Para espantar os incômodos pensamentos, Artemiev decidiu escrever algumas cartas, há tempos adiadas. Sentando-se à escrivaninha, releu a correspondência que exigia resposta. Uma carta do administrador da propriedade que ficava nos subúrbios de Moscou era especialmente importante e exigia solução urgente. Examinando as contas anexas à carta, Artemiev resolveu compará-las às anteriores. Com esse intuito foi ao dormitório, onde estavam guardados todos os documentos de negócios num cofre.

A lâmpada no teto iluminava com luz amena o grande quarto, deixando na penumbra os cantos distantes e a cama semicoberta com cortinado de seda. Vladimir Aleksandrovitch aproximou-se do cofre que ficava aos pés da cama e já se preparava para abri-lo quando, de repente, veio-lhe à memória, com dolorosa clareza, um acontecimento inexplicável, ocorrido alguns anos atrás nesse mesmo quarto. Ao recordar o fato, ficou tão aterrorizado que um suor frio cobriu-lhe a testa e seu olhar assustado correu pelas cortinas, temendo rever a aparição daquele dia.

Virando rapidamente, voltou ao gabinete sem pegar os papéis e começou a andar pelo quarto. Recordava cada detalhe daquele longínquo acontecimento.

Era noite. Voltara da bebedeira num restaurante da moda fora da cidade, onde esteve com Charlotte Simpson, a amante que trouxera da América, na época ainda viva. Estava alegre, despreocupado e ouvia às gargalhadas as cançonetas maliciosas que a cantora interpretava. Nesse instante ela aparecia em sua memória como se estivesse viva, com o rosto pintado e olhar despudorado. Depois de deixar a amante, voltou para casa cansado, mas de muito bom humor. Tirou a roupa, abriu o cofre, jogou dentro alguns papéis. Em seguida, com uma vela na mão, ia em direção à cama quando, de repente, um vento frio bateu-lhe no rosto; a vela apagou imediatamente, deixando-o na mais completa escuridão. Estacou horrorizado quando viu, junto à cabeceira da cama, aparecer uma sombra clara, cujos contornos aos poucos tomaram a forma de uma mulher em trajes largos. Diante dele estava Vitória; sua cabeça estava envolta numa aura fosforescente, num fundo branco ofuscante delineavam-se nitidamente seus abundantes cabelos louros, o rosto delicado, mortalmente pálido e sofrido e os grandes olhos escuros, que o olhavam de modo severo e ameaçador. De repente, os lábios da assombração se moveram e uma voz fraca, como se viesse do além, disse nitidamente:

— Parabéns, carrasco! Seu trabalho está concluído.

Artemiev caiu no tapete com um grito surdo. O criado, que se ausentara por instantes, entrou correndo, acendeu a vela e encontrou o patrão caído sem sentidos junto à cama.

Ao voltar a si, Artemiev perguntava-se com horror o que significaria aquela aparição. Achava que Vitória tinha falecido há muito tempo e seu coração não lhe segredou que somente naquela noite a mulher que abandonara tão traiçoeiramente havia se apagado nos braços da própria filha.

A lembrança daquela visão torturou-o por algumas semanas, mas depois foi esquecida. Por que, exatamente hoje, essa recordação voltara, machucando seu coração e sua consciência?

Sentiu então um incontrolável desejo de reler a anotação que fizera com a data exata daquele inexplicável acontecimento. Puxando a gaveta da mesa, abriu um compartimento secreto onde guardava restos do passado destruído e colocara a anotação.

Vladimir Aleksandrovitch releu-a distraidamente. Sim, Vitória falecera uns sete anos antes daquela aparição e ele não lembrava a data certa de sua morte. Com mão trêmula, agarrou a carta que lhe informava de sua viuvez.

À medida que relia a mensagem lacônica, escrita com as garatujas da velha Harrieta, um rubor febril espalhava-se pelo seu rosto pálido. O lar que abandonara na miséria, a esposa que contraíra uma doença, vindo a falecer provavelmente carente de pão e auxílio médico e arrastando consigo para o túmulo prematuro sua filha. Enquanto isso, ele festejava! Na interminável saturnália que chamava de "minha vida", nunca tinha tempo para escrever, ou enviar pelo menos um pouco de dinheiro. Sempre adiava para o dia seguinte o cumprimento desse dever; a consciência, conivente, sugeria-lhe desculpas, da mesma forma que o consolou e tranquilizou ao receber a notícia fatal. Por que, agora, essa voz antes conivente calava-se e, ao contrário, uma outra voz, séria e justa, condenava severamente sua vida e seus atos?

Como se fosse movido por vontade alheia, retirou do compartimento secreto uma caixa de marroquim e abriu-a. No estojo estava guardado o retrato de Vitória com Ellen no colo. A jovem mulher parecia triste e desanimada e os olhos sonhadores da criança pareciam repreendê-lo. Aqueles olhinhos azuis, que ardiam de alegria ao vê-lo, tinham-se apagado para sempre; a figura graciosa transformara-se em pó. Também virou pó o coração amoroso da pura e paciente esposa. Ele estava só e, em caso de doença ou desgraça, ficaria em mãos profissionais... Um suor frio cobriu a testa de Artemiev. O profundo silêncio pareceu-lhe insuportável. Recordou um outro gabinete, bem menos luxuoso que este, mas onde ouvia passos de pezinhos travessos e o claro riso infantil; em seguida, a porta abria-se vagarosamente, uma mãozinha rechonchuda afastava o cortinado, entre as dobras aparecia a cabecinha loura, e uma vozinha sonora perguntava:

— Papai, posso entrar?

Vladimir Aleksandrovitch suspirou, jogou sobre a mesa o retrato, levantou-se da poltrona, passou a mão nos cabelos. O olhar constrangido fixou-se no cortinado, como se esperasse ver lá o rostinho de sua filha. Mas tudo em volta era silêncio. Somente a voz da consciência sussurrava-lhe com escárnio:

— Os mortos não voltam jamais! Seu arrependimento é tardio e inútil. Agora e para sempre você estará só, só e só...

Artemiev baixou a cabeça. Naquele momento pareceu-lhe envelhecer. Seu rosto escureceu, o porte encurvou-se como se um pesado rochedo deitasse sobre seus fortes ombros. Essa fraqueza, entretanto, teve curta duração. Endireitando-se energicamente, passou a mão no rosto e pensou, com irritação: "Parece que estou enlouquecendo! Definitivamente, preciso cuidar dos nervos e evitar essa constrangedora solidão."

Fechando rapidamente a gaveta da mesa, apertou a campainha.

— Prepare minha roupa e mande o cocheiro aprontar a equipagem — ordenou ao criado.

Decidiu imediatamente buscar um amigo para irem jantar em Samarkand, com os ciganos. Sabia que voltaria de lá num estado que não lhe permitiria entregar-se a sonhos estúpidos e lamentações espúrias.

Capítulo 5

A notícia da iminente chegada a São Petersburgo da jovem americana, cujas palestras contra o matrimônio levantaram tanta celeuma em Berlim, correu rapidamente a cidade. Algumas revistas dedicaram-lhe algumas notas e o cronista do jornal "Vestunia" lavou a alma num artigo venenoso, zombando da comunidade "Paraíso sem Adão" e de sua representante.

O interesse popular fora despertado, mas era, naturalmente, diversificado. Mulheres de pouca instrução, por seus costumes enraizados, viam o casamento como único objetivo na vida, como o portão dourado que lhes abriria um confortável acesso ao alegre caminho das aventuras, tratavam o assunto com grosseira curiosidade. Outras, mais instruídas, pertencentes à classe privilegiada pela posição ou fortuna, esperavam das palestras um tema muito picante e uma ótima oportunidade para mostrar as garras aos maridos e amantes que, na opinião delas, não lhes davam o devido valor. Por isso decidiram apoiar a palestrante. Somente as mulheres pobres, sem esperanças de casar e definhando nos escritórios, instituições, e escolas, revelaram um interesse genuíno. As trabalhadoras cansadas, de rostos pálidos e olhos inchados de trabalho, que não esperavam mais nada de bom da vida, nem tinham saias de seda ou chapéus elegantes, pois o parco salário pelo trabalho exaustivo mal pagava o pão de cada dia, ansiavam inconscientemente pela reação e interessaram-se demais pela americana que pregava o orgulho do trabalho e a eliminação de preconceitos. Ela as fazia crescer aos seus próprios olhos, ensinando-lhes que a mulher pode e deve não depender do homem, malicioso, irresponsável, que admitia somente dois tipos de mulheres: as que serviam para casar e as que serviam para diversão, se fossem bonitas ou suficientemente depravadas, substituindo a beleza pela falta de pudor.

Mas, apesar de essas partidárias convictas da liberdade feminina serem numerosas, elas estavam espalhadas, oprimidas pela situação de dependência e pobreza, sem desempenhar qualquer papel na ordem social. Em compensação, as fãs entusiastas, na falta de outra coisa, provocaram muito alarde, confusão e organizaram uma digna recepção à bela defensora da causa feminina. Na estação ferroviária reuniram-se representantes do clube feminino e da sociedade artística feminina, como também muitas damas "liberais", daquelas que podem ser encontradas nas salas de julgamento de todos os processos escandalosos, ou fãs ardorosas de artistas de ópera e teatro; para elas, a liberação da mulher seria para libertá-las de todos os controles morais e sociais.

Ao desembarcar do vagão, Ellen ficou agradavelmente surpresa com a simpática recepção e lisonjeada com os calorosos discursos de boas-vindas e fortes apertos de mão que recebeu. Cheia de grandes esperanças de sucesso e grande respeito pelas mulheres russas, que expressaram com tanta coragem suas convicções mesmo tendo sido tão injustamente caluniadas, embarcou com Nelly na equipagem enviada pela baronesa Nadler que a levaria à residência alugada.

Ellen dedicara-se de corpo e alma à causa, pois ela própria sentia toda a amargura da solidão e crescera no meio de mulheres infelizes e amarguradas, que encaravam os homens como seus piores inimigos. Sua educação severa, privada de quaisquer sonhos, no meio de crianças que conheceram muita infelicidade e sofrimento, forjou seu caráter naturalmente enérgico. Em todas as cidades grandes, como de hábito, encontravam-se, a cada passo, vidas destroçadas; mas como estavam dispersas na multidão, eram imperceptíveis e desconsideradas; todos se habituaram a tais desgraças particulares. Na severa e sombria atmosfera do abrigo, entretanto, essas vidas destruídas, essa reunião de almas cheias de fel e amargura, assumiam uma forma monstruosa. Para a jovem pregadora, a necessidade de elevação da mulher através do trabalho e da independência espiritual tornara-se de extrema importância, uma questão vital com a qual as mulheres deveriam se solidarizar e ajudar.

Ellen imaginava, inocentemente, que na multidão que fora recebê-la na estação havia partidárias ansiosas por se livrarem da humilhante dependência da soberania masculina, que desejavam obrigar os homens a respeitá-las, em vez de serem para eles um brinquedo para satisfazer seus caprichos. Ellen sequer imaginava que sua "cruzada" e ela própria seriam ridicularizadas naquela sociedade saturada, indolente, incapaz de levar sua pregação a sério; nenhuma daquelas mulheres que lhe apertaram a mão e a elogiavam concordaria, por preço algum, em deixar o nocivo e imoral ambiente em que viviam e romper a sério com os homens. Toda moça anseia encontrar algum marido só para livrar-se do incômodo título de "senhorita", bem como aproveitar o melhor possível a "liberdade" adquirida com tanta dificuldade, trocando de amante como se fossem luvas, mantendo ao mesmo tempo a imagem de mulher direita. Essa multidão de mulheres encarava as palestras de Ellen somente como um agradável passatempo, uma ótima oportunidade de iniciar um flerte duplamente picante, pois a palestra lhes possibilitava jogar na cara dos cavalheiros todas as suas maldades em relação ao sexo frágil, manifestar-se contra a tirania deles e debater as mais delicadas questões na relação entre os dois sexos.

Ellen não suspeitava de nada e embarcou na equipagem ainda sob a influência da primeira impressão de entusiasmo. Mas, à medida que a carruagem percorria rapidamente as ruas movimentadas da capital, essa alegre confiança foi sendo substituída por uma surda preocupação e um vago pressentimento. Seu olhar vagava com expressão enigmática pelas longas filas de casas, transeuntes preocupados e carruagens vindas em sentido contrário. Seria por ali que morava aquela pessoa que, pelo sangue, lhe era a mais próxima? Talvez ele até tivesse passado perto dela sem suspeitar que sua única filha chegara, para lutar sem qualquer apoio contra homens tão traiçoeiros e desalmados quanto ele próprio...

Nelly, que a observava, notou quando seu rosto ficou sombrio e os lábios apertaram-se numa expressão amarga e severa. Entendia, parcialmente, o que se passava na alma da amiga e sentia por ela uma profunda solidariedade. Nelly também era órfã, sozinha e autônoma; mas, no futuro sombrio e triste que se descortinava à sua frente, tinha uma vantagem: a feiúra, que livrava-a de quaisquer tentações. A bela e encantadora Ellen, entretanto, parecia ter sido criada para amar e ser amada; os homens não conseguiam ficar indiferentes a ela. Resistiria ao poderoso instinto da natureza, para seguir sem vacilar o espinhoso caminho da luta pela causa?

A equipagem parou, interrompendo os pensamentos de Nelly. Elas desembarcaram e subiram ao segundo andar no qual foi preparado para elas um pequeno apartamento. Foram recebidas pela governanta inglesa das moças Nadler, que disse que a baronesa a havia enviado para receber a senhorita Rutherford e suas acompanhantes e dar-lhe as primeiras indicações. Em seguida, acrescentou que a baronesa viria visitá-las no dia seguinte e detalharia as condições do aluguel do apartamento e da criadagem, que consistia em duas camareiras, dois criados, um cozinheiro e um cocheiro. A inglesa também explicou que, ao lado da residência, havia um salão com capacidade para até trezentas pessoas, alugado para as reuniões da Sociedade de Agricultura, que a senhorita Rutherford poderia utilizar para suas palestras. Isto, naturalmente, se fossem permitidas.

Ellen agradeceu calorosamente à jovem inglesa, cujo rosto pálido e cansado demonstrava claramente a "agradável" vida que levava na casa da baronesa; quando foi embora, as viajantes começaram a instalar-se na nova residência.

Cada uma escolheu um dormitório; a sala de visitas e a de jantar seriam comuns. Ellen reservou para si e para Nelly um gabinete para receber as visitas que poderiam aparecer procurando conselhos e informações. Nelly assumiu o papel de secretária de Ellen; a senhorita Emmi Roberts seria a auxiliar delas, enquanto a senhora Forest incumbiu-se exclusivamente dos afazeres da casa e do bem-estar material da pequena comunidade.

Tudo resolvido, as damas foram se instalar em seus aposentos, conforme seus gostos e costumes, dando-lhes uma aparência individual.

Assim, o quarto de Nelly imediatamente recebeu uma decoração puritana, de simplicidade quase monástica, própria de sua dona. Quadros, almofadas bordadas, diversos bibelôs, tudo isso foi severamente banido; a parede foi enfeitada somente com um crucifixo de ébano. Na luxuosa estante apareceu um volume da Bíblia e alguns livros de conteúdo moral e espiritual; sobre a cama havia um cobertor de lã branca.

No quarto de Ellen, que era o dobro do de Nelly, aconteceu uma transformação completamente oposta. A linda missionária fazia jus a sua condição de filha de Artemiev; por natureza adorava o luxo, cambraias, rendas, flores, jóias, mesas refinadas e diversões. Os objetos banidos do quarto de Nelly encontraram imediatamente abrigo no de Ellen. A penteadeira foi enfeitada com uma toalha de renda, frascos e caixinhas de prata trabalhada; a cama foi cercada de cortinas brancas bordadas e as mesas e estantes enfeitadas com valiosos bibelôs e retratos em molduras artísticas. Quando, depois do chá, Nelly entrou no quarto da amiga, encontrou-se num luxuoso e aconchegante ***boudoir***, que em nada lembrava uma residência provisória.

Ellen possuía a capacidade de vestir-se sempre bem e instalar-se confortavelmente. Nesse sentido, o sangue que herdara contrariava a severa educação e as convicções da comunidade. Além disso, a grande fortuna de que dispunha, desde a maioridade, permitia-lhe satisfazer todos os seus caprichos.

Naquele momento, envolta num penhoar de casimira branca, Ellen estava sentada diante da pequena escrivaninha e folheava papéis retirados da pasta.

— Você vai trabalhar ainda hoje? Eu pretendia discutir alguns detalhes da casa — disse Nelly, aproximando-se da mesa.

— Sente-se! Estou inteiramente à sua disposição. Como não tinha sono, resolvi examinar algumas anotações para a minha primeira palestra. Mas isso pode esperar. Portanto, conte-me, o que a preocupa nessa casa?

— Vim falar sobre a criadagem: os criados, o cozinheiro e o cocheiro. Esses quatro homens são completamente inúteis num departamento da comunidade "Paraíso sem Adão" e podem representar um notório perigo para Meg e Arabella, as irmãs inferiores que vieram conosco.

— Que feio! Criados? Quem presta atenção a essa espécie de gente? — observou Ellen.

— Nem você, nem eu e, naturalmente, nem Emmi; mas Meg e Arabella sempre serão moças simples, que podem facilmente esquecer seu triste passado, bem como o passado de suas mães. É nosso dever protegê-las da tentação na medida do possível. Além disso, como sabe, nossas regras não permitem homens nas residências da comunidade.

— Poderíamos alegar que estamos num país estranho e longe dos muros da comunidade. Em todo caso, se a presença desses homens incomoda você e a senhora Forest, dispense-os; mas, na minha opinião, devemos ficar com o cocheiro. Não podemos colocar uma mulher na boléia da equipagem!

Após essa rápida conversa, ficou acertada a dispensa dos criados e do cozinheiro, substituindo-os por mulheres, mas conservando o cocheiro; além dele, contratariam um pequeno grumete que atenderia a porta e cumpriria outros pequenos afazeres.

Ficando só, Ellen tirou da caixa o retrato do pai e examinou-o por longo tempo. Será que o encontraria naquela sociedade? Será que ele viria às suas palestras? Teria mudado muito? Ela não tinha dúvidas de que ele ainda estava vivo, pois Evgueny, ao falar sobre São Petersburgo, citou um amigo chamado Artemiev; na opinião dela, aquele não poderia ser outro senão seu pai. Ellen sentiu um enorme desejo de encontrar esse pai indigno, mesclado ao temor do encontro. Será que encontraria também o barão? Desde que se separaram, em Bremen, não tivera mais notícias dele; ele dissera que, antes de retornar à capital, pretendia ir a Revel,[1] pois tinha uma propriedade naquela região. Por alguma razão desconhecida, a lembrança do barão fez surgir um forte rubor em suas faces; irritada consigo mesma, Ellen apressou-se em fazer uma prece e ir dormir.

Na primeira noite, sob o céu plúmbeo de São Petersburgo, Ellen dormiu muito mal e teve pesadelos. Despertou no meio da noite toda suada e depois não conseguiu adormecer novamente por várias horas. Pela manhã sentia-se tão cansada que decidiu repousar alguns dias antes de empreender qualquer coisa.

Naquele dia, a baronesa Nadler veio visitá-las conforme prometera. Após acertar algumas questões monetárias, ela demonstrou uma calorosa solidariedade para com a missão defendida por Ellen. A baronesa falou muito sobre a decadência das mulheres, a traição dos homens, sobre a felicidade de ser independente e a necessidade de uma vida ativa e útil fora dos laços opressores do casamento. Mas,

1 Revel – Antigo nome de Tallinn, capital da Escócia.

desta vez, Ellen não se entusiasmou. A enfeitada e maquiada baronesa, tentando parecer jovem, não lhe transmitia confiança e até provocava dúvidas quanto à sinceridade de suas palavras. Mesmo assim, elas pareciam sentir uma grande simpatia mútua e Ellen aceitou o convite para passar uma tarde na casa da baronesa, daí a três dias.

— Senhorita Rutherford, em sua homenagem reunirei alguns amigos íntimos. Todos são pessoas cultas que compartilham de suas ideias. Assim, terá a oportunidade de conhecer o seu futuro público — acrescentou amavelmente a senhora Nadler.

Ao retornar à sua casa, a baronesa encontrou na porta o barão Ravensburg que, não a encontrando, já pretendia ir embora. Lídia Andreevna não o deixou partir e convidou-o a entrar.

— O senhor sabe de onde acabo de chegar? — perguntou a baronesa, enquanto o criado tirava-lhe o sobretudo. — Da casa da pregadora americana que vai espantar vocês, os "Adãos".

— Espero que consigamos sobreviver a este golpe. Pois somos muito difíceis de liquidar! — respondeu o barão, rindo. — Aliás, a senhorita Rutherford é muito eloquente; pela lógica de suas conclusões e por seu interessante discurso pertence àquele tipo de inimigo que merece respeito.

— Ouvindo-o pode-se até pensar que o senhor já a conhece, Evgueny Pavlovitch!

— Exatamente! Conheci a senhorita Rutherford por acaso, quando viemos da América no mesmo navio. Aliás, tive a oportunidade de assistir a uma palestra dela ainda em Boston. Baronesa, posso assegurar-lhe que, após ouvi-la, senti-me mais sujo que fuligem e pior que um gorila.

A baronesa riu alegremente.

— E depois de tal humilhação, o senhor continuou insistindo em conhecer a senhorita Ellen?

— Mas ela é encantadora e tão divertida em suas convicções, como se estivesse incumbida da santa missão de pôr um fim ao gênero humano! Além disso — o barão torceu o bigode —, pressinto que essa missão vai fracassar no momento em que o delicado coração da senhorita Ellen for vencido por algum patife, fazendo-a desistir de vez do paraíso sem Adão.

— Não estaria o senhor, barão, pretendendo ser o tal patife? Nesse caso, na próxima quarta-feira poderá começar o cerco à fortaleza. A senhorita Rutherford virá visitar-me à tarde. Convido o senhor e Vladimir Aleksandrovitch. Transmita-lhe o meu convite.

— Sem dúvida, mas... Lídia Andreevna, eu tenho um problema. Por causa de uma mentira que inventei, encontro-me numa posição delicada diante da senhorita Ellen.

Ele contou a história da suposta esposa que teria estrangulado por ciúmes. Riram muito e a baronesa, repreendendo-o e chamando-o de "mentirosinho", prometeu explicar a Ellen que tudo não passara de uma brincadeira motivada pela irritação masculina.

No dia combinado, Ellen e Nelly prepararam-se para ir à casa da baronesa Nadler. A senhora Forest e Emmi preferiram visitar uma americana residente na cidade que as convidou à sua casa. Ellen e sua amiga esperavam encontrar um público exclusivamente feminino interessado no seu movimento. Tiveram uma desagradável surpresa ao ver a grande sala de visitas da baronesa e os aposentos contíguos atulhados de uma multidão bem trajada e barulhenta composta, em sua maioria, de homens. Todos riam, tagarelavam, flertavam e, entre as "vítimas" e seus "opressores", parecia haver uma total concordância.

Na realidade, a baronesa Nadler exibia a pregadora como a atração da tarde e a sociedade, curiosa, reunira-se para divertir-se com ela. O "Paraíso sem Adão", as ideias de Ellen e sua oposição ao sexo masculino já serviam de tema para animadas conversas, entusiasmadas discussões, apostas e diversas piadas, quando o criado anunciou:

— Senhorita Rutherford-Ardi e senhorita Sinclair!

Artemiev, especialmente interessado pela condenação que o ameaçava pelas inúmeras vítimas que trazia na consciência, aproximou-se da entrada e encostou-se ao piano, para melhor enxergar as recém-chegadas. Ravensburg misturava-se à multidão de jovens evitando ser notado de imediato.

Ellen entrou na frente. O vestido de seda negra delineava sobejamente seu porte alto e elegante, destacando a luminosa brancura de seu rosto e a cor dourada de seus fartos cabelos. Somente um broche de brilhantes em forma de ramo quebrava a monotonia deste traje escuro. Mas as damas perceberam imediatamente que o tecido era magnífico e as rendas que enfeitavam o corpete e as mangas eram muito caras. Nelly, como de hábito, usava um simples vestido de lã preta. Sua figura magra e séria, contrastava fortemente com a delicadeza e graça da amiga.

O olhar de Artemiev fixou-se na encantadora moça, cujo rosto ficou ligeiramente sombrio diante de tal multidão e fez uma reverência discreta à anfitriã. Mais uma vez os traços orgulhosos e sérios daquele rosto, os olhos grandes e brilhantes pareceram-lhe surpreendentemente familiares; ele, em vão, quebrava a cabeça para lembrar de onde a conhecia.

No início, ficou observando de longe as americanas serem apresentadas a diversas pessoas e tentando ouvir a conversa. Viu quando o barão se aproximou delas e foi recebido com frieza; por fim, decidiu pedir também à baronesa para apresentá-lo.

Todo o sangue afluiu ao coração de Ellen e um calafrio percorreu seu corpo quando a baronesa lhe apresentou Vladimir Aleksandrovitch Artemiev e este lhe fez uma profunda reverência. Bastou um único olhar para reconhecer o herói de sua infância, cujo retrato ela guardava. Lá estava aquele que as havia deixado, que esquecera sua mãe e ela própria! Nesse momento, ele lhe fazia uma reverência como se fosse um estranho e a voz do coração não lhe sussurava que estava diante da própria filha, aquela pequena Loló, que parecia amar tanto antigamente.

Artemiev ficou muito surpreso ao notar a profunda palidez da moça e seu estranho e constrangido olhar. Mas a vaidade sugeriu-lhe que fizera mais uma conquista, ainda mais lisonjeira por ter sido inesperada e de uma encantadora inimiga dos homens.

Depois do chá, a sociedade dividiu-se em grupos. Ellen e Nelly, que não a abandonava, apesar de pouco participarem das conversas, sentaram-se a uma pequena mesa junto a uma moça que demonstrava enorme simpatia pela senhorita Rutherford. Logo se juntaram a elas o barão e Artemiev. Agora, na sala de visitas havia menos pessoas, pois grande parte dos convidados sentou-se às mesas de baralho.

Ellen recuperou totalmente o autodomínio e observava com vivo interesse a sociedade que a cercava, muito diferente de todas que frequentara até então. Com sua mente ágil, compreendeu que se encontrava num ambiente onde seria muito difícil divulgar suas ideias. Estes não eram sólidos ianques, comerciantes calculistas, muitas vezes rudes, *self-made men,*[2] tranquilos, apesar de pouco atraentes. Essa sociedade luxuosa, refinada, indolente e entediada, que esbanjava, sem pensar no futuro, o resto de suas heranças, era muito especial. Desse ambiente saíra seu pai e ela agora conseguia entendê-lo melhor, apesar de não encontrar desculpas para o que ele fizera. As damas também não lhe agradavam. Ela se perguntava se o barão não estaria certo quando disse que o país ainda não amadurecera para assimilar as ideias do "Paraíso sem Adão".

A aproximação de Artemiev e do barão interrompeu seus pensamentos. Começaram a conversar sobre as palestras e Ellen disse que o velho general com quem acabara de conversar prometera cuidar do caso, achando que as palestras poderiam ser autorizadas se não lhes fosse dado um caráter excessivamente público e lidas em francês ou inglês.

— Como não sei uma única palavra em russo, pude tranquilamente afirmar ao meu magnânimo patrocinador que realizarei as palestras só em idioma estrangeiro e para um público que pode me entender — concluiu Ellen, rindo.

— Que ousadia da parte de Platon Ivanovitch ajudar a senhorita contra nós! — exclamou o barão. — Isso significa trair os irmãos por causa de um par de lindos olhos! Fico só imaginando como a senhorita vai nos descrever. Pareceremos os seres mais asquerosos do mundo, dos quais todos fugirão como de uma praga.

Ellen sorriu com ironia.

— Só vou dizer o que considero comprovado: que os senhores são pouco confiáveis, irresponsáveis, ego-

2 *Self-made men:* Aquele que venceu por esforço próprio.

ístas e que a união com os senhores é perigosa e nociva para as mulheres. O caso é que desejo convencer nossas irmãs de que não é tão difícil, quanto parece, passar sem vocês; basta aprender a ganhar o pão de cada dia, acostumar-se com a vida solitária, e perceber que somente permanecendo livres evitarão milhares de problemas, caprichos e ofensas que vocês infligem às suas mães, esposas e até amantes. Tentarei pregar essas verdades com toda a minha eloquência. Quanto mais mulheres desistirem do prazer de ter filhos, maridos e admiradores, tanto mais me sentirei feliz.

— Mas, senhorita Rutherford, está pretendendo recomendar simplesmente o fim do gênero humano — observou Artemiev sem tirar os olhos do rosto expressivo e animado de sua interlocutora.

— Já que na Terra tudo terminará mais cedo ou mais tarde, por que o gênero humano deve ser exceção? — contestou Ellen. — Seria uma desgraça tão grande? Existem tantas pessoas inúteis, tantos miseráveis sem pão nem lar, para quem seria uma felicidade não ter nascido jamais! Além disso, os astrônomos estão prognosticando diversos cataclismos: a colisão do nosso planeta com um cometa, em suma, o fim do Mundo. Nesse caso, não seria mais sensato livrar a humanidade de uma morte tão terrível?

— Perdoe-me — observou Artemiev —, mas duvido que o gênero humano partilhe de sua opinião e aceite, apesar das predições dos astrônomos, desistir das alegrias da família e da felicidade de procriar.

Um sorriso de amargo desdém passou pelo rosto de Ellen, olhou com uma expressão tão estranha nos olhos cansados de Vladimir Aleksandrovitch que pareceu a ele ver naquele olhar ardente um lampejo de ódio.

— Pretendo exatamente provar que essas ditas

"alegrias da família" são na verdade fictícias e muitos poucos as aproveitam. Leia as estatísticas dos divórcios, separações e, se fosse possível, as estatísticas das infidelidades conjugais e famílias abandonadas. Que cifras terríveis surgiriam! Em que situação se encontram esposas e filhos, abandonados à própria sorte pelos "carinhosos" pais e maridos, que por criminoso capricho se casam e, em seguida, ignoram suas sagradas obrigações, condenando inocentes e indefesos pequeninos à vida de órfãos. Não teria sido melhor estes senhores permanecerem solteirões e as mulheres livres, do que ter filhos abandonados e padecendo eternamente em privações e miséria?

Artemiev foi desagradavelmente atingido pelo tom cruel e metálico da voz de Ellen, até então delicado e harmonioso. Ele também abandonara a esposa e a filha. Agora ambas estavam mortas e ele sequer sabia onde e por quê. Uma profunda ruga apareceu na testa pálida de Vladimir Aleksandrovitch. Ellen notou como o rosto dele ficou sombrio, os olhos se enevoaram e sentiu uma cruel alegria.

"Você me entendeu, indigno pai e desonesto marido", pensou ela.

O barão interrompeu seus pensamentos.

— Após ouvi-la, congratulo-me por permanecer solteiro.

— O senhor está certo, barão: jamais se case. Aliás, a baronesa Nadler contou-me que o senhor fez uma brincadeira comigo.

— Não! Não é nada disso! — protestou o barão. — Como pode acreditar? Somente quis irritá-la, para ver sua ira contra um monstro que passeava em liberdade.

— Em todo caso, continue solteiro! Se o senhor é tão ciumento, talvez precise realmente de uma viagem à América para acalmar os nervos. Mas, estando solteiro, o senhor pode, sem dores de consciência, encher o seu caminho de vítimas.

— Eu? Mas sou absolutamente inofensivo! Se alguém merece suas flechadas é Vladimir Aleksandrovitch. Este sim, fez tantas vítimas em sua vida, sempre conseguindo evitar habilmente os laços matrimoniais.

— Pode ser que, após degustar as "alegrias familiares", o senhor Artemiev tenha ficado enojado de tal jugo comprometedor!

— Qual nada! Ele é um solteirão inveterado. Flerta com Himeneu[3] sem jamais se deixar apanhar.

— Ah! Então, nesse caso, peço desculpas. Não sei porque, pareceu-me que seu amigo é viúvo.

Artemiev, que ouvia a conversa sem participar, levantou a cabeça e olhou quase com terror para os olhos claros e frios de Ellen, enquanto ela acrescentava, dirigindo-se ao barão:

— Nesse caso, ele deve possuir uma consciência tão relapsa como todos vocês, senhores. E não deve temer minhas flechadas, pois dirijo-me sempre às mulheres e nunca aos homens.

— Senhorita Rutherford, como vai querer que uma mulher domine o próprio coração e não ame se ela se apaixonar? — intrometeu-se na conversa Vladimir Aleksandrovitch.

Ele passou a mão pela testa como se quisesse espantar incômodos pensamentos.

Ellen olhou-o com frieza e severidade e respondeu, sublinhando cada palavra:

— E quando as mulheres são traídas e abandonadas, quando o homem por quem se apaixonam as abandona como uma carga inútil e incômoda?

3 Himeneu — Deus do casamento na mitologia grega.

Em tais casos, ela não obriga o coração a esquecer o desprezível, mesmo que ainda o ame? Não e não! É melhor que jamais prove da taça envenenada, no fundo da qual se ocultam amargas decepções, terríveis lutas e, frequentemente, até a morte. Enquanto isso, aquele por quem ela morre, passa indiferente por cima de seu cadáver e vai divertir-se com outra, sem pensar que por culpa dele foi destruído um pobre coração dilacerado. E as pobres crianças? São duplamente órfãs, abandonadas à própria sorte e à misericórdia de estranhos. Não seria para elas uma felicidade não ter recebido o traiçoeiro dom da vida? Se o homem pretende estar acima da mulher, se exige que ela se submeta e lhe obedeça, deve provar a sua superioridade e ser o chefe da família no sentido verdadeiro dessa palavra: seu firme e amoroso protetor, cuja previdência cerca sua esposa e filhos com um círculo mágico, inatingível pelo vício e desonra. O homem pode ser severo, justo e até cruel para com a esposa indigna, se ele próprio for irrepreensível. Mas com que direito torna-se juiz um desperdiçador da vida, de bens e que renega qualquer obrigação? Frequentemente, são dois patifes que se unem para enganar um ao outro. Ele, com sua vida imoral, empurra a esposa para a lama, enquanto ela procura fora de casa algo que não encontra no próprio lar, isso se não cai vítima do rude opressor.

À medida que Ellen falava, uma palidez mortal espalhava-se pelo rosto de Artemiev. Ele se sentia um réu e seu semblante de culpa espantaria qualquer pessoa que o estivesse observando. Entretanto, ninguém lhe prestava atenção, pois os olhos de todos estavam voltados para Ellen.

— Existe alguma verdade em suas palavras —

disse o barão. — Somos educados como pessoas da sociedade, preparam-nos para ocuparmos cargos e até desenvolvem em nós talentos "agradáveis", mas ninguém se preocupa em fazer de nós bons pais e maridos. Que fazer? É preciso que as mulheres nos encarem do jeito que somos na realidade.

— Por quê? Não vejo nenhuma necessidade disso — interrompeu-o Ellen.

— Porque também as damas trazem consigo para a vida conjugal algo diferente da abnegação de esposa e mãe. Em função disso, uns seis meses após a cerimônia de casamento, os esposos dão as costas um ao outro e correm em direções opostas.

— Que encantador! O senhor, naturalmente, também pretende seguir esse lindo exemplo? — contestou Ellen, rindo.

— Nada disso! Pelo contrário, pretendo estar sempre nas primeiras fileiras em todas as suas palestras, pois quero me reeducar e tornar-me digno de ter uma esposa e filhos — respondeu o barão, lançando a sua interlocutora um olhar que a fez ruborizar.

— Nesse caso, entre para a irmandade do senhor Brown — disse ela brincando, tentando disfarçar seu embaraço. — Hoje recebi uma carta dele informando que os "castos" chegarão a São Petersburgo nesse fim de semana.

Naquele instante aproximaram-se alguns convidados e a conversa tomou rumo diferente. Aproveitando o momento, Vladimir Aleksandrovitch levantou-se e cedeu seu lugar à baronesa Nadler. Ele já havia readquirido o autocontrole, mas seu bom humor estava estragado e preferiu sentar-se à mesa de baralho.

A conversa tornou-se geral, Ellen logo se transformou no centro da reunião e encantou a todos.

Veio-lhe a inspiração e despertou o inato dom de circular pelos salões. Algumas damas, usando as mais lisonjeiras expressões, convidaram a jovem pregadora a visitá-las. Sua mente fina e desenvolvida, seus conhecimentos extraordinários e, por fim, o exotismo da ideia que representava, tornavam-na duplamente interessante aos olhos dos homens que se aglomeravam à sua volta.

Quando Ellen e Nelly começaram a despedir-se, o barão insistiu em acompanhá-las até a equipagem como velho conhecido; aproveitando a oportunidade, pediu permissão para visitá-las.

— O senhor pede o impossível, barão! Conforme as regras da nossa comunidade, nenhum homem tem o direito de atravessar a soleira do nosso abrigo, exceto em casos especiais e previstos — disse-lhe Ellen, rindo. — A presença de nossos perigosos inimigos poderia constranger as irmãs. Além disso, se o senhor entrar no abrigo, este deixará de ser o "Paraíso sem Adão" — acrescentou ela, maliciosamente, levantando para ele seus olhos claros.

— Ah! Então, vocês temem os "Adãos"!

— Naturalmente. Mas, o senhor deve conhecer o provérbio: "O perigo, quando conhecido, já está evitado pela metade."

O barão acompanhou com um longo olhar a equipagem afastando-se. Aquela moça atraente e especial agradava-lhe cada vez mais.

— Ela é diabolicamente encantadora — resmungou ele. — Mas me aguarde! Moverei céus e terras, para fazê-la desistir desse paraíso imbecil.

Não querendo voltar ao salão de festas, o barão ordenou ao mordomo que lhe trouxesse o sobretudo e já se preparava para sair, quando juntou-se a ele o pálido e entediado Artemiev.

— Você já acabou a partida de cartas? — perguntou o barão.

— Sim, fiquei com dor de cabeça e vim tomar um pouco de ar puro. E você, onde vai, Evgueny Pavlovitch? Não me diga que quer ficar sozinho para sonhar com a americana! É perigoso perder o coração para essa inimiga de homens.

— Qual nada! O diabo não é tão feio quanto o pintam. Seria um crime deixar aquela encantadora criatura em seu ninho de coruja. É preciso mostrar-lhe todas as alegrias do casamento, mesmo que enfeitadas de alguns pecadinhos.

— De sua parte ou da parte dela? — perguntou Artemiev, num tom zombeteiro.

— Claro que da minha! Eu torceria seu pescocinho rosado se ela ousasse retribuir-me da mesma maneira — respondeu o barão alegremente.

Em seguida, despediram-se rindo muito.

Encostada a um canto da equipagem, Ellen pensava na reunião e em muitas outras coisas que não tinham relação direta com as ideias que defendia; entre essas recordações, o barão ocupava sempre um lugar de destaque. Isso porque Ellen era inocente e sem experiência de vida, enquanto ele era o leão dos salões; hábil em todos os truques e abordagens na arte da conquista, apesar de seus nervos abalados e coração murcho há muito já terem esquecido como é um verdadeiro e profundo sentimento.

— Em que está pensando, Ellen? — perguntou Nelly, inclinando-se preocupada sobre a amiga e pegando-a pela mão.

— Sobre a reunião em que estivemos e que me perturbou demasiado.

— Entendo. Esse novo mundo irá perturbá-la. Cuidado, Ellen, para que Satanás não coloque a tentação na forma daquele homem fátuo e imoral que insiste em persegui-la!

— Você está sonhando acordada, Nelly! Jamais esquecerei quem sou e as ideias que defendo.

— Não seja tão autoconfiante. Lembre que o orgulho é um pecado mortal e leva à queda. Você não é monja; nenhum juramento, nada pode impedi-la de deixar a comunidade casando com a pessoa que lhe agradar. Sua única defesa é a liberdade do coração. Estou com o pressentimento de que o barão representa perigo para você; mesmo que não seja ele, por aqui há muitos homens perigosos. O amigo dele, por exemplo, embora já não seja muito jovem, ainda é muito bonito. Ele também lançou sobre você olhares muito estranhos.

Ellen endireitou-se de supetão e exclamou, rindo nervosamente:

— Oh! Mas não será este, em todo caso, que me fará desistir da nossa santa missão e dos princípios nos quais fui educada. Odeio aquele homem! Se eu algum dia vacilar, a imagem daquele homem desumano me fará retornar ao caminho certo!

— Você o odeia? Por quê? — balbuciou Nelly.

— Como, por quê? Você não ouviu que aquele senhor se chama Vladimir Aleksandrovitch Artemiev? Ele é o assassino da pessoa que mais amei e respeitei na vida. É meu pai!

Nelly não conteve o grito de surpresa. Mas não teve tempo de responder, pois a equipagem parou diante da residência.

Essa informação deixou-a preocupada e a fez perder o sono. Por isso, após vestir-se para dormir, foi ao quarto de Ellen. Encontrou-a de robe, sentada no divã, imersa em pensamentos sombrios.

— Posso incomodá-la um pouco? Gostaria de conversar sobre o estranho acaso que, logo na sua primeira aparição na sociedade, colocou-a frente a frente com o seu pai.

— Sim, foi uma coincidência muito estranha! Eu não estava preparada para isso e a visão daquele homem me abalou tanto que mal consegui me dominar.

— Entendo perfeitamente o que deve ter sentido. Mas, conte-me, se não for indiscrição da minha parte, você pretende revelar-se ao seu pai?

Um fogo sombrio acendeu-se nos olhos azuis de Ellen.

— Naturalmente! Vim aqui só para isso. Pretendo jogar-lhe na cara a sua vilania e depois dizer: "Sou sua filha, mas para você, serei sempre uma estranha como fui antes".

— E se ele, apesar de tudo, exigir seus direitos?

— Que tente! Ele não tem prova alguma de ser meu pai. Por causa de sua imperdoável leviandade, não levou consigo a certidão de casamento nem se preocupou em buscar a certidão de óbito da esposa e da filha. Além disso, ele não vai querer ser desmascarado diante da sociedade que o considera um solteirão e divulgar essa velha história que não lhe faz as honras. Não e não! A americana Rutherford-Ardi, que conquistou uma posição na sociedade, dona de grande fortuna, jamais será uma Artemiev. Mas ele deve conhecer a verdade. Você, Nelly, diz que ele gostou de mim? Tanto melhor! Em sua infinita vaidade, na triunfal caminhada de conquista em conquista, ele nem por um momento terá dúvidas de que conseguirá me humilhar e destruir, como fez com inúmeras idiotas antes de mim. Pretendo até incentivá-lo, fingindo ser uma conquista fácil. Assim que estiver convencido de ter alcançado seu objetivo, eu lhe direi: sou sua filha! Eu me delicio por antecipação com o momento de ver aquele patife corar de vergonha, por pretender transformar em amante a própria filha, aquela pequena Loló que um dia carregou nos braços e embalou no colo e em quem, agora, em vez do puro carinho paterno, preparava-se para dar o beijo fatal de amante. Oh! Quero humilhar aquele desumano, pisoteá-lo na lama de sua própria vergonha e tirar daquele rosto fátuo a fingida mocidade. Vou envelhecê-lo na hora em que ele lembrar que tem uma filha de mais de vinte anos. Nesse momento, minha mãe estará vingada!

Ellen calou-se. Sua voz e o corpo todo tremiam de emoção e grossas lágrimas escorriam por suas faces, enquanto a amiga a olhava com tristeza. Nelly entendia que no fundo daquela ira soava a aguda amargura da solidão passada e o lamento por não poder cair nos braços de um pai amoroso. No coração da moça abandonada ardia a necessidade de amar e ser amada e essa severidade poderia transformar-se facilmente em carinho e compreensão, se o imprestável pai implorasse perdão.

— Você está brincando com fogo, Ellen! Se pretende permanecer fiel a nossa causa, não desafie o destino, tema a fraqueza, que é bem natural, mas que a obrigará a perdoá-lo como o faria sua mãe, cujas palavras cristãs e misericordiosas você tantas vezes me repetiu.

Ellen estremeceu e ficou pálida. Com sofrida nitidez veio-lhe à mente a noite da morte de Vitória, quando a mãe conversara com ela, tratando-a pela primeira vez, não como criança, mas como amiga. Lembrou que, quando fez uma observação severa sobre Artemiev, expressando a esperança de um dia vingar-se dele por tê-las abandonado, sua mãe observou com desaprovação:

— Você não deve odiar seu pai, por mais indigno que ele tenha sido. Jamais esqueça que vocês estão unidos por laços sagrados. Você não pode julgá-lo. Ele será suficientemente castigado quando estiver cansado das diversões, saturado da vida imoral e ficar só. Ele próprio criará para si uma existência solitária, cheia de remorso e privada da verdadeira afeição. Uma voz misteriosa me diz que, embora me considere morta, ele não se casará novamente. Portanto, quando chegar a velhice e as doenças, e chegar o momento de passar para o mundo invisível, quando o Senhor exigirá dele um relatório de seus atos, estará sozinho. Se algum dia o acaso reunir você e ele, não será para pagar o mal com o mal, mas para cumprir a lei do Divino Salvador: "Perdoai as nossas dívidas, assim como nós perdoamos aos nossos devedores."

Abatida por essas recordações Ellen ficou calada e cabisbaixa, mas essa fraqueza durou pouco. Logo endireitou-se e seus olhos brilharam quando respondeu, severa e de lábios trêmulos:

— Minha mãe foi uma santa e, além disso, amava-o de todo coração! Mas eu jamais me apaixonarei por alguém. Reneguei as alegrias da família para não sofrer amargas decepções e permanecerei sozinha pelo resto da vida. Não vou fraquejar e jamais o perdoarei.

Nelly nada respondeu. Levantou-se em silêncio, beijou a amiga e saiu do quarto.

Ellen deitou-se, mas teve um sono agitado e pesadelos. Ela via o pai ou o barão que a perseguiam alternadamente. Acordou e durante muito tempo não conseguiu adormecer, tentando colocar em ordem os confusos sentimentos que a incomodavam. O ambiente em que estava agora diferia radicalmente da austera comunidade onde crescera e da sociedade de Boston, que conhecia. Sentiu-se fora do seu meio, envolta em estranhos encantos. Nesse local a vida fervilhava tensa, com suas emoções, ilusões, amarguras, problemas. Aquele poderoso sentimento, que escraviza o ser humano e o eleva ao céu ou precipita-o no inferno, jorrava em fúria, como um vulcão. Recordando sua missão, foi tomada de desânimo. E se o chamado da Natureza for mais forte que todas as palestras e conversas? O amor, mesmo humilhado, enlameado, vendido e mal interpretado, continua existindo e dirigindo o Mundo; sua pregação, embora baseada na verdade dos fatos, poderá cair em terreno estéril, poucas moças desejarão ver o noivo como inimigo, opressor e muito menos, livrar-se dele.

Pela primeira vez sentiu-se desiludida com a causa que defendia e seu fervor e autoconfiança recrudesceram.

Capítulo 6

Os dias seguintes trouxeram para a senhorita Rutherford uma série de problemas. O ataque de desilusão e fraqueza, sentido após a recepção na casa da baronesa Nadler, desaparecera por completo. Estava novamente cheia de coragem, confiança, sentindo-se pronta para a luta. Os problemas abalaram-na levemente, mas indicaram novos pontos de vista para a posição que ela se preparava para defender.

Certa manhã, informaram a Ellen que uma dama queria lhe falar. Como ela dissera que todos os dias, das doze às três horas da tarde, estaria à disposição das pessoas interessadas em consultá-la, supôs que aquela seria a sua primeira cliente. Animou-se e foi ao gabinete onde a visitante a aguardava. Mas, pela aparência, aquela pouco correspondia às suas expectativas e não parecia com as damas que Ellen atendia em Boston. Seu bom humor transformou-se imediatamente em discreta amabilidade.

Diante dela estava uma mulher jovem, bonita, vestida com refinado luxo. Seu vestido escuro de seda trazia a marca de uma ótima costureira; o magnífico chapeuzinho, revestido de cetim, repousava sobre cabelos negros como piche e dois maravilhosos brincos de solitários brilhavam em suas orelhas.

— Em que lhe posso ser útil, senhora? — disse Ellen, fazendo mentalmente a si própria a mesma pergunta: "O que poderia querer do 'Paraíso sem Adão' essa mulher rica e bela, transpirando saúde, paz e vaidade?"

— Senhorita, soube que irá realizar algumas palestras sobre a emancipação das mulheres. Tenho muito interesse nesse assunto e vim conversar para chamar sua atenção sobre uma particularidade do jugo conjugal que a lei ignora e nossos tiranos usam contra nós, com revoltante insolência.

— Eu lhe ficarei muito grata. Por favor, conte-me.

A dama aproximou-se de Ellen.

— A senhorita prega a igualdade de direitos entre o homem e a mulher, certo?

— Sem dúvida! Considero isso uma lei básica.

— Tinha certeza disso! — exclamou a dama calorosamente. — Agora já não duvido que irá interessar-se sobremaneira sobre esta importante questão. Quando o marido trai, a esposa também não é obrigada a permanecer fiel a ele. A partir do momento em que ela tem provas da traição do marido, dependerá da sua boa vontade pagar-lhe ou não na mesma moeda; se ele descobrir, deverá calar-se e não fazer escândalo. Baseando-se na lei fundamental da igualdade entre os sexos, decorre que, se o homem se considera livre, então a mulher também pode considerar-se isenta, de quaisquer obrigações.

— Desculpe, mas não posso considerar correto esse seu raciocínio! — disse Ellen após ouvi-la com surpresa. — Na nossa opinião, uma mulher traída pode divorciar-se do marido adúltero ou perdoá-lo, mas sem direito de levar uma vida imoral. Além disso, a partir do momento em que ambos tiverem igual liberdade, o homem deixa de ser o opressor e a mulher a vítima.

A senhora está completamente equivocada quanto ao sentido e objetivo das minhas palestras. Não quero provar que a mulher é digna de pena quando não encontra no matrimônio a felicidade esperada; mas, para evitar desilusões, ela deve buscar, através do próprio trabalho, uma posição independente. Sua moral deve permanecer intocável e ela digna do respeito dos filhos, por piores que tenham sido os erros do pai.

À medida que Ellen falava, o rosto da bela dama foi ficando vermelho e em seus olhos brilhou uma chama de raiva.

— É essa besteira que chama de defesa das mulheres oprimidas? De um "Paraíso sem Adão"?

— Exatamente, minha senhora! O "Paraíso sem Adão" significa uma mulher sem amantes.

— Então, devo lhe dizer, senhorita, que nada entende daquilo que prega! Como é possível? O patife do marido trai a pobre esposa, abandona-a, rouba-a por causa de alguma fulana, enquanto ela, como uma perua, apodrece na solidão, temendo manchar a sua tão pouco valorizada virtude. Ou pior, vai trabalhar em farrapos, completamente ignorada, enquanto ele zomba dela com suas enfeitadas amantes! A senhorita não pretende pregar a liberdade, mas a humilhação e a completa escravidão! Posso adiantar-lhe que nenhuma mulher que tenha respeito próprio irá às suas palestras! Qualquer mulher sensata não cederá o seu direito de vingar-se e pagar ao traidor na mesma moeda, sem ligar se a lei permite ou não.

Após medir Ellen com um olhar de desprezo, a dama voltou-se e saiu, batendo a porta atrás de si.

Ficando só, Ellen caiu na poltrona e gargalhou. Nelly, que ouviu a conversa do quarto contíguo, entrou no gabinete e também não conseguia conter o riso.

— Mas que imbecil! — disse ela. — Acho que ela não vai querer entrar para a nossa comunidade.

— Pudera! Ela está à procura de um "paraíso" abarrotado de "Adãos" e isso não faz parte do nosso programa — respondeu Ellen, enxugando com um lenço os olhos úmidos de tanto rir.

Ainda estavam conversando, divertindo-se com essa estranha versão da emancipação feminina, quando trouxeram mais um cartão de visitas.

— Outra cliente! — disse Ellen após examinar o cartão. — Faça-a entrar! Precisamos conhecer os gostos do nosso público! — acrescentou, zombeteira.

Instantes depois, entrou no gabinete uma mulher alta e volumosa, com uma expressão maldosa, teimosa e sensual no rosto carnudo. Estava também muito bem vestida, mas faltavam-lhe a delicadeza e a naturalidade dos gestos da primeira visitante. Além disso, estava demasiadamente maquiada.

Pretendendo ser ainda mais cuidadosa, Ellen recebeu-a com muita discrição e perguntou-lhe o que desejava.

A dama iniciou um longo relato, num péssimo francês mesclado de palavras em russo, que Ellen não entendia. Mas o sentido geral do palavrório era que todos os homens eram patifes ingratos e que, se abandonam filhos e esposas que sacrificaram tudo por eles, a opinião pública, se não a lei, deveria obrigá-los a redimirem sua culpa.

Imaginando estar diante de uma esposa abandonada como sua mãe, Ellen sentiu pena e simpatia. Dominando a desagradável impressão do primeiro momento, respondeu à dama que a defesa dessas criaturas inocentes e ofendidas era exatamente a principal causa de sua pregação e que o objetivo do "Paraíso sem Adão" consistia em acolher e ajudar esposas abandonadas, garantindo também aos seus filhos uma vida honesta e independente. Tentava explicar em poucas palavras o estatuto da comunidade, mas a dama, que a ouvia atentamente, interrompeu-a:

— Desculpe! A senhorita não me entendeu bem! — exclamou exasperada. — Minha sina é bem mais trágica! A traição de que fui vítima é ainda mais revoltante do que as banalidades, naturalmente desagradáveis, que está me contando. Sem dúvida, um marido que abandona os filhos é digno de repreensão mas, em tais casos, as crianças perdem somente o apoio material. A esposa, além de nada ganhar do marido, muitas vezes fica lhe devendo, incluindo nestes casos o dote ou até o vestido de noiva. Às vezes ela própria é culpada, se deixa de agradá-lo. As crianças, por sua vez, mantêm o sobrenome do pai; além disso, a lei obriga o marido a sustentar a família, descontando metade de seu salário, se ele trabalhar. Mas, ouça o que aconteceu comigo! Eu era muito jovem quando me casei com um patife, que tinha o dobro da minha idade, de caráter asqueroso e extrema avareza. Jovem, bonita e adorando a vida, sentia-me muito infeliz. Um dia, num baile de máscaras, encontrei por acaso um rapaz encantador e inteligente e nos apaixonamos. Eu era absolutamente inocente e segui apenas a voz do coração, pois Pierre era pobre e seu emprego mal dava para se manter sozinho.

Meu marido não suspeitava do nosso caso e, quando dei à luz a um menino, achou que fosse dele. Pouco depois meu marido faleceu. Eu, livre e rica, estava convencida de que o homem por quem havia sacrificado tudo e com o qual tinha uma ligação viva e sagrada casaria comigo, logo que a decência o permitisse. Ele me jurava isso e visitava-me diariamente, ficando às vezes o dia inteiro. Mas, quando terminou meu luto, alegou problemas familiares para adiar o casamento. Como eu o considerava meu noivo e, além disso, estava grávida, deixei-o morar na minha casa. Eu o vestia, alimentava e até lhe dava dinheiro para satisfazer seus caprichos.

Assim se passaram quatro anos. Ele continuou me enganando com promessas, enquanto eu, cega de amor, acreditava nele e continuava cobrindo-o de presentes. Após alguns meses do nascimento do meu terceiro filho, Pierre disse-me que partiria numa viagem de férias de três semanas, para eliminar definitivamente os obstáculos que impediam o nosso casamento e, com esse objetivo, tomou-me emprestados dois mil rublos. Imagine o meu estado quando mais tarde recebi dele o pagamento do empréstimo e uma carta, na qual ele dizia que tinha se casado e despedia-se de mim, desejando-me toda a felicidade! Oh! Se naquele instante ele caísse nas minhas mãos, eu mataria aquele patife que destruiu minha vida, meu futuro, por três anos viveu às minhas custas no conforto e abundância e por fim me abandonou com três órfãos a quem negou até o seu nome!

Ela falava gesticulando muito e com tal animação que Ellen não conseguiu dizer nenhuma palavra, o que, aliás, nem tentou. Muda de espanto e nojo, ouvia a desavergonhada confissão daquela mulher, que relatava, sem escrúpulos, a uma estranha toda a vergonha e sujeira na qual estava afundada e ainda se considerava "vítima".

Mas a dama entendeu errado o silêncio de Ellen. Animava-se cada vez mais, aumentava o tom de voz e foi ficando vermelha de indignação.

— Pode imaginar tanta esperteza, traição, hipocrisia e desumanidade? Envergonhar uma infeliz mulher, gastar seu dinheiro, iludi-la com falsas promessas e, depois de viver com ela alguns anos, largá-la e vender-se a outra, abandonando duas pobres crianças órfãs e sem nome! Tais atos deveriam ser desmascarados e levados a conhecimento público. Você, senhorita Rutherford, que veio defender abertamente as mulheres oprimidas, que é representante do "Paraíso sem Adão", ou seja, do "Adão" do tipo do meu miserável sedutor, tem obrigação de condenar tais safadezas e exigir uma lei que proteja os indefesos obrigando o homem a redimir sua culpa se ele não quiser fazê-lo voluntariamente!

— Senhora, pelo amor de Deus, não fique tão exaltada! Dá para ouvi-la até do saguão e não acho que gostaria que os criados ficassem confidentes dos seus... problemas — Ellen conseguiu interrompê-la, pois a voz da visitante atingira o ápice e soava como um clarim. — Quanto a defender casos como o da senhora, recuso-me terminantemente. Eu sou pela justiça; pelo seu relato constata-se que a vítima foi o seu finado marido. A senhora o traía com seu amante, apropriou-se traiçoeiramente do nome dele para o seu filho ilegítimo e envergonhou sua memória levando abertamente uma vida imoral. Fez tudo isso conscientemente. Portanto, a senhora não deveria surpreender-se com o fato de seu amante, não lhe tendo confiança nem respeito, ter escolhido para si uma outra esposa, para não profanar a santidade do matrimônio unindo-se a uma mulher que durante muitos anos foi sua amante. Posso somente aconselhá-la a arrepender-se pelo passado e dedicar-se à educação dos filhos. A senhora deve ensinar ao seu filho que é muito ruim seduzir uma mulher casada e dizer a sua filha que não siga seu exemplo e se torne uma mulher honesta e útil.

A voz clara de Ellen soava severa e nos seus límpidos e sérios olhos luzia o ostensivo desprezo e o nojo que sentia pela visitante. Esta, no início, ficou estupefata com a inesperada reprimenda, mas logo mudou para uma ira insana. O rosto gordo ficou tão roxo que se notava, através da grossa camada de maquilagem, que os olhos se injetaram de sangue. Agitando os punhos fechados exclamou com ferocidade:

— Como ousa me insultar por confiar em você? Está dizendo que sou imoral, defende o velho idiota do meu marido e justifica o patife que roubou a minha felicidade e meu dinheiro? Sua charlatã! Você deve ser uma aventureira americana que veio aqui para caçar marido.

Ela parou, confundida com a atitude de Ellen que, sem sair da poltrona media-a com um olhar orgulhoso e gélido.

— Senhora! A senhora mesma confessou que traía o marido e reconheceu que seus filhos são ilegítimos. Não permitirei ser insultada sob meu próprio teto por me negar a incentivar a depravação e defender mulheres caídas que lamentam a desonra após ficarem se jogando nos braços dos homens; elas só percebem que foram humilhadas e enganadas quando são expulsas do charco em que outrora sentiam-se aconchegadas. Defender tais vilezas não faz parte do meu programa, nem das atividades da nossa comunidade, que se ocupa somente de esposas legítimas e honestas ou de moças inocentes que, por causa de uma educação errada e deficiente, ficam indefesas na luta da vida. Agora, muito obrigada e até logo!

Ellen levantou-se, cumprimentou a visitante com um leve aceno de cabeça e saiu do quarto. Pálida de emoção, foi ao quarto de Nelly que tinha ouvido a conversa e observou:

— O seu público está bem representado! Santo Deus! Não vimos clientes como essas em Boston, em Bremen ou em Berlim. Começo a acreditar que o barão estava certo quando nos aconselhou não vir aqui.

— Realmente, é inacreditável. Aquela malfeitora ainda ousa passar-se por vítima! Brrr! Para mim, por hoje chega. Nelly, mande dizer que não recebo mais ninguém hoje — disse Ellen num tom insatisfeito, jogando-se na poltrona.

Antes que Nelly apertasse a campainha para chamar a criada, Ellen recebeu um pacote embalado em papel seda e uma carta.

— O mensageiro trouxe isso e foi embora sem esperar resposta — disse a camareira, colocando o pacote na mesa.

Esquecendo aqueles desagradáveis momentos, Ellen, curiosa, rasgou o papel seda da embalagem. Dentro encontrou uma linda cestinha de bronze, cheia de rosas e orquídeas. Por entre as flores havia um cartão de visita no qual, sob a coroa de baronato, constava: "Evgueny Ravensburg". No verso estava escrito:

> Espero que a cruel lei que expulsa os pobres Adãos do paraíso não irá privá-los do consolo de depositar rosas sem espinhos aos pés de sua encantadora oponente.

Ellen soltou uma gargalhada, depois corou. Em seguida, inclinou-se e aspirou o aroma das flores. Naquele instante, Nelly, ao ler a inscrição no cartão, pôs a mão no seu ombro e disse num tom significativo:

— Não se deixe embalar pelo aroma dessas rosas; ele é muito prejudicial.

Ellen levantou a cabeça, com ar insatisfeito.

— Você sempre vê fantasmas onde não existem! Acha importante essa amável brincadeira, à qual o barão não deve dar o menor valor?

Em seguida, pretendendo aparentemente mudar de assunto, pegou a carta e abriu-a. Era da baronesa Nadler, informando que os pedidos para a realização das palestras foram atendidos, e a autorização obtida; a generosidade da pregadora, que doara toda a féria da recepção para entidades filantrópicas, causou boa impressão. A baronesa acrescentava que a venda de ingressos já começara e com tanto sucesso que ela pensava em acrescentar mais cem lugares, mesmo apertando um pouco as filas de cadeiras. Junto à carta havia um ingresso para o teatro francês. Como no dia seguinte estava marcada uma reunião do comitê da sociedade beneficente presidido pela baronesa, ela não poderia ir ao espetáculo; por isso, oferecia-lhe o seu camarote.

Sem consultar ninguém, Ellen respondeu imediatamente à baronesa, dizendo agradecer muito e aceitar com prazer seu amável convite. Essa decisão arbitrária provocou insatisfação em toda a pequena comunidade. Nelly reclamou primeiro, achando que não ficava bem para elas ficarem zanzando por teatros. Já que chegaram lá por uma causa importante, deviam dar exemplo de uma vida austera, avessa às leviandades mundanas. A senhora Forest, já envelhecida e arredia, e a senhorita Emmi, de caráter sombrio e fechado, recusaram-se terminantemente a ir ao teatro. Mas Ellen, geralmente complacente, desta vez teimou e disse que não era monja, que não queria privar-se desse inocente prazer e, por isso, iria sozinha se as outras insistissem na recusa. Vendo sua teimosia e crescente irritação, Nelly cedeu e, de má vontade, concordou em acompanhar a amiga.

No dia seguinte, Ellen ocupou-se ativamente do traje para ir ao teatro. Pela manhã visitou lojas e retornou abarrotada de pacotes e caixas de papelão, para grande desapontamento das senhoritas Sinclair e Emmi, ocupadas na elaboração do relatório à senhora Oliver sobre a viagem e as palestras realizadas na Alemanha.

Sem ligar para seus olhares sombrios, Ellen já se preparava para desempacotar suas compras quando lhe informaram que uma dama desejava vê-la. Irritada, lembrou que ainda era a hora que marcara para as consultas. Tendo recebido uma educação de rígido controle da mente, logo voltou para aquilo que considerava seu dever principal e, cinco minutos mais tarde, entrava amável e séria em seu gabinete.

Dessa vez, a conversa a satisfez inteiramente. A cliente era realmente uma mulher honesta, que sofrera muito na vida e estava seriamente interessada nos objetivos da comunidade "Paraíso sem Adão". Financeiramente garantida e completamente só, desejava entrar para a comunidade por uns dois ou três anos a fim de estudar bem sua estrutura para depois tentar fundar uma instituição semelhante na Rússia, adaptada aos costumes e necessidades locais. Ellen prometeu escrever imediatamente à senhora Oliver e informar a resposta a sua interlocutora, sem qualquer dúvida quanto à aceitação da proposta. Então a dama, que se chamava senhora Smirnov, poderia viajar à América junto com uma representante da comunidade. Combinado o local e a data do encontro, despediram-se como boas amigas.

Ellen voltou para junto de Nelly muito satisfeita e transmitiu-lhe a conversa que acabara de ter. Esquecendo o recente desentendimento, as amigas conversavam animadamente sobre a futura "irmã" quando vieram trazer mais um cartão de visitas.

— Colette Legrand, atriz dramática — leu Ellen, surpresa. — Meu Deus, o que esta mulher quer de mim? Pressinto que será idêntica às clientes de ontem.

— Neste caso, dispense-a! Agora são quinze para as três da tarde; você pode alegar que o horário de consultas já encerrou.

— Não, acho que vou atendê-la. Se for uma "Madalena", disposta a arrepender-se, então não devemos impedi-la de procurar o caminho da verdade, desde que não seja em nossa comunidade — concluiu Ellen, rindo.

Colette andava pelo escritório. Examinando as fotos do abrigo penduradas nas paredes, chegou à conclusão de que a casa e sua decoração eram bem "luxuosas" e "habitáveis". Em seguida, sentou-se e começou a folhear as brochuras, cantarolando entre os dentes o tema de uma alegre cançoneta. Lia, bem distraída, a tradução de uma das palestras da senhorita Rutherford, quando um leve farfalhar de vestido fê-la levantar a cabeça. Entrou Ellen e, por um instante, elas se examinaram com curiosidade. No rico, mas espalhafatoso traje da atriz e no seu olhar ousado havia algo que incomodava a jovem pregadora. O desembaraço de Colette, que se dirigia a ela com a mão estendida, não lhe agradou.

— Sente-se, por favor! A que devo o prazer de sua visita? — disse Ellen indicando a poltrona e fingindo não perceber a mão estendida da visitante.

Estava tímida e indecisa, sem saber que tom usar

em relação à dama do submundo. Mas Colette não percebeu a segunda intenção na atitude da americana. Ela atribuiu seu embaraço ao deslumbramento diante de seu traje da última moda, que acabara de chegar de Paris. Colette instalou-se confortavelmente na poltrona, dizendo com displicente alegria:

— Minha cara senhorita! Vim conversar sobre diversos assuntos mas, primeiramente, gostaria de pedir-lhe para me arranjar um ingresso para a sua palestra, pois não consegui comprá-lo em lugar algum.

— Infelizmente, não posso satisfazer o seu pedido, pois não tenho ingressos. A venda é administrada pela baronesa Nadler e a sociedade filantrópica para quem se destina a renda. A senhora deverá pedir a elas.

— A baronesa Nadler!? — Colette fez uma careta de desprezo. — Aquela velha fingida fará de tudo para me deixar sem lugar, pois vai querer reunir somente pessoas do seu meio e filantropos inveterados. Ah, ah, ah! Sobre ela se pode dizer: "O diabo, quando envelhece, torna-se filantropo."

— A senhora não sabe o que está falando! A baronesa é jovem ainda e seu comportamento está acima de qualquer suspeita.

— Verdade? É isso mesmo que pensa? Percebe-se logo que acabou de chegar da América e não conhece a pequena crônica de São Petersburgo. Eu poderia lhe contar muita coisa sobre aquela "não-me-toques", que nem sempre foi assim; mas esse relato ocuparia tempo demais. Não é novidade que a baronesa e seus semelhantes nos desprezam e tentam provar que não temos lugar na sua "sociedade" e isso se explica facilmente. Elas têm inveja da admiração, amor e atração que os homens sentem por nós, atrizes; não conseguem perdoar nosso talento e superioridade intelectual.

Por isso tentam, de todas as maneiras, humilhar-nos perante a opinião pública. Se um homem do seu meio se casa com uma atriz, essas damas imediatamente levantam um escândalo.

— Mais uma vez, não posso concordar com a senhora. Nos tempos atuais as atrizes têm conseguido ótimos partidos, inclusive príncipes de sangue real. O que realmente não se pode falar é de preconceitos contra elas. Mas não entendo o que isso tem a ver com minhas palestras e o "Paraíso sem Adão", que represento aqui.

— Devo confessar que a senhorita representa algo bastante absurdo — e Colette deu-lhe uma piscada. — Gostaria de conversar sobre esse assunto quando a senhorita estiver casada! Ah, ah, ah! Pelo amor de Deus, não se zangue! Noto que a senhorita entrega-se de corpo e alma à sua causa. Vou contar-lhe o motivo que me trouxe aqui e o que existe em comum entre a minha visita e suas palestras. De tudo o que me falaram e que li nas suas brochuras, concluí que a senhorita prega a igualdade e o direito de toda mulher a uma vida honrosa e tranquila numa união legal. Isso diz respeito a uma atriz da mesma forma que a uma senhora da sociedade e aristocrata. É o bê-á-bá da justiça. Digo mais: as aristocratas, que em sua maioria são ricas e feias, podem muito bem permanecer livres, pois os homens se casam com elas somente por interesse ou necessidade; entretanto, a mulher realmente amada é obrigada a esconder-se; em nove casos entre dez, a união dos corações não é sacramentada pela lei. Esse é o assunto que a senhorita deveria colocar como o tema principal em suas palestras. Agora vou falar sobre o meu caso pessoal.

Estou cansada desta vida atribulada e exaustiva,

de trabalho incessante pelo pão de cada dia e um discreto conforto. Finalmente encontrei um homem por quem me apaixonei, tanto que estou disposta a sacrificar por ele a minha liberdade e sepultar meu talento entre as estreitas paredes de um discreto lar. Digo discreto, pois apesar de ser rico, o homem que amo, não poderá me proporcionar tudo o que usufruo agora. Mas não importa! Quero me estabelecer, anseio por um cantinho e um marido amoroso com uma boa posição social. Satisfaço-me com pouco e irei custar-lhe muito menos do que agora...

— Mas, considerando esse tocante desinteresse monetário, o que impede a sua felicidade? — interrompeu Ellen, irônica.

— Ridículos preconceitos, minha cara senhorita! Vladimir Artemiev, aquele que já considero meu noivo, me adora como Romeu a Julieta mas, por ser fraco, tem medo da opinião pública. Ele é ótima pessoa, ainda muito bonito e, cá entre nós, muito bem conservado. Infelizmente, também é fútil, vaidoso e extremamente saturado da vida. Portanto, se a senhorita, como defensora das mulheres subjugadas, do alto de seu púlpito reconhecer as qualidades das atrizes e provar que, sendo elas dignas de amor, também são dignas de serem esposas, isso o impressionaria muito e acabaria com suas últimas dúvidas.

O nome de Artemiev fez Ellen estremecer. Ficou olhando com indescritível nojo, vergonha e curiosidade a mulher sentada à sua frente. Essa era, portanto, a amante do seu pai, uma daquelas mulheres por quem ele sacrificara sua mãe, tão boa e casta. Essa desavergonhada "sacerdotisa do amor" pretendia ser sua madrasta e ainda lhe pedia ajuda para a realização dos seus planos!

Absorta em suas próprias conclusões, sem notar a repentina emoção de sua interlocutora, Colette prosseguiu:

— Minha cara senhorita, esteja certa de que irei recompensá-la! Se defender a minha causa e com sua ajuda acontecer meu casamento, vou presenteá-la com um par de brincos que serão notados até na América. Nós, mulheres, devemos ajudar uma à outra e você, como defensora dos nossos direitos, tem dupla obrigação em fazê-lo.

Apesar da amargura que fervia dentro dela, o ridículo da situação fez a mente flexível de Ellen agir rapidamente. A história falsa e idiota daquela mulher decaída, que lhe prometia jóias pagas por seu próprio pai para que ela, a filha, o fizesse casar, desanuviou sua indignação. Mal contendo o riso, Ellen respondeu com um leve sorriso:

— Não tenho dúvidas quanto à sua generosidade; mas, não posso falar em seu favor, pois sou contra o casamento. Na minha opinião, esta união traz infelicidade à mulher, pois tira-lhe a liberdade e a paz e nada oferece em troca. Nossa comunidade acolhe somente mulheres infelizes, cuja vida foi destruída pelo mau comportamento dos maridos e educa as moças de forma a convencê-las de que a verdadeira felicidade consiste na independência proporcionada pelo trabalho e pelo coração livre. Resumindo, prepara-as para uma vida casta, mas solitária. A senhora percebe que desse programa nada lhe serve, pois leva uma vida alegre e solta e seu amante lhe proporciona o luxo de que tanto gosta. Na minha opinião, só tem a perder se casar, pois ele logo se arrependerá e irá descontar na senhora seu desrespeito, que a senhora chama de preconceito.

— Em outras palavras, você quer dizer que ele

me despreza? Minha cara senhorita, acho que está enganada! Vejo que conhece pouco os homens. Eles sempre respeitam aquilo que os diverte; quanto mais caro ou difícil for este divertimento, mais o valorizam e procuram. Estou falando por experiência própria. Nenhum dos homens que tive e, sem querer gabar-me, tive muitos aos meus pés, me desprezou. Nós nos divertíamos muito bem juntos e eles me cobriam de presentes, pois afinal de contas, eu precisava sobreviver.

— Isso está correto! Mas o que acabou de dizer significa que a senhora é uma mulher que pertence a todos, ou no mínimo, a cada um que lhe paga.

— Só faltava que eu me sacrificasse de graça! Eu, hein!

— A senhora agora percebe que nossos pontos de vista são diametralmente opostos. Tenho a opinião de que é preciso ganhar o pão de cada dia honestamente, sem se vender e não permitindo aos homens desprezar-nos ou nos tratar como animais — contestou Ellen com severidade, já começando a zangar-se.

Colette soltou uma gargalhada.

— Pelo jeito, você defende rigidamente o desprezo e não consegue conter a língua. Mas não me ofendo, pois noto que você, definitivamente, nada entende da vida. Não dou a mínima ao respeito destes senhores! Quando, após um bom jantar, consigo tirar de algum deles um bom cachê, eu mesma começo a desprezá-los. Além disso, o amor tem o seu encanto e a mulher não pode viver sem amor. Repito: depois do casamento você me entenderá melhor e achará o seu paraíso sem Adão muito monótono e insípido. Bem, agora adeus! Mas pense sobre a minha proposta.

Colette cumprimentou-a alegremente e saiu,

enquanto Ellen ficou profundamente pensativa.

As estranhas visitantes dos últimos dois dias mostraram-lhe a questão feminina de um ângulo absolutamente diferente do visto pelo "Paraíso sem Adão". Como devia ser poderoso o sentimento do amor, essa irrefreável necessidade de submeter-se ao jugo matrimonial, já que todas as mulheres anseiam por isso e nenhum exemplo, nenhum desprezo, nenhuma tirania consegue dissuadi-las! Moças ricas e pobres, mulheres honestas e vendidas, viúvas, separadas e até as que provaram a taça amarga, ninguém quer permanecer livre. Será que as mulheres são realmente uma raça inferior, que anseia pela escravidão como seu meio ambiente natural? Por amor ou por interesse, todas colocam o pescoço no laço. Que quadro aterrador ela precisaria inventar para obrigá-las a recuperar a sensatez?

Pela memória de Ellen passaram novamente todas as suas visitantes. Todas suportaram pesadas ofensas de homens; mesmo assim, somente uma procurou a salvação na orgulhosa independência e no trabalho honesto. Uma arranjou um amante para se vingar do marido, e a terceira, que fora cruelmente ridicularizada e humilhada, ansiava por voltar para aquele que lhe cuspia no rosto. Por fim, a mulher que acabara de sair, simplória e alegre "dama de diversões", sequer fazia ideia de quão profundamente era desprezada a sua dignidade humana. Leviana e cega, sonhava em ser rica, gastava em panos e prazeres seu mísero e vergonhoso "salário" e, cantando e dançando, dirigia-se para o abismo: velhice, miséria e morte no hospital. Esse caminho, trilhado por muitas mulheres, não a assustava e ela não odiava os homens que, sem dúvida, a abandonariam sem pena nem solidariedade quando ela murchasse, envelhecesse e não conseguisse mais diverti-los.

Tudo isso representava um enigma para Ellen. Entretanto, se a inata natureza mesquinha e o instinto invencível empurravam irrefreavelmente a mulher para a submissão, será que ela própria resistiria? Ou cederia, mais cedo ou mais tarde à superioridade dos homens, embora naturalmente de forma honrosa? Ela também encontraria um senhor? Em sua mente surgiu imediatamente a zombeteira imagem do rosto fino, nobre e dos olhos escuros do barão Ravensburg...

Ellen estremeceu como se levasse uma mordida e passou as mãos no rosto. Estaria enlouquecendo, entregando-se a tais pensamentos idiotas? Como podia igualar-se àquelas mulheres, decaídas exatamente por não terem caráter suficiente, respeito próprio nem educação salutar? Ela, pelo contrário, estava armada para a luta cotidiana; seus olhos abertos, a força de vontade temperada como aço e a mente desenvolvida faziam-na duplamente independente. Não! Ela desejava permanecer livre e assim permaneceria! Não seria o barão, aquele leviano esbanjador, que a faria mudar de opinião!

Ellen recuperou o bom humor e levantou orgulhosa a linda cabecinha. Em seguida, foi ao refeitório, onde todos da casa estavam reunidos para o almoço, para contar-lhes sua conversa com Colette.

Nesse dia, começou bem cedo a cuidar do traje para ir ao teatro. Queria ficar bonita, não para seduzir algum coração masculino, mas para sua própria satisfação artística. Colocou um vestido de renda negra, forrado de seda da mesma cor; o corpete era bordado com pérolas, semi-aberto na parte frontal, com mangas curtas que desnudavam os braços até os cotovelos. Uma nuvem de rendas destacava maravilhosamente o branco luminoso do rosto e os vastos cabelos com reflexos dourados, presos com um pente de brilhantes. Na longa luva negra brilhava um bracelete de ouro enfeitado por uma estrelinha de rubis e brilhantes. Um luxuoso leque de renda completava esse rico e rigoroso traje. Ela examinou satisfeita a imagem deslumbrante no espelho. Sim, estava linda! Se algum homem se apaixonasse por ela, pior para ele! Iria desprezá-lo e torturá-lo, descontando nele todas as ofensas que suportaram suas irmãs, por não poderem vingar-se na mesma moeda.

Naquele instante, Nelly entrou no quarto. Ao ver a amiga, primeiro ficou muda de espanto; em seguida, ficou repentinamente irada e exclamou:

— Ellen! Você pretende ir ao teatro nesse estranho traje? Justo você, a representante e pregadora da nossa rigorosa comunidade, asilo de sofrimentos e desilusões, pretende aparecer em rendas e brilhantes? Será que esqueceu de quem é?

Ellen voltou-se rapidamente e suas faces se cobriram de forte rubor.

— Não esqueci de nada! Veja! Aqui está o símbolo da nossa comunidade — disse ela apontando para a medalha de ouro com a imagem da colmeia, pendurada num laço esmaltado azul e emaranhada por entre as rendas. — Num auditório eu sou a palestrante, mas num teatro sou simplesmente uma mulher da sociedade e não quero que fiquem me apontando com o dedo. Inclusive você, Nelly, não pode ir ao teatro como um espantalho. Esse seu vestido de lã, a gola de linho e os punhos das mangas sem qualquer adereço a fazem parecer uma *quaker*[1] ou até uma monja. Qualquer um pode dizer que essa discrição é premedi-

1 *Quaker* (ou *quacre*): Membro de uma seita protestante fundada na Inglaterra no século XVII e muito difundida nos Estados Unidos.

tada, para chamar atenção sobre você servindo como uma espécie de propaganda. Não acho que você esteja querendo isso. Então, permita-me consertar um pouco seu traje.

Fazendo a insatisfeita amiga sentar-se, Ellen colocou-lhe sobre os ombros um luxuoso agasalho, prendeu na gola um broche de ametista e pôs em suas mãos um leque de plumas.

— Agora melhorou! Tome, pegue essa bolsinha de pelúcia: dentro estão o seu lenço e um binóculo. Bem, já é hora de irmos.

Apanhando uma bolsinha de veludo vermelho, Ellen enrolou-se numa linda estola e, pegando a amiga pela mão, saíram.

❁ ❁ ❁

Naquele mesmo dia, Vladimir Aleksandrovitch Artemiev estava sozinho em casa. Ao retornar do serviço, mandou dizer que não estava para ninguém. Enrolando-se num robe, ficou deitado no divã do gabinete, perdido em pensamentos.

Nos últimos dois dias sentia-se meio inquieto. Mais fortes do que nunca, perseguiam-no as lembranças de um passado há muito sepultado do outro lado do oceano. Essas tristes recordações reviveram quando encontrou Ellen. Algo nela lhe parecia muito familiar, agradava e atraía, apesar da irritação provocada pela crítica ao comportamento dele em relação à esposa e filha. A censura, naturalmente não tinha endereço certo, pois Ellen não tinha como saber nada sobre seu passado. Mesmo assim, suas palavras vinham-lhe à mente com insistência, estragando o seu bom humor e tornando-o insociável. Já passara a noite anterior sozinho e há dois dias não visitava Colette. Seu criado achava que ele estava doente e mantinha-o sob discreta observação.

Para espantar os incômodos pensamentos, Artemiev pegou uma revista a fim de distrair-se com a leitura quando, repentinamente, do quarto contíguo ouviram-se passos rápidos e uma voz sonora perguntou alegremente:

— Olá, Vladimir! O que está acontecendo? Por que não apareceu ontem na casa do general Petrov? Todos ficaram surpresos com a sua ausência.

— Olá, Evgueny! — respondeu Artemiev preguiçosamente, apertando a mão do amigo — Ontem não me senti disposto a sair. Mas, já que esteve lá, conte-me as novidades.

O barão sentou-se, pegou um charuto e passou a contar alegremente os divertidos mexericos mundanos. Os dois eram amigos há muito tempo; apesar da diferença de idade, a amizade era sincera e começara por causa de um incidente numa caçada.

Na época, o barão era um jovem de vinte anos, recém-admitido ao serviço, e participava de uma caçada ao urso organizada na Finlândia por um rico fazendeiro sueco. Quando o urso foi provocado pelos batedores de caça e ergueu-se nas patas traseiras para atacar, o barão, no afã da juventude, adiantou-se. A gigantesca fera, com as garras em riste, avançou direto sobre ele; o barão atirou mas a arma falhou. Ele corria enorme perigo quando um tiro habilmente disparado por Artemiev atingiu a fera entre os olhos, matando-a instantaneamente e salvando o imprudente caçador. Desde então uma profunda gratidão afeiçoara o barão a Artemiev. Este, no início menosprezava a amizade do jovem, considerando-o um "garoto";

depois acostumou-se e ocupou-se dele, orientando o rapaz para o caminho da "existência agradável", que ele próprio seguia.

Com o tempo, a diferença de idade desapareceu. Seus gostos coincidiam e passaram a sair e divertir-se juntos. Sua amizade era tão grande que Ravensburg podia entrar na casa de Artemiev a qualquer hora, sem avisar. Tinha uma chave da entrada dos fundos e podia até usar o quarto azul para encontros toda vez que recebia a visita da velha tia e das duas irmãs que chegavam da Finlândia e ficavam por mais de duas semanas, sem suspeitar que incomodavam o rapaz, pois a rígida educação alemã impedia-o de demonstrar qualquer insatisfação.

Após contar tudo sobre a festa do dia anterior, o barão ficou mordendo os bigodes em silêncio.

— Vladimir, sabe o que fiz ontem?

— Alguma bobagem, provavelmente — respondeu Artemiev laconicamente, oferecendo-lhe fósforos para o charuto.

— Que nada! Enviei uma cesta de flores com um cartão de visitas à senhorita Rutherford.

— Oh, céus! Esse presente foi para a comunidade ou exclusivamente para ela?

— Naturalmente que foi só para ela! E acrescentei no cartão que colocava aos pés dela rosas sem espinhos.

Artemiev soltou uma gargalhada.

— Você é um espertalhão! Guardou os espinhos caso ela queira desfrutar melhor das rosas — disse zombeteiro.

— Oh, a montanha ainda está longe de Maomé! — suspirou o barão. — A moça é resistente e, antes que eu e ela desfrutemos juntos das rosas, é provável que eu tenha de convidá-lo para ser meu padrinho de casamento.

Artemiev ergueu-se.

— Mas, como? Você já está tão maduro? Coitado! Você morreu antes da batalha, já que fala com tanta resignação em subir ao altar e lhe colocarem grilhões pelo resto da vida.

— Mas, se não houver outro jeito?

— Qual nada! Deve-se sempre adiar as decisões desesperadas até o último momento. Tente conduzir o caso de forma diferente. Talvez a americana, sendo inimiga do casamento, aceite amá-lo sem casar. Depois, ela retornará ao paraíso dela convencida na prática da instabilidade da paixão. A finalidade do "Paraíso sem Adão" é abrigar mulheres que sofreram desastres amorosos. Para agradar àquela cruel virgem, você lhe poderia propor fundar um "Paraíso sem Eva". Todos os homens infelizes iriam apoiá-lo e essa instituição teria muito sucesso, ainda mais que agora estão na moda diversas esquisitices. Ouça isso!

Ele pegou o jornal e começou a ler um artigo que falava da chegada do senhor Brown e seus companheiros, ridicularizando seus objetivos e anunciando que os esquisitos ianques receberam autorização para realizar palestras em inglês, no mesmo salão onde sua, não menos esquisita, conterrânea, senhorita Rutherford, iria discorrer sobre a emancipação feminina.

— Eis um grupo de idiotas que, para matar o tempo, não encontrou nada melhor do que falar besteiras — observou Artemiev, dando de ombros e jogando longe o jornal.

— Peço que fale com respeito do clube dos "castos". A partir desta manhã sou membro da sociedade da castidade masculina — respondeu o barão, assumindo um ar de importância e tirando as cinzas do charuto.

— Você? Está brincando! — exclamou Vladimir Aleksandrovitch, às gargalhadas.

— Nem um pouco! Fiz isso para poder cortejar a senhorita Ellen. O chefe dos castos recebeu-me amavelmente, inscreveu-me como membro e me forneceu um emblema da sociedade. Aqui está — o barão tirou do bolso uma grande medalha de prata numa fita verde e vermelha. — Veja, é a senhora Putifar e José, que tenta escapar de suas garras, como um protótipo da castidade.

— Que encantador! Você conhece o símbolo das sacerdotisas do "Paraíso sem Adão"? Seria a imagem da senhora Putifar chorando a fuga de José? — perguntou Artemiev, enxugando os olhos.

— Melhor do que isso! É uma colmeia cercada de abelhas que surram os inúteis zangões.

— Muito edificante! Mas, diga-me, Evgueny, que obrigações lhe foram impostas por essa sua nova condição?

— Primeiramente, me arrepender dos pecados do passado e me purificar através do jejum e orações; deixar para sempre a vida desregrada e, finalmente, escolher para esposa uma virgem virtuosa, ter filhos a cada ano e viver entocado, no estreito círculo dos prazeres conjugais.

— Que quadro atraente! Reconheço que você tem muita imaginação. É bem provável que estes dignos e virtuosos pecadores sejam admitidos no "Paraíso sem Adão", para consolar as inconsoláveis. Mas fico imaginando os absurdos que serão ditos nessas palestras!

— De qualquer forma, serão bem curiosas. Consegui dois ingressos para nós, e confesso que foi difícil obtê-los. Para a palestra da senhorita Ellen estão vendendo um ingresso masculino para cada dez femininos, enquanto que para a palestra do senhor Brown as damas estão disputando os ingressos a tapa. Você vai comigo, Vladimir, certo? Pode ser que, de repente, sinta vontade de entrar para a sociedade dos castos.

— Colette não vai gostar disso.

— E também Varvára Arkadievna. Mas, ouça, alguém está tocando a campainha da porta dos fundos! Muito provavelmente deve ser a sua carinhosa amiga, portanto me retiro para não atrapalhá-los.

— Fique, por favor! Hoje não estou disposto a amabilidades e com Colette isso se faz, principalmente, com ouro.

Era realmente a bela atriz. Entrou toda radiante em seu traje de veludo azul-escuro e enorme chapéu enfeitado de plumas.

— Ah! Os amigos! Foi bom encontrá-los juntos — disse estendendo a mão ao barão.

— Como vai, meu gatinho? — acrescentou ela dando um tapinha familiar no rosto de Artemiev. — Como vai? Não o vejo há uma eternidade e já imaginava que tivesse morrido. Mas, como o vejo bem vivo, proponho aos dois um passeio pela alameda Nevsky. O tempo está lindo!

Artemiev não respondeu sim nem não; propôs que tomassem por enquanto uma xícara de café, que Colette aceitou de pronto. Bebericando o café e mordiscando biscoitos, ela continuava tagarelando sem parar. De repente, lembrou-se de algo e exclamou:

— Adivinhem de onde vim? Aposto que não conseguem adivinhar!

Depois de os amigos perderem-se em conjeturas, Colette anunciou solenemente:

— Sabia que jamais iam adivinhar! Vim para cá direto do "Paraíso sem Adão".

— Mas, que diabo! O que foi fazer lá? Não me diga que pretende entrar para a comunidade! — exclamou Vladimir Aleksandrovitch.

— Não, fui conversar com a senhorita Rutherford e dar-lhe algumas sugestões sobre as palestras. Mas a pobrezinha é burra de dar dó e parece que não entendeu nada do que lhe disse.

— É bem provável! Suas opiniões divergem frontalmente das da senhorita Rutherford — observou zombeteiramente o barão.

— Exatamente! Ela me falou sobre o respeito dos homens e a necessidade de trabalhar para ser independente, como se eu não fizesse isso.

— Você realmente trabalha para tal! — sorriu o barão.

— Claro que trabalho! Ou pensa que ser atriz é tão simples? Isso não é motivo para risos — disse Colette com irritação. — Também não tenho do que me arrepender, como disse aquela tagarela americana. Me arrepender do quê? De ter uma vida alegre e amar Artemiev? Isso nunca foi pecado.

Vladimir Aleksandrovitch alisava a barba loura e um sorriso zombeteiro vagava em seus lábios.

— A senhorita Rutherford não lhe aconselhou a ser mais fiel em suas ligações?

— Não seja cruel, Vladimir! Se você merecer, ser-lhe-ei fiel até a morte — respondeu Colette, abraçando-o e beijando-o na face.

— Que ameaça terrível! — brincou Artemiev, livrando-se do abraço de Colette. — Acho que um passeio vai desanuviar suas tenebrosas ideias quanto à fidelidade. Amigos, me aguardem trocar de roupa e iremos dar um passeio na alameda Nevsky, conforme propôs Colette.

À noite, os amigos foram juntos ao teatro Mikhailovsk. Encontrando Ellen e a senhorita Sinclair, já no primeiro intervalo, dirigiram-se ao camarote para cumprimentá-las.

— Podemos entrar no paraíso? — perguntou discretamente o barão.

— Entrar podem, mas ficar é proibido — respondeu a voz sorridente de Ellen.

Tagarelaram alegremente e quando o barão, com o mesmo respeito, pediu permissão para um renegado oferecer balas às impiedosas Evas, isso foi-lhe gentilmente concedido. No intervalo seguinte, os amigos foram novamente até o camarote. Até Nelly relaxou um pouco e conversou amigavelmente com Artemiev.

Mas a presença deste irritava Ellen. Seu olhar voltava-se constantemente para ele; estudava os traços do seu rosto e tentava recordar como era em suas memórias de infância. Ao lado dele imaginava involuntariamente a imagem de Colette e um ódio agudo apertava-lhe o coração. Ele amava aquela imprestável prostituta, dava-lhe veludo e jóias, enquanto que para ela e sua santa mãe negava o mínimo necessário, até que as deixou e esqueceu...

O barão notou com surpresa a insistência de Ellen em observar seu amigo e o estranho fogo que se acendia em seus olhos. Isso provocou nele um repentino ciúme e, pela primeira vez, sentiu hostilidade para com Vladimir Aleksandrovitch. Este também notou a atenção de Ellen; conhecendo tão pouco da verdade quanto o barão, Artemiev ficou agradavelmente lisonjeado e passou a conversar com ela.

Falaram sobre as palestras e o sucesso da venda dos ingressos. Em seguida, Artemiev observou:

— Também terei o prazer de ser um de seus ouvintes. Mas senhorita Rutherford, sendo tão inteligente, não percebe que representa "uma voz clamando no deserto"? Que, mesmo com sua eloquência, ninguém vai querer renegar a felicidade familiar e o ser amado por causa de pequenas rusgas?

Os olhos sorridentes de Ellen assumiram imediatamente uma expressão severa e fixaram-se em Vladimir Aleksandrovitch quando respondeu num tom seco e metálico:

— O senhor se esquece de que cresci numa casa onde essas "pequenas rusgas", juntando-se às centenas, representam algo semelhante a uma gigantesca cripta. Lá, entre as esposas humilhadas e abandonadas, entre crianças doentias e tristes, aprendi que para o homem a tal "felicidade familiar" representa, na maioria dos casos, nada mais que uma carga incômoda e opressora: à saída da igreja, o noivo, antes completamente apaixonado, que nada tinha a perder ou ganhar, transforma-se em desagradável feitor, que vinga cruelmente em seres inocentes a perda da própria liberdade, mesmo que a tenha perdido voluntariamente. Após ver de perto tantas desgraças, me vejo na obrigação de gritar a todas as irmãs: "Confie em Deus, mas não vacile! Seja cuidadosa e independente! Conquiste seu lugar no banquete da vida! Jamais confie no ser egocêntrico, que lhe rouba o coração e o futuro e depois, quando você começar a incomodá-lo, irá afastá-la do caminho e condená-la com os filhos à miséria. Enquanto isso, ele continuará a festejar com as sacerdotisas do amor e as vestirá de veludo e cobrirá de jóias, esquecendo os farrapos da esposa."

À medida que Ellen falava, uma palidez mortal espalhava-se pelo rosto de Artemiev. As palavras impressionaram-no tanto que ele mal conseguia ocultá-lo e sentiu um verdadeiro alívio com a intervenção do barão, que tentava rebater as conclusões de Ellen. O bom humor de Artemiev acabou por completo. O público e a peça perderam qualquer interesse para ele e, sem esperar o fim do espetáculo, foi embora.

Vladimir Aleksandrovitch ficou por muito tempo andando pelo gabinete, recordando as desagradáveis lembranças novamente provocadas pelas palavras de Ellen. Aquelas palavras coincidiam tão surpreendentemente com o seu passado que não seria preciso mudar uma vírgula se ela quisesse denunciar seu comportamento em relação a Vitória e sua filha.

Que moça estranha e encantadora, um rosto infantil e uma mente masculina! Ela passou a interessá-lo cada vez mais e esse interesse parecia mútuo, pelo olhar que Ellen lhe dirigia.

Em seus lábios apareceu um sorriso de jactância. Será que ele estava vencendo a disputa com seu amigo, mesmo ele sendo bem mais jovem? A vaidosa antecipação da conquista fê-lo esquecer imediatamente as incômodas dores de consciência.

Afinal, por que não se casar com Ellen, se ela o amava? Por diversas vezes tivera vontade de casar novamente e criar uma nova família para preencher o vazio e o tédio que frequentemente o espantavam de casa.

Estava com quarenta e nove anos. Era hora de estabelecer-se e uma esposa bonita e inteligente como Ellen iria criar para ele um lar muito agradável...

De repente, o sorriso de prazer provocado por esse sonho de futuro desvaneceu-se e o rosto de Artemiev ficou sombrio. Mas, que loucura! Onde foram parar seu cuidado e experiência de vida, se admitia a possibilidade de casar-se com uma mulher que mal conhecia?

Ellen era encantadora; mas também poderia ser uma aventureira, procurando um "marido" que abandonaria assim que adquirisse nome e posição.

"Não e não!", pensou ele. "Devo testar aquela mulher para ver se possui a moral ilibada que apregoa. Não quero chifres, nem mesmo colocados por Evgueny. É preciso primeiro fazer-lhe a corte e tentar atraí-la para cá. Durante o baile de máscaras da baronesa Nadler ela poderia fazer isso sem medo de ser descoberta. Vou tentar. Se ela aceitar deixar o baile para passar uma horinha comigo, será o fim! Ela receberá o que merece e depois poderá voltar ao seu 'paraíso', chorar o próprio destino e discursar. Além do mais, estarei fazendo um favor a Evgueny, prevenindo-o a tempo."

Capítulo 7

Na véspera da palestra, as damas da comunidade ocupavam-se ativamente da preparação do salão. As filas de cadeiras tiveram de ser mais apertadas pelo excesso de ingressos vendidos. Além disso, Ellen ordenou que fossem instalados praticáveis ao longo das paredes, nos quais foram colocadas poltronas destinadas aos homens; para os "castos" foi preparado um camarote especial, à esquerda do púlpito da oradora. As paredes foram enfeitadas por quadros a óleo trazidos da América. Num deles havia a imagem de Adão e Eva no paraíso e Deus perguntando a Adão por que ele O desobedecera. Adão, envergonhado, apontava traiçoeiramente para Eva e, na fita que saía de sua boca estava escrito: "A esposa que me deste ofereceu-me o fruto da árvore e eu comi."

Nos outros quadros havia imagens do abrigo "Paraíso sem Adão": uma bela casa branca, jardins, terraços, biblioteca, classes e oficinas. Finalmente, havia dois painéis instalados de cada lado do púlpito; um apresentava uma mulher apedrejada por infidelidade, outro um marido inglês, puxando a esposa por uma corda no pescoço para vendê-la publicamente.

Já estavam terminando a decoração quando chegou a baronesa Nadler acompanhada de Ravensburg.

— Viemos antes do público para ver o salão onde se realizará a execução da parte traiçoeira do gênero humano — disse ela, rindo.

Ellen recebeu-os amavelmente e começou a explicar os quadros, divertindo-se com as observações do barão, que examinava tudo num misto de ira e zombaria, enrolando os bigodes e acompanhando a mostra com intermináveis "Humm!" Por fim, ele perguntou por que os homens iriam ocupar lugares tão honrosos e visíveis.

— Porque os réus devem estar à vista de todos! — respondeu Ellen maliciosamente.

Todos riram e separaram-se alegremente até o dia seguinte.

❁ ❁ ❁

O início da palestra estava marcado para as oito horas, mas o público começou a lotar o salão muito antes. A pequena quantidade de homens pertencia à alta sociedade; entre eles havia civis e militares. Todos pareciam muito interessados e no rosto da maioria lia-se uma curiosidade irônica. Do lado feminino reuniu-se um grupo muito heterogêneo, de idades de dezesseis a sessenta anos. A maioria das damas estava muito bem vestida, mas viam-se também trajes pobres e puídos, rostos jovens mas pálidos, cansados e murchos prematuramente pela dura batalha pela sobrevivência. Essas mulheres olhavam com impaciência e concentração para o púlpito e, mais raramente, para o estrado onde solenemente sentavam-se os cavalheiros. O senhor Brown e seus companheiros foram os primeiros a ocupar o camarote que lhes fora reservado e o grupo, calado e sério, provocava curiosidade geral que os "castos" pareciam ignorar.

Finalmente, um sininho anunciou o início da palestra e abriu-se uma porta lateral. Ellen subiu no estrado e cumprimentou o público com dignidade.

Seu traje destacava-se pela simplicidade puritana e caía-lhe muito bem. Um vestido fechado de seda preta, sem qualquer enfeite, envolvia a elegante figura e da vasta gola de renda elevava-se orgulhosamente a cabecinha loura.

Ellen estava muito pálida e o barão e Artemiev ficaram extremamente surpresos com a completa mudança em sua aparência. Não havia nem sinal da moça alegre, simples e coquete. No púlpito estava uma mulher enérgica, determinada, cujos grandes olhos luziam com autoconfiança e destemor. Pela primeira vez, eles viram diante de si a fanática pregadora da comunidade "Paraíso sem Adão".

Por instantes, os olhos de Ellen vagaram pela multidão que se agitava aos seus pés como uma hidra de cem cabeças. Em seguida começou a falar com sua voz harmoniosa de timbre metálico, cujos sons comoventes alcançavam até as últimas fileiras.

— Prezadas senhoras e senhores! O assunto que irei tratar não é novo; mas como se refere a um acontecimento monstruoso, exatamente a escravidão de metade do gênero humano, deixada pela lei e pelos costumes à disposição da outra metade, o interesse dessa questão somente se apagará quando forem eliminados os abusos que o provocaram.

A história da mulher na humanidade é um longo martírio. Sobre isso, muito se falou, mas pouco se tem feito no sentido de mudar a ordem social vigente, o que é condenável tanto pelo bom senso como pela justiça. Isso acontece porque os homens não querem absolutamente abrir mão do poder que lhes bajula a vaidade e satisfaz seu egoísmo; também porque, até hoje, as mulheres não estão suficientemente unidas para defender seus direitos.

Acabei de utilizar a palavra "escravidão" e não foi uma metáfora. A escravidão da mulher realmente existe, consiste no cruel costume da antiguidade que transforma um ser humano em objeto de seu senhor. Até a presente data, a mulher continua a ser escrava e propriedade de seu marido, como o eram os antigos escravos ou negros libertados. Uma lei inglesa, revogada recentemente, dava ao marido o direito de vender a própria esposa em praça pública, para onde ele a levava com uma corda no pescoço, como se ela fosse uma vaca ou um cavalo. Aliás, por que não? Por muito tempo duvidou-se de que a mulher possuía alma. Inclusive, atualmente, os homens, os "reis da criação", não admitem que as mulheres tenham nervos, paciência que pode esgotar-se, gostos e tendências individuais que precisam ser satisfeitos como os deles próprios.

Como prova de que falo somente aquilo que está conprovado por fatos, citarei as leis que estabelecem as relações entre os sexos, referentes às propriedades e ao uso dos direitos sociais.

Após relatar com precisão o resumo das leis dos principais povos europeus que estabelecem os direitos das mulheres, Ellen prosseguiu:

— O que acabo de mencionar é suficiente para provar a revoltante injustiça que oprime a mulher desde seu nascimento. Mas seria difícil expor numa única palestra as questões cada vez mais críticas que já foram bem estudadas por mentes mais proeminentes. Passo, portanto, ao tema diretamente ligado ao objetivo que me propus alcançar e aos interesses que represento aqui.

Muitos se perguntam com certa razão: como explicar que tantas mulheres suportem caladas, quase sem queixas as injustiças cometidas contra elas e sequer procurem meios para livrar-se? Existem muitos motivos para tal passividade, os quais veremos agora.

A lei da natureza, tão poderosa e cruel quanto as estabelecidas pelo homem, empurra a mulher para o amor e seu coroamento final: o casamento. Em vez de adverti-la sobre os sofrimentos a que ela está se submetendo e as desilusões que inevitavelmente a aguardam, pois os casamentos felizes são extremamente raros, o que confirma a regra geral, essa união lhe é apresentada como a felicidade suprema, a meta final e a única existência honrosa para uma mulher.

Desde o nascimento, a menina é vista como um ser destinado somente ao casamento. Mal lhe desperta a consciência e todos à sua volta dizem-lhe que ser agradável e submissa são regras de sua vida e ser digna de ser escolhida por um homem é o principal objetivo que precisa alcançar. Ninguém lhe sugere perguntar-se: será que aquele homem é digno de mim? Ninguém lhe explica que, esteja casada ou não, aos vinte e um anos torna-se independente, responsável por seus atos e não deve permanecer uma nulidade, aguardando nova tutela.

As consequências dessa absurda educação não se fazem esperar. Assim que a moça conclui sua formação superficial, inicia-se a louca corrida de uma festa para outra e a estafante perseguição pelo "marido". Todo o resto é sacrificado por esse objetivo supremo e no coração da jovem nascem, pela primeira vez, acordos com a consciência. O forte desejo de "estabelecer-se na vida" atrofia seus mais delicados sentimentos e a moça se casa não porque o homem lhe agrada ou ela o ama, mas porque ele desejou tê-la. Nesse ponto, abre-se um amplo campo para arranjos sem escrúpulos. Vemos jovens entregando-se a velhos porque estes são ricos, mesmo quando são insignificantes e até nojentos. Um homem, por mais reles que seja, dispõe de um bem sem preço: ele pode dar-lhe o título de "dama". Esse título, que dá liberdade às moças, livra-as da constrangedora obrigação de insinuar-se e da odiosa perspectiva de virar "solteirona".

Para a criatura cega e leviana, na qual a mulher se transforma por essa educação, existem muitas tentações como o dote, o vestido de noiva e a cerimônia solene em que ela desempenha o papel principal. O grande ato místico torna-se uma ótima oportunidade de trajar um radiante vestido de seda, o véu e a coroa que lhe assentam tão bem. Suas amigas já o vestiram antes e ela também não quer ficar para trás.

Se todas aquelas noivas que seguem alegremente para o altar resolvessem dar uma olhada no futuro e aproveitassem os exemplos de suas predecessoras, elas naturalmente pesariam tudo com sensatez antes de pronunciar o "sim" fatal que as exclui da lista de seres independentes. Infelizmente, as mulheres pouco pensam sobre isso. Iludidas pelo preconceito nelas incutido, cegas pelo amor que cobre com um véu cor-de-rosa os espinhos do futuro, elas se amarram para sempre.

Enfim, o passo decisivo, seja por interesse ou por amor, foi dado; as festas acabam, o tentador vestido branco é retirado e começa a vida cotidiana com suas desilusões. A felicidade vai murchando como as flores de laranjeira da coroa da noiva, que duram um único dia.

O tão cobiçado papel de mulher casada revela-se, entretanto, nada brilhante. A ninguém mais no mundo o despotismo e o cruel egoísmo masculino se revelam tão livremente. Enquanto que em todos os lugares fora do lar as leis cerceiam as grosseiras paixões dos homens, em casa eles são os senhores absolutos. Esposa e filhos são seus escravos e devem pagar por tudo e por todos. É simplesmente incrível a que ponto de selvageria quase animal esse poder absoluto consegue levar o homem de classe baixa. Nosso abrigo acolheu a esposa de um operário que tinha os dentes quebrados a socos e os pulmões atingidos a tal ponto que hoje está morrendo de tuberculose; a criança daquela infeliz levou um pontapé tão forte do pai que teve a coluna vertebral fraturada. O garoto de sete anos virou um débil mental, corcunda, e sua morte está próxima.

Esses crimes são muito frequentes e permanecem impunes, porque ninguém quer se meter em briga familiar ou repreender o marido, quando este exerce seu direito legal de castigar a esposa que, na opinião dele, tem alguma culpa.

Obviamente, nas famílias das classes altas o jugo masculino se expressa sob formas menos grosseiras. Nestas, para a esposa oficial é reservado o papel de administradora da casa e de melhor criada. Se ela quiser a aprovação do seu "dono" e obter dele o lisonjeiro título de "boa esposa", deverá cuidar para que as refeições sejam bem preparadas e servidas no horário certo, que as crianças estejam tranquilas e bem vestidas e, finalmente, para que o orçamento da casa não tenha prejuízos; o sultão, possuindo refinados gostos e uma inerente necessidade de diversões, guarda suas reservas para gastos pessoais. Para manter o bom humor, ele precisa ser membro de clubes da moda; para provar seu amor à arte, tem de ajudar talentos artísticos em ascensão — mulheres, obviamente. — Enfim, para não mofar no tédio do lar, precisa visitar alguma alegre dama do submundo ou alguma famosa sacerdotisa do amor livre. Isso é considerado chique e ele, naturalmente, jamais se privaria disso.

A esposa é um ser que ele vê todo dia e usa para as necessidades domésticas; no fundo do seu espírito oculta-se uma certa raiva contra ela por ousar ter algum direito sobre o marido que ele, entretanto, não reconhece. Em suma, a esposa logo perde qualquer atrativo. Enquanto isso, sobre ela recai a honrosa obrigação de ser o pára-raios de todos os problemas externos e todo tipo de frustrações que o marido não pode descontar no chefe, nos companheiros e nas outras pessoas. A tempestade desencadeia-se no lar e o granizo cai sobre a escrava doméstica. O ríspido toque de campainha já prenuncia a chegada do furacão. Demoraram demais para abrir a porta; se, infelizmente, o almoço está pronto, o sombrio olhar do feitor procura na mesa alguma coisa para implicar, algo que foi esquecido ou está sobrando. Se a comida está malpreparada, as repreensões cairão como um dilúvio sobre a dona da casa. É preciso pôr a culpa em alguém! Uma boa cozinheira pode ofender-se e ir embora, mas com a esposa não existe este risco. Para que, afinal, Deus proporcionou ao homem essa pobre diaba senão para maltratá-la?

No salão e até no "banco dos réus" ouviu-se um riso contido. Somente os "castos" aplaudiram com ar sério.

Um sorriso momentâneo passou pelo semblante de Ellen quando encontrou o olhar radiante de Ravensburg que a encarava com um certo desafio. Mas, quase imediatamente, reassumiu a postura séria e prosseguiu:

— É compreensível que os "reis da criação" gostem deste estado de coisas e que jamais queiram perdê-lo. Talvez nós, mulheres, agiríamos da mesma forma se estivéssemos no lugar deles. Julguem por si mesmas: não é o supra-sumo do egoísmo exigir de alguém todas as virtudes e considerar-se dispensado de qualquer uma delas? Ou jogar em cima da outra pessoa todas as obrigações, livrando-se até das menores? Para manter para sempre o direito do mais forte, os homens apelaram para tudo: estabeleceram suas próprias leis, cercaram a mulher de obstáculos quase intransponíveis, cercearam-lhe o caminho até para a educação, tratam-na como inimiga e ridicularizam seu trabalho.

Mas, por mais resistente que seja um obstáculo imposto pela lei, se for um anacronismo ostensivo poderá ser mais facilmente eliminado do que um enraizado costume. Por isso os nossos senhores preocuparam-se em dirigir a educação feminina para um único objetivo: tornarem-se suas companheiras. Como ideal de virtude feminina, eles destacaram a docilidade, a paciência e a dedicação; como ideal de felicidade, uma vida discreta à sombra do lar. Já as mulheres inteligentes e enérgicas, que escolheram o único caminho que tinham para a independência e rejeitaram o matrimônio, os homens cobrem de ridículo.

O homem, por puro egoísmo, pode continuar solteiro, para não assumir uma família que poderia constrangê-lo mesmo que só na aparência, e deliciar-se com ligações passageiras. Ninguém o ridicularizará por isso. Talvez isso aconteça pela poligamia ser tão honrosa que elimina a condenação da vida de solteiro. Já para as mulheres o tratamento é completamente diferente.

A moça que não conseguiu casar-se é alvo de todo tipo de escárnio, zombarias e piadas de mau gosto, por mais casta e honesta que seja sua vida. Em sua busca pela opressão, o homem esquece que qualquer mulher, com um certo esforço e aplacando a consciência, conseguiria casar-se. Entretanto, o fato de ter ousado permanecer livre não é perdoado e ela recebe o apelido de "solteirona". O homem prefere desculpar e condescendentemente envolver num véu poético as aventuras de alguma vadia, as traições da esposa devassa de outrem ou as aventuras de uma moça considerada como tal somente na carteira de identidade, que veste descaradamente o véu e a grinalda, símbolos da castidade, quando encontra um depravado semelhante a ela que aceita cobrir com seu nome o seu vergonhoso passado. Para todas essas desavergonhadas o homem encontra atenuantes; elas serviram para o seu prazer e isso basta para desculpá-las. Mas para a "solteirona" não existe perdão. Ela é ridicularizada e alvo de piadas sujas, um ser inútil e supérfluo.

Na Antiguidade pensava-se diferente, as vestais e mulheres druidas eram veneradas e respeitadas exatamente por sua castidade. Os antigos entendiam a lei mística segundo a qual as mulheres que se privam das paixões corporais emitem radiações puras; por isso eram colocadas a serviço de divindades. Até a cristandade venerava as monjas! Então, por que desprezar a mulher que permanece casta?

Ao ridicularizar assim a moça solteira, os homens feriram as mulheres com uma flecha envenenada, pois a zombaria é uma arma cruel, que causa os mais doloridos ferimentos. Somente aquelas especialmente corajosas e independentes de espírito conseguem colocar-se acima desse preconceito. A maioria só pensa em evitar essa desgraça, essa suposta vergonha e casar-se, não importa como ou com quem, desde que possa livrar-se do odioso apelido de "solteirona".

Essas infelizes dão um triste espetáculo quando, desde a mais tenra mocidade até o limite da idade madura, dedicam-se à humilhante caça ao marido. Elas se rebaixam diante dos homens, dignos ou não, adulam suas fraquezas, adaptam-se aos seus gostos, imploram como esmola que ele as tome, apelando frequentemente para meios desonestos. Por todas essas humilhações, a mulher recebe somente venenoso escárnio, críticas e desprezo do homem, que se diverte com a humilhante dança que provoca à sua volta.

Em geral, o homem é cruel com as mulheres e raramente sente por elas verdadeiro amor, pois o sentimento que se apaga após alguns meses não pode ser chamado de "amor". Também não sente pena nem amor das infelizes e decaídas criaturas que obriga a servir-lo para seu divertimento. Realmente, ele as veste e cuida delas enquanto aproveita sua juventude e beleza; mas, assim que a beleza começa a murchar e a paixão passa, imediatamente surge em toda sua crueza o desprezo inevitavelmente oculto no fundo desse tipo de corte. Depois, ninguém se interessa mais pelo destino desses brinquedos usados, que frequentemente definham em algum sótão ou num hospital, torturadas por dupla agonia, pois, além da dor física, são perseguidas pela lembrança da própria beleza.

Devo frisar que esse tipo de mulher não se encaixa em minha palestra, bem como aquelas que se vingam do marido traidor arranjando um amante. Perante Deus e perante seu próprio pecado, o erro do marido jamais pode servir-lhes de justificativa. São tão desprezíveis quanto as rivais que elas próprias desprezam. Tais mulheres deixam de ser vítimas e não vamos nos ocupar delas.

Estamos aqui para falar da mulher direita, da esposa subjugada que, apesar dos sofrimentos e desilusões, jamais se esquece que a honestidade e o cumprimento do dever são o único bem eterno, que nenhum tirano lhe poderá tomar. Se tem filhos, então deve pertencer a estes. Aos olhos das crianças a imagem da mãe deve ser pura, sem manchas nem sombras; elas devem igualmente amá-la e respeitá-la. Se o pai esquece de que é pai, a mãe tem a obrigação de lembrar o seu sagrado dever para preencher, com amor e cuidado, o vazio da família, abandonada por quem pretendia ser seu chefe.

Ao pronunciar a frase "se o pai esquece de que é pai", Ellen lançou um olhar para Artemiev, que estava muito pálido e com a mão nervosa revirava a correntinha do relógio, embora convencido de que aquelas palavras não se dirigiam a ele; ela não podia saber que ele era um pai e marido que esquecera seu dever. Mas essa frase causou nele uma funda impressão e trouxe-lhe à mente a imagem da cabecinha loura e do rostinho sorridente da filha abandonada.

Naquele instante ouviu-se um soluçar abafado que foi ficando cada vez mais forte. Ellen calou-se. Todos se voltaram curiosos na direção de onde partia o choro e logo duas damas apressaram-se a levar até a saída uma jovem mulher de vestido preto que chorava convulsivamente.

Foram precisos alguns minutos para restabelecer o silêncio; calaram-se as vozes e os sussurros e Ellen pôde, finalmente, prosseguir seu discurso.

— O que acabamos de presenciar foi uma ilustração viva para o tema da palestra. Muito provavelmente minhas palavras tocaram feridas recentes demais para essa dama revelar-se diante de estranhos...

— Sim — prosseguiu com profunda amargura na voz —, todo homem, antes de ocupar qualquer cargo, é obrigado a passar por um curso de especialização e fazer um teste, para que o governo tenha certeza de não estar confiando assuntos estatais a algum ignorante e que o funcionário a quem entrega parte de seu poder tem capacidade para usá-lo.

Somente o lugar de esposo e pai pode ser ocupado sem o certificado de habilitação. Qualquer um se considera capaz de ser chefe de família e tiranizar seres humanos, seus semelhantes, mas que, infelizmente, possuem menos direitos que ele. Chamo a atenção de todos sobre as consequências desse tipo de situação, suficientemente tristes para nos obrigar a pensar sobre elas. É chegada a hora de corrigirmos isso. Muitos indícios nos fazem acreditar que está próximo o momento da libertação da mulher desse jugo milenar.

Na próxima palestra falarei sobre os meios para acelerar a chegada dessa libertação, sobre a vitória da justiça e também sobre os métodos que a Providência parece utilizar para elevar a humanidade até esse estágio de progresso.

Após resumir cuidadosamente a questão explanada e agradecer aos ouvintes pela atenção, Ellen fez uma reverência e saiu sob uma chuva de aplausos; os insistentes pedidos da platéia fizeram-na voltar outras vezes. Finalmente, pálida e cansada, retirou-se para o aposento contíguo, onde suas colegas chegaram para cumprimentá-la pelo sucesso e junto a elas apareceu a baronesa Nadler.

Da sala ouviam-se comentários em voz alta sobre a conferência; uns riam e outros discutiam. No saguão estavam Artemiev e o barão, aguardando a saída do público que se aglomerava junto à porta e o vestíbulo.

— O que acha dessa diabinha, Vladimir? Ela fala muito bem e, o principal, com muita gana. Irá amotinar as damas e nenhuma delas vai nos querer, a não ser que... alguém se sacrifique, case com a senhorita Rutherford e a proíba de fazer palestras — observou Ravensburg, meio sério meio rindo.

— Não se entusiasme demais com o papel de missionário; pode lhe custar muito caro — respondeu Artemiev, zombeteiro. — Quanto à indignação das damas, não há com que se preocupar. Graças a Deus, nossas "Evas" valorizam demais o casamento, mesmo um pouco manchado pelos pecadinhos dos maridos. Não será por algumas palestras que mudarão de ideia, mesmo que fossem feitas por Demóstenes.[1]

Naquele instante eles foram cumprimentados por duas damas conhecidas que saíam da sala. Uma delas era de meia idade e muito bem trajada; a outra era uma jovem de uns dezessete anos. O rosto dessa última estava corado e os olhos brilhantes indicavam grande emoção.

— Oh, Inna Petrovna, como está corada! Suspeito que cada fio de cabelo seu ficou de pé, a tal ponto a senhorita Rutherford a assustou com o casamento — observou o barão maliciosamente. — Mas uma noiva só deve aceitar a metade do que ela disse.

— Pelo contrário, acredito em tudo o que ela falou. É a pura verdade. Quero inscrever-me na comunidade delas e jamais casarei, porque não tenho medo de virar "solteirona". Quanto mais penso sobre Nicolai Lvovitch, mais encontro nele semelhanças com os homens descritos pela senhorita Ellen. Ele agrada a todas as mulheres. A senhora Müller está sempre aos cochichos com ele, enquanto Vava Obzorov lança-lhe olhares até na minha presença. Com tudo isso, ele ainda fica

1 Demóstenes (384 a.C. — 322 a.C.) — Famoso orador da Grécia Antiga, defensor da democracia.

emburrado e mente descaradamente. Na segunda-feira passada, não veio nos visitar à noite, alegando estar trabalhando, mas tio Kirill viu-o no teatro Nemetti, no camarote da senhora Müller. Essa palestra me abriu os olhos. Se estou sendo ignorada agora, imagine o que vai acontecer depois? Não, não quero mais me casar e vou romper meu compromisso com ele.

Na voz da moça soavam lágrimas mal contidas.

Naquele instante, sua mãe, que até então não lhe prestara atenção, procurando com os olhos alguém na multidão, captou as últimas palavras da moça e voltou-se para ela, como se picada por uma cobra.

— Inna! Você enlouqueceu para falar tanta besteira! — exclamou com ira. — Ainda bem que somente seus amigos a ouviram, senão algum outro poderia transmitir suas palavras a Nicolai Lvovitch. Agora, fique quieta! Lá vem o seu noivo — acrescentou ela imperiosamente.

Inna, que se preparava para retrucar, calou-se humildemente sob o olhar irado da mãe. Baixou a cabeça e mordeu os lábios nervosamente.

Da multidão junto ao vestíbulo destacou-se um elegante rapaz louro. Ele acabara de cumprimentar uma bela mulher de grandes olhos escuros e envolta em rendas que respondeu ao seu cumprimento com um olhar ardente. Fazendo uma profunda reverência à senhora, o rapaz aproximou-se de Inna e ofereceu-lhe a mão. Era um belo jovem de uns vinte e cinco anos; mas seu rosto pálido, prematuramente murcho e o olhar cansado e indiferente indicavam ter ele passado pelas alegrias da vida não como simples espectador.

Todos dirigiram-se ao vestíbulo e começaram a vestir-se. Ao ajudar Inna a pôr o sobretudo forrado de peles, Nicolai Lvovitch notou o rosto corado e ardente da noiva.

Com um zombeteiro "Oh!", inclinou-se para ela e disse:

— Inna Petrovna, você está muito emocionada! É verdade que a senhorita Rutherford conseguiu incendiar os portões do paraíso, mas por que não manter a esperança de que sua "escravidão" seja bem mais amena?

Inna nada respondeu. Sem lhe prestar atenção, Nicolai Lvovitch voltou-se para o barão e Artemiev.

— Que americana encantadora! Que olhos! Que cinturinha divina! E as mãozinhas? Como as de uma fada — dizia entusiasmado.

— Hmm! Essas mãozinhas de fada ferem como chicotadas e sem qualquer constrangimento, o que obriga a esquecer sua forma clássica — observou Vladimir Aleksandrovitch. — Devemos reconhecer que ela carregou nas tintas para nos descrever. Se fosse velha e feia, todos a teriam alvejado com peixes podres e maçãs estragadas; mas, como é encantadora, deve ser encilhada de forma diferente. Colocaremos em prática o projeto de Evgueny Pavlovitch. Alguns cavalheiros sorteiam a senhorita Rutherford entre si e quem ganhar terá obrigatoriamente de se casar com ela de qualquer forma, para depois proibi-la de fazer palestras.

— Esse projeto parece ótimo e merece ser estudado — respondeu Nicolai Lvovitch rindo e seguindo sua noiva até a saída.

Inna não abriu a boca. Fazendo uma fria reverência ao noivo, embarcou na equipagem. Artemiev, que a observava, acendeu um cigarro e disse zombeteiro:

— A pequena ficou muito motivada pelas sábias palavras da senhorita Rutherford. Aliás, Anna Ivanovna recebeu somente o que merecia pela própria estupidez. Como foi trazer uma moça de dezessete anos para ouvir esses absurdos? Essa é a idade mais perigosa, pois ainda não tem medo de ficar "solteirona".

— Qual nada! Anna Ivanovna saberá como tirar da cabeça da filha qualquer sombra de indignação. Ela teve trabalho demais para agarrar esse noivo, para deixá-lo escapar faltando duas semanas para o casamento. Mas, cá entre nós, Nicolai Lvovitch será um marido bem desagradável e a pequenina não está totalmente errada.

— Ele é jovem demais e está muito fascinado pela roda dos prazeres para se contentar com uma esposa tão inocente. Procura algo mais emocionante, que mexa com seus nervos, enquanto Inna, por mais encantadora que seja, ainda continua criança.

Capítulo 8

Nos dois dias seguintes à palestra, Ellen esteve tão ocupada que nem conseguiu atender ao convite da baronesa Nadler para visitá-la. Recebeu uma avalanche de cartas, nas quais uns comentavam seu discurso e exigiam explicações complementares; outros queriam saber detalhes sobre o abrigo e a vida na América. Além disso, apareceu uma multidão de visitantes e o período de atendimento frequentemente se prolongava além da hora. Ellen sentia-se cada vez mais exausta, pois as mulheres em sua maioria vinham por simples curiosidade, para comprar quadros do abrigo ou inscrever-se como membro da comunidade só para receber o distintivo. Por enquanto não haviam aparecido candidatas sérias.

Eram cerca de seis horas da tarde. Abatida e cansada, Ellen dispensou a última visitante e já se preparava para descansar um pouco, quando lhe informaram que uma dama lhe implorava para recebê-la. Decidida a dispensar rápido a insistente visita, foi até a recepção e reconheceu na recém-chegada a jovem mulher cujo choro convulsivo a obrigara a deixar a sala da palestra. O mau humor de Ellen imediatamente mudou para uma carinhosa compaixão e entre elas começou uma animada conversa.

A visitante não era bela, mas parecia muito inteligente e simpática. Fora saber se poderia viver no abrigo por uns dois ou três anos. Ela não somente aceitava pagar anualmente por sua manutenção como estava pronta a fazer uma doação à comunidade, se o valor não estivesse acima de suas posses. As explicações de Ellen entusiasmaram-na. Interessada cada vez mais pela jovem pregadora, a mulher lhe confiou a sua triste história.

Há quatro anos ela se casara. Nos primeiros tempos, sua vida, se não era feliz, pelo menos era suportável. Naqueles anos morreu sua mãe e ela trouxe a irmã mais nova para morar em sua casa. Esta irmã, aproveitando os últimos meses de sua gravidez, seguida de longa doença, seduziu seu marido. Embevecidos de paixão, os amantes partiram para a Sibéria[1] para onde seu marido fora transferido, passando a viver lá como casados e em pleno conforto, pois cuidaram de levar um capital considerável da esposa abandonada.

Desde então, essa mulher vivia sozinha com sua filha, mas um inesperado acaso devolveu-lhe parte de seus bens: ganhou setenta e cinco mil rublos na loteria. Esse capital estava depositado no banco e ela podia dispor dele quando quisesse. Além disso, não tinha parentes próximos e a impertinente curiosidade, a falsa comiseração dos amigos, tornaram-se-lhe odiosas e há muito pensava em deixar a pátria. Ellen fora para ela uma espécie de revelação. Decidira morar alguns anos no abrigo, e depois instalar-se em definitivo, trocando até de cidadania, se a vida e o clima não fossem prejudiciais à sua filha.

As conversas com Ellen, com a senhora Forest

---

1 Sibéria — Região que vai dos montes Urales até o oceano Pacífico e do Ártico à China e à Mongólia, sendo dividida entre Rússia e Casaquistão.

e Nelly dissiparam as últimas dúvidas da visitante. Ficou decidido que, se a senhora Oliver respondesse positivamente ao telegrama que lhe enviariam naquela mesma tarde, a dama que se chamava senhora Efimov, viajaria em três semanas direto para Boston, alegando ir fazer um tratamento em Nice.

No dia seguinte, Ellen teve o dia livre e pôde, finalmente, atender ao convite da baronesa para visitá-la. Ao chegar para o almoço, encontrou o deslumbrado pretendente à mão de Lídia Andreevna, Ravensburg, Artemiev e uma jovem dama, prima da anfitriã, hóspede na casa dela por algumas semanas, com dois filhos. O menino, de seis anos, sofria de uma doença dos olhos e viera se tratar com um famoso oftalmologista e a menina, encantadora, tinha quatro anos. Ela brincava alegremente com Vladimir Aleksandrovitch quando Ellen chegou.

Ao ver aquela relação amigável entre a criança e seu pai, Ellen ficou perturbada. Um sentimento agudo, amargo, quase odioso, apertou-lhe o coração e seu rosto fresco repentinamente empalideceu. Mas, ao notar o olhar sombrio e perscrutador do barão, imediatamente dominou-se, indo participar alegremente da conversa, o que talvez não teria feito em outras circunstâncias.

Artemiev imediatamente aproximou-se para cumprimentá-la. Ele não havia notado sua reação mas percebeu-lhe a palidez. Sentando-se ao seu lado, disse maliciosamente:

— Senhorita Rutherford, ainda está pálida e cansada! Deve ser por causa da palestra em que nos tratou com tanta crueldade. Pelo jeito, esfolar viva a metade do gênero humano é uma tarefa bastante árdua e a senhorita ainda não conseguiu se refazer desta operação.

— Entretanto, se todos os homens que esfolei se sentem tão bem como o senhor e o barão, me desgastei à toa. Em todo caso, fique tranquilo! Os "reis da criação" nada têm a ver com meu cansaço e palidez. Isso se deve a inúmeras visitas de clientes e à enorme correspondência que recebi nos últimos dias.

— Ah! Sinto muita pena, senhorita Rutherford! A senhorita defende uma causa perdida, mas ainda carrega na consciência uma fila de vidas destruídas, suicídios, separações e casamentos desfeitos, sem contar o duro trabalho de ouvir inúmeras confissões. Ouça um conselho de amigo e desista dessa luta inútil, pois nós sempre fomos e sempre seremos os mais fortes. Renda-se, deponha as armas e escolha para escravo algum desprezível "Adão", que a senhorita converterá ao seu credo e educará seus filhos para serem dignos do senhor Brown.

Ellen riu tão alegremente que contagiou seus interlocutores, mas em seguida, balançou a cabeça e acrescentou:

— Acho que nenhum "Adão" sensato irá me querer como esposa. Estou tão despreparada para adorar algum patrão, adular suas fraquezas, suportar seus caprichos e obedecer-lhe, que nós brigaríamos dia e noite.

— Oh! Não tema nada disso e somente escolha. Cada "Adão" tentará alegremente incutir-lhe respeito e obediência. Imagine como será interessante e novo para você obedecer a alguém! — observou calorosamente o barão, olhando entusiasmado para o rosto animado e os grandes olhos brilhando de maliciosa alegria.

Suas últimas palavras fizeram Ellen sorrir zombeteiramente.

— Imagino como vai ser divertido! Com o meu caráter eu teria de, cedo ou tarde, "viajar" para acalmar os nervos.

— Como assim? Não entendo — disse o barão.

— Mas estou sendo bastante clara. Sou, por natureza, extremamente ciumenta e não reconheço qualquer privilégio dos homens. Portanto, se meu marido ousasse me trair, eu o estrangularia, do mesmo modo como o senhor fez com sua esposa. Depois, iria me distrair numa viagem, para esquecer esse horrível acontecimento — contestou Ellen com um sorriso, olhando para o seu constrangido interlocutor.

O mordomo interrompeu a conversa e avisou que o almoço estava servido. Após a refeição, todos passaram para o ***boudoir*** da baronesa e se dividiram em pequenos grupos. Evgueny Pavlovitch aproximou-se novamente de Ellen, atraído por um sentimento que se tornava cada vez mais poderoso.

A conversa novamente girava em torno da palestra de Ellen e do discurso que o senhor Brown faria na semana seguinte. Em seguida, o barão disse que lera o folheto "Abaixo o jugo masculino!", da senhorita Rutherford, e começou a analisar as teses defendidas pela autora.

— Em primeiro lugar, não concordo com o que a senhorita diz sobre a criação da mulher. Eva não foi criada a pedido de Adão e para ele; pelo contrário, Deus criou Adão para livrar-se das importunações da mulher! — exclamou alegremente o barão.

— Não me diga! Eis uma descoberta que todas as igrejas cristãs receberão com bastante hostilidade. Eu desejo somente livrar-me da dominação dos homens, enquanto o senhor tenta derrubar as sagradas tradições — contestou Ellen, rindo.

— Apenas tento consertá-las. Há de convir que não havia ninguém no paraíso durante a criação do homem; o relato do casal primevo poderia ser distorcido com o passar dos séculos. Para restabelecer a verdade, é preciso voltar à própria fonte. Entretanto os cientistas atuais afirmam que o relato sobre a criação do Mundo origina-se da Índia.

— Os teólogos negam isso.

— Negar não significa provar. Encontrei numa lenda indiana um conto verossímil sobre a criação dos nossos primeiros progenitores, então considero verdadeiro esse relato até que se prove o contrário.

— Essa lenda afirma que Adão foi criado para o prazer de Eva?

— Exatamente. Se me permite, posso lê-la. Sua veracidade salta aos olhos.

— Estou ouvindo.

O barão tirou do bolso um caderninho impresso que era um exemplar de uma revista e abriu-o. A baronesa Nadler perguntou-lhe o que ia ler.

— Uma descoberta absolutamente nova, sobre a criação dos primeiros seres humanos — respondeu Ellen, rindo.

— Oh! Nesse caso, também queremos ouvir! — interessou-se a baronesa.

Todos se aproximaram, o barão abriu a revista e leu:

A CRIAÇÃO DA MULHER
(lenda indiana)

Certa vez, o todo-poderoso Mahadeva[2] desceu à Terra para admirar a mais linda de suas criações: a Índia. Uma brisa leve e

2 Mahadeva: Título do deus hindu Shiva que significa "O Grande Deus"; da mesma forma que Parvati é Mahadevi, ou "A Grande Deusa".

perfumada acompanhou o vôo do deus; as palmeiras majestosas inclinavam diante dele seus ramos e, até onde alcançasse a vista de Mahadeva, em todos lugares cresciam e floriam lírios bancos, delicados e perfumados. Mahadeva colheu uma das flores e jogou-a no mar.

O vento agitou as águas azuladas, as ondas cobriram o maravilhoso lírio com sua espuma prateada e imediatamente a flor transformou-se numa mulher. Ela era suave e perfumada como um lírio, leve como o sopro do zéfiro, ligeira como as ondas, branca e brilhante como a brisa do mar, mas também, como o próprio mar, traiçoeira e inconstante. Primeiro, a mulher examinou a própria imagem na água cristalina e exclamou:

— Oh! Como sou bela!

Em seguida, olhou em volta e acrescentou:

— Como o mundo é belo!

Depois, saiu da água e subiu na margem. Ao vê-la, as flores na terra desabrocharam e, da abóbada estelar, bilhões de olhares admiravam a nova criação de Mahadeva. Naquele instante, no escuro negror do céu acenderam-se as estrelas. Vênus ficou vermelha de inveja e por isso até hoje brilha mais do que os outros planetas.

A mulher, toda entusiasmada, passeava pelas campinas floridas e pelos bosques umbrosos, admirando tudo o que via. Mas, logo se cansou do silêncio que a cercava e exclamou:

— Ó todo-poderoso Mahadeva! Você me criou linda; então, por que ao meu redor tudo está vazio e silencioso e não há ninguém para me admirar?

Ao ouvir sua queixa, Mahadeva criou inúmeros pássaros que cantavam sem parar sobre a encantadora beleza da mulher. Esta, radiante e sorridente, ouvia os hinos elogiosos que se espalhavam no éter. Mas, bastou um dia para ela se cansar de tudo isso.

— Ó todo-poderoso Mahadeva! — clamou ela novamente. — De que adianta os pássaros louvarem meus encantos se não há ninguém para me abraçar e acarinhar?

Então, Mahadeva criou uma linda cobrinha que envolveu a mulher e se arrastava aos seus pés.

Por meio dia a mulher ficou satisfeita, mas depois começou novamente a reclamar:

— Se eu fosse realmente tão linda como dizem, todos tentariam imitar-me. Pelo jeito, falta-me muita coisa para alcançar a perfeita beleza.

Para satisfazer seu desejo, Mahadeva criou o macaco, que imitava cada gesto, cada movimento da mulher para grande satisfação dela. Mas não se passaram seis horas para que ela se cansasse disso.

— Sou linda, todos cantam sobre isso, me acariciam, me abraçam, arrastam-se aos meus pés, me imitam, admiram e invejam. Começo a ficar com medo. Quem me defenderá, se alguém por inveja me ofender ou quiser me prejudicar? — suspirou ela em desespero.

Mahadeva reconheceu que tal medo era absolutamente natural e criou um poderoso leão, a quem incumbiu de guardar e proteger a mulher.

Ela ficou contente com seu guarda-costas por três horas; depois, ficou triste novamente e até chorou.

— Muito bem, sou bela! Todos me admiram e me adoram, mas eu mesma não amo ninguém. Não é possível amar esse horrível leão!

> Ela nem acabara de falar, quando viu um bonito cãozinho que começou a esfregar-se nela.
> — Oh! Que animal encantador! — exclamou a mulher pegando o cãozinho no colo e olhando-o.
> Agora tinha tudo e não havia mais o que pedir. Mas exatamente isso irritou a mulher. Para descontar sua raiva, ela bateu no cão, que fugiu ganindo, deu um pontapé no leão, que se afastou majestosamente, pisou no rabo da cobra, que serpenteou pela relva e desapareceu na floresta. Vendo isso, o macaco sensatamente fugiu, enquanto os pássaros debandaram para todos os lados. A mulher ficou só.
> — Como sou infeliz! — exclamou, crispando as mãos em desespero e cobrindo-se de lágrimas. — Agradam-me e elogiam quando estou alegre; mas, basta estar de mau humor que todos me abandonam, fogem e não querem saber de mim. Ó todo-poderoso Mahadeva! Imploro-lhe, atenda meu último pedido. Dê-me um ser no qual sempre poderei descontar a minha ira, que não me deixe apesar de todos meus caprichos e suporte pacientemente todas as minhas manias e exigências!
> O todo-poderoso Mahadeva pensou muito e lhe deu um marido.

Houve um riso geral ao fim da leitura e iniciou-se uma discussão. Uns defendiam a autoridade da Bíblia, outros a grande verossimilhança da lenda indiana. O tema polêmico despertou uma infinidade de piadas e indiretas maliciosas. Após o chá, Ellen retornou para casa de muito bom humor.

Na manhã seguinte, quando se preparava para

ir às compras, entregaram-lhe um bilhete com as seguintes palavras:

> Pelo amor de Deus, conceda-me alguns minutos para conversarmos. Inna Adrianov.

Ellen conhecia a moça, pois a encontrara na casa da baronesa Nadler e em outra casa conhecida. Recordando que ela estava noiva, ficou extremamente surpresa. Mas, como simpatizava com Inna, foi imediatamente ao consultório e mandou que a deixassem entrar.

Pálida, de olhos vermelhos e inchados, Inna entrou correndo, agarrou as mãos de Ellen e apertou-as convulsivamente; estava tão emocionada que nos primeiros momentos nem conseguia falar.

— Acalme-se, querida Inna! Diga-me, a que devo o prazer de sua presença em minha casa? — disse Ellen, amigavelmente, fazendo a visitante sentar-se.

— Escapei de casa dizendo que ia à igreja e estou aqui, senhorita Rutherford, à procura de ajuda e conselhos — balbuciou Inna, tentando controlar a emoção. — O caso é o seguinte: meu casamento está marcado para a próxima quinta-feira, mas quero cancelá-lo, pois estou convencida de que serei muito infeliz.

— Então, você não ama seu noivo?

— Não, ainda o amo. Ele é muito bonito e sabe ser encantador quando quer. Quando me propôs casamento, senti-me muito feliz; mas já se passaram três semanas que fiquei noiva e a cada dia fico mais desiludida. Quando estamos sós, ele fica surpreendentemente frio e encontra diversos pretextos para se afastar. Começo a desconfiar que ele inventa desculpas para se divertir longe de mim. Por fim, recebi cartas anônimas, descrevendo diversos horrores, a vida imoral e as ligações escandalosas de Nicolai Lvovitch. Se ele é assim agora, o que acontecerá depois? Que destino me aguarda? Ontem, não consegui me conter. Vi como ele passou a tarde inteira fazendo a corte e trocando olhares com uma dama, nossa conhecida. Por isso, quando ela foi embora, perguntei-lhe diretamente se ele me amava ou não. A senhorita devia ter visto o olhar de surpresa e zombaria que ele me lançou! Em seguida, respondeu com frieza e indiferença: "Pelo amor de Deus, Inna, não me venha com sentimentalismos! Vou ser franco. Isso é tedioso demais, especialmente quando casarmos. Além do mais, os atos valem mais que lindas palavras. Vou me casar com você e, consequentemente, darei uma prova indubitável de que a amo."

Mas algo em sua voz e em seu olhar me ofendeu sobremaneira. Vendo que ele olhava para o relógio, pretendendo escapar rapidamente, quis gritar-lhe: Não quero você! Procure uma outra esposa, menos sentimental.

— Mas, se a situação está desse jeito, por que não conta à sua mãe o seu desejo de cancelar essa obrigação? Ela poderia dar um jeito nisso — observou Ellen.

— Minha mãe? Nunca! Quando lhe contei que não queria me casar com Nicolai Lvovitch, ela ficou terrivelmente irada! "O que foi? Você enlouqueceu ou ficou boba, se está querendo desistir de um partido tão brilhante, que faz a inveja de todas as suas amigas! Arrumar um escândalo desses às vésperas do casamento, quando os convites já foram enviados, o dote e até o vestido de noiva já está pronto!" Oh! Ela fez uma cena daquelas. Não, não posso contar com a mamãe. Só conto com sua ajuda e conselhos, pois sua palestra abriu-me os olhos e incutiu-me tanto amor e confiança em você que não consigo expressar em palavras.

Passando de repente os braços em volta do pescoço de Ellen, Inna encostou a cabeça em seu ombro e cobriu-se de lágrimas.

A senhorita Rutherford beijou-a carinhosamente e passou a consolá-la e inquiri-la cuidadosamente, para sonhar quanta energia se ocultava naquela alma e o grau de seu desenvolvimento. Queria saber de que armas dispunha a moça para decidir-se entrar na luta e conquistar uma situação independente. Mas cada resposta de Inna comprovava que a moça era de caráter fraco, temerosa, entusiasmada, ignorante e preguiçosa, ou seja, estava despreparada para uma luta séria e não tinha a perseverança necessária. Mais tarde, com toda certeza, lamentaria amargamente a decisão radical, tomada num momento de excitação, e ainda poderia acusar Ellen de tê-la incitado a destruir a própria vida e desistir do entendiante, mas respeitável e confortável futuro garantido pelo casamento.

A corajosa americana suspirou e olhou com profunda solidariedade a cabecinha baixa de sua interlocutora: sua opinião havia amadurecido. Para que essa débil chama que iluminara por instantes a alma de Inna se transformasse numa fogueira que lhe despertaria as forças e a energia, ela deveria antes beber da amarga taça de desilusões, passar por severas experiências de vida e, após a luta, renascer como uma mulher consciente e enérgica, capaz de abandonar a "personalidade antiga" e iniciar uma nova vida.

— Querida Inna, agradeço-lhe pela confiança que me obriga a ser totalmente sincera. Mas a consciência não me permite aconselhar você a tomar qualquer decisão ousada, que poderia lamentar mais tarde e a levaria a um caminho para o qual não está preparada. Você é muito jovem para arriscar um rompimento com toda sua família; a sua obediência de filha recomenda-lhe atender aos conselhos de sua mãe.

— Mas e meus maléficos pressentimentos?

— Não se entregue a eles, apesar de terem alguma coisa de bom, pois a preservam da cegueira fatal e mostram que não está indo para uma festa, mas aprontando-se para assumir pesadas obrigações. Quem conhece o perigo, já o evitou pela metade. Se você tem consciência de que a felicidade não cairá do céu como um bombom, talvez consiga obter essa felicidade pelo tato, paciência e sensatez.

A juventude passa, todas as diversões, cedo ou tarde, acabam cansando e o mais desenfreado pândego começa, por fim, a valorizar a agradável tranquilidade do lar. Portanto, minha cara Inna, mantenha-se serena, corajosa e paciente. Talvez tudo aconteça melhor do que espera. Aos poucos você conquistará o coração e o respeito do seu marido e sua felicidade conjugal poderá ser construída na única base resistente e verdadeira.

À medida que Ellen falava, o rosto de Inna desanuviava-se. A confiança e a esperança luziam em seus lindos olhos, de brilho inocente e infantil.

— Oh, senhorita Ellen! Como é bondosa e inteligente! Seguirei religiosamente cada conselho seu. Por favor, aceite-me como sua amiga e permita-me escrever-lhe contando tudo; seja minha conselheira e amparo quando minha vida se tornar por demais difícil! Sinto-me muito infeliz!

— Prometo, Inna! Vamos nos corresponder. Se você ficar mal e não aguentar mais a vida conjugal, recorra diretamente a mim. Eu a ajudarei a ir para a

América, serei sua irmã e nossa comunidade servir-lhe-á de fiel abrigo. Você não precisará pagar nada, se a questão monetária a constranger. Sou rica, jamais me casarei e ficarei feliz em arranjar na nossa comunidade um lugar para uma amiga que já considero como a uma irmã. Portanto, querida Inna, entre na nova vida sem ilusões, mas também sem desesperos, pois sempre haverá uma saída.

Radiante, cheia de esperanças e boas resoluções, quase tão entusiasmadas quanto eram sombrias as anteriores, Inna foi para casa, após despedir-se calorosamente da nova amiga.

No dia seguinte, para grande surpresa de Ellen, Anna Ivanovna Adrianov convidou-a e a Nelly para almoçar em sua casa. Apertando a mão da moça ela disse:

— Além do desejo de recebê-la em minha casa, querida senhorita Rutherford, gostaria de lhe agradecer pela influência benfazeja sobre minha filha, que mudou para melhor e ontem à noite comportou-se perfeitamente com o noivo. Devemos tudo isso à senhorita. A conversa que teve com Inna e que ela me contou, convenceu-me de que é realmente uma mulher nobre, não uma cega fanática pela causa que defende, que sabe adaptar suas ideias às diferentes pessoas com quem trata. A senhorita percebeu que Inna não tem capacidade para nada, a não ser casar. Repito, estou muito grata por não ter se aproveitado da excitação dela e promover, às suas custas, o "Paraíso sem Adão".

— Na verdade, não mereço esses elogios. Agi somente de acordo com os estatutos da nossa comunidade. Nosso objetivo é apoiar as mulheres em sua luta para conquistar independência intelectual e material, mas sem forçá-las para esse caminho — contestou

Ellen com um leve sorriso.

— Oh! Uma outra arregimentadora fanática interpretaria de modo diferente esses seus estatutos. Aliás, eu concordo com suas ideias: o casamento está longe de ser um paraíso. Na minha juventude passei por esse inferno e sei bem que muitas desilusões aguardam Inna durante a vida conjugal, mas... o que se há de fazer? Ela deve agir do mesmo modo que muitas outras moças.

— Mas se a senhora prevê um triste destino para sua filha, não tem medo nem pena de condená-la a essa desgraça?

— Sim e não! Lamento profundamente que Inna tenha de enfrentar lutas e amarguras. É dura a escola pela qual ela precisa passar para adaptar-se aos gostos do marido; mas espero que, seguindo o seu conselho, ela consiga criar uma existência suportável. As próprias mulheres são culpadas pela ruína de suas vidas, pois não existe uma pessoa que não tenha fraquezas e uma outra pode aproveitar-se disso para controlá-la. Quanto a deixar Inna recusar o noivo somente para satisfazer a própria fantasia, eu jamais faria isso. Todos somos escravos de preconceitos e ela não é exceção. Se aos dezessete anos ela encara com indiferença a possibilidade de ficar solteirona, aos trinta pensará diferente e me recriminará por ter cedido ao seu capricho. Na América vocês vivem em condições completamente diferentes. Por exemplo, no seu caso, senhorita Rutherford, aos vinte anos está completamente desenvolvida, é doutora em direito, resumindo, uma mulher independente. A senhorita sempre poderá conquistar uma posição na vida, mas isso exigiu uma educação apropriada; enquanto isso, nós fomos educadas somente para casar e até a implantação de uma nova ordem, devemos nos conformar tanto com as qualidades quanto com os defeitos do jugo conjugal.

Ellen reconhecia com um sorriso que a senhora Adrianov estava certa. Elas ainda falaram sobre Inna e seu caráter e depois separaram-se na melhor das relações.

Durante o almoço, além da família do noivo, estava somente Ravensburg, que cortejava abertamente a linda apóstola da independência feminina, mas ela aceitava a corte com malícia e zombaria, o que enfurecia e irritava o apaixonado barão.

Após o almoço, enquanto tomavam café na pequena sala de estar, Inna, que tratava a senhorita Rutherford com devoção, implorava a ela que comparecesse ao seu casamento. Ellen recusou rindo, dizendo que a presença da pregadora do "Paraíso sem Adão" num casamento seria extremamente ridícula e fora de propósito. Mas a senhora Adrianov juntou-se ao pedido da filha e o barão as apoiou, observando:

— Venha ao casamento! A senhorita nem pode imaginar como é solene e bela a cerimônia nupcial conforme o rito ortodoxo russo! Fui convidado como padrinho e ficaria feliz em vê-la de branco. Essa cor deve lhe assentar muito bem — acrescentou ele com olhar apaixonado.

— O senhor será o padrinho? Qual será a sua obrigação?

— Segurar a coroa sobre a cabeça da noiva.

— Uma coroa de espinhos? Bem, isso tem um grande significado simbólico!

Todos riram, mas o barão disse significativamente:

— Não zombe, senhorita Rutherford, senão o deus do amor, para se vingar, pode submetê-la ao seu poder e obrigá-la a colocar alegremente na própria cabeça uma "coroa de espinhos" semelhante. Oh! Nesse dia, a senhorita estará ainda mais encantadora! Acho que num vestido de noiva a senhorita poderia tentar até um santo.

O barão inclinou-se e olhou apaixonadamente nos olhos da moça, mas esta corou e desviou o olhar.

— Eu não sabia que o senhor é poeta, barão! Aliás, posso satisfazer o seu desejo de me ver usando branco. Como a querida Inna e sua mãe desejam que eu compareça ao casamento, aceito o convite; para tais celebrações nosso estatuto prescreve vestido branco. Quanto à vingança do Amor, isso não temo, pois ele é do sexo masculino e aos homens está rigorosamente proibida a entrada no "Paraíso sem Adão".

— O futuro dirá quem de nós tem razão. Mas venha ao casamento e, quem sabe? Talvez lhe agrade o pomposo rito e poderá desejar ser a protagonista de algo semelhante.

Ellen balançou a cabeça.

— Um curto sonho e um longo arrependimento — recitou ela, zombeteira, versos de Schiller.[3] — As flores de laranjeira murcham rapidamente; quando caem as flores e folhas, os galhos secos ficam muito parecidos com o enfeite que cresce na cabeça do cervo.

— O risco é mútuo. Tanto a esposa como o marido podem presentear um ao outro com enfeites desse tipo — contestou o barão.

Os dias que se seguiram foram muito animados. Ellen frequentava muito a sociedade, pois desde sua palestra ela estava "na moda" e todos a convidavam às suas casas. Entretanto, aparecia mais frequentemente

---

3 Friedrich von Schiller (1759-1805) — Escritor alemão, autor de dramas históricos, poesias líricas, de ensaios de estética e filosofia. Depois de Goethe, é considerado o maior vulto da literatura alemã.

na casa da baronesa Nadler e na dos Adrianov. Nesses locais, quase sempre encontrava Artemiev.

Movido por um sentimento inexplicável, Vladimir Aleksandrovitch procurava companhia ou, simplesmente, encontrar a jovem americana. Quando notava que ela empalidecia e ficava constrangida diante do seu olhar, sentia o coração encher-se de orgulhosa satisfação. O que sentiria se soubesse o verdadeiro motivo da emoção da moça?

Esses encontros quase diários irritavam Ellen. Ao ver Artemiev, ela ficava tomada de uma agitação febril e em sua memória apareciam, com dolorosa clareza, cenas de infância: ora suas brincadeiras com o pai, que a cobria de carinhos e parecia amá-la demais, ora sua vida triste e severa no abrigo, entre as crianças abandonadas. A visão do homem que era do seu sangue e, ao mesmo tempo, um estranho, fazia um sentimento amargo apertar seu coração e anuviava seu olhar.

Certa noite, Artemiev estava, como de costume, na casa da baronesa Nadler, brincando com a pequena Lília, filha de uma parente hospedada na casa. Depois de correr e brincar bastante com a bola, Vladimir Aleksandrovitch colocou a menina no colo e ficou ouvindo-a tagarelar alegremente.

Ellen, que o observava com um sentimento desagradável, notou repentinamente a estranha expressão com que Artemiev olhava para o rostinho animado da criança; uma amarga tristeza aparecia nas dobras de sua boca e escurecia-lhe o olhar. O coração de Ellen bateu forte. Percebeu que na alma fútil e egocêntrica daquele pândego permanecia viva uma lembrança; a criança provocava essas recordações amargas. Sim, somente ela entendia o significado da emoção de Artemiev. De repente, sentiu um louco desejo de jogar-se em seus braços e gritar: "Sou sua filha! Os carinhos que você desperdiça com uma estranha me pertencem! Devolva a parte do seu amor a que tenho direito!".

Como por influência de uma corrente invisível, Artemiev, naquele instante, levantou a cabeça e olhou para Ellen. Os lábios dela tremiam nervosamente e o olhar, geralmente frio e hostil, luzia com uma expressão tão carinhosa, amorosa e de tal pureza infantil, que Vladimir Aleksandrovitch recordou imediatamente a cabecinha cacheada, de faces rosadas e olhos azuis que há muitos anos o olharam, com esse mesmo olhar claro, cheio de ingênuo afeto.

Artemiev estremeceu e olhou quase horrorizado para a jovem americana. Mas esta já se refizera e endireitou-se com ar indiferente. Pelo grande esforço de vontade e rápida reação, o sangue afluiu-lhe ao rosto e a testa cobriu-se de suor frio. Não parecia loucura enternecer-se com tais bobagens? Para ele não havia perdão nem esquecimento. Entre ela e o pai estava a pálida sombra da mãe e todo o amargo passado que ela havia suportado ficando praticamente órfã. Não, ela não desejava o amor tardio deste traidor que as abandonara e esquecera! O que realmente queria era um dia atirar em seu rosto a verdade e deliciar-se com sua vergonha e arrependimento tardios. Ao pensar sobre o momento da vingança, ela foi invadida por uma aguda satisfação e em seus olhos acendeu-se um fogo sombrio, surpreendendo Artemiev, que não lhe tirava os olhos.

Ellen voltou para casa pensativa. Precisava redigir algumas cartas urgentes e preparar o texto para a segunda palestra, mas não conseguia iniciar o trabalho. Seus pensamentos estavam longe. Lembrava a cena noturna e a constatação de que sua imagem ainda vivia no coração de Artemiev. Uma tristeza amarga dominou-a. Em seguida, recordou a conversa matinal com Inna e um forte rubor apareceu em suas faces e um novo e estranho sentimento, misto de medo e satisfação, invadiu sua alma.

Pela manhã Ellen tinha negócios a tratar na cidade. Aproveitando a ocasião, passou na casa da senhora Adrianov para entregar-lhe o livro prometido; encontrou somente Inna, pois a mãe saíra para providenciar os últimos preparativos do futuro apartamento dos noivos. Inna parecia alegre e levou Ellen ao seu quarto para mostrar-lhe o vestido de noiva. O casamento estava marcado para dali a dois dias.

O dormitório e o lindo *boudoir* de Inna estavam completamente desarrumados. Da mesa e das estantes foram retirados diversos bibelôs, das paredes saíram paisagens e retratos; sobre as cadeiras, o sofá e até na mesa estavam amontoadas diversas caixas de papelão, trouxas e grandes cestas.

— O resto do meu enxoval será levado amanhã — explicou Inna. — Ah! Gostaria muito de mostrar-lhe os meus vestidos de gala e aquele que vou usar no baile do tio Nicolai, o *hoffmeyster*,[4] mas já está tudo empacotado. Entretanto, ainda posso mostrar o penhoar que usarei no dia seguinte ao casamento, quando, pela primeira vez, me tornarei "madame" — acrescentou com inocente jactância.

Ellen examinou cuidadosamente o penhoar, cheio de babados, o vestido de cetim branco e outros enfeites do traje místico da noiva.

— Querida Inna, fico feliz em ver que seus maus

4 *Hoffmeyster:* Termo alemão utilizado para designar o chefe ou encarregado de administrar uma propriedade rural.

presságios se desanuviaram e que você dará com alegria o passo decisivo — observou ela com um sorriso, enquanto Inna recolocava cuidadosamente na caixa o vestido nupcial.

O rostinho de Inna imediatamente ficou sério. Levando Ellen até o divã, abraçou-a carinhosamente.

— Se fiquei mais tranquila e vejo o futuro com alguma esperança, devo tudo a você. Suas palavras justas e sábias restabeleceram meu equilíbrio espiritual. O tagarelar das assim chamadas minhas amigas, profetizando inúmeras desgraças e sussurrando aos meus ouvidos incríveis indecências sobre Nicolai, só me irritava e levava ao desespero. Entretanto, após julgar friamente suas intrigas, entendi que todos os "bons conselhos" delas não eram nada benéficos. Além disso, nos últimos tempos, Nicolai tornou-se mais amável e atencioso comigo; ele me parabenizou pela agradável mudança em meu estado de espírito e em minhas ações. Isso prova que estou no caminho certo. Confesso que todos esses preparativos, o monte de presentes e a agitação à minha volta me divertem e me entusiasmam sobremaneira.

— Tanto melhor! Seja corajosa e paciente e, com a ajuda de Deus, tudo correrá bem — respondeu Ellen, incentivando-a.

Inna abraçou-a novamente e beijou-a com carinho.

— Senhorita Rutherford! Se pudesse tê-la sempre ao meu lado para aconselhar-me, confiar-lhe tudo o que me incomodar e orientar-me, tenho certeza de que tudo correria bem. Oh, como gostaria que a senhorita jamais partisse!

— Isso é impossível! Preciso retornar a Boston em breve, mas vamos nos corresponder. Tanto lá como aqui serei sua fiel amiga.

— Fico-lhe agradecida e tenho certeza disso. Mas sei também que existe um modo de segurá-la aqui — respondeu Inna apertando a cabeça no ombro de Ellen. — Existe alguém que a adora e estou convencida de que ele lhe fará uma proposta de casamento antes de sua partida.

Ellen estremeceu nervosamente e ergueu-se.

— Acho que sei a quem você se refere, Inna, mas espero que esse "alguém" seja sensato o suficiente para evitar receber um "não".

— Por que a senhorita lhe diria "não"? Na verdade, Evgueny Pavlovitch não é feio. Conheço-o há muito tempo e o tio Jorge, amigo dele e um homem sério, elogia muito o barão. É verdade que leva uma vida um pouco desregrada, mas todos fazem isso. Além disso, dizem que ele sofre a má influência de Vladimir Aleksandrovitch. Mas, diante de uma esposa tão linda e perfeita como a senhorita, irá endireitar-se, pois tenho certeza de que o barão a ama apaixonadamente.

— Em nosso abrigo vi tantas vítimas dessas eloquentes palavras e tantos escombros dessas "grandes paixões" apagando-se na indiferença que não acredito em sua longevidade — disse Ellen com amargura. — Além disso, não me pertenço. Toda a minha vida está consagrada à causa que represento e que não posso abandonar vergonhosamente; sem falar que me sentiria extremamente ridícula se fizesse aquilo que aconselho os outros a não fazer. Portanto, vamos esquecer essa questão que você levantou sem pensar.

— Não. Eu queria fazê-la ficar aqui — disse Inna. — Depois, me parece que a vida sem amor e sem um objetivo pessoal deve ser terrivelmente vazia. No abrigo, entre todos aqueles corações quebrados e almas dilaceradas a pessoa deve sentir-se como num pesadelo.

— É um abrigo para aqueles que sofreram um naufrágio. Tentar curar suas feridas é um objetivo nobre.

— Naturalmente, nobre e grandioso! Mas bastará para preencher toda a existência? A sua vida não está quebrada e a senhorita é bela e saudável; em seu coração, a qualquer momento, pode acender-se o amor.

— Sim, Inna. Eu jamais suportei a traição masculina e jamais amei alguém. Mas me defendo desse sentimento e desconfio dele como se fosse o meu pior inimigo. Pelo exemplo de minha mãe conheço o sofrimento que causa o amor e quanto é terrivelmente poderoso esse sentimento. Por causa do eleito do seu coração ela abandonou seus entes queridos, riqueza, tudo... Como recompensa foi ignorada e abandonada comigo ao Deus dará. Mesmo assim, o amor superou todas as ofensas e humilhações e, no momento de sua morte, encontrei-a debruçada sobre o retrato de seu carrasco. Na época eu era jovem demais para entender esse sentimento, mas depois compreendi tudo. O diário de minha mãe confirmou que ela morreu pela tristeza da separação e ainda assim, nos últimos momentos de sua vida ansiava ver aquele homem; se ele aparecesse, ela o perdoaria por tudo.

— Sim, foi terrível! Onde está seu pai agora?

— Parece que faleceu. Em todo caso, para mim ele está morto. Agora você entende, Inna, que depois desse exemplo, não quero amor nem casamento. Ainda mais que minha educação e situação financeira me permitem permanecer livre. Se você fosse semelhante a mim, eu não lhe aconselharia a casar. Mas suas condições são completamente diferentes e espero que o destino lhe seja compassivo.

— Oh! Não tenho grandes ilusões! Mesmo agora, o ciúme frequentemente me tortura; ao ver a senhora Müller piscar para Nicolai ou a senhora Obzorov flertar desavergonhadamente com ele, sinto todas as fibras do meu corpo tremerem. No fundo d'alma temo que me aconteça o mesmo que ocorreu com a prima Zizi, cujo marido volta para casa ao amanhecer parecendo um fantasma que saiu do túmulo; muitas vezes a faz esperar até as nove da noite para o almoço e depois manda um bilhete dizendo que "não vai jantar em casa". Certa vez, quando voltou para casa completamente bêbado, minha prima jogou-lhe no rosto um copo d'água e eles partiram para luta corporal. Quando a pobre Zizi me contou isso, rios de lágrimas saíam de seus olhos e ela queria exigir o divórcio, mas minha mãe e a sogra conseguiram apaziguá-los.

— Eles agora vivem em paz?

— Sim! Zizi está sendo consolada por seu primo, um hussardo.[5] Confessou-me que ele é louco por ela e vive só para ela. Sente-se tão feliz que nem liga para as aventuras do marido e até pede a Deus que ele não volte mais para casa.

— Que coisa feia! Como ela não tem vergonha de lhe confessar isso? Prefiro o "Paraíso sem Adão" a este inferno, cheio de humilhações, intrigas e paixões vis que envergonham a palavra "amor".

Ellen pensava sobre o que lhe dissera Inna quanto ao sentimento do barão e a proposta que ele provavelmente iria fazer-lhe. Em sua memória surgiu a imagem atraente de Evgueny Pavlovitch com aquele olhar ardente de paixão que obrigava seu coração a bater mais forte, por causa daquele sentimento, misto

5 Hussardo (ou hússar) — Soldado de cavalaria ligeira, na Europa, antes da Primeira Guerra Mundial, com o uniforme típico da cavalaria húngara.

de tristeza e felicidade. Mas Ellen era bem disciplinada mentalmente para não se entregar por muito tempo a essas divagações perigosas. Energicamente obrigou-se a escrever algumas cartas e, após uma prece, foi dormir.

Na manhã seguinte, quando a costureira apareceu para experimentar o vestido que Ellen usaria no casamento de Inna, Nelly entrou no quarto. Calada, olhou com desaprovação para a amiga. Apesar dos rogos de Inna e das explicações de Ellen, a senhorita Sinclair declarou definitivamente que considerava indecente uma irmã da comunidade "Paraíso sem Adão" comparecer a uma cerimônia de casamento.

— Chega, você parece Catão![6] Não encare isso com tanta severidade! — disse Ellen com um sorriso. — É preciso ser um pouco liberal e entender que se pode assistir a um casamento, mas não casar. É como fazer um testamento e não morrer uma semana depois.

Dizendo isso, Ellen tirou o vestido e vestiu o penhoar. Em seguida, sentou-se no divã e atraiu a amiga para perto de si. Nelly balançou a cabeça.

— O que me motiva a desaprovar a sua fantasia de comparecer ao casamento não é preconceito, mas precaução. Eu temo, Ellen, porque gosto de você e receio que a emoção a faça sofrer. Na minha opinião, devemos evitar tudo que impressiona a nossa imaginação e excita nossos sentimentos. Não esqueça de que nos afastamos da vida comum e todos esses ritos, com sua pompa mundana e simbolismo místico, agem sobre o coração e a mente, provocando desejos que devem se manter sepultados e semeando

6 Marco Pórcio Catão (234 a.C. — 149 a.C.) — Político e escritor romano que, no desempenho de altos cargos, combateu o luxo e a corrupção.

sonhos sobre muitas coisas que nós voluntariamente rejeitamos. "A carne é fraca!" Você, Ellen, mais que qualquer outra pessoa, deve evitar tentações; quase diariamente, nas reuniões sociais a que comparece, encontra um homem perigoso, que alimenta por você uma forte paixão e espreita-a como uma águia à sua presa. Por mais que você negue, esse homem lhe agrada. Portanto, afaste-se dele e não confie em si mesma. Sobretudo, evite ideias traiçoeiras, que podem ser mais perigosas que todo o resto.

Ellen baixou a cabeça e uma profunda palidez espalhou-se pelo seu rosto fresco.

— Tem razão, Nelly! Reconheço e vou lutar contra isso. Até o presente momento fui longe demais para recuar, mas daqui por diante me tornarei mais caseira e tentarei abreviar nossa estada nesse país.

— Queira Deus! Se pudesse, eu partiria amanhã. Mas assim você não poderá conversar com seu pai, pois não terá nenhuma oportunidade de fazê-lo sem testemunhas.

— Oh, não! Por nada desse mundo partirei sem antes jogar a verdade na cara daquele velho devasso que imagina que gosto dele, esquecendo que poderia ter uma filha da minha idade. Preciso encontrar um meio de conversar com ele, Nelly! Na pior das hipóteses, eis o que planejei. Daqui a duas semanas a baronesa vai dar um grande baile de máscaras. Irei ao baile e, mascarada, posso conversar com o meu digníssimo papai sem ser atrapalhada.

— Mas, e se depois dessa conversa ele quiser mantê-la aqui como sua filha?

— Com que direito? — perguntou Ellen com desprezo. — Não uso o nome dele; sou a senhorita Rutherford-Ardi, cidadã americana, sob a proteção das leis do meu país. Ele precisaria provar seus direitos legais, o que provocaria um terrível escândalo. Além disso, ele não tem qualquer direito moral para tanto, nunca foi para mim um verdadeiro pai, jamais pensou em averiguar se eu e minha mãe tínhamos realmente falecido e sequer sentiu nossa ausência. Agora, após saber que sua filha está viva, quero permanecer para ele como morta e estranha.

— Está convencida disso? — perguntou Nelly, olhando-a com dúvida. — Ontem à noite fiquei observando-o enquanto brincava com a menina. Um surpreendente carinho misturado com amargura brilhava em seu olhar e estou certa de que naquele instante ele pensava exatamente em você. Aliás, você mesma o viu. Mas houve um momento em que pensei que você ia acabar se revelando, a tal ponto ficou pálida e a emoção se lia claramente em seu rosto. Será que irá conseguir se manter firme caso ele se dirija diretamente a você com palavras de amor e rogos de perdão?

Os lábios de Ellen tremiam nervosamente e duas lágrimas brilharam em seus longos cílios. Mas ela dominou energicamente a emoção e empertigou-se:

— Espero permanecer firme, porque desejo isso. Entretanto, sei que precisarei de toda minha energia, pois hoje percebi que, apesar de tudo, existe entre nós uma ligação e que uma força invisível e poderosa me empurra para aquele homem a quem odeio e desprezo. Ao ver como ele acariciava aquela criança, senti uma amarga solidão que jamais sentira antes. Oh, Nelly! Para que serve a nossa pregação contra o amor se dentro de nós mesmas oculta-se essa força infernal, que nos impõe a necessidade de amar e ser amada?

O coração da senhorita Sinclair apertou-se e ela pensou: "Ellen não compreende a si mesma! Ela anseia não só pelo amor do pai, mas em seu coração despertou a sede de outro sentimento. Ai! Se estivéssemos longe daqui, daquele Mefistófeles[7] que irá destruí-la!".

Em seguida, desejando distrair a amiga dos perigosos pensamentos, disse alto:

— Vamos deixar por enquanto essas questões! Vim conversar sobre um caso muito desagradável.

— O que aconteceu?

— É sobre a nossa camareira, Arabella. Essa imprestável garotinha está de amores com o cocheiro; foram vistos aos beijos na escadaria. Esse mau exemplo pode refletir-se também sobre Meg, que toda hora sai do vestíbulo para conversar com o mordomo, um ex-militar ainda jovem. Imagine o escândalo que será para a comunidade esse comportamento. Arabella já ficou ousada e falou um monte de insolências quando a senhora Forest a repreendeu.

— Não me diga! Vou agora mesmo dizer-lhe umas coisas que irão esfriar o ânimo dela. Vou ameaçá-la de expulsão da comunidade ou de imediato retorno a Boston! — exclamou Ellen vermelha de indignação, esquecendo imediatamente os assuntos pessoais.

Mandou chamar Arabella. Minutos mais tarde ela entrou no quarto e perguntou calmamente o que Ellen desejava. Era uma loira alta e bonita de uns vinte e três anos. Trajava um vestido de lã negra e um avental de cambraia branca; na cabeça não usava a touquinha obrigatória e trazia preso ao peito um botão de rosa.

Ellen examinou-a com olhar frio e severo.

— Por que está sem a touquinha e usando esse vestido de festa? A comunidade não lhe deu isso

7 Mefistófeles — Demônio intelectual das lendas germânicas e personagem que encarna a figura do Diabo no drama de Goethe, intitulado *Fausto*.

para coquetices. O que significam essas flores? Não quero ver isso nunca mais! Arabella, saiba que, se continuar com esse seu comportamento indecente e leviano, vou imediatamente despachá-la para Boston. Entendeu? Agora saia e não ouse me aparecer sem a touquinha! Esse vestido você só pode usar aos domingos ou para ir à igreja.

Arabella ficou vermelha, mas mesmo assim, respondeu com insolência:

— Devo dizer-lhe, senhorita Rutherford, que é possível que eu jamais retorne a Boston. Decidi casar-me com Kirill Antonovitch. Ele me agrada e me propôs casamento. Quanto ao que lhe foi informado pela espiã Meg, é tudo verdade: eu beijei Kirill, pois o considero meu noivo.

— Verdade? Então acha que pode tomar decisões sem consultar ninguém?

— Por que precisaria consultar alguém? Sou maior de idade. Quanto à comunidade, ela não tem o direito de me impedir se eu desejar permanecer aqui. O abrigo me explora, pois estou trabalhando sem receber salário — disse Arabella, cada vez mais ousada.

— Isso está cada vez melhor! Ouviu, Nelly? Aí está uma aluna digna da comunidade — observou Ellen com desprezo.

Mas, Arabella contestou com raiva:

— O "Paraíso sem Adão" é uma palhaçada! Toda a criadagem zomba dessa ridícula organização!

O frio e orgulhoso olhar de Ellen fê-la parar imediatamente.

— A partir desse momento, você não pertence mais à comunidade. Pode, hoje mesmo, deixar esse "ridículo"abrigo, a cujo teto jamais retornará. Estou demitindo-a por comportamento indecoroso.

Arabella empalideceu, balbuciou algo parecido com uma desculpa e pediu um tempo para pensar.

— Nem uma hora! Pegue suas coisas e vá embora! Seu Kirill Antonovitch pode abrigá-la onde quiser. Vou escrever a sua mãe que você foi afastada e perdeu para sempre o direito de retornar à comunidade que deixa tão vergonhosamente — declarou Ellen.

Tirando da escrivaninha um papel timbrado da organização, escreveu os motivos da exclusão de Arabella Blood, leu o documento e exigiu que a culpada o assinasse. Esta ainda quis protestar, alegando o direito de exigir um tempo para pensar, mas sob a ameaça de ser deportada para Boston no mesmo dia, assinou o documento.

Duas horas mais tarde, Arabella deixou o abrigo e instalou-se na casa da tia de Kirill, que lhe prometeu solenemente casar. Em compensação, Meg, assustada com a sina da amiga, jurou com lágrimas nos olhos nunca mais olhar para o mordomo e, graças a essa promessa, foi perdoada.

— Graças a Deus, a ordem foi restabelecida e você mesma se convenceu de como são perigosas as relações com os "Adãos"! — observou Nelly, sorrindo zombeteira.

Capítulo 9

Ellen vestia-se para ir ao casamento, muito mais preocupada com a observação da amiga do que gostaria de confessar. Seu traje, simples e severo à primeira vista, era, entretanto, luxuoso. Usava um vestido fechado de seda branca, sem qualquer adorno, exceto as rendas junto à gola e nos punhos e o cinto de uma larga fita com longas pontas. No pescoço pôs um fio de pérolas grandes, com um medalhão em forma de coração, enfeitado por um grande solitário e três pérolas em forma de pêra.

Essa jóia magnífica ela ganhara do falecido tio.

"Certo dia eu falei para sua mãe", disse o velho Crawford entregando-lhe o presente. "Use isso e lhe trará sorte."

Ellen olhou-se no espelho, em silêncio, com ar sombrio. Repentinamente pensou que só lhe faltavam o véu e a coroa para transformar-se em linda noiva. O que iria acontecer se seu pai não a deixasse em paz ou o barão continuasse a adorá-la?

Ellen estremeceu como picada por uma cobra e recuou. "O que está acontecendo? Estou perdendo o juízo ou realmente o ar daqui está me fazendo mal?" Em seguida, repentinamente irritada com Nelly, pensou: "Foram aquelas suas palavras absurdas que me influenciaram e me confundiram a mente."

Por vontade do pai, Ellen fora batizada no rito ortodoxo, pelo velho padre da embaixada russa que logo depois veio a falecer; mas fora educada na doutrina calvinista,[1] sempre frequentou a igreja protestante e somente por vontade de Vitória não se confirmou.

Agora ela entrava, pela primeira vez, num templo ortodoxo. A baronesa Nadler já quisera mostrar-lhe a catedral de Isaac, mas Ellen, com um sentimento obscuro, sempre se esquivou desse convite.

Tendo sido uma das primeiras a chegar, viu-se praticamente sozinha na luxuosa e magnificamente iluminada igreja. Examinou com curiosidade e emoção os desenhos trabalhados em ouro do iconóstase,[2] os altos castiçais de prata cheios de velas acesas, as grandes imagens cobertas de prata, as sérias faces bizantinas[3] que pareciam olhá-la com severidade sob a auréola coberta de pedras preciosas. De repente, um sentimento de tristeza e amargura encheu sua alma. Ela fora arrancada até da própria fé pelo pai traidor que a abandonara. Engolindo as lágrimas que lhe chegavam à garganta, baixou a cabeça.

Mergulhada nos próprios pensamentos, Ellen não notou a chegada de numerosos convidados e voltou a si somente quando ouviu uma voz contida perto dela:

— Por que está tão triste, senhorita Rutherford? Será que está arrependida por privar-se voluntaria-

1 Calvinista — Sectário do Calvinismo, ramo do Protestantismo que segue a doutrina de João Calvino.

2 Iconóstase — Espécie de biombo com três portas, coberto de ícones, usado nas igrejas da religião ortodoxa durante a consagração e colocado de modo a ocultar o altar da vista dos fiéis.

3 Bizantina — Relativo ao Império Bizantino ou Império Romano do Oriente (395-1461). A arte bizantina engloba elementos helenísticos, orientais e romanos.

mente de ser a heroína de uma cerimônia semelhante? Verá como esta cerimônia é bela e solene, nem um pouco terrível como imagina.

Ellen reconheceu imediatamente aquela voz; um pouco constrangida, voltou-se para o barão, mas não teve tempo de responder-lhe, pois naquele momento, na multidão de convidados passou um sussurro e o coro cantou a entrada do noivo. Sua atenção concentrou-se no que acontecia ao seu redor e o noivo que, a alguns passos dela, conversava com os padrinhos e duas parentas.

Um pouco mais tarde, chegou Inna, de braço dado com o general, enfeitado de medalhas. A noiva estava muito pálida; no vestido nupcial de longa cauda e véu abaixado, parecia uma criança triste e temerosa. Aparentemente, seu coraçãozinho palpitava diante do destino incerto que a aguardava.

À medida que se consumava o rito sagrado, o constrangimento e a febril emoção de Ellen aumentavam cada vez mais. Diante dela, pela primeira vez, realizava-se a solene cerimônia religiosa, profundamente mística, que se distinguia radicalmente do despojado culto protestante, que parecia miserável e frio. O ato religioso impressionou demais a natureza ardente e impressionável de Ellen. O maravilhoso canto coral, o odor do ládano, o traje luxuoso do padre, as velas acesas nas mãos dos noivos e a profunda solenidade do ato, tudo isso agia sobre ela e um tremor nervoso sacudiu-a. Em sua excitada imaginação aparecia sua falecida mãe, que se casara pelo mesmo rito religioso. Na pequena capela da embaixada russa não havia essa enorme multidão, mas o noivo, sem dúvida, exibia aquele mesmo rosto impassível e indiferente, de pessoa mundana cumprindo apenas uma formalidade e nada mais. Naquele instante, o padre uniu as mãos dos nubentes e conduziu-os na volta tripla ao redor do altar, enquanto os padrinhos seguravam as coroas acima das cabeças dos noivos. De repente, Ellen notou Artemiev no lado oposto da igreja. Estava pálido, parecia cansado e pensativo. Estaria pensando na loura noiva, que um dia colocara com amor e confiança a própria mão na sua, que ele depois abandonara e esquecera?

Finalmente a cerimônia acabou e todos cercaram os noivos para as congratulações. Em seguida, parte dos convidados foi embora, enquanto os mais íntimos foram à casa dos Adrianov onde foram servidos champanhe, frutas e doces.

A palidez de Inna mudara para um rubor febril. Com alegria nervosa, pegou o buquê preso ao seu cinto, dividiu-o e distribuiu as flores entre as amigas, beijando-as e desejando-lhes um rápido casamento. Vendo essa distribuição de flores, Ellen afastou-se e, sentando-se junto à mesa, começou a folhear um álbum.

Ravensburg, que a observava, aproximou-se de Inna, soprou-lhe algo no ouvido e ela aquiesceu de pronto. Após despedir-se de algumas damas que partiam, aproximou-se de Ellen, tirou a coroa de flores da própria cabeça, colocou-a delicadamente nos cabelos da amiga e prendeu-a com dois longos grampos.

Ellen estava tão profundamente imersa nos próprios pensamentos que nada notou; só levantou a cabeça ao ouvir as palavras do barão, que anunciava solenemente:

— Vejam! Nossa linda inimiga foi vencida! A coroa de noiva enfeita sua cabeça. O encanto fatal foi quebrado e a mais orgulhosa das Valquírias[4] reconhece seu destino de esposa e mãe!

---

4 Valquírias — Na mitologia escandinava, ninfas ou divindades mensageiras de Odim que eram encarregadas de levar os heróis mortos em combate ao Vahala, ou Paraíso.

O espelho em frente refletia a imagem de Ellen e a do barão, ardendo de paixão e entusiasmo, cujo olhar não se desprendia da moça. Ellen levantou-se, branca como seu vestido.

— Inna, que brincadeira mais sem graça — disse ela, cerrando o cenho.

Tirando a coroa de flores e colocando-a sobre a mesa, voltou-se para o barão, olhando-o com hostilidade:

— O encanto a que o senhor se refere é indestrutível, porque eu ainda temo essas coroas de flores, que ocultam correntes de ferro. Prefiro, a tudo isso, minha liberdade pessoal. Fui educada para não ter nenhum senhor além de mim mesma, e não reconhecer outra lei senão a minha própria vontade. Desejo toda felicidade aos noivos, mas em nada os invejo e permanecerei fiel às minhas convicções e à minha missão: lutar contra os homens e sua tirania.

O barão empalideceu, percebendo que a severa contestação dirigia-se a ele e era uma resposta indireta ao amor que ele abertamente lhe dedicava. Seus sentimentos e seu amor-próprio foram ofendidos, ainda mais quando notou um leve sorriso de zombaria no rosto de Artemiev que se aproximava. Reprimindo a tempestade que se desencadeou em seu espírito, Evgueny Pavlovitch tentou assumir um tom de brincadeira:

— Oh! Como somos infelizes! Fomos definitivamente condenados pela mais encantadora das filhas de Eva, injusta e ilógica, como uma verdadeira mulher, apesar do diploma de advogada. Senhorita Rutherford, é injusta e ilógica por odiar inocentes e vingar nos filhos os pecados de seus pais.

Ellen notou sua palidez e emoção e seu coração apertou-se dolorosamente. Será que ele realmente a amava? Repentinamente abrandou a própria severidade.

— Eu não odeio ninguém e não me vingo em inocentes — disse ela baixinho. — Somente uma pessoa me fez mal: meu pai, que abandonou a mim e a minha minha mãe. Ela faleceu e eu temo encontrar um marido como meu pai e suportar aquele sofrimento espiritual que matou minha mãe.

Ellen voltou-se e dirigia-se até a anfitriã quando foi parada por Artemiev. As palavras dela, por alguma razão, perturbaram Vladimir Aleksandrovitch e ele perguntou com voz surda:

— Senhorita, onde se encontra seu pai agora?

— Ele morreu após cumprir seu papel de carrasco — respondeu Ellen, dirigindo fixamente um olhar severo e penetrante como lâmina de aço nos olhos constrangidos de seu interlocutor.

— Se não for indiscrição de minha parte, permita-me perguntar: quem foi seu pai?

— Um homem desprezível, sem consciência nem honra, cuja morte não deixou qualquer vestígio na minha vida — respondeu ela com gélido desprezo.

Em seguida, despedindo-se de Artemiev e dos outros presentes, Ellen foi embora. Retornou para casa, sombria e triste. Quando Nelly perguntou se ela se divertira, respondeu:

— Não! Você tinha razão! Eu não devia ter ido a esse casamento. Essa cerimônia me impressionou muito e mexeu com meus nervos. Além disso, acabei tendo um pequeno confronto com o barão e com meu pai.

Ela descreveu tudo o que acontecera e acrescentou:

— Tive o prazer de dizer na cara de Artemiev que ele é um miserável. Ele, aparentemente, ficou muito perturbado. Quanto ao barão, estava tão afoito que parecia pronto a me pedir em casamento; a minha resposta machucou bastante o seu coração.

— Talvez ele realmente a ame — observou Nelly, pensativa.

— Provavelmente o grande amor dele é apenas orgulho, desejo de me conquistar, afastar-me da causa que defendo e assim provar minha fraqueza de mulher que se rende à primeira investida. Quando esse capricho for satisfeito, deixarei de ser novidade e serei ignorada como todas as outras — respondeu Ellen com irritação, despedindo-se da amiga.

Chegando em seu quarto, deitou-se na cama, mas o sono escapava-lhe. Estava nervosa e agitada e milhares de ideias contraditórias enxameavam em sua cabeça. A imagem de Ravensburg perseguia-a insistentemente, sussurrando-lhe maliciosamente ideias tentadoras e atraindo-a como o fogo atrai a borboleta. Debalde tentava convencer-se de que aquele esbanjador, saturado da vida, amava-a só fisicamente e que seu coração era incapaz de um verdadeiro amor. Mesmo assim, a luta em seu espírito continuava. Não estaria despertando aquele instinto, a necessidade de amar e ser amada, aquela tentação que destrói a mulher e que a mirava através dos olhos ardentes daquele homem? Decididamente aquele lugar estava sendo pernicioso para ela. Precisava partir enquanto era tempo e esse veneno não havia contaminado sua alma.

Com sua energia inata, Ellen decidiu-se rapidamente. Faria somente mais uma palestra, que marcaria o mais breve possível; logo após o baile à fantasia, iria embora de São Petersburgo. No dia seguinte, conversaria com a senhora Forest para tomarem as providências necessárias para apressar a partida. Tranquilizada por tal decisão, finalmente adormeceu.

A pobre Ellen, uma delicada, mas orgulhosa doutora em direito e filosofia, esquecera apenas de se perguntar: pode-se fugir do destino? As pessoas cegas imaginam que o controlam, enquanto ele, frio e zombeteiro, aciona leis ocultas, correntes imperceptíveis, poderosas tendências do passado esquecido e as pessoas, obedientemente, seguem pelo caminho predestinado, cujo objetivo é a elevação do espírito às regiões misteriosas. A mísera humanidade segue em frente, para cumprir a misteriosa troca de forças cósmicas que consomem uma à outra. Das cinzas, nascem outras forças e combinações químicas, para novas torrentes. Enquanto isso, o homem segue em frente, sem saber se um abismo se abrirá sob seus pés ou se uma onda repentina vai jogá-lo longe do objetivo que persegue. Ele segue em frente, miserável e cego, sem ter consciência da mão férrea que o dirige e mantém todo o seu ser físico, moral e intelectual, fazendo dele alguma "matéria" universal...

Mas Ellen ainda estava cheia do orgulho humano. Esquecida de que, comparada ao Infinito, ela era menos que uma partícula de pó, imaginava que, dispondo do próprio destino, poderia dizer-lhe: "Quero fugir de você e estou marcando a hora em que a minha vida transcorrerá pacificamente, do modo que eu mesma escolher".

Na manhã seguinte, Ellen foi ver a amiga e comunicou-lhe sua decisão de deixar São Petersburgo logo após o baile à fantasia.

— Graças a Deus! — respondeu Nelly com um suspiro de alívio. — Eu gostaria já de estar do outro lado do oceano, pois confesso que não consigo livrar-me do mau pressentimento de que você vai permanecer aqui. Não pense que é por egoísmo, ou que invejo a felicidade que você vai encontrar aqui. Mas o barão me parece um daqueles incorrigíveis pândegos, que sempre fazem uma mulher infeliz. Além disso, tive um sonho com você que não anunciava nada de bom.

Vendo Ellen soltar uma gargalhada, a senhorita Sinclair ficou agitada e acrescentou:

— Não ria dos sonhos! Já tive um que curou minha falta de fé e me convenceu de que, às vezes, eles predizem o futuro.

— Então, o que você sonhou?

— Aconteceu antes da nossa bancarrota. Sonhei que estava passeando em nosso jardim. O céu estava negro e aproximava-se uma tempestade. De repente, fui atingida por um relâmpago, acompanhado de trovão, um vento agitado me levantou do chão e me arremessou por terra, fazendo-me desmaiar. Ao recobrar os sentidos, vi que da nossa casa só restaram ruínas carbonizadas; entre os destroços estava caído meu pai, com uma atadura ensanguentada na cabeça, enquanto Harry havia montado um cavalo e desaparecido ao longe. Despertei suando frio, e me consolei achando que fora, simplesmente, um pesadelo, mas três semanas depois aconteceu a falência... O resto da história você conhece.

— E o que você sonhou sobre mim? — perguntou Ellen, que ouvia tudo atenta e preocupada.

— Sonhei que estávamos nos preparando para embarcar no navio quando, de repente, uma terrível lufada de vento levou você para algum lugar e comecei a correr como louca, tentando alcançá-la. Cheguei a um campo cheio de tocos de árvores e coberto de espinhos e a encontrei lá, parada, chorando amargamente. Quando quis levá-la comigo e perguntei o motivo de suas lágrimas, você levantou um pouco o vestido e vi que, em vez de pernas, tinha grossas raízes que penetravam profundamente no solo e a impediam de mover-se. Gritei de horror, mas você me disse: "Foram Ravensburg e meu pai quem me deformaram assim". Fui embora sozinha.

Depois, a cena mudou. Nós já estávamos em nosso abrigo quando, repentinamente, vejo você entrar, pálida, triste, doente e dizer: "Nelly! Eu cortei as raízes, mas se você soubesse como é doloroso!"

— Você teve um pesadelo! Espero que a desgraça que ele promete nunca se cumpra, pois desejo fugir e jamais me casar com o barão.

— Mesmo assim, ele lhe agrada... Seja sincera: você poderia apaixonar-se por ele?

Ellen corou.

— Não quero sequer pensar em tal possibilidade. Veja bem, Nelly, você já amou e não quero desafiar o destino; tenho medo de ser dominada por aquela terrível força que nos cega, escraviza a nossa vontade e zomba do bom senso. Com medo de ceder, eu simplesmente estou fugindo!

Conforme decidira, Ellen passou a sair raramente de casa, declinando convites para não se encontrar com Ravensburg. No dia da palestra do senhor Brown, que convidara as damas da comunidade, Ellen fora fazer compras. Ao voltar, soube por Nelly que o presidente da sociedade dos castos viera convidá-la pessoalmente e presenteara as damas com um exemplar do livro editado por ele, que tratava da igualdade dos sexos.

— É um homem maravilhoso — acrescentou a senhorita Sinclair. — Conversamos longamente e ele disse que simpatiza tanto com os princípios de nossa comunidade que, se algum dia se casar, será com alguém da nossa organização.

Ellen, que havia recuperado a tranquilidade nesses dias, olhou maliciosamente para a amiga.

— Vejam só! Isso é quase uma proposta de casamento! Quem sabe se não teremos de telegrafar a Boston informando sua deserção?

— Não se envergonha de falar essas bobagens?! — perguntou Nelly, corando. — Não tema por mim, mas tente não desertar você mesma. Quanto ao senhor Brown, sua pretensão de ter uma esposa que compartilhe suas opiniões é bastante natural.

À noite, a representante do "Paraíso sem Adão" foi à palestra. O público superlotava o salão, decorado com mais simplicidade do que na palestra de Ellen; não havia nenhum quadro enfeitando as paredes.

O barão, que aguardava a chegada da senhorita Rutherford, aproximou-se imediatamente para cumprimentá-la. Os esforços inúteis que fizera para encontrá-la excitaram ainda mais a sua paixão e o fizeram esquecer a negativa recebida.

Ellen recebeu-o com um encantador sorriso e, notando que ele usava o distintivo da sociedade dos castos, perguntou com olhar malicioso:

— O senhor colocou esse emblema só como zombaria?

— Absolutamente, não! — respondeu o barão, a quem a recepção amistosa devolvera o bom humor. — Por que eu, a exemplo de José, o protótipo da castidade masculina, não posso escapar dos abraços de Putifar para casar com a virtuosa filha do grande sacerdote de Heliópolis? Li o romance baseado nesse tema bíblico. Nele, consta que José viveu com Asnath[5] uma vida conjugal exemplar. Então, por que não poderia também eu viver assim com a mulher que escolher para esposa?

— Porque no fundo de sua alma esconde-se o

---

5 Asnath — Filha de Putifar, sacerdote de Heliópolis. A história de José e Asnath pode ser lida em *O Chanceler de Ferro do Antigo Egito*, de Rochester **EDITORA DO CONHECIMENTO**.

plano de estrangular a esposa se algo nela não lhe agradar. Também li este romance e entendo porque o senhor toma José como exemplo; ele, no fim, livra-se da esposa e casa com a filha do faraó. Em sua opinião, isso seria realmente digno de um marido exemplar?

O barão não teve tempo de responder, pois ouviu-se o sinal do início da palestra. Ele cochichou com um general, seu conhecido, que concordou em ceder-lhe o seu lugar e assim o barão sentou-se atrás da eleita do seu coração.

Nesse ínterim, apareceu o senhor Brown, com aparência imponente, séria e concentrada. Dando uma olhada no roteiro que trazia na mão, iniciou seu discurso, fazendo um resumo histórico da fundação de sua sociedade, declarando que o surgimento dela deveu-se às ideias expostas nas obras de Biernson.

— No limiar do novo século — prosseguiu —, nasceu também a grande ideia da igualdade do homem e da mulher diante de suas obrigações, e da responsabilidade perante Deus, sociedade e filhos. Os últimos três séculos, tão frutíferos para a ciência, artes e indústria, foram também destrutivos para a moral e provocaram uma infinidade de problemas sociais, sem resolver um único. Imaginamos que, para o século XX, recairá a fama de levar a um final feliz tudo o que pretendia o século XIX.

Há algumas tentativas isoladas: a união dos correios, a unificação das unidades de pesos e medidas, o estabelecimento de tarifa única, a ajuda aos estrangeiros e muitos outros avanços que demoraria a enumerar, deverão levar fraternidade entre os povos. As religiões, que têm a mesma base, devem unir-se numa única crença, consagrada ao Único Criador; só então cumprir-se-ão as palavras de Cristo: "E haverá um único rebanho e um único pastor". Mas a pedra fundamental dessa edificação social é o renascimento da virtude da humanidade e da consciência das verdadeiras grandes obrigações, impostas a nós pelo Senhor.

Muitas raças diferentes povoam o mundo, mas existem somente dois sexos. Um deles se reserva o direito de mandar no outro. Estudando as leis da natureza, as Sagradas Escrituras, bem como os ensinamentos dos sábios da Antiguidade, encontraremos uma clara indicação para solucionar esse importante problema.

Comecemos pela criação do primeiro homem. Deus, em sua infinita misericórdia, deu-lhe uma companheira; somente uma e não duas ou três, o que Ele poderia facilmente fazer, se achasse necessário. Quando, por ordem do Senhor, Noé separava os animais para sua arca, que deveriam sobreviver ao dilúvio, pegava somente um macho e uma fêmea de cada espécie, provando com isso que um par é suficiente para o cumprimento da lei do amor e da multiplicação. Moisés, nos dez mandamentos ditados por Deus, base da nossa religião e da lei moral, diz: "Não deseje a mulher do próximo, nem seu escravo, nem sua escrava, nem seu boi, nem seu burro; nada que pertença ao seu próximo".

— Nisso não sou pecador! Jamais desejei a vaca ou o burro do meu próximo — murmurou, ironicamente, o barão Ravensburg.

— Talvez o senhor ache mais desculpável privar o próximo de bens imateriais, como a honra e a paz familiar! — respondeu Ellen no mesmo tom.

— Como mais um exemplo das Sagradas Escrituras, posso indicar o seguinte trecho do Evangelho — prosseguiu o senhor Brown. — A lei cruel e injusta, estabelecida por nós, homens, condenava ao apedrejamento qualquer mulher surpreendida em adultério. E o que aconteceu? Quando levaram a mulher surpreendida nesse pecado até o Salvador, e os acusadores insistiam em aplicar a lei de Moisés, ou seja, o apedrejamento, o que disse Ele? "Aquele dentre vocês que estiver sem pecado, que atire a primeira pedra!". A turba, envergonhada pela consciência, dispersou-se em silêncio. "Vá e doravante não peque!", disse Jesus à pecadora, milagrosamente salva por Suas palavras. Essa elevada lição dada pelo Salvador ao mundo demonstra claramente que a lei da virtude é igual tanto para os homens como para as mulheres. Mas os primeiros, assumindo o papel de juízes, eram tão culpados quanto aquela mulher.

— Dá para entender, pois para ela seria difícil pecar sozinha — sussurrou mais uma vez o incorrigível Ravensburg.

— Portanto, podemos concluir que a Escritura julga o casamento uma lei sagrada, e o adultério um pecado mortal para ambos os sexos. Vejamos o que dizem sobre essa questão livros antiquíssimos, legados pela sabedoria humana. Refiro-me aos Vedas,[6] e citarei algumas leis dos livros sagrados da Índia:

> O homem é a força, a mulher, a beleza; ele, a inteligência governante; ela, a sabedoria mediadora. Não podem existir um sem o outro e, por isso, o Senhor criou a ambos para um objetivo comum.
> O homem não é completo sem a mulher. Qualquer homem que atingiu a maturidade e não se casou, deve ser marcado com a

6 Vedas — Conjunto de livros sagrados do Hinduísmo, que acredita-se serem os mais antigos do mundo. É composto de hinos, orações, preceitos litúrgicos, fórmulas mágicas e, segundo os hindus, fora ditado por Brahma.

> desonra. Mas, assim como uma mulher virtuosa deve ter somente um marido, o homem também deve ter somente uma esposa.

Sim, a igualdade de obrigações deve reinar entre o homem e a mulher — prosseguiu senhor Brown, inspirando-se cada vez mais. — O homem tem o dever de ser tão puro quanto a mulher e não se dirigir ao próprio lar com o coração maltratado e vazio, abalado pelas depravações e costumes egoístas da vadiagem, que condenam ao sofrimento moral a criatura honesta e inocente com quem se uniu.

Não estaríamos condenando nossas esposas a uma luta secreta e sem fim? Não as estaríamos submetendo ao sofrimento oculto do ciúme, pelo permanente temor de perder o amor do marido, que nunca pertence inteiramente à esposa e sempre lhe oculta algo? Um marido que qualquer cocote pode roubar dela e das crianças e cujas constantes ausências a condenam à vida solitária?

Uma vida tão vazia, com tal sofrimento e permanente tensão moral, acaba desequilibrando os nervos e a saúde da mulher virtuosa. Entretanto, ouçam o que escreve nos Vedas o legislador Manu,[7] livro III, parágrafo 55 e seguintes:

> Aquele que despreza a mulher, despreza a própria mãe. Aquele que amaldiçoa a mulher, é amaldiçoado pelo Senhor.
>
> As mulheres devem ser cercadas de atenções e presentes por parte dos pais, irmãos, maridos e até cunhados, se eles desejam maior sucesso.
>
> Em todo lugar, onde as mulheres vivem

7 Manu — Na mitologia hinduísta, o primeiro homem, filho de Brahma e criador da ordem social e moral.

> ofendidas, a família se apaga. Mas se elas são amadas e respeitadas, a família cresce feliz em todas as circunstâncias.
>
> Quando as mulheres são respeitadas, as divindades estão satisfeitas; mas, quando acontece o contrário, todas as devoções são infrutíferas.
>
> Em qualquer casa onde marido e mulher se amam, a felicidade está garantida para sempre.

Mas como nós cumprimos as obrigações prescritas pela sabedoria humana e colocada em mandamentos pelos santos profetas? Para satisfazer caprichos levianos, sacrificamos a verdadeira felicidade. Em vez de refrear nossas paixões, aproveitamos a fraqueza da mulher, e depois a condenamos e desprezamos. Se a depravação não fosse um negócio lucrativo, mesmo que vergonhoso, muito melhor remunerado que o trabalho escrupuloso e honrado, a prostituição, ostensiva e oculta, não tomaria proporções tão aterrorizadoras como demonstram as estatísticas.

Em seguida, o senhor Brown expôs dados estatísticos de todos os países europeus e da América sobre a crescente depravação e o número de crianças ilegais.

— Estes números podem horrorizar qualquer homem honesto, apesar de estarem longe de serem exatos. Como determinar o número de mulheres que se vendem para satisfazer suas paixões por trajes, e a quantidade de crianças infelizes que têm o nome do pai, mas são odiadas por ele, que sabe que não são seus filhos, e pela mãe, que vê na criança a incômoda lembrança de seu erro e o motivo de eternas brigas familiares?

Homens e mulheres jamais devem esquecer que a consequência de suas criminosas paixões é o nascimento de um ser humano, condenado por um preconceito injusto e cruel e, mesmo assim, dificilmente evitável, ao desprezo, solidão e miséria. Isso, porque a lei tem obrigação de preservar a família legítima e regular as questões financeiras e todas as outras referentes à união familiar.

Sobre nós, homens, recai o dever de voltar honestamente ao lar conjugal, satisfazer-nos com as esposas, que nos presenteiam com o amor, e servir de exemplo de honestidade para que nossos filhos e filhas nos amem e respeitem.

Nosso exemplo agirá também sobre as mulheres. Sem mais encontrar compradores, as infelizes que vendem o próprio corpo serão obrigadas a procurar outro meio de ganhar dinheiro. Então, não será mais necessário o "Paraíso sem Adão", desaparecerão os tristes quadros descritos pela ilustre pregadora do abrigo e, com eles, os motivos pelos quais ela, de forma inteiramente correta, preconizava às mulheres que nos evitassem como indignos de sua afeição e amor.

Portanto, retornemos à inocência dos primeiros séculos da cristandade, ao amor único e puro que une os cônjuges, amor que suporta todas as tempestades da vida, a beleza e a juventude; o amor misericordioso, paciente e imortal por sua força revitalizante, pois sobrevive à morte corporal. Busquemos aquele amor desinteressado, que reveste a alma com uma cobertura imortal, liga-se a ela por laços indissolúveis, acompanha-a de vida para vida, de mundo para mundo, de esfera para esfera, servindo de apoio nos inevitáveis vacilos na ascensão da alma.

Assim é o verdadeiro casamento, uma união harmoniosa, baseada num sentimento único, capaz de destruir a escravidão entre os sexos. Só o amor puro é capaz de unir cordialmente os dois poderosos princípios da natureza, o masculino e o feminino, sempre em conflito e, ao mesmo tempo, atraídos um pelo outro. Eles se aproveitam de suas fraquezas para submeterem um ao outro, odeiam-se por sentirem a dependência mútua, cometem injustiças e pecam. Nos lugares onde somente a paixão dirige essas duas forças universais, elas se tornam um incêndio, que destrói tudo, deixando, atrás de si, somente cinzas.

Portanto, tentemos retornar ao verdadeiro amor, o único que aquece e satisfaz nossa sede. Que o misericordioso Senhor nos apóie em nosso esforço e nos guie pelo caminho do bem. Amém!

— Amém! — repetiu o barão, sob a explosão de aplausos ao palestrante. — Isso é o que se pode chamar de um discurso profundamente comovente, apesar de pouco prático! Tudo o que disse o senhor Brown é lindo e elevado na teoria, mas pouco aplicável na realidade.

— Sim — respondeu Ellen, dirigindo-se à saída —, para um grande Don Juan[8] como o senhor, esses ensinamentos são realmente inaplicáveis. Por isso, barão, o senhor faria um grande bem se nunca se casasse. Que inferno o senhor criaria para a mulher que o desposasse com o coração cheio de ilusões! O senhor a queimaria em fogo lento. Seria de sua parte uma virtude e um ato de misericórdia, se livrasse algum pobre ser humano de trabalhos forçados por toda a vida.

— Mas, que amável! Então, casar-se comigo signifi-

8 Don Juan: Personagem lendário, geralmente tido como símbolo da libertinagem. Originado no folclore espanhol, adquiriu forma literária no romance "El Burlador de Sevilla" (1630), atribuído a Gabriel Téllez, sob o pseudônimo Tirso de Molina. Posteriormente, tornou-se o herói-vilão de romances, peças teatrais e poemas; sua lenda adquiriu popularidade permanente com a ópera de Mozart *Don Giovanni* (1787).

ca condenar-se ao trabalho forçado perpétuo — observou Ravensburg, meio rindo, meio ofendido. — Realmente, é preciso vir do "Paraíso sem Adão" para falar tais coisas diretamente na cara das pessoas. Mas me aguarde, cruel Eva, está próxima a minha vingança!

O barão inclinou-se e olhou nos olhos claros de Ellen com aquele olhar ardente, cujo poder ele já comprovara.

— De que massa é feita a senhorita — prosseguiu ele —, se em sua jovem e íntegra natureza não desperta o instinto do amor? A mais virtuosa e pura das mulheres jamais enrubesceu por esse sentimento divino, que eleva aqueles que o experimentam ao ápice da bem-aventurança, acima de todas as desgraças terrenas. Ou a senhorita duvida da justeza do que estou dizendo?

Ellen ouvia com os olhos levantados para ele, e foi dominada por um temor, enquanto seu coração batia assustado sob aquele olhar fascinante. Como uma criança que escuta um conto de fadas, oscilando entre o medo e a curiosidade, ela ouvia as palavras perigosas do hábil conquistador de corações femininos, que ansiava por quebrar e dominar sua alma desconfiada e pura.

Naquele momento, Evgueny Pavlovitch estava sinceramente inspirado. Jamais Ellen lhe parecera tão encantadora. Sua cabecinha orgulhosa destacava-se sobremaneira da gola de peles, enquanto os grandes olhos, mágicos, misteriosos e brilhantes, refletiam os novos e diferentes sentimentos que a perturbavam.

Lutando energicamente contra o estranho sentimento que a dominava, Ellen virou o rosto.

— Não duvido do poder do amor, mas não concordo que ele traz felicidade — respondeu, seguindo apressadamente as amigas em direção à equipagem.

Ellen sentia-se abatida e retornou para casa nervosa e incomodada por uma obscura agitação. A lembrança do barão perseguia-a como um pesadelo e ela, horrorizada, se perguntava: "esse sentimento desconhecido, agudo e inquietante, que a tornava distraída e irritável, seria o amor, aquele inimigo fatal, contra o qual lutava em seus discursos e na imprensa, tentando eliminá-lo da alma humana?". Sentiu vontade de fugir, mas agora já lhe faltava a costumeira energia.

Durante alguns dias ela não saiu de casa, não recebeu ninguém e ficou trancada em seu quarto, alegando estar preparando sua nova palestra. Na véspera da segunda conferência, a solidão pareceu a Ellen particularmente difícil e ela foi visitar Inna.

Contra qualquer expectativa, encontrou a recém-casada em casa e ela ficou muito contente com sua visita. Mas Ellen notou, ao primeiro olhar, que os olhinhos de Inna estavam vermelhos e o rostinho encantador expressava tristeza e desilusão.

— Você está sozinha, minha querida? — perguntou Ellen.

— Sim — respondeu Inna, laconicamente.

Em seguida, como se tentasse evitar as perguntas da visitante, levou-a para mostrar a casa, bem decorada por sua mãe. Mas quando chegaram ao ***boudoir***, um aconchegante ninho revestido de cetim verde com acabamentos em rosa, decorado com flores e bibelôs caros, Inna fez Ellen sentar-se no pequeno divã e, encostando a cabeça em seu ombro, disse com voz abatida:

— Ellen, estou aqui sozinha já faz uma semana, desde que casei. Com exceção de algumas noites e almoços dados em nossa honra, nunca estamos juntos. Pela manhã, meu marido sai para trabalhar e retorna às sete horas da noite. Às nove e meia ele sai e retorna somente às cinco, seis ou até sete horas da manhã. Volta com a pior das aparências! Às vezes parece um fantasma, com profundas olheiras. Certa vez, voltou meio alegre e deixou cair perto da cama um lenço de cambraia com iniciais estranhas e um bilhete convidando-o a passear de tróica.[9] Há momentos em que sinto ódio e desprezo por ele. Viver assim o resto da vida, definhando na solidão ou procurando fora aquilo que não encontro em meu próprio lar, parece estar acima das minhas forças.

— Mas, Inna, você previu tudo isso e me prometeu ser corajosa e paciente.

— Quero suportar pacientemente, mas, mesmo assim, sofro demais. Parece-me, às vezes, que fui repentinamente levada de um jardim ensolarado para a noite polar. Hoje pela manhã até discuti com mamãe. Ela me pegou chorando e quis me levar embora, mas eu não tinha a menor vontade de ir a qualquer lugar. Repreendi-a por ela me ter sacrificado por causa de um preconceito vulgar, obrigando-me a casar com um homem cuja devassidão é sobejamente conhecida por todos.

Ellen suspirou. Sim, o amor e o casamento representavam uma terrível armadilha. O medo de cair em tal cilada dava-lhe calafrios. Distraída, Inna não notara o suspiro da amiga nem sua repentina palidez; após um instante de silêncio, prosseguiu:

— Como você sugeriu, quero tentar de tudo para fazer meu marido retornar à vida correta e conquistar seu amor. Mas se não conseguir, é muito provável que pensarei também em escapar dessa insuportável situação. Como presente de casamento, recebi muito dinheiro e valiosos objetos de ouro. Guardarei tudo

9 Tróica: Grande trenó puxado por três cavalos emparelhados.

até o momento em que decidir deixar a Europa. Aos poucos, irei me preparando e aparecerei um dia no seu abrigo, na América.

Ellen interessou-se por esse plano, prometendo colaborar, e acertaram todos os detalhes. Apesar disso, uma obscura tristeza premia as amigas e separaram-se bem cedo.

Em vez de a distrair ou aliviar, a visita à casa de Inna somente aumentou o nervosismo de Ellen. Foi imediatamente deitar-se, mas não conseguia dormir, tomada por negros pensamentos. A vida que se descortinava à sua frente parecia-lhe indescritivelmente vazia e sem sentido. Ficar eternamente fazendo palestras, dar aulas no abrigo, consolar os náufragos da vida, sem suportar pessoalmente toda essa amargura, era terrivelmente ridículo. Em sua alma surgiu uma inveja de Inna, que tinha pais e parentes que a amavam e participavam de suas alegrias e tristezas, enquanto ela era solitária, sem qualquer apego a ninguém. Viajava pela Europa e América como uma ave migradora, defensora do "Paraíso sem Adão", servindo à sua causa sem criar raízes em lugar algum. Apesar de sua riqueza, beleza e conhecimento, era muito pobre e solitária. Para que viera a São Petersburgo? Somente aqui percebeu a própria miséria!

Estava assolada por tanta raiva e desespero, que já pensava em partir sem esperar o baile à fantasia, nem mesmo acertar as coisas com seu pai. Mas rapidamente abandonou essa intenção. "Não, aquele patife deveria saber que sua filha vive, odeia-o e o deixa para sempre!".

Passou uma noite agitada. As imagens do pai e do barão perseguiam-na em sonhos e acordou ainda mais irritada.

De péssimo humor, zangada consigo, com o pai, com o barão e com todos os "Adãos" semelhantes a eles, Ellen subiu à noite na cátedra com expressão severa no rosto e vestida simplesmente; iniciou a palestra num tom sério, pausado.

Inicialmente, expôs a luta das mulheres em todos os lugares por sua emancipação e os resultados obtidos por elas em todos os ramos da ciência, da arte e até da indústria. Relatou com raiva os empecilhos e dificuldades que os homens criavam para impedir as mulheres de obter sucesso, e a malevolência de que as discretas e pacientes trabalhadoras eram vítimas. Em seguida, passou a descrever minuciosamente o abrigo, seus estatutos e seu desenvolvimento permanente. Ellen demonstrou com números convincentes que, para apoiar o movimento de libertação das mulheres, não havia nada melhor do que a construção de instituições semelhantes e convidava as mulheres ricas e independentes a se unirem para criar tais comunidades.

— Sem dúvida — disse ela —, todas as mulheres do mundo não caberiam nos abrigos semelhantes ao nosso e sempre haverá aquelas que não renunciarão à felicidade da vida conjugal. Mas, para as que não são suficientemente ricas, bonitas, prendadas para obter um marido, para as que preferiram a liberdade e, exatamente por isso, são rejeitadas, enfim, para todas as que são incômodas no "paraíso masculino", esquecidas no meio de famílias estranhas, onde frequentemente são subjugadas e mal suportadas, os abrigos como o nosso servirão de porto seguro. Lá, essas mulheres encontrarão apoio mútuo, independência e uma existência garantida pelo trabalho.

Finalmente, as mulheres casadas, levadas a tal abrigo pela ruína do lar, brigas, abandono e ofensas do marido, estarão num lugar melhor, que as recompensará por tudo. Lá, ficarão livres da sogra, o monstro com cabeça de Medusa,[10] que antes do casamento ocultava-se nas sombras e surge mais tarde como um espantalho entre o casal, frequentemente destroçando a felicidade conjugal. Essas maldosas e rabugentas damas, que se transformam em dominadoras, deveriam ter a entrada no "Paraíso sem Adão" terminantemente proibida.

Essa tirada foi recebida com altas risadas. Em seguida, os presentes ouviram com vivo interesse o final da palestra, sobre o espiritismo como um poderoso meio de solucionar a questão feminina, pela nova luz que abre para a vida e a natureza da alma, comprovando a total igualdade. Como o espírito não tem sexo e pode, na vida terrena, nascer homem ou mulher, a grande Lei da Reencarnação arranca pela raiz a vazia e egoísta pretensão dos homens de sua suposta superioridade.

— A partir do momento em que a ciência compreender as verdades do espiritismo, e isso está próximo, os homens deixarão de ter o papel principal e deverão ser tão discretos e bondosos para agradar às mulheres, como elas o são agora, para merecer as graças da parte dos senhores "Adãos".

Essa conclusão provocou novamente uma explosão de risos e Ellen desceu da cátedra sob fortes aplausos. A baronesa Nadler queria levá-la para jantar, mas ela, alegando cansaço, voltou para casa.

Desapareceu tão rapidamente que o barão, após cumprimentá-la de longe, sequer teve tempo de aproximar-se. Ele também voltou para casa irritado, preocupado, e começou a andar pensativo pelo quarto. Pareceu-lhe

10 Medusa — Personagem da mitologia grega, filha das divindades marinhas Fórcis e Cito; tinha serpentes em vez de cabelos, mãos de bronze e asas de ouro, e transformava em pedra quem olhasse para sua cabeça.

que Ellen mudara, tornando-se fria, severa e hostil. Era visível que ela o evitava. Será que ele não lhe agradava? Até então conseguira agradar a todas as mulheres que quisera conquistar. Todas as mamães, ansiando "ajeitar" as filhas, as próprias senhoritas, viúvas e outras mulheres que procuravam um marido ou amante, caçavam-no com tanto afinco que, se ele conseguira evitar tantas armadilhas e ciladas, foi graças ao milagre de sua estratégia. De repente, essa americana ousava dizer abertamente que preferia a liberdade a seu amor, do qual ele se orgulhava e não esbanjava... Será que estava mais feio?

Evgueny Pavlovitch parou diante do espelho e examinou-se por longo tempo. Estava bonito como antes. Seus olhos escuros não perderam o brilho, os vastos cabelos encaracolavam-se como sempre e o porte alto e esguio mantinha a mesma nobre elegância. O que significava esse insucesso? Ou Ellen realmente devia ser de massa diferente das outras mulheres!

Aos olhos do barão, essa hipótese a fez ainda mais desejável; a inconquistável, que via a liberdade como um bem valioso, que permitia ser cortejada e se divertia com isso com um ar cruel e desapaixonado. Esquecendo todas as características do personagem que desempenhava à perfeição, Ravensburg desejava ardentemente sacrificar sua própria e valiosa liberdade, se ela aceitasse esse "sacrifício". A ideia de que Ellen partiria para sempre desesperava-o e a inesperada resistência encontrada provocou nele uma paixão, submetendo-o ao poder da orgulhosa moça, que passou a adorar e desejar como jamais desejara uma mulher. Então decidiu tentar oferecer-lhe seu coração. Ela, enfim, era mulher, e, como tal, sujeita à lei do amor como todas as suas irmãs! O fogo da paixão derreteria a crosta de gelo por trás da qual ela ocultava seu coraçãozinho.

Mas, se a falsa vergonha de trair a própria causa a impedisse, ele, naturalmente conseguiria dissuadi-la. Portanto, resolveu: iria lhe propor casamento. Mas onde e quando? Não era nada fácil conseguir um encontro a sós com a linda inimiga dos homens.

Após pensar bem, decidiu confiar o seu problema a Lídia Andreevna e pedir sua colaboração. Somente ela poderia arranjar-lhe o desejado encontro, e ele não tinha dúvidas quanto à discrição e afeição da baronesa, que não estava interessada nele, nem para si nem para as filhas.

No dia seguinte, Evgueny Pavlovitch foi ver a baronesa que o recebeu com a habitual amabilidade. Beijando respeitosamente a mão da anfitriã, Ravensburg disse:

— Vim pedir-lhe um favor, pelo qual ser-lhe-ei eternamente grato.

O humor da baronesa ficou sombrio. O que poderia significar tal introdução? Será que o rico rapaz estava com dívidas e queria dinheiro emprestado? Lídia Andreevna não suportava tais pedidos que, em sua opinião, estragavam a amizade. Mesmo assim, respondeu sem hesitar:

— Diga, Evgueny Pavlovitch! O senhor sabe a amizade que lhe tenho e que sempre ficarei feliz em ser-lhe útil.

— Agradeço, Lídia Andreevna! Mas... a senhora promete não rir de mim e manter em segredo o que pretendo lhe contar?

— Naturalmente! Serei muda como um túmulo. Portanto, me conte tudo.

Evgueny Pavlovitch pulou da poltrona e passou a mão pelos cabelos como se tentasse aliviar a mente.

— Aliás, pode rir! Eu mereço, pois estou apaixonado como um adolescente, como o último dos bobos que nunca viu uma linda mulher! Vim pedir sua ajuda e colocar um laço no meu pescoço.

— Ai, pobre garoto! Eu o entendo e nem preciso perguntar-lhe por quem está apaixonado! — disse a baronesa, solidária, contente por não ter que desembolsar nada. — Mas devo acrescentar que o senhor entregou seu coração de forma errada e comprometedora. A americana é bela mas fanática pela própria causa. Dizem que é muito rica, mas sua beleza deixa-a indiferente às conquistas e bajulações dos homens. Além disso, é tão jovem que tem muito tempo pela frente para arrepender-se diante do sexo que ofendeu e que sempre a perdoará por causa de seu lindo rostinho.

— Infelizmente sei de tudo isso. Mas ela é feita de carne e osso! É impossível que o amor não a afete.

— É difícil opinar sobre isso. Eu realmente não consegui perceber se o senhor causou alguma impressão em seu coração gélido. Além disso, sua infância foi muito infeliz. O pai deixou-a, o que motivou a morte da mãe. Tudo isso a enraiveceu e a tornou desconfiada.

— Que o inferno leve esse pai! Em todo caso, não sou responsável pelos males que ela passou. Talvez em mim ocultem-se as qualidades de marido e pai exemplar!

A baronesa soltou uma gargalhada.

— Com relação a isso, a senhorita Rutherford tem até razão para duvidar de sua fidelidade, que certamente vai vacilar. Mas isso não vem ao caso! Se o senhor acha que meu discurso pode fazê-la mudar de ideia, tentarei.

— Na verdade, todos somos pecadores — respondeu o barão, rindo involuntariamente —, mas quero pedir outra coisa. Arranje-me um encontro com a "não-me-toques"; quero falar com ela a sós.

— Está certo! Mas e se ela não aceitar?

— Nesse caso, só me restará apelar para o rapto e obrigá-la a se casar comigo sob a mira de uma pistola em alguma capela da aldeia — respondeu o barão com zombaria e raiva.

Lídia Andreevna deu de ombros e, após pensar um pouco, respondeu:

— Amanhã mesmo vou arranjar-lhe o encontro que deseja. Pela manhã recebi uma carta de Olga. O senhor sabe como ela é excêntrica; provavelmente interessou-se pelo "Paraíso sem Adão", pois me pediu que lhe arrumasse uma entrevista com Ellen. Em função dessa carta, pedirei à senhorita Rutherford para vir à minha casa amanhã, às cinco da tarde, dando-lhe a entender que ela poderá obter uma ardente seguidora. Na realidade, ela encontrará aqui um adorador; o resto deixo em suas mãos. Ordenarei à criadagem que não receba ninguém; assim, o senhor terá total liberdade.

Contentíssimo, Evgueny Pavlovitch agradeceu fervorosamente, mas a baronesa, balançando a cabeça, observou:

— Desejo-lhe sorte, meu amigo. Mas, antes de o senhor dizer a palavra decisiva, gostaria de fazer algumas observações.

— Diga, Lídia Andreevna! Esteja certa de que aceitarei essas observações com o devido respeito e gratidão.

— O caso é que, nessa história toda, existem dois pontos que me fazem pensar. Em primeiro lugar, parece-me que entre a senhorita Rutherford e Vladimir Aleksandrovitch oculta-se algo estranho. Ellen fica sempre nervosa na presença dele e observei que ela o olha de forma esquisita. Ele também mudou bastante nos últimos tempos, ficou insociável, parece cansado da vida. Aparentemente também nutre pela moça um interesse muito suspeito. Por mais inverossímil que seja a suposição de que Ellen prefere aquele homem maduro ao senhor, aconselho-o a levar em conta essa possibilidade.

O barão empalideceu e ficou sombrio.

— É mais uma razão para certificar-me disso o quanto antes e entender-me com ela. Mas, vejamos a sua segunda opinião.

— Refere-se aos seus parentes. Esses, sem dúvida, não ficarão satisfeitos se o senhor se casar com uma estrangeira, de origem desconhecida e até duvidosa, pois, na verdade, nada sabemos de positivo sobre a senhorita Rutherford. Ela é bela e inteligente, mas isso não exclui a possibilidade de que seja simplesmente uma aventureira. Além disso, ouvi sua tia dizer que querem casá-lo com a princesa Zoia.

— Não dou a mínima a esses projetos! Nem me passa pela cabeça me casar com Zoia, aquela idiota, eternamente policiada pela mãe. Imagine ter como sogra aquele sargentão de saias! Nem pensar! Ainda me lembro das palavras da senhorita Ellen sobre as sogras.

— Em todo caso, será necessário amar muito sua esposa para protegê-la das amarguras e humilhações que inevitavelmente a esperam. Todos se levantarão contra ela: os seus parentes, os planos que ela vai destruir, as mamães que o querem para genro, as moças apaixonadas pelo senhor e suas amantes, que sentirão ciúmes dela. Imagine, o senhor irá provocar uma verdadeira guerra civil!

— Qual nada! Eu me defendo. Além disso, Ellen é rica e os meus parentes são contra noivas pobres.

— Duvido que uma fortuna, cujo valor não sabemos ao certo, consiga livrá-la do ódio geral e das mais ofensivas acusações. Vão chamá-la de aventureira, pessoa de moral suspeita, tresloucada e a pior das intrigantes. Pelo que conheço do caráter da senhorita Rutherford, ela não suportará por muito tempo as injúrias por ter ousado ser sua esposa sem a concordância de toda a família. Ela lhe dará as costas e retornará para o seu "Paraíso sem Adão", onde tem sempre um lugar reservado.

Evgueny Pavlovitch nada respondeu. Encostando-se no espaldar da poltrona, cerrou o cenho e ficou pensativo.

Tudo o que a baronesa Nadler dissera era tão correto que a visão do futuro provocou-lhe um tremor nervoso. Apenas a ardente paixão por Ellen poderia dar-lhe coragem para se casar sem o consentimento de toda a família.

Seu casamento já fora objeto de tantas discussões venenosas, propostas e planos contraditórios, que satisfaziam todos os gostos, menos o dele, que decidira jamais se casar para evitar assim todas aquelas intrigas matrimoniais. Mas era jovem, sonhava com o amor ideal e acabou se apaixonando.

Entretanto, as palavras de Lídia Andreevna tocaram um ponto vulnerável, o "calcanhar de Aquiles" do "leão dos salões". Em sua imaginação levantavam-se não uma, mas uma dúzia de ameaçadoras cabeças de Medusa. Esse quadro aterrador quase aniquilava sua intenção. Mas essa indecisão durou pouco, a paixão venceu o bom senso e ele decidiu definitivamente tudo fazer para conquistar Ellen. Ela devia pertencer-lhe; depois de consumado o fato, saberia defender a esposa e a si próprio.

Agradecendo à anfitriã, disse que no dia seguinte agiria com delicadeza; e foi para casa.

Capítulo 10

Sem suspeitar da armadilha, Ellen chegou à casa da baronesa na hora marcada e ficou extremamente surpresa por não encontrar lá a fervorosa seguidora que esperava trazer definitivamente para o "Paraíso sem Adão". Lídia Andreevna explicou que algo acontecera e atrasou a prima.

Passando para o *boudoir*, a baronesa sentou-se a bordar um grande tapete, destinado a uma pobre capela da aldeia em sua propriedade.

Começaram a conversar sobre o baile à fantasia. Lídia Andreevna informou que seria no enorme salão do primeiro andar, recentemente desocupado pela direção de uma estrada de ferro. Isso lhe permitia aumentar consideravelmente o número de convidados; às duas da madrugada, na hora da ceia, todos iriam retirar as máscaras.

— É uma pena que a senhorita esteja se preparando para partir — acrescentou amigavelmente a baronesa. — Sentirei falta de sua companhia. Sempre penso com tristeza que uma pessoa tão encantadora e digna de amor tenha decidido não se casar. Creia-me, minha filha, isso é pura loucura! Conheço alguém que a adora e se a senhorita incentivá-lo um pouco, permanecerá aqui, como uma linda baronesa.

Ellen ficou muito vermelha.

— A senhora é muito bondosa! Mas, para mim, é quase impossível assumir uma união que é fatal para nove, entre dez mulheres. Vi inúmeras consequências de casamentos infelizes para que eu me arrisque a casar.

— Querida senhorita Ellen! Somente o casamento concede à mulher uma posição séria na vida. Devo confessar-lhe que, apesar de ser viúva e nada jovem, vou me casar com o príncipe e nosso noivado será anunciado no dia do baile à fantasia. Sei que me aguardam muitas decepções mas, mesmo assim, aceitei casar pela segunda vez para dar às minhas filhas uma posição de maior destaque e casá-las melhor.

— A senhora encontra-se numa posição bem diferente da minha. Entendo que o amor materno a incita ao sacrifício. Eu, entretanto, sou rica, sozinha, tenho o coração livre e posso agir como bem me aprouver.

A chegada do barão interrompeu essa conversa e, dez minutos mais tarde, todos sentaram-se para almoçar; a baronesa anunciou que algo atrasara a prima e ela, provavelmente, só chegaria à noite.

Após o almoço, passaram à biblioteca, onde foram servidos a sobremesa e o café. Notando sobre a mesa a nova edição de uma revista de arte, Ellen ficou examinando as gravuras que ilustravam as escavações de Schliemann[1] no local da antiga Tróia. Ravensburg tagarelava com a anfitriã sobre assuntos variados, quando entrou a camareira e anunciou que a costureira pedia a presença de Lídia Andreevna para dar-lhe instruções sobre a confecção do vestido.

1 Heinrich Schliemann (1822 — 1890) — Arqueologista alemão descobridor das ruínas da cidade de Tróia, considerada até então, por muitos, como lenda.

A baronesa levantou-se imediatamente.

— Meus amigos, me desculpem por deixá-los alguns momentos. E o senhor, Evgueny Pavlovitch, faça sala para minha querida visitante.

Ellen não se sentiu nada bem ao ficar a sós com o barão e imediatamente iniciou uma conversa sobre as escavações de Tróia, mas este nada respondia. Ele se levantou e visivelmente lutava consigo mesmo antes de pronunciar a palavra definitiva. Por fim, decidindo-se rapidamente, disse com voz surda:

— Senhorita Ellen! O acaso me permitiu a felicidade de estar a sós com você; quero aproveitá-lo para pôr um fim a uma questão que está tornando minha vida um verdadeiro inferno.

Ellen empalideceu e também se levantou. Chegara o momento que ela tanto temia e tentara evitar. Sentia-se fraca, desarmada diante do olhar amoroso e apaixonado que a encarava. Com um gesto de quase súplica, levantou a mão e balbuciou:

— Pelo amor de Deus, barão, não diga nada! Eu não posso nem devo ouvi-lo.

Ravensburg olhava-a embevecido. Jamais ela lhe pareceu tão encantadora como naquele instante. Diante dele estava não a orgulhosa e ferrenha escarnecedora, mas uma moça cujo coração palpitava visivelmente, trêmula diante da própria fraqueza. Nos grandes olhos infantis brilhavam somente o medo e a súplica de deixá-la em paz.

Evgueny Palvovitch agarrou-lhe a mão e levou-a aos lábios.

— Não posso calar, Ellen, porque a amo! Desse momento depende a felicidade de toda minha vida! Será que não notou, desde o nosso primeiro encontro, que meu coração foi escravizado por você? Não posso viver sem você e imploro que seja minha esposa. Vou carregá-la nos braços e dedicarei toda a minha vida a fazê-la feliz e a curar seu espírito das amarguras e medos insanos, incutidos por uma educação absurda de evitar o casamento, instituído por Deus e o único que dá sentido à vida. Não renegue o sentimento que traz a felicidade e pelo qual vale a pena viver! Não rejeite o amor, Ellen, sem antes tê-lo experimentado! Não sacrifique nossa felicidade por uma mísera e falsa vergonha! Não negue! Você tem vergonha de desistir da causa que defende. Mas, na realidade, o que você tem a ver com aquelas pobres coitadas que o acaso reuniu num abrigo? Elas são vítimas, naturalmente, mas ao lado dessas vidas destroçadas existem, e sempre existirão, famílias felizes e abençoadas. Esteja certa de que sua vida não terá obstáculos e meu amor conseguirá afastar todas as nuvens do nosso céu.

Ellen ouvia, calada. Tremendo como num sonho, aquela voz trêmula de paixão, aquelas palavras tentadoras, lhe provocavam milhares de novos sentimentos e dominavam sua mente e energia. Num último esforço, arrancou sua mão da dele e respondeu baixinho:

— O senhor promete mais do que pode cumprir, barão. Nesse momento, eu lhe pareço desejável, mas o futuro permanece obscuro e desconhecido. As paixões mais fogosas apagam-se e a mulher pode ser abandonada num deserto, onde juraram construir para ela um paraíso. Essa foi a sina de minha mãe, que se casou com um estrangeiro; aqui, sou eu a estrangeira, imiscuindo-se na sociedade! Portanto, saia do meu caminho e não me tente, pois não posso ser sua esposa. Pertenço à comunidade e sirvo à minha causa. Não consigo desistir da liberdade em que fui criada e das ideias que defendo, que criariam uma desarmonia entre nós. Minha vida tem uma destinação completamente diferente, por isso, não perturbe a minha paz! Dentro de alguns dias vou embora e o senhor logo me esquecerá. Apesar disso, permita-me acrescentar que, se algum dia decidisse casar, minha escolha seria o senhor, mas eu não posso fazê-lo! Sou supersticiosa e estou certa de que Nêmesis sempre fere os renegados.

— Ellen! Você não está convencida do que diz! Você mesma reconhece que sou a única pessoa que escolheria para marido e, ao mesmo tempo, exige que eu desista e a esqueça! — respondeu Evgueny Pavlovitch com fervor, vacilando entre o desespero e a ira. — Isso não significaria sacrificar a nossa felicidade em troca de uma utopia e ridícula teimosia? Não, não aceito a sua negativa! Sou seu escravo, mulher estranha e encantadora, jamais desistirei de você. Eu a seguirei para onde for, de uma forma ou de outra, você será minha!

Apesar do profundo constrangimento, Ellen sorriu:

— Fico muito lisonjeada com tal dedicação! Mas, barão, me parece que o senhor está enganado quanto à resistência de seus sentimentos. Assim que eu desaparecer no horizonte, o senhor me esquecerá.

— Eu? Jamais! Senhorita Rutherford, não zombe do sentimento poderoso que despertou em sua alma. Ele pode conduzi-la aos meus braços, exausta, mas submissa.

Essas palavras impensadas despertaram todo o orgulho da Ellen independente. Ela recuou e em seus olhos acendeu-se um fogo hostil.

— Saberei controlar meus próprios sentimentos e estarei sempre pronta a responder por meus atos. Vamos encerrar essa conversa desagradável. Minha resposta definitiva é: eu não posso ser sua esposa!

Naquele instante, na porta da biblioteca apareceu a baronesa. Vendo a emoção de Ellen e o rosto em fogo do barão, perguntou:

— Então? Como vão as coisas? Posso cumprimentá-los?

— Qual nada! A senhorita Rutherford prefere viajar como pregadora de suas utopias a aceitar o meu amor e meu nome — respondeu Evgueny Pavlovitch, com a voz tremendo de ira e contrariedade.

Em seguida, voltou-se e saiu do quarto como um furacão. Ellen, mesmo pálida, permaneceu firme e não o chamou de volta. Lídia Andreevna olhou para ela e balançou a cabeça.

— Senhorita Ellen, está sendo cruel para com o pobre barão, que a adora sinceramente; está sendo cruel até para consigo mesma, pois sua emoção e seus olhos marejados de lágrimas comprovam que está longe de ser indiferente a Evgueny Pavlovitch. Não negue! Sou mulher, já amei e a compreendo melhor do que você mesma.

Conduziu-a até o divã, abraçou-a e deu-lhe algumas gotas de tranquilizante. Quando Ellen se acalmou um pouco, a baronesa pegou-a pela mão e disse:

— Minha cara criança, permita-me conversar como sua mãe, pois lhe tenho profunda simpatia. Reconheço a grandeza da ideia e a utilidade do "Paraíso sem Adão", mas uma sociedade de mulheres raivosas, desiludidas e cheias de ódio é prejudicial a uma jovem íntegra, cheia de tendências naturais à felicidade. Realmente, a mulher deve ser preparada para a luta da vida, não deve colocar o casamento como o único objetivo, mas também não se deve proibi-la de amar, e considerar um crime obedecer às leis da natureza. O abrigo pode lamentar a perda de uma colaboradora tão brilhante e eficiente, mas não tem o direito de condená-la, se você ceder à voz do coração. É lamentável que sacrifique a felicidade de dois seres humanos a uma utopia. O barão a ama e você não devia temer se casar com ele. É um bom rapaz, apesar de um pouco farrista. Mas, quem já não cometeu bobagens sendo jovem, bonito, rico e mimado pelas mulheres? Em compensação, tornando-se marido da mulher amada, vai sossegar e esquecer suas aventuras que há muito o cansaram. Acredite, é enorme a influência da esposa sobre o marido! Existem poucas mulheres em condições de submeter um homem como você! É bela, muito instruída, inteligente e... rica, o que só ajuda. Pense no que lhe falei; se mudar essa cruel decisão, comunique-me e eu arranjo todo o resto.

Ellen agradeceu à baronesa pela solidariedade e, em seguida, alegando cansaço, foi embora. Retornou a casa completamente abatida. Havia um peso em seu coração, um nó na garganta e a cabeça doía demais. Despiu-se rapidamente e dispensou a camareira; depois, jogou-se na cama, enfiou a cabeça no travesseiro e as lágrimas, que finalmente jorraram, aliviaram-na. Ellen não conseguia mais compreender a si mesma. Em seu espírito reinava o caos, mas quanto ao sentimento por Ravensburg não havia qualquer dúvida. Ela o amava realmente, e dependia somente dela tornar-se sua esposa; entretanto, não queria desistir da própria liberdade. A ideia de que ela, a brilhante defensora da causa do "Paraíso sem Adão", iria envergonhar-se por abandonar o campo de batalha, superava qualquer outro sentimento.

Aos prantos, Ellen estava totalmente entregue à sua luta interior e não notou quando Nelly entrou.

Levantou a cabeça apenas quando a amiga ajoelhou-se perto dela e disse baixinho:

— Minha querida, o que você tem?

Ellen sobressaltou-se, irada. Não suportava ser surpreendida num momento de fragilidade moral. Mas, ao encontrar o olhar bondoso, triste e amoroso de Nelly, sua raiva dissipou-se imediatamente; sentiu-se até feliz por não estar só e por existir uma criatura dedicada à qual podia confiar a própria tristeza, que iria compreendê-la sem a condenar. Nelly também amava, mas lutava ferrenhamente para esquecer o indigno. Será que já o esquecera?

Abraçando a amiga, Ellen já não continha as lágrimas e Nelly, em silêncio, deixou que ela chorasse à vontade. Quando o pranto cessou e ficou mais calma, Nelly levantou-a e enxugou seu rosto em fogo.

— Já que você foi testemunha de minha indigna fraqueza, querida Nelly, vou confiar-lhe o que aconteceu comigo.

Após contar sua conversa com Ravensburg, acrescentou:

— Foi o momento mais difícil de minha vida. Quando ele me implorava e falava de amor, esqueci de tudo: do exemplo de minha mãe, dos meus princípios e da desconfiança para com os homens! Fui tomada por um único desejo: aceitar a proposta dele, ser feliz pelo menos um dia, experimentar amar e ser amada... Apesar de tudo, permaneci firme e recusei; reconheço que essa decisão vai custar-me caro, pois amo o barão e sou obrigada a esquecê-lo. Você também amou, Nelly, e por isso não vai me condenar.

— Deus me livre da loucura de condenar um sentimento tão natural e legítimo! Somente tenho pena de você, pois sei, de experiência própria, como é difícil vencer esse sentimento. Mesmo assim, Ellen, agradeça a Deus por ter de esquecer voluntariamente e não porque foi abandonada por alguém que amou e a quem é obrigada a desprezar.

— Tem razão, minha fiel Nelly! Prometo-lhe ser mais forte e sensata no futuro. Não quero trair nossa causa e confesso que o receio de me envergonhar diante da comunidade colaborou muito para a minha decisão.

— Portanto, alegremo-nos pelo dia de hoje ter sido glorioso para a nossa comunidade, pois na sua ausência eu também recebi uma proposta de casamento — observou Nelly com um sorriso.

— Não me diga! Foi o senhor Brown? — perguntou Ellen, animada.

— Ele mesmo! Falou com muita eloquência sobre a vida tranquila, distante de quaisquer desilusões, que iria me proporcionar, em função dos seus rígidos princípios e sua fé na santidade do matrimônio.

— Por que você rejeitou a proposta? Ele não é pândego nem devasso como Ravensburg. Ou você ainda ama o seu imprestável noivo?

— Não, eu já não amo Harry! Mas também já não acredito em belas palavras, sabendo que a prática frequentemente difere da teoria. Além disso, não sinto nenhuma atração pelo senhor Brown.

— Ele, provavelmente, ficou muito desgostoso.

— Não demonstrou nenhum desespero trágico — respondeu Nelly, alegremente. — Mas não se deu por vencido Disse que sou exatamente a mulher que ele precisa, que repetirá a proposta assim que retornar a Boston e que, sem dúvida, mudarei de opinião quando vir sua linda casa com um grande jardim e conhecê-lo melhor.

Ellen suspirou.

— Temo que Ravensburg também não se deu por vencido, percebendo que me agrada; além disso, ele está longe de ser submisso e paciente como o senhor Brown. Seria mais sensato se eu partisse imediatamente, mas não posso fazê-lo sem antes ter uma conversa com meu pai. Amanhã mesmo conversarei com a senhora Forest e vou convencê-la a partir, discretamente, no dia seguinte ao baile. Começaremos a preparar nossa bagagem a partir de amanhã e telegrafaremos à senhora Martin em Berlim, para que esteja pronta para juntar-se a nós. De lá passaremos por Bremen ou Paris, até chegar a Inglaterra, onde embarcaremos no navio. Para mim, chega de palestras na Europa!

Tudo foi feito conforme o desejo de Ellen. A senhora Forest também ansiava por retornar ao seu tranquilo abrigo e, por isso, começou a preparar a bagagem com entusiasmo. Logo tudo ficou pronto para a partida no trem das seis horas do dia seguinte, após o baile.

Todos esses dias Ellen evitou aparecer na sociedade. Não queria encontrar-se com o barão, pois não confiava em si mesma. Entretanto, a certeza de que ele a amava loucamente tranquilizava-a um pouco e para ela era difícil tratá-lo com indiferença.

À medida que o baile da baronesa Nadler se aproximava, a tensão de Ellen aumentava; na véspera, essa febril emoção atingiu o ápice. O dia inteiro ficou ocupada, guardando seus papéis e bibelôs; em seguida, alegando forte cansaço, foi dormir cedo. A inevitável separação da pessoa amada enchia sua alma de torturante amargura, mas por um instante sequer pensou em ceder. O orgulho e a teimosia eram mais fortes que o amor.

Ellen adormeceu somente ao amanhecer e seu

sono foi agitado. Vendo os raios de Sol iluminar o quarto, através da cortina, suspirou de alívio e passou o lenço no rosto em fogo.

Levantou-se e quis tocar a campainha, quando no quarto irrompeu Nelly, visivelmente irritada.

— Imagine só! Chegou agora aquela sem-vergonha, Arabella, implorando para perdoá-la e aceitá-la de volta! — exclamou.

— Não me diga! Depois do enorme escândalo que aprontou aqui? Ela que vá morar com o seu querido marido ou noivo e nos deixe em paz! — respondeu Ellen com severidade.

— Oh! Ela foi cruelmente castigada por sua ingratidão. Está com uma aparência miserável! Tem um grande hematoma sob o olho, todo o corpo vergastado e uiva como enlouquecida. Desde que dispensamos Kirill por negligência, parece que ele passou a beber sem parar. Junto com o amante da tia, roubou todas as coisas de Arabella, inclusive o relógio e o casaco; quando resolveram tirar dela o dinheiro e ela não quis entregar-lhes os míseros rublos que lhe sobraram, Kirill surrou-a quase até a morte, e essa não foi a primeira vez.

— Mas, se ela casou com ele, não temos o direito de levá-la conosco!

— Não! Eles não são casados. Arabella jura que agora prefere o "Paraíso sem Adão" para sempre, ao "paraíso com surras, hematomas e palavrões".

— Nesse caso, teremos de perdoá-la, e também por causa de sua maravilhosa mãe. Nesse país Arabella é uma estranha e não devemos abandoná-la. Vamos até a senhora Forest para ouvir a vítima.

Logo apareceu Arabella, emagrecida, coberta de hematomas e arranhões. Seus cabelos estavam desgrenhados, a roupa suja e rasgada. Quando contou todas as desgraças que sofrera e jurou jamais confiar nos homens até a morte, a senhora Forest disse que a comunidade a perdoava e Ellen acrescentou:

— Agradeça a Deus por ter-se arrependido antes da nossa partida, marcada para amanhã! Vou pedir à senhorita Emmi para comprar-lhe todo o necessário com meu próprio dinheiro. Que a cruel humilhação que a espera no abrigo, após o escândalo, lhe sirva de lição para evitar, no futuro, novas afeições!

Quando Arabella saiu aos prantos e as amigas ficaram a sós, Nelly observou com leve zombaria:

— Parece-me que existe um espírito vingador, que castiga as desertoras, pois elas são obrigadas a voltar envergonhadas. Realmente, o melhor é não desafiar o próprio destino!

Ellen não respondeu e, para matar o tempo, passou a examinar o traje que preparou com esmero para o baile de máscaras. Queria estar particularmente bonita nessa festa, para deixar uma impressão indelével no espírito de Ravensburg, que a veria pela última vez.

O dia seguia pesado, lento e o nervosismo, a obscura e a febril preocupação de Ellen aumentavam a cada hora; um mau presságio a oprimia. A conversa com o pai, que ela desejava ter, despertava em seu coração ira e amargura. Não contou a ninguém sobre o seu traje e decidiu não mostrá-lo até o jantar, quando todos iriam tirar as máscaras; gostaria de misturar-se à multidão e conversar com Artemiev, disfarçada num simples dominó.

Nelly recusou-se a acompanhar a amiga, mas ajudou-a a vestir-se. Tinha plena consciência de que ela jamais estivera tão divinamente bela como naquele maravilhoso traje, com um delicado rubor, provocado pela emoção oculta, e o brilho febril dos grandes e luminosos olhos, parecidos com safiras.

Fiel ao seu costume de trajar-se para festas e recepções somente de branco, Ellen escolhera a fantasia de fada do gelo. O vestido era de cetim branco, coberto por gaze prateada, salpicada de lantejoulas, como gotas de diamantes. A cinta e a franja em volta do corpete eram feitas com cristal de rocha, imitando gelo. Uma coroa fantástica, também parecida com gelo, sustentava um véu de gaze cintilante; no pescoço trazia um maravilhoso colar de brilhantes.

Esse traje, totalmente branco, combinava surpreendentemente bem com a figura alta, elegante e a deslumbrante cor do rosto de Ellen. Após uma última olhada no espelho, colocou um longo dominó de cetim preto e vestiu o capuz, pôs a máscara e foi embora.

A futura princesa tinha preparado tudo à perfeição. O saguão estava cheio de plantas iluminadas por luz elétrica, dando às salas uma aparência mágica. Uma delas transformou-se num jardim de inverno, com palmeiras que se erguiam até o teto, plantas tropicais e um chafariz que jorrava água prateada, com reflexos multicores. Tudo isso provocava a admiração geral.

Ellen chegou mais tarde de propósito, quando todas as salas estavam apinhadas de convidados, para misturar-se discretamente à ruidosa e colorida multidão.

Somente a anfitriã, usando um luxuoso traje medieval, estava sem máscara. Sorrindo amável, ela passeava entre os convidados, de braço com o príncipe, facilmente reconhecível, apesar da fantasia.

Ninguém pareceu notar ou reconhecer Ellen, exceto Ravensburg, que desde o início do baile procurava-a impacientemente. O barão estava muito bem no rico traje de mosqueteiro dos tempos de Henrique IV.[2] Ellen também o reconheceu, apesar da máscara, mas não lhe deu atenção; procurava Artemiev. Passou por todas as salas sem resultado; ele não estava em lugar algum. A impaciência de Ellen estava no limite quando, repentinamente, o acaso os fez encontrarem-se. Viu o pai no jardim de inverno, onde ele tinha ido aparentemente para descansar. Artemiev tirou a máscara e enxugava o rosto. Por cima do fraque usava um largo dominó preto. Quando saiu do jardim de inverno, Ellen seguiu atrás dele e perguntou, falseando a voz:

— Por que o cruel Amadis[3] está sozinho? Você está sendo procurado por uma linda cigana, para adivinhar a sua sorte.

Quando Ellen passava pelas salas, pareceu-lhe ter reconhecido a senhora Obzorov trajada de cigana, que intrigava os homens com ousadia.

Artemiev examinou com cuidado o dominó que se dirigia a ele, e algo naquela voz e nas maneiras, o fez suspeitar de que se tratava da senhorita Rutherford.

— Estou só porque estava esperando você. Sabia que iria me encontrar — respondeu ele, com seu habitual tom indiferente.

— Fico lisonjeada por me esperar, mesmo sem saber quem sou.

— Engano seu! Eu a reconheço, encantadora inimiga dos homens.

Ellen surpreendeu-se um pouco, mas mesmo assim, respondeu sem a menor hesitação:

---

2 Henrique IV (ou Henrique de Navarra 1553 — 1610) — Rei da França (1589 — 1610) e, como Henrique III, Rei de Navarra (1572 — 1610), filho de Antoine de Bourbon e Jeanne D'Albret.

3 Amadis — Personagem da literatura medieval, Amadis de Gaula é representado na obra atribuída a João Lobeira como típico herói de romances ou novelas de cavalaria.

— Isso é pouco. Você ainda não sabe quem sou eu.

— Você é a linda e cruel sacerdotisa do "Paraíso sem Adão" — disse Artemiev, inclinando-se para ela.

— Isso também não significa nada! Você ainda não sabe quem sou eu — repetiu Ellen.

— Então, decifre esse mistério.

— Não posso, aqui há gente demais.

"Ora essa! Parece que a linda americana está se revelando", pensou Artemiev.

Então, respondeu alto:

— Se quiser, posso levá-la a um lugar sossegado, onde poderá me contar o segredo sem problemas!

Como Ellen nada respondeu, ele acrescentou:

— O que proponho é muito fácil. Conheço todas as entradas e saídas. Por este corredor, à esquerda, podemos sair no saguão. Junto à entrada tenho uma equipagem me esperando. Voltamos em uma hora e ninguém notará a nossa ausência.

Ellen estremeceu e pensou: "onde será que ele quer me levar? Para a casa dele ou a algum cabaré da moda, onde costuma levar as cocotes?"

— Eu não vou a restaurantes — respondeu ela com rispidez, esquecendo até de falsear a voz.

— Nem me passou pela cabeça algo semelhante. Vamos até minha casa, encantadora e dissimulada Eva. Lá, longe de olhos e ouvidos indiscretos, você me revelará o seu segredo — sussurrou Vladimir Aleksandrovitch.

Por instantes Ellen ficou calada. Tudo nela tremia e palpitava. Naquele instante, irromperam toda a tensão espiritual e a febril emoção acumuladas nos últimos dias. Como um furacão, passaram as lembranças da mãe, sua triste infância e o ardente desejo de vingar-se do pai, que as abandonara. Em sua insana excitação, até esqueceu o quanto estava arriscando. Orgulhosa e independente, entregava-se com ousadia à tentação de entrar na casa paterna, da qual fora afastada. Por isso, não reagiu quando Vladimir Aleksandrovitch pegou-a pelo braço e a conduziu pelo corredor.

— Vamos, vamos logo! — balbuciava Artemiev, apertando apaixonadamente a mão de Ellen.

O orgulho e a jactância perturbavam o coração de Artemiev, já tão saturado da vida; em sua alma agitou-se algo semelhante a um sentimento terno, com essa inesperada conquista. Isso significava que ainda era sedutor, já que essa linda moça entregava-se tão facilmente, preferindo seu amor a um casamento honesto e rejeitando um belo rapaz.

Mas Vladimir Aleksandrovitch enganava-se, pensando que partia do baile sem ser notado. Ravensburg vigiava a chegada de Ellen. Notando na sala um dominó sozinho, passou a observá-lo, e logo, em intuição de apaixonado, reconheceu Ellen. Viu como aquele dominó passou por todas as salas como se procurasse alguém e aproximou-se de Artemiev, cujo traje o barão conhecia; um ciúme infernal apoderou-se dele. Ocultando-se entre as cortinas, tentou ouvir a conversa e quando Ellen e seu acompanhante passaram perto, conseguiu captar algumas palavras. Em seguida, eles desapareceram na sala vizinha.

Por instantes o barão ficou petrificado, depois correu em seu encalço, mas não conseguiu mais localizá-los. Finalmente correu para o saguão; enfiando na mão do mordomo uma nota de cinco rublos, soube todos os detalhes: minutos atrás, Artemiev partira com uma dama de dominó preto e o mordomo o ouvira ordenar ao cocheiro que os levasse para casa.

Não havia dúvidas. Ellen fora com Artemiev para a casa dele, como faziam Colette ou Jobar. Então, era isso que se ocultava sob aquele claro olhar, a aparência inocente e o ódio aos homens! Essa era a resposta da vulgar aventureira à sua nobre proposta?! Por que ela se vendia a esse maduro devasso e não a ele, mais jovem e bonito, já que não desejava amarrar-se e preferia o amor livre ao casamento honesto?

Sentia a cabeça girar, a garganta apertada e perdia o fôlego só de imaginar Ellen nos braços daquele patife. Sabia que seu amigo amava aquela mulher e queria casar-se com ela. O sangue subiu à cabeça do barão e julgou estar enlouquecendo. Tonteou e encostou-se no corrimão da escada, enxugando o suor que lhe cobria a testa. Repentinamente, seu desespero transformou-se em ânsia de vingança, tão grande que ele mataria os culpados, se aparecessem naquele instante à sua frente.

"Aguarde, sua aventureira sem-vergonha! Você prega a virtude e pratica a devassidão! Vou desmascará-la e jogá-la na lama, onde poderá pregar suas ideologias à vontade. Vou pegá-la em flagrante! Juro que nunca mais assumirá o ar de nobreza que exibiu até agora com tanta maestria!", pensava.

O barão se lembrou que tinha a chave do ninho de amor de Artemiev. Bastava passar em casa para buscá-la e depois ir, o mais rápido possível, até a rua Bolshaia Morskaia, chegando a tempo de flagrar, no local do crime, o "distinto" casalzinho. Sem perder tempo, vestiu o sobretudo, embarcou na equipagem e partiu rapidamente.

Quando Ellen ficou a sós com Artemiev na equipagem que seguia célere, sua excitação desapareceu imediatamente, cedendo lugar ao medo e ao arrependimento.

O que ela fizera? Essa loucura imperdoável cobriria sua reputação com vergonha irreparável se soubessem que ela saíra do baile com aquele pândego envelhecido. Quem acreditaria que tinha outra intenção e não se tratava de uma intriguinha amorosa? Ravensburg a desprezaria e deixaria de amá-la. Tudo o que falaria ao pai ficaria em segredo para todos e ela partiria com a honra eternamente manchada. Seu coração batia forte e o sangue lhe subiu à cabeça.

Naquele momento, Artemiev abraçou-a pela cintura e puxou-a para si tentando beijá-la; Ellen rapidamente jogou-se para trás e Vladimir Aleksandrovitch era por demais delicado para insistir. Sentiu o tremor de Ellen e atribuiu isso à sua luta interna entre o amor e o medo de se comprometer. Pelo jeito, para ela era o primeiro encontro; era preciso ser paciente e cuidadoso, para não assustá-la.

Chegaram em silêncio. Artemiev conduziu-a pelo quintal e subiram ao segundo andar, pela mesma escadaria por onde iam as amadas "damas submundo" e da "alta sociedade", do insaciável "brincalhão".

Ellen batia os dentes. Naquele momento decisivo, as forças abandonaram-na e ela sentiu vontade de fugir. Sentindo-se repentinamente cansada, encostou-se na parede.

Enquanto isso, Artemiev tirou a chave do bolso, e abriu a porta. Ellen, quase sem querer, entrou a seu convite num pequeno e luxuoso saguão, iluminado por lâmpada elétrica.

Tirando o sobretudo, Vladimir Aleksandrovitch ajudou-a a despir o dela e a levou ao *boudoir*, ainda escuro. Em seguida, apertou o interruptor e, num instante, quatro lâmpadas encheram de luz o aconchegante e luxuoso abrigo de suas efêmeras brincadeiras amorosas.

Parada no meio do quarto, Ellen tirou somente a máscara, querendo ficar de dominó, mas Artemiev desabotoou-o com insistente amabilidade.

— Aqui está muito calor, querida! — disse ele, jogando o dominó na poltrona.

No mesmo instante, ele deixou escapar um grito surdo de admiração e seu olhar embevecido fixou-se em Ellen, parada diante dele como uma visão mágica, linda e etérea em seu traje prateado. A luz elétrica brilhava e refletia-se nos brilhantes e cristais, cercando-a de uma auréola multicolorida e brilhante. Mas o rosto dela estava tão branco quanto o traje de fada do gelo. Os lábios tremiam nervosamente e os grandes olhos, parecendo duas enormes safiras, olhavam para Vladimir Aleksandrovitch com uma expressão estranha, que ele não conseguia entender.

— Meu Deus, como é bela, senhorita Ellen! O que fiz para merecer esse presente real que é o seu amor? — murmurou ele entusiasmado, inclinando-se para ela.

Seu olhar ardente, os lábios semi-abertos e a respiração pesada, demonstravam claramente a paixão que tomara conta dele.

É difícil descrever o que sentia Ellen. Nojo, desespero, vergonha e um ódio insano ferviam em seu espírito contra esse pecador que ansiava possuí-la e a quem a voz interior não dizia: "Você trouxe sua filha inocente para esse ***boudoir***, totalmente impregnado de pecado e devassidão! Trouxe-a a esse poço de lama, para desonrá-la impiedosamente!"

Uma dor quase física apertou o coração de Ellen, impedindo-a de respirar.

— Por que está tremendo, querida Ellen? O amor tudo perdoa e tudo endireita. Juro que a amo, como nunca amei na vida! — exclamou Artemiev, puxando-a para si e beijando-a com paixão.

Ellen escapou rapidamente de seus braços e recuou. Estava mortalmente pálida, seu olhar perdeu o brilho e os braços estenderam-se à frente como para se proteger de um novo ataque. Será que apareceria o fantasma ofendido da mãe para castigar esse traidor?

— Espere! Pare antes de me dar outro beijo apaixonado! — exclamou Ellen com sofreguidão. — Você ainda não sabe quem sou eu!

— Mas o que significa essa frase? Afinal, quem é você? — balbuciou Artemiev com insatisfação, recuando sisudo e tentando encontrar no rosto desolado da moça a chave para esse mistério.

A palidez de Ellen mudou instantaneamente para um forte rubor. Dando um passo na direção de Vladimir Aleksandrovitch, respondeu indignada:

— Sou Helena Artemiev, filha de Vitória Harrison! Sou sua filha, patife! Você me abandonou, me fez órfã, me deixou sozinha no mundo e agora me estende a mão, mas só para me desonrar!

Artemiev ficou mudo, mortalmente pálido, seus olhos esbugalharam e o olhar pareceu vitrificado. Parecia ter enlouquecido.

— Minha filha!.. Minha filha!.. Vitória!.. — balbuciava com os lábios azulados.

Apertando uma das mãos ao coração, Artemiev parecia procurar, com a outra, algo no espaço. De repente, baqueou e desabou no chão como uma massa sem vida.

Ellen, assustada, não conseguia se mover. Por instantes, ficou olhando-o em silêncio. Em seguida, ajoelhou-se perto dele, tentou levantar sua cabeça inerte e reanimá-lo.

— Pai! Pai! Perdoe-me! Eu não queria isso! — repetia, com medo e tristeza.

Mergulhados na própria emoção, nem Ellen nem

Vladimir Aleksandrovitch ouviram a porta se abrir e alguém entrar com passos apressados no saguão. Era Evgueny Pavlovitch, louco de ciúmes. Ao ouvir o som de um corpo caindo, jogou ao chão seu sobretudo e, num pulo, apareceu junto à porta, abriu-a e afastou o cortinado. Ao ver o amigo prostrado, imóvel no chão, Ellen ajoelhada perto dele e chamando-o de pai, estacou. O que significava aquilo? Estaria sonhando ou enlouquecera?

— O que aconteceu? — exclamou, correndo para Ellen, levantando-a.

— Oh! Acho que matei meu pai! — balbuciou ela, mal se mantendo em pé.

O barão levou-a até a poltrona.

— Você está delirando, pobrezinha! De que jeito poderia matar Artemiev? — disse ele, solidário.

Todo o seu ciúme se evaporou, mas ele não conseguia entender o que se passara.

— Disse-lhe que sou sua filha e ele não suportou o choque. Morreu! — murmurou Ellen desesperada, tapando o rosto com as mãos.

Evgueny Pavlovitch ajoelhou-se, sentiu o pulso de Vladimir Aleksandrovitch e colocou o ouvido em seu peito.

— Ele está vivo! Seu coração ainda bate. Rápido, senhorita Ellen, traga água e chame o mordomo! A campainha está ali, à esquerda.

Ellen tocou maquinalmente a campainha e, em seguida, molhou, com água da jarra, seu lenço e entregou-o ao barão. Naquele instante, entrou o criado, que parou surpreso ao ver uma dama desconhecida e seu patrão caído, imóvel sobre o tapete.

Ajudado pelo mordomo, o barão levou Artemiev para o quarto contíguo, onde havia uma cama revestida de seda azul-clara. Tiraram a gravata de Vladimir

Aleksandrovitch e tentaram reanimá-lo de todas as maneiras. Enquanto molhava as têmporas e massageava os braços do amigo com diversos remédios e água-de-colônia, o barão não parava de pensar que era preciso tirar Ellen daquele lugar e chamar o médico. Infelizmente, Evgueny Pavlovith não tinha tempo para agir sensatamente.

Ninguém percebeu que a esposa do cozinheiro aproximou-se sorrateiramente da porta e olhou com curiosidade dentro do quarto. Vendo o que acontecia, foi como um furacão contar a novidade ao marido. Este, sem perder tempo, correu até o jovem médico que morava no quintal, que acabara de voltar para casa e ainda não fora se deitar.

A agitada cozinheira comunicou às pressas o acontecimento ao mordomo. Este, que tinha enorme estima por Artemiev, por causa das suas "gordas" gorjetas, correu imediatamente escadaria acima, para avisar ao velho professor que morava no andar superior. Esse professor conhecia bem Vladimir Aleksandrovitch e era o médico da família da baronesa Nadler.

Graças a esse auxílio não solicitado, no momento em que o barão Ravensburg se preparava para chamar o médico e mandar Ellen para casa em sua equipagem, chegaram dois médicos: um pela entrada principal e outro pela de serviço.

Ambos olharam com profunda surpresa para Ellen, ainda sentada na poltrona sem forças. Os dois a conheciam bem. Um deles a encontrava com frequência na casa de Lídia Andreevna, o outro a vira na casa da senhora Adrianov e até assistira a sua palestra. O que estaria fazendo aqui a senhorita Rutherford? Como fora parar naquele "ninho" de má fama e com um traje fantasticamente brilhante?

Mas, acostumados pela profissão a serem discretos e contidos, fizeram somente um aceno formal e ocuparam-se do paciente, que ainda não apresentava sinais de vida.

O aparecimento dos médicos fez Ellen sair do estupor apático em que se encontrava, mas esse despertar foi extremamente amargo. Ela era mulher demais, para não perceber o que havia por trás daqueles olhares desconfiados e do silencioso cumprimento. A suspeita dirigida a ela provocou-lhe forte rubor nas faces pálidas.

Santo Deus! O que fizera! Por um imperdoável e insano capricho, destruíra a própria reputação. Agora, qualquer pessoa poderia perguntar-se o que ela estava fazendo à noite, no cantinho amoroso do velho pândego! Mesmo assim, estava pronta a suportar o que fosse, até mesmo a dúvida que pairava sobre a sua virtude, em vez de gritar:

— É meu pai! Ele me atraiu para cá sem saber que estava cometendo um crime e foi morto pela própria consciência!

Seu orgulho e o ódio oculto ainda não tinham se esgotado. Somente a imerecida ofensa que acabara de receber e a certeza do desprezo geral de que seria vítima, apertaram fortemente o coração de Ellen e fizeram-na suar frio.

Naquele momento, Evgueny Palvovitch saiu da alcova para arranjar tinta e papel para os médicos. Artemiev recobrou os sentidos, mas em seguida, voltou a desmaiar.

Ellen sentia um zumbido nos ouvidos e a cabeça parecia pronta a estourar. Apertou as mãos nas têmporas e sua aparência desolada provocou no barão um misto de solidariedade e pena. Ele entendia o que se passava na alma orgulhosa de Ellen, que se deixou cair nessa situação ridícula por influência de impulsos desconhecidos.

Que drama familiar sombrio acontecera entre ela e Artemiev? Seria ela sua filha bastarda, ou ele criminosamente abandonara a filha legítima na América? Em todo caso, Ellen jamais pareceu ao barão tão cara como naquele instante de sofrimento moral.

Ravensburg, em silêncio, adicionou um pouco de vinho ao copo com água e, aproximando-se de Ellen, obrigou-a a beber um pouco. Ouvindo como os dentes dela tilintavam no vidro do copo, inclinou-se e, olhando com ardente compaixão em seus olhos enevoados, disse com calor:

— Pelo amor de Deus, acalme-se; tente se dominar! Agora vão chegar os médicos. Eles devem encontrá-la tranquila. O restante, deixe por minha conta!

Ellen compreendeu instintivamente que ele tinha razão. Fazendo um esforço, endireitou-se e enxugou o rosto com o lenço que o barão lhe oferecera. Assim, quando os médicos entraram na sala, parecia bastante calma.

O barão perguntou sobre o estado do paciente e os médicos disseram que, por enquanto, nada podiam prognosticar; muito provavelmente, devia aparecer uma febre nervosa ou uma inflamação cerebral. O velho doutor achou necessário contratar uma enfermeira e disse que iria providenciar isso. Em seguida, prescreveu a receita, prometendo vir visitar o paciente pela manhã. Já o seu jovem colega prometeu ficar com Vladimir Aleksandrovitch até a chegada da enfermeira, para dar-lhe as instruções necessárias.

O barão agradeceu a ambos. Em seguida, pegando Ellen pela mão, acrescentou:

— Estou ainda mais agradecido aos senhores por me permitirem levar pessoalmente minha noiva para casa. Na verdade nosso noivado deveria ser anunciado um pouco mais tarde; mas, pela sua legítima surpresa, provocada pela presença da senhorita Rutherford aqui, resolvi revelar aos senhores o nosso segredo. O que aconteceu é fácil de explicar. Ellen sentiu uma forte dor de cabeça, quis voltar para casa e eu decidi acompanhá-la; na saída encontramos Artemiev. Ele também sentia-se mal e queria ir embora, mas não conseguia localizar sua equipagem; então minha noiva propôs levá-lo a casa. Ao chegar, Vladimir Aleksandrovitch já se sentia tão mal que a custo conseguia andar e Ellen resolveu me ajudar. Quando chegamos ao *boudoir*, Artemiev perdeu os sentidos. O resto os senhores já sabem. Lamento profundamente ter permitido que Ellen me acompanhasse, pois tudo o que aconteceu abalou sobremaneira os nervos dela.

Os médicos parabenizaram o jovem casal. A explicação era plausível e, mesmo que tivesse algumas lacunas e incongruências, era impossível admitir que um homem rico, aristocrata, pudesse chamar de noiva alguma mulher de reputação duvidosa que viera visitar Artemiev.

Após acompanhar o professor até a saída, Evgueny Pavlovitch voltou ao *boudoir*; beijando a mão de Ellen, que não abrira a boca, disse:

— Vamos, minha querida! Você precisa voltar pra casa o mais rapidamente possível. Está muito desolada e precisa descansar.

Quando embarcaram na equipagem, o barão, pela segunda vez, pegou a mão de Ellen e apertou-a nos lábios.

— Perdoe-me por me aproveitar assim da situação!

— disse ele com voz trêmula. — Não conseguia aguentar que pessoas estranhas duvidassem de sua pessoa. Seu pai é o meu melhor amigo. Se estivesse em condições de falar, Artemiev não admitiria que a mínima sombra tocasse a sua honra. Com meu nome e amor eu defendi sua filha. Portanto, aceite as duas coisas.

— Fico-lhe muito grata — murmurou Ellen com voz sumida.

Ao chegar à casa de Ellen, Evgueny Pavlovitch acompanhou-a até o saguão; ao despedir-se, Ellen, ignorando a surpresa da criadagem, segurou-lhe a mão.

— O senhor me manterá informada sobre a saúde de meu pai, certo? — disse, levantando para ele seus grandes olhos, cheios de lágrimas.

— Com certeza! A partir de amanhã vou entregar-lhe os relatórios, mantendo-a informada de tudo.

— Muito obrigada!

Mortalmente pálida, desolada, mal se mantendo sobre as pernas trêmulas, Ellen foi para seu quarto e, enquanto a camareira a despia e a penteava, desmaiou.

Assustada, Lenora correu para avisar Nelly; esta acudiu imediatamente e também ficou preocupada ao fazer a amiga voltar a si.

Quando Ellen, já na cama, abriu finalmente os olhos, Nelly dispensou a camareira e, inclinando-se sobre a paciente, perguntou:

— O que aconteceu? Por que está tão deprimida?

— Oh! Se você soubesse o que fiz!

— Ficou noiva do barão? — perguntou Nelly, estremecendo.

— Sim, isso também! Mas, fiz coisa ainda pior: matei meu pai!

As lágrimas embargaram a voz de Ellen.

— Infeliz! Como pôde esquecer quem é ele e permitir-se tal crime? — perguntou Nelly, empalidecendo e recuando com horror. — Mas como isso aconteceu? Você não tinha arma alguma!

— Oh, Nelly! Eu não o matei com uma arma, mas com palavras. Na minha ânsia de vingança deixei-o me levar à sua casa, como se quisesse ser sua amante. Até permiti que pensasse que eu era uma aventureira, que me beijasse no afã da paixão. Somente então atirei em seu rosto toda a verdade! Isso foi para ele um golpe, como se ouvisse as trombetas do juízo final. Oh, Nelly! Nunca vou esquecer a expressão do rosto dele, os olhos apagados e o gesto com que ele apertou a mão no coração! Então, ele desabou no chão.

Num pranto convulsivo, Ellen contou à amiga tudo o que aconteceu depois e acrescentou:

— Todos cuidavam dele e eu era a única a não participar. Ele era meu pai, Nelly, e, ao mesmo tempo, uma pessoa completamente estranha, da qual eu não ousava me aproximar, pois todas aquelas pessoas achavam que eu era sua amante. Oh! Não imagina o que sofri, lendo nos olhos de todos a vergonhosa desconfiança. Por isso, quando o barão me chamou de noiva diante deles e magnanimamente me protegeu da imerecida vergonha, só pude aquiescer e até agradecer-lhe quando ele explicou que protegia com o próprio nome e amor a filha de seu amigo.

— Você agiu muito bem! Não poderia acusar seu pai moribundo — disse Nelly, beijando a amiga. — Essa deve ter sido a vontade divina, que dirigiu seu caminho e transformou o seu mau sentimento em castigo, que afetou o coração do pecador.

— Sentirei remorso por toda vida — chorava Ellen. — Oh! Quero de qualquer jeito partir amanhã.

Não tenho mais nada a fazer aqui. Ele, sem dúvida, já deve ter falecido sem mesmo me chamar.

— Nós ficaremos aqui até esclarecermos em definitivo sua situação. Você não pode partir sem acompanhar seu pai até o local de seu último repouso ou sem se reconciliar antes de ele morrer, se Deus lhe conceder essa graça. Além disso, você tem uma dívida com o barão, que lhe deu uma brilhante prova da sinceridade do seu amor. Você não pode pagar sua generosidade com uma estranha fuga, que seria até ofensiva para ele. Agora, durma! Precisa descansar e recuperar as energias.

Esgotada, Ellen adormeceu somente ao amanhecer; Nelly permaneceu junto à sua cabeceira, pensando com tristeza sobre as complicações ocorridas. Ela contou à senhora Forest o acontecimento e ambas resolveram adiar a partida até nova ordem.

Quando o barão retornou à casa de Artemiev, este já fora levado para o dormitório. A enfermeira já chegara e estava ocupada no quarto vizinho, preparando compressas e, ao mesmo tempo, ouvindo as ordens que o médico lhe passava, à meia-voz.

Evgueny Pavlovitch aproximou-se imediatamente deles e soube pelo médico que o paciente estava sangrando pela boca, encontrava-se consciente mas que a febre alta prenunciava delírios.

Em seguida, o barão entrou no dormitório, fracamente iluminado por um abajur, e sentou-se em silêncio à cabeceira do paciente. Artemiev estava deitado imóvel nos travesseiros; tinha os olhos fechados e uma pesada e intermitente respiração escapava-lhe dos lábios semi-abertos. Parecia dormir.

Com um pesado suspiro, Evgueny Pavlovitch olhava para o pálido, mas ainda bonito, rosto do amigo e pensava no triste drama familiar, cujo protagonista fora Vladimir Aleksandrovitch. Que erro da juventude voltou do passado e foi abatê-lo tão cruelmente? Será que seduzira alguma mulher ou moça e, depois, abandonou-a com a filha? E agora, após tantos anos, essa filha aparece para vingar a ofensa sofrida pela mãe? Sim, devia ser isso! Uma esposa legítima teria localizado o traidor e reaveria os direitos de sua filha; além do mais, Ellen, na frente de todos, chamava o próprio pai de patife, mas falava da mãe sem constrangimento e considerava-a uma santa, vítima inocente.

Que maravilhosa moça, digna do orgulho de qualquer pai, resultara de uma criança abandonada, colocada pelo destino em monstruosas condições de vida, educada entre seres abandonados e raivosos que lhe envenenaram o coração e direcionaram sua cabecinha no caminho da indignação! Esses pensamentos absorveram-no completamente quando, de repente, ouviu uma voz fraca:

— Evgueny!

— E então, Vladimir? Como se sente? — perguntou apressadamente o barão, inclinando-se para o paciente, que se moveu com agitação nos travesseiros.

— Onde está Ellen? Todos a viram naquele maldito quarto... O que irão pensar dela? — gemeu tristemente o paciente.

— Ela voltou para casa, e...

— Não pense nada de mal sobre ela! É a minha única e legítima filha. Pegue a chave da minha escrivaninha; no fundo da gaveta central existe um compartimento secreto. Lá você vai encontrar sua certidão de nascimento e tudo que me restou do passado — murmurou Artemiev, visivelmente esgotado.

— Acalme-se, meu amigo! Sua filha saiu daqui

como minha noiva, pois foi assim que a apresentei aos médicos; graças a essa minha explicação, ela está livre de qualquer suspeita sórdida. Portanto, fique tranquilo e não se irrite à toa.

— Muito obrigado! — murmurou Artemiev com voz sumida e apertando fracamente a mão do amigo.

Um pouco mais tarde, Vladimir Aleksandrovitch caiu em sonolência, mas sua temperatura continuou subindo; pela manhã atingiu quarenta graus e o paciente começou a delirar.

Ardendo em febre, Artemiev agitava-se na cama e de seus lábios ressecados continuamente escapavam os nomes de Ellen, Vitória e Tom Crawford. Aparentemente, em sua mente ressurgiram cenas do passado. Uma hora ele discutia com Crawford, outra despedia-se da esposa ou brincava com a filha cobrindo-a de carinhos.

Mas a agitação aumentava sensivelmente quando lhe parecia estar lendo a carta com a notícia da morte de sua esposa e filha na miséria. Então, parecia que fantasmas começavam a persegui-lo e o paciente gritava, gemia e debatia-se com tal força que três homens mal conseguiam mantê-lo na cama. Como em seu delírio Artemiev falava em inglês, nem a enfermeira nem a criadagem entendiam o que dizia; mas o barão, ouvindo essas revelações, conseguiu reconstituir com bastante precisão os detalhes do drama passado que o perturbava profundamente.

Quando o delírio febril mudou finalmente para a completa exaustão, Evgueny Pavlovitch pôde despir sua fantasia de mosqueteiro e deitou para descansar na sala de visitas, onde lhe prepararam, às pressas, um divã.

Ele enviou um bilhete a Ellen, informando que o paciente apresentara uma febre nervosa, e que não deixaria o amigo até a sorte dele estar decidida.

Capítulo II

Passaram-se alguns dias, durante os quais Artemiev ficou entre a vida e a morte. Foram dias terríveis para Ellen, torturada pela tristeza e pelo remorso. Não saía do quarto nem recebia ninguém, aguardando com febril ansiedade notícias sobre o estado de saúde do pai, que o barão lhe enviava três vezes ao dia.

Desde o baile de máscaras, Ellen não mais encontrara Evgueny Pavlovitch, nem suspeitava que a notícia de seu noivado correra por toda a cidade e trouxe ao barão um lote de cartas de cumprimento.

A grave doença do "interessante" Vladimir Aleksandrovitch e as misteriosas circunstâncias que a provocaram despertaram grande curiosidade na turba festiva, que matava o tempo julgando os outros. Por isso, os dois médicos que testemunharam o misterioso acontecimento eram a nova atração dos salões da alta sociedade.

O jovem médico Markov trouxe à senhora Adrianov e à sua filha a notícia da doença de Artemiev e do noivado de Ellen com o barão. O venerável doutor Bogdan Karlovitch Shvabe anunciou a novidade "picante" na casa da baronesa Nadler e depois na de todas as suas clientes curiosas. Mas, como a noiva não aparecia e o noivo não deixava a casa do amigo doente, tendo até tirado uma licença de alguns dias, o que sobrou para as más línguas foram somente suspeitas e conjeturas.

Mas Lídia Andreevna não era mulher de preocupar-se à toa e, por fim, enviou um bilhete a Evgueny Pavlovitch no qual implorava tanto para ele ir vê-la por ao menos meia-hora, que o barão, pálido e desgastado por noites em claro, apareceu na manhã seguinte na casa dela.

A baronesa levou-o imediatamente a seu gabinete e pediu-lhe que contasse toda a verdade sobre o estranho noivado com a senhorita Rutherford, a inesperada doença de Artemiev e a misteriosa visita de Ellen ao apartamento daquele conhecido devasso, com quem desaparecera do baile. Isso, Lídia Andreevna soube pelo mordomo.

— Há tantos anos conheço Vladimir Aleksandrovitch e o senhor que tenho o direito de saber a verdade; o senhor pode estar totalmente seguro de minha discrição — concluiu a baronesa.

Pressionado desse jeito, o barão sentiu-se no dever de dar algumas explicações sobre o caso.

— A senhora está me pedindo que revele um segredo de família de terceiros, Lídia Andreevna — disse o barão, sério. — Mas como no presente momento não sei como terminarão todas essas complicações, devo pedir-lhe para manter o mais absoluto silêncio sobre o que vou-lhe confiar. Ellen Rutherford é a filha única e legítima de Artemiev!

A baronesa saltou da poltrona.

— Então é esse o segredo do seu passado! Oh, eu tenho faro para isso! Sentia que na vida daquele homem devia haver uma página obscura. Naturalmente, ele perdeu completamente o contato com a filha, pois a encontrou várias vezes em minha casa sem suspeitar de nada e chamou-a de esperta aventureira. Como isso é trágico! Só não entendi ainda para que ela foi ao apartamento dele. Estava claro que ele pretendia iniciar um caso amoroso com ela.

— Não sei os detalhes, mas suponho que ela queria acertar as contas com o pai antes de sua partida. Seguindo um plano de vingança, deixou-se levar ao apartamento e, no momento em que ele ansiava fazê-la sua amante, jogou-lhe na cara que era sua filha. Aparentemente, Artemiev não suportou o cruel golpe, e o remorso provocou um colapso nervoso. Chamei Ellen de minha noiva para livrar a moça que amo de suspeitas imerecidas e nojentas.

— Ela concordou?

— Naquela hora, ela não podia agir de outra forma. Mas só o futuro dirá se essa mentira, provocada pela necessidade, encontrará confirmação, e não ouso ter esperanças disso. Mas eu a amo tanto que tudo farei para que aceite. Nem sei se Ellen concordará em usar o nome de Artemiev, que jamais usou antes. No presente momento, seu estado de espírito é terrível, pois Vladimir Aleksandrovitch está gravemente doente e ela se culpa por tê-lo matado.

— O que terá acontecido com sua mãe?

— Morreu de tristeza no abrigo "Paraíso sem Adão", onde Ellen foi educada. Mas agora preciso despedir-me, baronesa, e retornar para junto do meu pobre amigo. Hoje, teremos uma reunião com três autoridades em medicina.

No dia seguinte, após essa conversa, Ellen recebeu um bilhete do barão, informando que Vladimir Aleksandrovitch estava cada vez pior.

Ela empalideceu, guardou o bilhete e mergulhou nos próprios pensamentos, enquanto lágrimas quentes escorriam pela face. Estava perdida no caos de sentimentos, torturada por estranhas contradições. Parecia-lhe estar arrancada de si mesma, sem sentir o solo firme sob os pés. Por vezes a morte do pai parecia-lhe um crime; mas frequentemente a considerava um ato de justiça divina e ansiava pela recuperação de Artemiev, para que ele pudesse arrepender-se e iniciar uma nova vida.

Pensando dia e noite no pai e no barão, cuja relação estranha também a incomodava, Ellen foi empalidecendo e emagrecendo a cada dia.

— Por que você não reza? Lá, onde a visão estreita e míope do ser humano enxerga somente a escuridão, a sabedoria e a misericórdia de nosso Pai Celestial abrem um caminho de luz e nos concedem forças e serenidade — disse Nelly, observando com tristeza o abatimento da amiga.

— Tem razão, Nelly! Vou agora mesmo à Catedral de Kazan, onde existe uma imagem milagrosa de Nossa Senhora, mãe de todos os abandonados e infelizes. Rezarei para que ela me ilumine e devolva a saúde ao meu pai — decidiu Ellen, levantando-se rapidamente e enxugando as lágrimas.

Desde o casamento de Inna, Ellen sentia uma atração incontrolável pela religião de sua infância. Lembrava a pequena capela, onde o pai, às vezes, comungava, como se isso tivesse ocorrido há um dia; via-se pequenina, de vestidinho branco, nos braços do pai e o velho padre em paramentos dourados que lhe dava a comunhão.

Desde aquele casamento, Ellen passara a frequentar templos ortodoxos, assistindo à missa e à oração noturna. Além disso, conversava frequentemente com Inna e sua mãe sobre os dogmas e ritos da igreja ortodoxa; por fim, visitou com Inna os principais templos de São Petersburgo.

O espírito fervoroso e místico de Ellen não se satisfazia com o frio e seco bom senso do protestantismo; por isso, com inesperado fervor e fé ela retornava à religião de seu pai.

Nelly ajudou-a a vestir-se.

— Vá, vá logo! — disse ela. — Reze com bastante fé e depois vá visitar seu pai. Talvez isso o ajude a recuperar-se. Enfim, que importância tem para você a opinião idiota das pessoas, suas calúnias e maledicências? Nesse grave momento, lembre somente as palavras de sua santa mãe: "Se o Senhor fizer você encontrar seu pai, não lhe pague olho por olho". Você esqueceu depressa demais dessas palavras.

Ellen, calada, beijou a amiga, mandou chamar uma equipagem de aluguel e foi para a catedral de Kazan.

Quando entrou no enorme e maravilhoso templo, mergulhado em misteriosa penumbra e solene silêncio, seu coração palpitou. Ensinada por Inna, Ellen comprou uma vela e, aproximando-se da milagrosa imagem, ajoelhou-se diante dela. Estava praticamente só. A poucos passos dela, estendida no chão, orava uma velha e mais adiante estava parado o vigia. Nenhum deles perturbava o sentimento de isolamento e proximidade a Deus que assolaram sua alma. Fechando as mãos, com os olhos cheios de lágrimas, ela olhava para o doce, mas severo rosto de Nossa Senhora. Quantas lágrimas, desgraças, sofrimentos secretos e esperanças depositavam-se diariamente aos pés da Mãe Celestial! Quantos fracos e oprimidos recebiam do alto, por sua fé, aquilo que as pessoas lhes negavam! Havia uma especial atmosfera de paz, que, imperceptivelmente, apagava todas as preocupações e paixões mundanas e atraía todos os que se aproximavam daquela imagem, como de um manto tecido, por milhares de preces ali pronunciadas.

Um estranho tremor percorreu o corpo de Ellen. Sentiu a presença de uma força oculta e poderosa que saía do altar, aquela força que reúne diante da Divindade os fluxos de bondade provenientes do ser humano, quando este sofre, ora, se purifica e torna-se astral nessa atmosfera, como se fosse um tecido claro ou um vapor emitido da alma, libertando-a de tudo que é mundano.

No espírito de Ellen despertou um ímpeto de extasiada e fervorosa oração à Mãe de Deus, que suportou todos os sofrimentos e, por Sua Misericórdia, alivia todos os males. Ellen implorou de todo coração que ela a iluminasse e orientasse como se comportar em relação às duas pessoas que o destino colocou em seu caminho. Pediu com fervor que preservasse a vida do pai e a livrasse do terrível remorso por ter sido a causa de sua morte.

Essa fervorosa prece levou-a para longe da terra. Sua alma virginal e extasiada, sem ter consciência disso, ultrapassou os limites do invisível e entrou na misteriosa e oculta região do êxtase. Pareceu-lhe que o próprio Salvador lhe sorria e que os olhos de Sua Mãe olhavam-na com indescritível bondade. De repente, ao lado dela surgiu um ser etéreo, em trajes brancos cuja linda cabeça, de traços difusos e transparentes, lembrava-lhe a falecida mãe. Em seguida, uma voz suave e carinhosa como uma leve brisa, soprou-lhe no ouvido:

— Ame e perdoe! Ouça a própria consciência, e a incorruptível voz dela irá indicar-lhe o caminho correto. O verdadeiro e puro amor é um presente dos Céus. Então, abra para ele, sem vacilar, o seu coração! Ame seu pai e esqueça o amargor do passado; ame, esquecendo-se de si própria! A abnegação também é um gênio celestial, que a transportará sobre profundíssimos abismos. Em suas poderosas asas ele carrega um fardo desumano e presenteia com força inigualável aquele que o segue. O sentimento para com o homem que você escolheu, que amou com a alma e o coração, e não com o corpo e a sensualidade, é o verdadeiro amor; com coragem e paciência, suportará todas as provações da vida.

Ellen ouvia encantada e palpitante esse arauto do mundo sobrenatural, esquecendo a terra com sua escuridão total e grosseiras tendências materiais. Parecia que todo seu ser ampliava-se, elevava-se e tentava alcançar a esfera invisível, cheia de luz e harmonia. Durante alguns momentos, desfrutou da paz e bem-aventurança que sentem aqueles que venceram todos os desejos e paixões do nosso mundo imperfeito.

Naquele momento, ela ansiava assimilar tudo o que sentia e seguir os conselhos que o próprio Céu parecia lhe dar. Esse poderoso êxtase elevou a alma de Ellen às regiões de luz, onde tudo respira harmonia, e a alma, liberta dos grilhões da carne, num único salto supera todos os degraus que sobe lentamente em sua ascensão. Pairando naquela indescritível altura, o espírito admira a própria beleza pura, esquecendo nesse mar de luz a escuridão terrena, as míseras vontades, o ridículo amor-próprio e os desejos fúteis que o fazem escravo da matéria. Mas como o espírito vacilante ainda não tem forças suficientes para manter-se àquela altura, de repente percebe o abismo que se abriu aos seus pés. Então é tomado por uma vertigem, o êxtase se apaga e despenca para a lama mundana da qual escapou somente por um instante. A terra novamente se apodera dele com todas as suas paixões destrutivas e agudas desgraças.

Um ruído próximo fez Ellen estremecer e voltar à realidade; ela olhou em volta com preocupação. Alguém teria notado seu estranho alheamento? Somente quando ficou de pé, o vigia aproximou-se em silêncio e retirou o vidro que cobria a imagem. Ellen osculou a imagem com devoção, deu um rublo ao vigia e saiu da catedral. Sentia um surpreendente torpor e a premente necessidade de descansar.

O curto dia de inverno se transformara em um anoitecer nevoento. Quando ela saiu na praça, na avenida Nevsky já se acendiam lampiões e luzes elétricas nas janelas. Tremendo com o vento gelado, Ellen embarcou apressadamente na equipagem e voltou para casa.

Mas não teve muito tempo de descanso. Mal começava a adormecer quando foi despertada por Nelly, visivelmente perturbada.

— Levante, rápido! Chegou o barão e quer vê-la imediatamente.

Ellen, assustada, dirigiu-se rapidamente à recepção e, empalidecendo e corando, estendeu a mão a Ravensburg, que a beijou.

— Vim buscá-la, senhorita Ellen. Seu pai está muito mal. A crise é inevitável e os médicos temem que ele não passe dessa noite. Depois de um terrível delírio, ele voltou a si e expressou o desejo de vê-la e de comungar pela primeira vez em quinze anos. Então, não é bom a senhorita ficar com raiva dele. Acabei de estar com o padre e de lá vim buscá-la.

Ouvindo o barão, Ellen empalideceu.

— É claro que irei! Não será a mim, mas ao Juiz Supremo que meu pai prestará contas de seus atos — respondeu ela, vestindo o chapéu com mãos trêmulas. — Como posso lhe agradecer por tanta dedicação? — perguntou com sentimento.

— Julgando-me com condescendência e me tratando com confiança — respondeu o barão baixinho, ajudando-a a vestir o casaco.

Foram em silêncio até a rua Bolshaia Morskaia. Torturantes remorsos incomodavam Ellen, por ter feito ao pai aquela revelação ríspida e cruel, num ímpeto de fúria. Temia não encontrá-lo vivo. Subiu quase correndo a escadaria e suspirou de alívio quando soube pela enfermeira que não houvera piora no estado do paciente.

Com o coração palpitante, trêmula de nervosismo, aproximou-se da cama, viu o rosto pálido e emagrecido do pai e seus olhos nos fundos das órbitas. Ele parecia dormir em profundo esquecimento, mal se notando a sua respiração. Era evidente que estava moribundo.

Contendo o pranto que lhe apertava a garganta, Ellen ajoelhou-se à cabeceira do paciente. Lágrimas quentes caíam-lhe pela face e um sentimento, até então desconhecido e calmante, enchia sua alma. De repente, sem querer, deixou escapar a carinhosa palavra:

— Papai!

Naquela palavra, tantos anos silenciada, soavam o perdão, o esquecimento do passado e o renascimento do amor. Por mais baixo que tenha sido pronunciada, essa palavra, causou, entretanto, uma reação mágica. O paciente estremeceu e abriu os olhos. Seu olhar, com uma expressão indescritível de amor, vergonha e tristeza dirigiu-se à criança que outrora abandonara.

— Ellen... me perdoe! — sussurrou ele, sufocando. Então, com os dedos enregelados, agarrou a mão dela e levou aos lábios trêmulos.

Ellen, comovida, passou os braços pelo pescoço do pai e em lágrimas apertou-lhe a cabeça ao peito, mas logo estremeceu e ergueu-se, assustada com o pranto convulsivo do paciente. Levantou a cabeça de Artemiev, ajeitou confortavelmente os travesseiros e enxugou as lágrimas que lhe corriam pelo rosto. Ellen entendeu que ele chorava o próprio erro, assim como ela chorava sua triste infância. Inclinando-se, beijou-o longamente, selando a paz entre pai e filha, eliminando o passado.

Pareceu a Vladimir Aleksandrovitch nunca ter recebido beijo mais terno e agradável que aquele, dado pelos lábios puros da filha. Com profunda gratidão, murmurou com voz enfraquecida:

— Como estou feliz, querida criança, por ter recebido seu perdão antes de morrer!

— Não, não! Você não deve morrer, senão passarei o resto da vida me culpando por tê-lo matado — respondeu Ellen, tremendo.

Juntamente ao amor filial, renascera também o medo de perder o pai.

— Não se culpe por nada! Você fez o que tinha de fazer! Recebi um merecido castigo. Há tempo que o remorso me torturava e eu o afogava com diversas loucuras.

— Não, não! Viva por mim! Quero amá-lo, cuidar de você e nunca mais nos separaremos — disse Ellen, beijando carinhosamente a mão do pai.

Naquele instante, entrou a enfermeira dizendo que chegara o padre. Durante a longa confissão de Artemiev, sentada na sala de visitas, Ellen não parou de chorar. Os nervos excitados negavam-se a obedecer-lhe, enquanto Evgueny Pavlovitch, emocionado, andava agitado pelo quarto, deixando a moça chorar à vontade, pois entendia o que se passava na alma dela.

Quando o padre abriu a porta, todos entraram no dormitório e Vladimir Aleksandrovitch recebeu a extrema-unção com fé e devoção.

Após o padre partir, Ellen ocupou novamente seu lugar à cabeceira do paciente. Este parecia tranquilo e feliz, embora terrivelmente debilitado. Então, logo fechou os olhos e continuou deitado, imóvel. Ellen, assustada, chamou a enfermeira e ela, também preocupada, inclinou-se sobre o paciente, mas imediatamente sussurrou:

— Ele está dormindo!

Ao saber que Ellen pretendia passar a noite junto ao pai e cuidar dele pessoalmente, Evgueny Pavlovitch despediu-se, dizendo que precisava ir para casa. Na verdade, estava incomodado por sua estranha situação em relação à noiva, que não podia acertar naquele momento.

Ellen passou a noite em claro. Centenas de vezes inclinava-se para o paciente, cuja fraca respiração parecia poder apagar-se a qualquer momento. Ao amanhecer, adormeceu na poltrona e só acordou com a chegada do médico.

Após examinar o paciente, o médico observou surpreso:

— O que aconteceu aqui? Que forte emoção provocou a reação salvadora e a crise benigna? Parece que agora posso responder pela vida do paciente. Sua natureza forte venceu a doença. Quando ele acordar, dêem-lhe uma xícara de caldo e um cálice de vinho madeira. Além disso, vou prescrever-lhe algumas gotas fortificantes.

Quando a enfermeira entregou-lhe a caneta, o médico perguntou-lhe baixinho:

— Por que essa americana está por aqui de novo?

— Ah, Bogdan Karlovitch! Aqui se desenrolou um verdadeiro drama familiar. Imagine que a senhorita Rutherford-Ardi é a filha legítima de Vladimir Aleksandrovitch!

— Que história! E ainda dizem que na vida real não acontecem coisas extraordinárias!

Aproximando-se de Ellen para despedir-se, o médico acrescentou:

— Fique tranquila! Eu garanto a vida e a completa recuperação de seu pai. Algumas semanas de repouso, uma alimentação reforçada, e tudo estará bem!

Ellen agradeceu ao médico a boa notícia, mas estava tão pálida e cansada que a enfermeira quase a obrigou a deitar-se no sofá para dormir, prometendo despertá-la quando fosse a hora, porque ela queria servir o primeiro almoço do pai pessoalmente.

Ellen deitou-se, mas não conseguiu dormir imediatamente. Sua cabeça girava por causa de todos esses acontecimentos. Seu pai ia viver, seu parentesco não seria segredo para ninguém e ela aceitara calada a proposta de Ravensburg. Como isso iria acabar? Se o pai insistisse para ela cumprir a promessa de ficar com ele, teria de mudar suas obrigações em relação à comunidade. Sem conseguir encontrar uma solução para essas questões, finalmente adormeceu. Já era bem tarde quando foi despertada pela enfermeira.

— O caldo e o vinho estão prontos, na bandeja. Leve-os ao seu pai. Ele já acordou e está com Evgueny Pavlovitch.

Ajeitando apressadamente o cabelo e enxugando com uma toalha o rosto empalidecido, Ellen pegou a bandeja e entrou no dormitório. Apesar da grande fraqueza, Artemiev parecia bem melhor. Seu olhar estava tranquilo e claro e a filha recebeu-o com um sorriso e o abraçou. Quando ela expressou sua alegria em vê-lo fora de perigo, ele respondeu alegremente:

— Sim, meus filhos! Parece que o velho pecador vai permanecer com vocês. O Senhor misericordioso me concedeu uma graça imerecida, para que eu me arrependa e dedique a você todo o meu amor do qual a privei por tantos anos! Obrigado, obrigado, minha querida! Comerei com prazer esse apetitoso desjejum, mas gostaria que antes você cumprimentasse meu amigo. Ele realmente merece muito mais do que uma simples reverência formal! Beijem-se, como devem fazê-lo os noivos.

Ellen ficou vermelha e não sabia o que responder, temendo contrariar o pai. Mas o barão não lhe deu tempo de pensar e abraçando-a ousadamente pela cintura deu-lhe um beijo na face.

Artemiev, que achou divertido o constrangimento da filha, comeu com grande apetite e, em seguida, disse que desejava dormir. Ellen, temendo ficar a sós com o barão, disse que ia aproveitar o sono do pai para ir em casa trocar de roupa e tomar as providências necessárias.

Em casa, encontrou Nelly sozinha e, muito contente, contou à amiga tudo o que acontecera e o que a incomodava.

— Meu futuro ficou totalmente incerto! Anseio por retomar o bem conhecido caminho de pregadora de nossas ideias, pois meu pai sempre viveu sem mim e não sentia a minha ausência. Temo, entretanto, que ele insista em que eu fique com ele; logo o nosso parentesco não será mais segredo para ninguém e para mim será difícil recusar sua proposta.

— Na minha opinião, você tem direito a isso! Se seu pai deseja redimir o próprio erro, e se afeiçoar a você como o único ser próximo dele, como poderia recusá-lo? Não, Ellen, fique! Eu e a senhora Forest partiremos de São Petersburgo para Berlim para não constrangê-la, pois nossa presença aqui vai tolher sua liberdade.

— Agradeço a delicadeza, querida Nelly, mesmo assim peço-lhes que fiquem mais um pouco. Talvez eu consiga me libertar. — disse Ellen, indecisa.

— Não, não! Assim vai parecer que a estamos aguardando. Passaremos um tempo em Berlim, ainda mais que a senhora Forest, como você sabe, quer tratar-se lá com um famoso médico. Assim, se você quiser, pode juntar-se a nós lá. Enfim, você sabe que a comunidade está sempre pronta a servir-lhe de abrigo. Seremos sempre suas irmãs, não importa a hora que você vier, será recebida de braços abertos. Portanto, partiremos depois de amanhã. Você, muito provavelmente, vai mudar-se para a casa de seu pai.

— Oh, não! Até novas ordens vou morar aqui ou num hotel. Ficarei com meu pai somente durante o dia. Depois, Nelly, precisamos resolver muitas questões.

— Parte delas podemos resolver agora. Dê-me todos os apontamentos referentes às palestras e suas brochuras, já em andamento. Vou estudar esse material, para usá-lo em seu lugar. Espero que você continue sendo nossa colaboradora.

— Oh! Naturalmente! Vocês podem contar comigo.

— Em todo caso, escreva sobre o que decidir e também sobre suas propriedades. Aconselho-a a ficar com tudo à sua disposição, pois nunca se sabe o que poderá acontecer.

— Oh! Quanto a isso, pode ficar sossegada. Estou

acostumada demais a ser independente para desistir dessa arma.

Após essa longa conversa, quando todas as questões ficaram resolvidas e Nelly recebeu os papéis que pedira, despediram-se.

No dia da partida das amigas, Ellen foi vê-las bem cedo. Conversaram muito, choraram bastante, pois todas, no fundo da alma, estavam convencidas de que se separavam para sempre. Sob a influência de sentimentos contraditórios que a torturavam, Ellen começou a falar sobre os diversos presentes que pretendia dar à comunidade, mas a senhora Forest se opôs:

— Em virtude de seu provável casamento, você não tem o direito de desperdiçar seu patrimônio. Você e sua mãe já deram muito ao nosso abrigo; além disso, a sua colaboração, mesmo anônima, permanecerá como grande apoio à nossa comunidade.

— Ai! Não fiquem me lembrando desse casamento! Entro em pânico só de pensar em pertencer a Ravensburg. Ele é tão farrista e devasso como todos os outros e eu estou longe de ter vocação para dócil vítima. Além disso, me parece demasiado ridículo que eu, a pregadora do "Paraíso sem Adão", esteja voluntariamente colocando a corda no pescoço e descendo da tribuna para tornar-me uma simples dona de casa, cuja vida se-resume em providenciar para que o meu "sultão" coma um bom almoço e que suas botas estejam bem polidas a tempo. Vou ser infeliz, perdida no estúpido rebanho de mulheres insignificantes, imbecis e desonestas, cujos interesses se resumem em amantes ou roupas. Pelo amor de Deus, não me falem de casamento, do qual pretendo livrar-me!

— Não se irrite antes da hora! Se você voltar para nós, será ótimo; se não voltar, poderá nos enviar discursos ainda mais sábios e comoventes, baseados na própria experiência da vida conjugal — disse Nelly, rindo às lágrimas.

Uma hora mais tarde, despediam-se na estação. Engolindo as lágrimas, Ellen abraçou a todas, inclusive Arabella e Meg, que iam junto, pois não tinham o direito de ficar. Somente quando o trem desapareceu ao longe, ela retornou para casa, pálida, tristonha e com o coração pesado. Chorou a tarde inteira e nem retornou à casa do pai como pretendia antes.

Passaram-se alguns dias sem nada de especial. Artemiev recuperava-se visivelmente e suas forças retornavam mais rápido do que se esperava; já sentava na cama, apoiado por travesseiros. A presença da filha agia beneficamente sobre ele. Queria-a permanentemente do seu lado e perguntava sem parar sobre a sua vida pregressa.

Ellen tentava ocultar do pai sua tristeza. Ria, contava-lhe casos engraçados e divertidos de sua vida de pregadora; mas a presença de Evgueny Pavlovitch a perturbava, apesar de ele não exigir nada nem lhe roubar beijos.

No primeiro dia em que Artemiev se levantou da cama e passou para o gabinete, Ellen disse que desejava ir à igreja, para orar à Virgem Maria e agradecer-lhe pela recuperação do pai.

Enquanto o fazia sentar na poltrona e enrolava suas pernas num cobertor de pelúcia, Artemiev seguia cada movimento seu com amor e orgulho paternal. A cada dia sua relação com a filha tornava-se mais franca e amigável. Vladimir Aleksandrovitch mudara bastante e envelhecera espiritualmente. Cada vez que Ellen olhava para os múltiplos fios prateados nos cabelos e na barba do pai, que há algumas semanas atrás era ainda jovem, belo e orgulhoso, seu coração enchia-se de compaixão e pena.

Quando ela se despedia para ir à igreja, chegou Evgueny Pavlovitch. Ellen o cumprimentou e, após pedir-lhe que distraísse o pai na sua ausência, saiu rapidamente. O barão, visivelmente contrariado, começou a andar pelo quarto. Por fim parou diante de Artemiev, que o observava em silêncio, passando a mão fina e emagrecida na barba, e disse:

— Vladimir! Vou lhe pedir um grande favor!

Artemiev sorriu.

— Já desconfio do que se trata. Você quer que eu use minha autoridade paterna e obrigue Ellen a casar?

— Adivinhou! Eu já não aguento mais essa situação obscura e a minha falsa e ridícula posição! Todos me perguntam, cumprimentam pelo noivado, e eu nem sei se serei aceito amanhã!

— Compreendo e tenho pena de você, meu pobre rapaz! Se dependesse de mim, Ellen seria sua esposa. O meu maior desejo é arrancá-la daquela comunidade idiota e das perversas ideias antimatrimoniais, pois estou profundamente convencido de que Ellen não foi criada para a vida de asceta. Quanto mais a observo, mais me convenço de que herdou o meu temperamento. Ela também é apaixonada, autoritária e, na realidade, tão desequilibrada quanto eu. Se fosse parecida com a mãe, dócil, discreta e de caráter fraco, seria fácil convencê-la a se casar com você. Mas é tão independente que não acredito muito na minha autoridade.

— Ellen, sem dúvida, parece com a mãe; de você tem somente os olhos e a expressão da boca.

— Vitória era mais bonita que Ellen, mas não sabia valorizar sua beleza. Vou mostrar-lhe o retrato dela. Abra a gaveta do meio da escrivaninha. No fundo, à direita, encontrará uma alavanca. Nesse compartimento secreto estão guardados todos os despojos do meu passado distante. Traga tudo o que lá encontrar.

O barão retirou da gaveta um pequeno retrato com dois estojos e colocou-os na mesinha, junto ao paciente. Artemiev pegou um dos estojos e, com um pesado suspiro, abriu-o. Dentro havia um retrato, no qual Vitória aparecia jovem, num vestido de baile branco, enfeitado de rosas; uma pequena coroa dessas flores estava em sua cabeça e no pescoço trazia alguns fios de pérolas graúdas. Sua boquinha sorria e os grandes olhos escuros, brilhantes e carinhosos como os de uma gazela, refletiam a pureza de sua alma.

Apreciando por instantes o retrato, Artemiev, em silêncio, passou-o ao barão. Este o agarrou com avidez e, ao olhar, soltou um grito de admiração:

— Vladimir! Como pôde abandonar essa mulher, linda como um sonho, como uma fada? Nenhuma daquelas outras que você amou chega sequer aos pés dela. E ela o amava tanto que morreu! Como deixou isso acontecer? Como pôde esquecê-la?

Artemiev baixou a cabeça. Há muito tempo já não olhava aquele retrato e agora se perguntava se não fora loucura trocar uma esposa como aquela por mulheres vazias e viciadas.

— Tem razão, Evgueny! Meu crime não tem justificativa. Fui insano e cego! Destruí esse coração fiel e condenei Ellen a uma triste infância. Em compensação, a mão vingadora do destino arrancou dos meus olhos, com crueldade, a venda que ocultava minha própria insignificância! Encontrar na mulher que eu desejava tanto possuir, e pretendia desonrar sem piedade, a própria filha e ouvir da sua boca a minha condenação, foi horrível!

Artemiev calou-se e ficou novamente admirando o retrato. Em sua mente ressurgiu com incrível nitidez a imagem de Vitória. Lembrou os anos de vida em comum, com milhares de momentos alegres e tristes de sua vida conjugal, a vida discreta da jovem esposa e a solidão, pacientemente suportada, à qual ele a condenara. Depois, o nascimento de Ellen, seu primeiro sorriso e sua delicadeza infantil; por fim, surgiu a cena da despedida. Vitória, com a filha parada junto à janela, branca como o penhoar que usava, enquanto seus maravilhosos olhos, que ele vira pela última vez, estavam enevoados e sem brilho. Vladimir Aleksandrovitch lembrou do sentimento cortante que o dominara na escadaria. Por um instante parou, como se sentisse uma vertigem. Quis até voltar, adiar por um dia a sua partida e levar consigo a esposa e a filha que abandonava. Provavelmente seu anjo da guarda incutiu-lhe esse pensamento salvador; mas o espírito do mal segredou-lhe: "Elas só o constrangem! A presença delas irá trazer-lhe milhares de complicações e prejudicar bastante o seu prestígio."

E... ele partiu.

À medida que o passado ressurgia, encoberto por anos de esquecimento, festas, aventuras amorosas e egoísmo, a cabeça de Artemiev baixava cada vez mais. O peso dos cinquenta anos oprimia-o, a falsa mocidade se fora e o remorso cravou fundo as garras em seu coração. A mulher que ofendera com tanta crueldade estava morta, ele já não podia receber dela o perdão e nada podia remediar. O arrependimento chegara tarde demais... Lágrimas amargas caíram sobre o retrato.

O barão olhava-o com compaixão e pena. Para ele, era uma novidade quase incompreensível ver chorar, pelos erros da juventude, aquele homem que sempre fora orgulhoso, frio, debochado pecador, incapaz de tal franqueza espiritual.

"Talvez", pensou ele, "esse retrato tenha provocado lembranças de algum momento de amor que jamais foi esquecido."

Dominando seus sentimentos, Artemiev fechou o estojo e passou a mão na testa. Em seguida, mostrou ao barão o retrato da esposa com a filha e a carta de Harrieta informando a morte de ambas. Temendo que a emoção forte demais prejudicasse a convalescença do paciente, Evgueny Pavlovitch apressou-se a mudar a conversa para suas próprias esperanças e planos para o futuro.

Mas as lembranças do passado em nada afetaram o paciente e ele continuou a recuperar-se rapidamente. Certa manhã, alguns dias depois, Artemiev, que já começara a andar, estava sentado em seu gabinete enquanto Ellen lia uma revista para ele.

— Deixe, Loló! — disse repentinamente Vladimir Aleksandrovitch, que novamente se acostumara a chamá-la pelo apelido de infância. Não estou interessado em política, hoje prefiro conversar com você. Ainda não me contou os últimos momentos de sua mãe. Ela não me amaldiçoou ao morrer? — perguntou ele com voz baixa e insegura.

Os olhos de Ellen encheram-se de lágrimas.

— Oh, não! Ela o amava demais para isso. A julgar pelas últimas palavras, mamãe o perdoou, o que disse quando comecei a criticá-lo severamente foi o seguinte.

Enrubescendo, Ellen transmitiu a Artemiev como sua falecida mãe tentou convencê-la a não pagar o mal com o mal, se algum dia encontrasse o pai. Concluindo, acrescentou:

— Oh! Por que tio Tom não o chamou para vir vê-la?

Vocês talvez fizessem as pazes e mamãe teria sobrevivido. Vou lhe dar o diário dela, onde descreve toda a sua vida, desde o primeiro dia em que o encontrou. As últimas linhas foram escritas no dia de sua morte.

Ellen contou ao pai sua última conversa com a mãe e como adormecera com a cabeça apoiada no colo dela, despertando depois nos braços de um cadáver.

— Quando entrei, mamãe estava olhando o seu retrato, morreu pensando em você. Vou mostrar-lhe o retrato que tiraram dela, morta na poltrona. Você verá como ainda era linda! Desse retrato fiz um busto dela.

— Você pratica escultura?

— Sim, tenho um ótimo estúdio em Boston.

Profundamente emocionado, Artemiev baixou a cabeça e ficou pensativo, sombrio e triste. Após longo silêncio que Ellen não quis interromper, Vladimir Aleksandrovitch endireitou-se e disse:

— Você sabe que sua mãe me apareceu na hora de sua morte?

Ellen soltou um grito de surpresa e Artemiev contou-lhe a visão que teve.

— Veja que prova irrefutável sua mãe lhe deu de que após a morte a alma continua a viver. Nós a encontraremos no outro mundo e seremos felizes. Você abandonará a vida desregrada, certo?

— Sim, minha querida filha! Isso está acabado para sempre. As últimas semanas me envelheceram e me envergonho do passado. Por favor, traga-me tudo o que restou de sua mãe e também o diário dela. Quero lê-lo e meditar sobre ele. Quando mudarmos para a nova casa, vou preparar-lhe também um estúdio.

— Ouvi você falando sobre isso com o barão. Mas por que deixar esse bonito e confortável apartamento, onde viveu por tanto tempo?

— Essa residência servia para um solteirão. Mas agora, tenho uma filha; não posso viver eternamente como num hotel, é tempo de estabelecer-me. Além disso, tenho nojo das lembranças ligadas a esse apartamento. Minha filha não deve morar nos aposentos onde recebia minhas amantes.

Um forte rubor surgiu no rosto de Ellen e ela balbuciou com indecisão:

— Papai, você esquece de que não me pertenço e tenho obrigações com o abrigo que me educou.

— E você quer me deixar, apesar da promessa de ficar comigo se eu sobrevivesse? Acha que conseguirei suportar essa perda, agora que mal encontrei você?

Desarmada pelo amoroso olhar do pai, Ellen passou os braços em seu pescoço e murmurou:

— Eu fico, papai, mas... quero que você me mantenha sempre junto de você! Pois não haverá necessidade de eu casar com o barão!

Artemiev sorriu e carinhosamente afastou as mechas de cabelo da testa de Ellen.

— Naturalmente, não há qualquer necessidade, apesar de eu desejar isso. Deus me guarde de obrigá-la, minha querida, a qualquer casamento, mas me permita expressar algumas ideias sobre este assunto.

Respeito o abrigo que a educou e serviu de asilo à pobre Vitória; reconheço até que a comunidade "Paraíso sem Adão" é ótima para pessoas que sofreram desastres na vida, mas não existe nada que seja igualmente bom para todos. Você ainda se encontra no limiar da vida, tem direito a todos os prazeres e está sob o poder do amor como qualquer mulher, criada para amar e ser amada! Em seus alegres e ardentes olhinhos, em toda sua beleza flui a vida. Você algum dia vai arrepender-se amargamente por desistir do bem mais precioso sem experimentá-lo. Portanto, se seu destino é casar, por que não com Evgueny? Ele a ama e comprovou seu amor no momento mais crítico. Eu poderia ter morrido naquele momento e a sua estranha presença nessa casa permaneceria inexplicada, manchando para sempre a sua reputação. Foi nesse momento que Evgueny declarou ser você sua noiva; por isso, não é bom desistir desse compromisso somente porque você não precisa mais dele. Além disso, Evgueny é um rapaz bondoso, honesto e nobre, apesar de mimado pela benevolência das nossas vazias e fáceis damas. Não nego que é um pândego, mas meu exemplo parece que o afetou seriamente e ele pode se corrigir. Dependerá de sua esposa fazer dele um bom marido e pai de família.

Você não deve julgar severamente a todos os homens, minha querida filha! O meio social, as condições de vida e a falsa educação recebida de mães levianas e pais imorais frequentemente os estragam desde a infância. A companhia de colegas devassos continua a contagiar a alma do jovem e esse rapaz entra na sociedade egoísta, cínico, vaidoso e insaciável de prazeres. Na esposa, procura somente um rico dote e na mulher valoriza somente o prazer. Muitos homens seriam completamente diferentes se os maus exemplos, seus colegas e a vaidade mal entendida não os fizessem idiotas, preguiçosos e caçadores de dotes. Entendo que o exemplo de sua mãe a assusta. Mas seu casamento será em condições completamente diferentes. Talvez, nessa loteria chamada casamento, você seja sorteada. O homem também não sabe que tipo de esposa o destino vai lhe oferecer: um anjo da guarda ou um demônio destruidor? Repito, a influência da esposa é enorme e, não raro, muda radicalmente a vida do marido.

— Desculpe, papai, mas quero fazer uma observação! Somente peço que não tome isso como crítica! Não vou julgar o que aconteceu entre você e mamãe. Mas permanece o fato de que, apesar de sua beleza, grande inteligência e infinito amor, mamãe não teve qualquer influência sobre você e não conseguiu segurá-lo.

— De minha parte, peço-lhe que não considere o que vou dizer como uma acusação à sua mãe para justificar-me. O meu crime em relação a vocês duas não tem desculpa. Entretanto, se Vitória fosse mais enérgica, teria evitado tanta desgraça! Naquele tempo, eu era jovem, impetuoso e criminosamente leviano. Apesar disso, se sua mãe exigisse que eu a trouxesse comigo, que era seu legítimo direito, eu cederia, naturalmente, a contragosto; mas se vocês viessem à Rússia, seus direitos estariam garantidos. Mas, por discrição e orgulho, ela sempre se calou, mantinha-se longe de mim e ficava introspectiva. Como consequência disso, apesar de sua beleza, pureza e inteligência, ela saiu de minha vida como uma sombra. Enquanto isso, as imbecis e interesseiras mulheres me dominavam, só porque defendiam com bravura seu lugar, agarrando-se a mim como a um bem legal.

A natureza masculina difere bastante da feminina. Sendo mais livres e independentes, os homens se deixam levar mais facilmente; as tentações os aguardam por todo lugar, oferecendo-lhe prazeres perigosos às mulheres.

Para uma esposa amorosa e inteligente, não basta ser honesta, ela deve saber submeter a si o marido, sem barulho nem alarde, para garantir seus direitos e o dos filhos. Isso, se o marido tiver alguma nobreza de caráter, em função da qual pode tornar-se um homem correto e comedido.

Conheço uma jovem dama que considero o exemplo ideal de esposa sensata. Vou apresentá-la a você, assim que mudarmos. Essa dama não é tão instruída como você, não dá palestras nem possui diploma de doutora. Entretanto, em silêncio, sem repreensões, soube resolver o grande dilema da vida conjugal. Em seu cotidiano, sempre tranquilo, há entre ela e o marido um acordo amigável, apesar de ele ter sido um grande pândego e mulherengo. Nos primeiros anos depois do casamento, ele surpreendia a sociedade com suas aventuras; as más línguas prediziam que eles iam se separar ou que a esposa, muito bonita, se vingaria com a traição. Mas, para decepção das fofoqueiras da alta sociedade, nada disso aconteceu. Não sei como ela fez, mas o "leão" foi domado. De tempos em tempos ele ainda aprontava algumas, porém, em seguida, submisso e envergonhado, voltava rapidamente ao lar onde não o aguardavam repreensões nem cenas de ciúmes.

Esqueci de dizer que essa dama é poetisa e escreve textos maravilhosos, cheios de pensamentos elevados que prendem os leitores. Se, como espero, você fizer amizade com essa mulher inteligente, enérgica e encantadora, a experiência dela pode ser-lhe muito útil.

— Parece que você torce muito para isso, papai!

— Naturalmente! Também você, que ama Evgueny no fundo do seu pequeno coraçãozinho, vai acabar pensando como eu.

Na mesma noite, chegou a Berlim o seguinte telegrama:

Vou ficar! Envio detalhes por carta.

Capítulo 12

Artemiev ardia de impaciência para deixar o quanto antes o apartamento que se tornava insuportável para ele. A seu pedido, o barão achou algumas residências adequadas e logo que os médicos o liberaram, Artemiev dedicou uma de suas primeiras saídas a examinar e escolher definitivamente a casa.

O tempo para a reforma e as necessárias adaptações foi utilizado para compras e a preparação da mudança. Ellen continuava a viver no hotel, mas toda manhã ia visitar o pai e passava com ele quase o dia inteiro. Desde o baile de máscaras ela não visitara nenhum dos seus conhecidos. Artemiev dizia que já dera alguns passos para restaurar a posição social da filha e poder apresentá-la à sociedade como tal.

Certa manhã, Artemiev saiu para um passeio; enquanto Ellen, temendo que vasos valiosos e antigos se quebrassem na mudança, ficou embalando-os no gabinete. De repente, da escadaria de serviço, alguém tocou rispidamente a campainha várias vezes. Em seguida, ouviu-se uma forte discussão entre o mordomo e uma mulher que usava em seu linguajar palavras nada rebuscadas, misturando o idioma francês com o russo.

Ellen, surpresa, ficou atenta a essa discussão. De repente, a porta do gabinete escancarou-se e no quarto irrompeu, furiosa, Colette, rubra de raiva.

— Ah! Eu sabia que alguém roubara meu lugar e o coração de Vladimir. Por isso resolvi colocar em pratos limpos as histórias que contam pela cidade — exclamou ela, parando diante de Ellen e examinando-a com desprezo. — Então, é você, pregadora do "Paraíso sem Adão" e inimiga dos homens, que desavergonhadamente se instalou na casa de meu amante! Mas que diabo! Pelo jeito a discrição não é o seu forte. Só que você, sua descarada hipócrita, não contava que Colette Legrand não deixaria qualquer safada roubar-lhe seu amante!

Ellen ficou vermelha até a raiz dos cabelos. Ouvindo o vergonhoso papel que a atriz lhe atribuía nesta casa e, além dela, provavelmente muitos outros, emudeceu de vergonha e indignação. Mas não teve tempo de responder nada, pois naquele instante, o cortinado da porta abriu-se e na soleira do gabinete apareceu Artemiev. Estava pálido e seus grandes olhos azuis brilhavam com ira e desprezo sob as sobrancelhas cerradas.

— Parece-me, senhora, que não a convidei a vir aqui e nunca lhe dei o direito de fazer escândalos em minha casa — disse Vladimir Aleksandrovitch, sério e rígido. — Como ousa ofender minha filha, ouça bem, minha única e legítima filha, e ainda importunar os ouvidos dela com suas indecentes expressões? Aqui não é lugar nem hora para acertar contas sobre o passado definitivamente terminado. A senhora me faria um grande favor se encerrasse agora a sua visita inesperada. A senhora me entendeu, certo? — acrescentou ele, vermelho, pois a atriz não se movia do lugar.

Por um instante, um forte rubor, notado até sob a grossa camada de maquiagem, cobriu o rosto de Colette. Mas, quase imediatamente, ela recuperou sua habitual empáfia e disse com a maior inocência:

— Acalme-se, querido! Se esta moça é sua filha, melhor ainda. Isso significa que não existe qualquer barreira ao nosso amor, pois uma filha não teria ciúmes do pai, e eu o adoro, seu ingrato. Como chorei a sua doença! Oh, Vladimir, você está sendo cruel expulsando-me como se eu fosse uma mulher de rua qualquer!

Caindo na poltrona, Colette levou o lenço aos olhos e caiu em prantos. Um sorriso de desprezo passou pelos lábios de Artemiev, enquanto Ellen sufocava com tal vontade de gargalhar que toda sua ira desapareceu. Inclinando-se para o pai, soprou-lhe no ouvido:

— Não seja tão cruel com ela, pai! É tão boba! Vou sair para vocês dois se entenderem.

Sem esperar resposta, Ellen escapuliu do gabinete.

Por alguns instantes, Artemiev ficou olhando Colette ainda em prantos. Depois, aproximou-se dela e disse, bonachão:

— Pare com isso! Enxugue as lágrimas! Elas em nada vão ajudar; somente estragarão a cor de seu rosto. Chega, fizemos muitas bobagens na vida! É hora do pai de uma filha adulta criar juízo! Já estou velho e você é suficientemente bonita para escolher alguém mais jovem. Portanto, vamos nos separar como amigos!

Foi até a escrivaninha, pegou o talão de cheques, preencheu um cheque.

— Minha querida, leve essa quantia como lembrança das horas agradáveis que passamos juntos.

Colette agarrou o cheque, olhou-o e soltou um gritinho de alegria.

— Vladimir, você é tão magnânimo! Na verdade, meu coração está dilacerado por ter de deixar um homem tão encantador e generoso! Mas, se você pretende tomar juízo, não posso fazer nada. Portanto, adeus! Eu o amei com toda sinceridade. Mas devo abraçá-lo pela última vez.

Colette pulou nos braços dele, beijou-o ardentemente e saiu correndo do quarto. Artemiev sentou-se diante da escrivaninha e ficou pensativo. Finalmente rompera com seu agitado passado. A mulher que acabara de dispensar fora sua última amante e em seu espírito surgiu a questão: estaria lamentando isso? "Não e não!" gritava-lhe a voz interior. Para ele bastava: sentia-se saturado.

Absorto em pensamentos, só notou a presença de Ellen quando ela o abraçou, murmurando carinhosamente:

— Papai! Você é livre. Por que mandou embora Colette, se a ama? Não quero ser um empecilho para você!

Artemiev endireitou-se e respondeu com um sorriso:

— Amar uma criatura que pertence a qualquer um que lhe pague? Não, minha querida, tais mulheres só se ama em raras ocasiões.

— Mas ela o ama!

Artemiev soltou uma gargalhada.

— Entretanto esse amor não a impediu de arrumar um substituto. Ela é uma pessoa muito prática... Quanto a mim, já me diverti e pequei o suficiente. Estou saturado da devassidão e vou dedicar o resto da minha vida à sua mãe. Preciso recordar-lhe que você ainda não me deu o diário da minha falecida Vitória e tudo o que guardou dela.

— Temia perturbá-lo demais com isso enquanto

você estava de convalescença. Assim que mudarmos para a nova casa, vou entregar-lhe tudo que prometi.

Uma semana depois, instalaram-se na nova residência. Três aposentos, confortavelmente mobiliados, sem contar com o estúdio, foram reservados para Ellen. Artemiev conduziu a filha à nova residência como a uma noiva, cercando-a de luxo, flores e carinhosa atenção. Ellen sentiu-se feliz ao mudar para o ninho de seda que o pai lhe havia preparado. Levou seus valiosos bibelôs e, após escrever à senhora Oliver contando o que se passou, pediu-lhe que enviasse uma camareira de sua escolha e também outros objetos.

Certa noite, Ellen reuniu tudo o que guardara como lembrança de sua mãe e levou ao quarto do pai. Artemiev tinha saído e ela, querendo fazer-lhe uma surpresa, colocou sobre a mesa tudo que trouxera. Além do diário da falecida, havia duas fotografias em molduras de pelúcia preta. Numa delas Vitória estava morta na poltrona; a outra fotografia mostrava o túmulo erigido por Ellen no parque do abrigo, no local onde a mãe quis ser enterrada. O monumento representava uma colina coroada por uma lápide de mármore negro, que um gênio encapuzado entreabria. Do túmulo elevava-se Vitória, branca e etérea como a brisa. Trazia asas de borboleta e parecia pronta a voar aos céus, para onde o gênio apontava. Ao pé do monumento estava gravado apenas o nome "Vitória" e a data de sua morte.

Diante das fotografias, Ellen colocou um porta-jóias de marfim, que continha o medalhão com o retrato de Artemiev, retirado do pescoço da falecida, sua aliança e algumas flores secas, embrulhadas em papel seda, que foram retiradas do caixão. Por fim, colocou também uma pasta com algumas cartas, escritas ao marido em horas de fraqueza e desespero; a última fora escrita seis semanas antes de sua morte. O orgulho sempre vencera a fraqueza e nenhuma daquelas cartas fora concluída e enviada. Em seguida, Ellen acendeu duas velas para melhor iluminar os retratos.

Estava terminando os preparativos, quando o pai entrou. Ao ver as relíquias sobre a mesa, Vladimir Aleksandrovitch empalideceu e baixou a cabeça. Uma profunda pena apertou o coração de Ellen. Lamentou ter colocado ali aqueles objetos, pois cada um deles servia de reprimenda ao pai. Mas, por sua natureza impetuosa, a pena que sentia mudou rapidamente para um sentimento amargo e cruel. Não fora ele próprio quem cavara essa cova prematura, com seu torpe comportamento? Portanto, algumas horas torturantes eram ainda uma vingança pequena demais, pelos longos anos de agonia da pobre mulher.

Ellen deixou o quarto sem dizer nada. Quando, mais tarde, saiu para o chá, o mordomo informou que o patrão mandou que servissem seu chá no gabinete.

Assim que o mordomo levou o chá e saiu, Artemiev trancou-se no gabinete. Desejava ficar sozinho com sua vítima e seu passado. Apagou as velas que Ellen acendera e substituiu sua luz pela do abajur. Aproximando a poltrona, baixou a cabeça e ficou profundamente pensativo.

O dormitório do "leão dos salões" mudara significativamente de aspecto e parecia agora mais triste e sóbrio. Foram eliminados alguns quadros de conteúdo libertino e estatuetas maliciosas; em seu lugar, apareceram antigos ícones da família, há muito esquecidos e abandonados por seu proprietário ateu. Agora, diante do móvel com os ícones, ficava acesa dia e noite uma lamparina; sua luz brincava com reflexos ígneos nos brilhantes e pedras preciosas, emoldurando as faces severas das imagens.

Reinava o silêncio. O luxuoso e sombrio quarto estava cheio de profunda paz. Mesmo assim, o coração de Artemiev batia tristemente e seu olhar melancólico estava fixo na imagem do distante e isolado túmulo, onde não aparecia sequer seu nome. Será que a branca e etérea vítima que saía do sepulcro não iria acusá-lo diante da Justiça Divina? Essa alma abrira suas asas de Psiquê partindo em direção ao desconhecido...

Artemiev enxugou a testa e, controlando o próprio tremor, pegou a outra fotografia. Examinou avidamente os traços da falecida, procurando as mudanças provocadas pelos anos de sofrimento espiritual; mas Vitória permanecia bela como sempre. Seu rosto imóvel, pela pureza de traços e da expressão, parecia um camafeu, enquanto o corpo descansava gracioso como uma flor colhida. Somente um profundo vinco nos cantos da boca revelava sua amargura e desprezo pela vida.

Artemiev, indeciso, puxou para si o porta-jóias e abriu-o. Ao ver o medalhão, seu presente de noivado, e a aliança, estremeceu; foi completamente tomado por um tremor nervoso, mais intenso ainda quando abriu as cartas inacabadas. A última, escrita com a mão trêmula, continha as seguintes palavras:

> Sinto que estou morrendo. Os acessos da doença cardíaca tornaram-se mais frequentes e podem me matar a qualquer momento. Vladimir, somente por estar quase convicta de que os laços que você odeia se romperão em definitivo é que resolvi escrever e chamá-lo. Apesar de todas as suas ofensas e ferimentos causados à minha alma, imploro-lhe que

> volte. Deixe-me morrer perto de você. O desejo de vê-lo me consome e não me deixa em paz. Além disso, queria passar às suas mãos a nossa filha. Você parecia amar Ellen. O destino dela me preocupa. Será que fiz bem em confiá-la à comunidade? Será que isso vai repercutir mal no caráter e no futuro dela?

A mão de Artemiev caiu pesadamente, como se aquela página amarelada fosse de chumbo. Lágrimas quentes caíram nas letras semi-apagadas. Oh! Por que essa carta não chegara até ele? Ela faria desaparecer sua criminosa indiferença. Ele teria retornado e, talvez, salvo a vida de Vitória.

Após ficar por muito tempo completamente abatido, pegou o volumoso caderno e abriu-o, com uma sensação de obscuro temor. Conhecia aquele caderno, vira-o muitas vezes nas mãos de Vitória. Naquela época, não tinha tempo para a esposa e pouco lhe interessava o que ela pensava e sentia. Agora, Artemiev mergulhava intensamente na leitura do diário e, à medida que lia, seu rosto refletia vergonha, lamento e desespero.

O diário continha a amarga epopéia de um coração feminino destroçado, esvaindo-se em sangue. Às vezes, indignava-se; outras vezes, conformava-se; sempre torturado pelo amor fatal, que o prendia como uma corrente.

Muitos momentos esquecidos de seu cruel e grosseiro egoísmo, agora claramente recordados, faziam Artemiev estremecer e corar. Ao mesmo tempo, das chamas dessa fogueira moral, surgia triunfalmente a imagem límpida e pura de Vitória que, com seu amor maternal vencera todas as fraquezas e desejos de vingança.

Ao ler a última página, escrita pela esposa no dia da própria morte, Artemiev colocou as mãos na cabeça.

— Minha pobre Vitória! — murmurou com lábios trêmulos e um pranto convulsivo escapou de seu peito oprimido.

Diante dele, revelou-se por completo o irremediável crime que cometera. Como pagar todos os sofrimentos que causara àquela inocente e indefesa criatura, a única que o amara sem interesse e que se sacrificara por criaturas devassas, vendidas e por prazeres animalescos?

Os homens não o condenaram e as leis humanas não o castigaram. Em compensação, chegava agora a justiça mais terrível, aquela que não precisava de testemunhas nem de acusadores. Naquela noite, ele foi julgado pela própria consciência, que lhe impunha severa sentença, descontando todas as suas más ações, revelando seu cruel egoísmo e arrancando os andrajos do orgulho e vaidade que alimentavam sua mundana vulgaridade e presunção que, por sua vez, soprava-lhe conselhos maliciosos e abafavam o sentimento do dever.

Sob o peso desse julgamento invisível, Artemiev torturava-se como muitos acusados diante do olhar curioso e duro da turba festiva.

Lembrou-se de Deus, a Quem havia esquecido no vendaval de prazeres, e de cuja existência duvidara, por Ele não o castigar devidamente. E tremeu.

Ele zombava da justiça que lhe permitia aproveitar todos os prazeres da vida, ter respeito e sucesso na sociedade, uma saúde de ferro e enorme fortuna. A justiça ficara ao lado do mais forte. Mas, nesse momento, compreendeu que existia uma força oculta e imperceptível, mas ameaçadora e terrível, que se apossara dele, torturava sua alma, obrigava-o a tremer, curvar-se e chorar lágrimas mais quentes que o fogo. Essa poderosa força era a Justiça Divina, o verdadeiro e incorruptível Juízo, que se levanta, lenta mas inexoravelmente, em defesa das vítimas inocentes, e se vinga das criminosas ações despejando-as sobre aqueles que as praticaram.

De repente, no espírito de Artemiev despertou a necessidade de orar, tomado por um ímpeto de fé e temor pelo esquecido, indefinido e incompreensível Deus, Cujo poder universal ele sentia naquele duro momento.

Dirigiu-se vacilante até o altar, caiu de joelhos diante das imagens e, batendo a cabeça no chão, somente sussurrava:

— Meu Deus! Meu Deus!

Não era realmente uma oração; mas aquelas duas palavras expressavam o arrependimento do pecador e um pedido de perdão, iluminação e ajuda. Tal foi o poder desse clamor do coração profundamente abalado, que derrubou o muro instransponível que separa o ser humano do mundo incorpóreo, aquela região invisível, da qual as pessoas zombam porque não podem senti-la ou medi-la, pois a espessa cortina que oculta os mistérios do outro mundo não pode ser levantada pela mão curiosa de um ignorante ateu.

O desesperado apelo de Artemiev abriu essa cortina. Um leve crepitar, acompanhado de um sopro frio, obrigou-o a levantar-se e seus olhos, bem abertos, fixaram-se no vulto esbranquiçado que surgiu à sua frente. Sob a luz trêmula da lamparina acesa, diante dos ícones, surgiu não Aquele a Quem foi dirigido o apelo, mas a única criatura que poderia aliviar seu remorso: Vitória!

Como na primeira visão, ela estava toda de branco. Uma luz fosforescente parecia emanar de todo seu ser e dos cabelos louros e soltos, que formavam uma auréola sobre sua cabeça e perdiam-se na sombra; os grandes olhos, escuros e luminosos, fitavam Artemiev com pena e amor. Ela o amava demais para alegrar-se com seu sofrimento, que pagava todas as suas imorais diversões, pelas quais ele a sacrificara. O espírito liberto da carne conhecia o duro trabalho de remissão que aguardava o homem à sua frente, tardiamente arrependido. O espírito sabia que nem mesmo o perdão, vindo do fundo do coração, podia reparar a transgressão das leis fluídicas, leis básicas de equilíbrio entre o bem e o mal. Essa transgressão só poderia ser reparada por quem a cometeu e, naquele momento, o opressor era mais digno de pena do que sua vítima.

Ouviu-se então uma voz delicada em surdina, num sussurro harmonioso:

— Seus pensamentos e seu arrependimento me invocaram, mas eu não posso julgá-lo! Já o perdoei há muito tempo. Se dependesse de mim reparar o seu passado, purificar e retirar de você todo o peso de suas proezas, eu o faria com prazer, pois o verdadeiro amor não tem maldade nem vingança. Infelizmente, só posso chorar por você. Fui uma provação em sua vida que você não entendeu, um desafio para você experimentar as forças que possuía.

As leis da harmonia moral que transgrediu irão vingar-se de você. A consequência será a correção e a morte da carne, que você tanto amava, e pela qual sacrificou as melhores aspirações de sua alma. Lembre-se de que a harmonia eleva o espírito ao infinito, enquanto a desordem prende suas asas e o conduz aos abismos da remissão.

Pode-se enganar as pessoas, que são um rebanho cego e imperfeito, mas não as rígidas e imutáveis leis do equilíbrio das esferas. Essas leis exigem de cada partícula da matéria a correspondente obrigação, trabalho e luz. Elas pesquisam com exatidão, medem e dirigem cada átomo que gira no caos aparente. Este átomo, conforme suas propriedades, se for leve, subirá no éter; ou cairá novamente, para ser mais uma vez remoído, se o exato equilíbrio julgá-lo pesado demais. Quantos conhecimentos inúteis vocês carregam em seus cérebros para alcançar bens terrenos, ignorando o verdadeiro conhecimento. Então, o cego ser humano repentinamente se vê frente a frente com leis desconhecidas que ele rejeitava e o condenam ao castigo espiritual! Reze! Purifique-se e redima o mal que fez, não a mim, mas a si próprio! Eu também rezarei e cuidarei de você.

A voz calou-se. A visão empalideceu e desvaneceu-se no ar. Artemiev, estarrecido, ficou imóvel alguns instantes. Depois desmaiou.

Ao voltar a si, sentiu-se abatido, a cabeça pesada e o coração oprimido. Foi lentamente até a mesa onde estavam as relíquias do passado, caiu sem forças na poltrona e ficou pensativo. Lembrava-se claramente da visão e de cada palavra dita por Vitória. Pela segunda vez, o outro mundo o tocara com sua asa misteriosa e não podia haver mais dúvidas. A aparição de Vitória no dia de sua morte, quando a considerava morta há muito tempo, e voltava para casa de uma farra, despreocupado e bêbado, fora uma prova incontestável. Essa noite transformou-o de materialista e sacrílego num crente, e levou-o ao arrependimento sincero.

Artemiev examinou novamente todos os objetos

que pertenceram a sua esposa. Parecia-lhe que irradiavam o passado e emitiam gemidos, perceptíveis somente a quem eram endereçados. Trêmulo e emocionado, tirou do porta-jóias a aliança que Vitória usara até a morte, e colocou-a no próprio dedo. Depois, pegou no compartimento secreto da mesa a sua própria aliança, escondida desde o seu retorno a São Petersburgo. Ao colocá-la no dedo, parecia-lhe estar renovando seus antigos votos. Agora decidira ser fiel à finada, como nunca o fora quando ela vivia. Talvez esse respeito à memória dela, redimiria, pelo menos em parte, as lágrimas que ela derramara... De repente, estremeceu. Um sopro quente, terno e acariciante, como um beijo, tocou-lhe a testa.

Artemiev baixou a cabeça, mas sobre sua alma desceu uma imensa paz. Após uma fervorosa oração, deitou-se e adormeceu profundamente.

Quando, no dia seguinte, Vladimir Aleksandrovitch apareceu para o desjejum, Ellen notou, com tristeza, a mudança ocorrida na noite anterior. Os fios prateados que enfeitavam seus cabelos e barba pareciam ter triplicado, o andar tornou-se lento e o fogo juvenil do olhar apagou-se. Aparentemente, o preferido das damas, o brilhante "leão dos salões", chegava ao fim.

Artemiev, em silêncio, abraçou a filha e a beijou carinhosamente. Ellen também o abraçou e apertou-se ao seu peito. Não disseram sequer uma palavra, mas esse abraço silencioso de pai e filha expressava claramente o amor e o arrependimento de ambos, o carinho e a promessa de se ajudarem a carregar o peso do remorso.

Passaram-se alguns dias. Artemiev permanecia pensativo, calado e isolado. Várias vezes conversava sobre a necessidade de fazer algumas visitas e ir à uma festa da baronesa Nadler, mas sses planos permaneciam intocados. Vladimir Aleksandrovitch definitivamente não queria aparecer na sociedade. Ellen compartilhava do sentimento dele, pois a incomodava a questão do noivado com o barão Ravensburg, o qual devia ser desmanchado ou finalmente anunciado.

Evgueny Pavlovitch, que durante certo tempo não apareceu na casa dos Artemiev, passou a ser um visitante assíduo. Parecia procurar uma oportunidade para se entender com Ellen. Temendo tal conversa, ela inventava mil pretextos para evitá-la toda vez que percebia o olhar inquiridor de Evgueny.

Ela própria já não se entendia, temia fraquejar, pois não tinha mais dúvidas de que o sentimento que a atraía para o barão tornava-se cada dia mais forte. Assim, embora tentasse evitá-lo, ficava aguardando ansiosamente sua chegada e seu coração batia forte ao ouvir seus passos e sua voz. Quando ele partia, tudo lhe parecia vazio e triste. A ideia de que ele poderia se casar com outra, despertava nela um sentimento até então desconhecido, mas tão forte e doloroso que, por momentos, esquecia suas convicções. Mesmo assim, Ellen lutava corajosamente contra aquele amor que se apoderava dela, embora condenado por seu bom senso. Por fim, decidiu pedir ao pai para empreender uma viagem, que a livraria dessa desordem mental e recuperaria o equilíbrio espiritual.

Tal era a situação quando, certa manhã, chegou o barão e foi direto ao gabinete de Artemiev. Não aguentando mais a irritante indefinição, queria entender-se pelo menos com ele.

Vladimir Aleksandrovitch lia sentado junto à janela e recebeu o jovem amigo com a habitual amabilidade. Quando Evgueny Pavlovitch despejou sem preâmbulos o motivo que o levou a procurá-lo e começou a implorar-lhe para pôr um paradeiro àquela insuportável indefinição, Artemiev nada respondeu e ficou pensativo.

— Vladimir, seu silêncio me surpreende! É como se você já não quisesse que eu me case com sua filha! — exclamou o barão, num tom ofendido.

Artemiev endireitou-se e, estendendo-lhe a mão, respondeu com um sorriso levemente forçado:

— Sente-se e acalme-se! Senão será impossível discutirmos esse assunto. Somos amigos há muito tempo e podemos conversar francamente. Veja como o ser humano muda. Nas últimas semanas o velho pândego Artemiev, seu companheiro de bebedeira e farras, morreu; em seu lugar renasceu o pai de Ellen. Eu ainda quero que você se case com minha filha, mas, ao mesmo tempo, receio que ela seja infeliz. Evgueny, você é um bom rapaz, mas nós farreamos demais juntos e sei como será difícil para mudar de vida e tornar-se um pai de família. Não conteste! Pessoas como nós, que trocavam de amante como se troca de luva, têm grande dificuldade de permanecer fiéis a uma mulher, por mais maravilhosa e virtuosa que ela seja. Digo mais: a mulher ideal e pura não nos atrai, pois não emana o aroma inebriante de qualquer devassa, que brinca com nossa sensualidade como uma artista ao piano. Sou a prova viva do que acabei de dizer. Você viu o retrato de Vitória? Ela, sem dúvida, se igualava a qualquer famosa beldade; mesmo assim, morreu sozinha e abandonada. Enquanto isso, eu acariciava, mimava e vestia mulheres imprestáveis, feias e até envelhecidas, mas seus olhares, movimentos do corpo, o desavergonhado ardor e aquele odor de pecado escravizavam e excitavam meus sentidos.

Você ama Ellen como eu amava Vitória. Você a ama como a uma obra de arte que anseia possuir; mas que, após possuí-la, perderá a metade de seu valor. Então, voltará aos antigos costumes e a presença da esposa passará a incomodá-lo. Em todo lugar onde costumava ir sozinho, teatro ou passeio, o olhar inocente de sua "carcereira" lhe será insuportável. Você se sentirá vigiado e deverá comportar-se sobriamente. Não poderá aproximar-se livremente de mulheres que conheceu no baile de máscaras ou numa sala privada de restaurante. A presença da esposa irá prejudicá-lo aos olhos das "damas de vida fácil" que lhe interessarem.

Não pense que o estou condenando pelos pecados que prevejo. Sei de experiência própria o quanto é escorregadio o caminho do prazer, por isso não tenho o direito de julgá-lo, reconhecendo a minha terrível culpa. Mas estamos falando sobre a felicidade e o futuro de minha filha e, conhecendo o caráter dela, prevejo grandes complicações. Sei que Ellen o ama. Como toda moça, ela procura em você o ideal que seu coração criou, apesar de todas as lições do "Paraíso sem Adão". Será difícil controlá-la, em razão da educação estranha e anormal que recebeu.

Quanto mais a observo, mais me convenço com pesar de que herdou todo o meu caráter e muito pouco o de sua dócil mãe. Orgulhosa, insubordinada, apaixonada, com tendência a forte ciúme e cruel nos momentos de cólera, Ellen é realmente minha filha. Tornando-se seu marido, será difícil para você equilibrar o papel de amigo e amante. Somente a amizade pode não satisfazê-la; o amor, embora a assuste no início, logo se tornará um agradável hábito, do qual não vai querer abrir mão, exigindo que você adore somente a ela. Mas, se pretende colocar-lhe uns chifres, o que inevitavelmente acontecerá, pois o conheço bem demais, ela irá atormentá-lo. Pense em tudo isso. Se sentir que não terá forças para controlar-se, é melhor desistir do casamento, que pode lhe trazer infelicidade e empurrar Ellen para o vício e a traição. Para não perecer nesse caminho, é melhor que ela fique com suas utopias. Eu a levarei daqui e vocês esquecerão um ao outro.

À medida que Artemiev falava, um forte rubor cobria o rosto do barão. Em seguida, Ravensburg levantou-se e apertou com força a mão do amigo.

— Tudo que você disse é a pura verdade. Não posso jurar que jamais sentirei alguma atração passageira por outra mulher. Mas, será que só esse motivo basta para você recusar-me a mão de sua filha? Eu a amo sinceramente e farei tudo que depender de mim para fazê-la feliz. Juro pela minha honra que contarei todos os meus relacionamentos amorosos e empregarei todas as minhas forças para me controlar! Por ser tão jovem, linda e cheia de vida, sua filha não foi criada para ser monja e poderia arranjar um marido muito pior do que eu. Além disso, ela me ama e só isso já é uma garantia de felicidade.

Artemiev pensou por instantes e, depois, passando a mão pela testa, disse:

— Que se cumpra a vontade de Deus, que conhece e dirige os destinos dos homens conforme Sua misteriosa obra divina! As passageiras alegrias terrenas, assim como as decepções e amarguras, têm sua razão. Portanto, fale com Ellen! Se ela concordar, talvez consiga manter e proteger a própria felicidade. A pobre Vitória não teve energia para tanto e me deixou entregue a mim próprio.

— Onde está Ellen? — perguntou o barão, apertando-lhe a mão.

— Está no estúdio. Vá, e que o Senhor inspire a ambos!

Ellen estava sozinha e andava preocupada pelo estúdio. Sabia que o barão estava com seu pai e seu sexto sentido lhe dizia que estavam discutindo seu destino. Portanto, o momento decisivo estava próximo! Será que conseguiria resistir aos rogos daquele homem, cujo olhar e voz pareciam enfraquecer sua força de vontade? Renegaria as próprias convicções? Será que ela, a corajosa pregadora do "Paraíso sem Adão", elegeria seu senhor? Por mais que a amasse, ele acabaria se tornando seu "senhor", que iria lhe implorar seus direitos sobre ela e a quem deveria obedecer, em vez de fazer o que bem lhe aprouvesse.

Orgulho, amor, teimosia, medo e um ridículo sentimento, misto de ódio e felicidade, lutavam no espírito de Ellen. Nesse instante, no quarto contíguo ouviram-se passos apressados e na soleira do estúdio apareceu a alta e elegante figura de Evgueny Pavlovitch.

Ellen empalideceu e parou, olhando o barão com tristeza e insegurança, enquanto seu coração rebelde bateu mais forte no peito.

Por instantes, o barão ficou calado, olhando fixamente seu rosto encantador, no qual se refletiam claramente os diferentes sentimentos que a perturbavam. Depois, aproximou-se e disse, com voz trêmula de paixão:

— Ellen! — e atraiu-a para seus braços.

Nessa única palavra soava toda sua alma. Sob o encanto desse ardente ímpeto, Ellen sentiu a cabeça girar, encostou a cabeça no peito dele e não resistiu aos beijos. Como isso aconteceu? Ela não conseguiria dizer. Uma onda de fogo invadiu sua alma apaixonada.

Todas as dúvidas, resistências e indignação desapareceram naquele sentimento de infinita felicidade e paz, que a obrigou a esquecer tudo por instantes. Mas esse abandono durou pouco. A excitação diminuiu e a brusca reação provocou rios de lágrimas em Ellen.

Vencida pela mais poderosa e misteriosa força da natureza, dominada pela realidade da vida, a pregadora do "Paraíso sem Adão" chorava a destruição de seu sonho de independência, chorava a queda da imponente muralha erguida por corações torturados que a imaginavam intransponível.

Evgueny Pavlovitch percebeu o que se passava na alma de Ellen. Levando-a até o divã, sentou-se ao lado dela, abraçou-a e disse carinhosamente:

— Espero que essas lágrimas sejam o último tributo ao passado, do qual este momento a separa para sempre. Querida, esqueça a sua triste infância e a vazia e tediosa existência que escolheu, que não poderia satisfazê-la. Na companhia de seu pai, a quem tudo você perdoou, começará uma nova vida. Portanto, enxugue as lágrimas e encare o futuro confiante e esperançosa!

Ellen endireitou-se e, tentando conter as lágrimas que caíam pela face, respondeu baixinho:

— Sim, eu caí vítima da cruel lei da natureza. Eu a conhecia, temia e deveria evitá-la, mas as circunstâncias foram contra mim. Reconheço que o amor seria lindo, se fosse tudo na vida e se não houvesse os fantasmas da dúvida, da desilusão e do ciúme: os eternos inimigos que destroem o amor. Considero-lhe bondoso e acredito que me ama sinceramente. Mas quem sabe se não me obrigará a lamentar amargamente a vida monótona e vazia, embora livre de lutas e sofrimentos? Você se acha suficientemente forte para nunca encher meu coração de fel e não me obrigar a retornar, abatida e infeliz, ao paraíso de onde saí?

— Ellen! Não sou santo e por isso não estou livre do pecado — respondeu o barão, emocionado. — Mas juro que tudo farei para torná-la feliz e dominar minhas fraquezas. Se você me ama, será compreensiva e paciente comigo e me ajudará nas minhas boas intenções.

Muito emocionada, vacilando entre a felicidade e o amargor, Ellen colocou a cabeça em seu ombro. Naquele momento, na porta do quarto apareceu Artemiev, cuja chegada os noivos nem ouviram.

— Meus parabéns! Vejo que temos um final feliz — disse ele alegremente.

Ellen ficou vermelha como pimentão. Escapando dos braços de Evgueny Pavlovitch, correu para os braços do pai e desandou a chorar.

— Chega! Acalme-se, minha querida, e não crie fantasmas para si própria — observou Artemiev, rindo e levantando a cabecinha da filha. — Despeça-se também de suas utopias! Não existe felicidade perfeita no mundo e é preciso contentar-se com a menor. Para começar, segure essa mariposa para que não saia voando por aí. Seja rígida como aprendeu em sua comunidade e ao seu desprezível "Adão" conceda somente uma aparência de poder.

Todos riram e depois comemoraram com champanhe. O resto do dia passou alegre. Ellen, apesar dos pressentimentos, entregou-se ao encanto de ser amada e alegrava-se por não precisar mais ocultar os próprios sentimentos.

Ficou decidido que já no dia seguinte todos iriam à festa da baronesa Nadler, onde Artemiev anunciaria o noivado. Ellen, pela manhã, visitou a baronesa com Inna e contou-lhe o que havia acontecido.

Lídia Andreevna, que estava bondosa como um anjo, feliz por estar de casamento marcado com o príncipe, recebeu Ellen de braços abertos, parabenizou-a e fê-la prometer que compareceria ao seu casamento dali a uma semana. Inna recebeu a notícia com menos entusiasmo, mas ficou profunda e sinceramente contente por Ellen permanecer em São Petersburgo.

Muita curiosidade, inveja e malevolência havia nos olhares dirigidos a Ellen, quando entrou de braço com o pai na sala de visitas da baronesa Nadler e foi apresentada à sociedade como Helena Vladimirovna Artemiev, noiva do barão Ravensburg.

Entre os mais maldosos estava a senhora Obzorov. Ela olhava com desprezo e curiosidade a profunda mudança na aparência de Artemiev. Em seguida, voltando-se para a vizinha, disse entre dentes:

— Aquele pecador inveterado envelheceu de repente. Tinha a pachorra de se portar como solteiro e insistia em cortejar mulheres da idade de sua filha. Não fez nada bem para ele essa necessidade de confessar seus antigos pecados.

— Mas claro! Ele insistia em cortejá-la, Vava, e foi uma sorte você resistir. Mesmo agora ainda é um homem bonito e encantador — respondeu ironicamente a amiga.

— Pois é, querida! Se eu não tivesse rígidas normas de conduta e um coração gelado, teria caído facilmente nessa— respondeu a senhora Obzorov com arrogância, tendo o bom senso de omitir que, por aquele mesmo homem, ela pretendia outrora se divorciar e arriscar-se a um grande escândalo.

Ela não notou que Artemiev se aproximou para cumprimentá-la e, assim, pôde ouvir as últimas palavras de sua ex-amante. Ela o recebeu de modo amigável, mas indiferente, como se ele não representasse nada. Mas no olhar de Vladimir Aleksandrovitch brilhou tal desprezo e zombaria que a senhora Obzorov, apesar da descarada autoconfiança, ficou embaraçada. O convite que faria a Artemiev e a filha para visitarem sua casa entalou em sua garganta e se limitou a um cerimonioso cumprimento. Vladimir Aleksandrovitch deu-lhe as costas, enojado, surpreendendo-se de como fora se interessar por aquela devassa criatura, que diferia de uma vulgar cocote somente por sua posição de "dama da sociedade".

Capítulo 13

O casamento da baronesa Nadler seria realizado na igreja do Almirantado, para onde se dirigiu Ellen com o pai e o noivo. Muitos convidados aguardavam a chegada da noiva. Parada perto do altar, Ellen examinava com curiosidade aquela sociedade que não admirava.

Lá estava reunida a "nata" da capital. Os lustres iluminavam os luxuosos trajes das damas, refulgiam em profusão os diamantes e os uniformes rebordados; mas, sobre aquela elegante e reluzente multidão pairava um toque de vulgaridade. Nos rostos prematuramente envelhecidos dos homens e das faceiras e maquiadas damas, estampavam-se seu egoísmo, as pequenas vaidades e aquela nulidade espiritual, cujo interesse se concentra nas aspirações de carreira, na competição dos trajes, aventuras amorosas, intrigas e mexericos.

Examinando e avaliando mentalmente aqueles hipócritas, Ellen notou um casal que chegara atrasado e abria caminho através da multidão.

Ele era um oficial muito bonito, alto e elegante, de olhos escuros e cabelos aloirados. Seu rosto correto era muito pálido e algo quase imperceptível, mistura de tédio, saturação e fatuidade, indicava que aquele leão da sociedade, apesar de jovem, já trazia consigo um agitado passado.

A jovem mulher que ia de braço dado com ele não possuía a beleza perfeita do marido, mas seu semblante transpirava nobreza e delicadeza; sentia-se nela algo particular, que a destacava sobremaneira das outras damas.

Era de estatura média, tão magra que parecia uma pluma. A palidez de seu rosto era realçada pelo cabelo cheio e escuro; seus grandes olhos cor de aço, emoldurados por longos e sedosos cílios, brilhavam intensamente, parecendo transpassar a quem fitassem. O vestido de veludo lilás, com a gola estilo "Médici"[1] de rendas douradas e o enfeite de cabelo de brilhantes e ametistas, de feitio bastante sério, se harmonizavam inteiramente com a orgulhosa discrição de toda sua figura.

Ellen não conseguia desviar os olhos daquele rosto, daquele olhar que refletia um espírito empreendedor e inteligente. Ela tinha, sem dúvida, uma natureza artística e poética, mas estava evidente que era infeliz. Isso indicava a severa e fria dobra da pequena boca, apesar da expressão tranquila dos grandes e claros olhos, que percorriam com indiferença a multidão por entre a qual abria caminho, trocando leves cumprimentos com conhecidos. Ela prestava ainda menos atenção a seu belo marido, visivelmente satisfeito consigo próprio, que cumprimentava a todos, trocando apertos de mão com os homens e olhares carinhosos com as representantes do belo sexo, que lhe concediam encantadores sorrisos.

1 Catarina de Médici — Rainha da França. Casou-se em 1533 com o futuro Henrique II e teve grande influência nos governos de seus filhos Francisco II, Carlos IX e Henrique III. Foi a instigadora da matança dos calvinistas na noite de São Bartolomeu.

"Eis um par que não combina", pensou Ellen, cuja experiência teórica sentiu imediatamente o drama oculto. "Essa mulher evoluída e orgulhosa não pode ser feliz com aquele empertigado e fútil manequim, cujo olhar transpira traição e mentira. Ela, naturalmente, deve ter travado uma pesada luta moral antes de desenvolver essa fria indiferença. Gostaria de saber quem é, e ser apresentada a ela."

Seus pensamentos foram interrompidos pela chegada da noiva, e toda a atenção de Ellen foi absorvida pela cerimônia sagrada, que assistia pela segunda vez.

Mas, desta vez, sua emoção foi bem diferente. Ficou imaginando que dentro de alguns meses estaria diante do altar, abdicando da própria liberdade e ligando-se para sempre ao homem que ela, na verdade, amava e pelo qual era amada. Como seria a sua vida real, quando desaparecessem as ilusões?

O olhar de Ellen, involuntariamente, passou a procurar a mulher que despertara seu interesse. Ela também observava o rito matrimonial com uma expressão sonhadora e amarga. Talvez estivesse recordando seu próprio casamento e tudo o que se seguiu depois: sonhos arrasados, amor-próprio ferido e o pesado processo espiritual de retirar do homem amado tudo aquilo que o enfeitara sua fantasia de moça.

O coração de Ellen apertou-se, assustado. Aquela mulher poderia ser o *memento mori*[2] de que o destino colocava em seu caminho, como um aviso, para que ela não se deixasse levar pelo encantamento.

Nos grandes olhos cor de aço daquela mulher refletia-se a tristeza de uma alma insatisfeita. Ellen

---

2 *Memento mori*: Expressão latina que significa "lembre-se de que vai morrer". No texto, Rochester a utiliza figurativamente como um "sinal de alerta" para o futuro infeliz que aguardava Ellen após o casamento.

também buscava um ideal na vida, a harmonia dos espíritos e a correspondência de gostos que poderiam trazer a felicidade. Ela não pertencia àquele tipo de mulheres que se satisfaziam com o apelido de "casada" e se consolavam com os presentes enviados pelos amantes.

Quando a cerimônia terminou e todos foram cumprimentar os noivos, Ellen perdeu aquela dama de vista. Ao embarcar na equipagem, imediatamente perguntou ao pai quem era a dama de vestido lilás com o marido oficial.

— Ah! Você a notou? — respondeu Artemiev com um sorriso. — É a condessa Varatov, aquela esposa ideal de quem lhe falei certa vez. É uma mulher notável, de natureza profundamente artística. Pinta magnificamente e escreve poemas místicos, que li com entusiasmo, apesar de ser, na época, pecador e materialista. Quero apresentar-lhe a ela. A companhia dessa rara mulher será bem melhor para você que a de todas essas "damas", cujas vidas se resumem em roupas e intriguinhas amorosas.

— Meu Deus! Não consigo compreender o que você vê naquela mulher! — exclamou Evgueny Pavlovitch fazendo uma careta. — A condessa me parece bastante antipática, impassível e gélida, com aquele ar de imperatriz romana. Tenho a impressão de que se o teto da catedral desabasse aos pés dela nem assim se dignaria a levantar a cabeça para ver o que tinha acontecido. Nem sei se existe algo nesse mundo que interesse aquela mulher além dos seus poemas. Não digo que estes sejam ruins, mas fico irritado com essa mulher que sonha em pleno dia e parece desprezar todos, como se fossem insetos chafurdando aos seus pés. Por isso, não me surpreende que Vsevolod Dmitrievitch lhe coloque chifres e ela parece nem notar. Como teria tempo para interessar-se pelo marido, se está sempre ocupada recebendo musas e graças?

As palavras do noivo desagradaram Ellen. Ele criticava a condessa exatamente por aquilo que a colocava acima da multidão, a quem a própria Ellen desprezava.

— Você está sendo rígido demais, e me parece injusto com a condessa — observou ela, enrubescendo. — Como considerar um defeito a mulher ser reservada e não lançar olhares a todos os homens que encontra? Um espírito elevado não consegue misturar-se à massa, que não o entenderia e o odiaria por sua superioridade. Talvez ela tenha se tornado indiferente por ter sofrido demais! Aliás, não percebi nela nenhuma insensibilidade; conversava com o marido com um sorriso amigável, sem a menor frieza, e seus modos possuem uma graça inata. Não se parece em nada com as damas vulgares, como a senhora Obzorov, que faz trejeitos diante de qualquer cavalheiro e parece comê-lo com os olhos. Mas vocês, senhores, sempre são atraídos por damas desavergonhadas, mal-educadas e consideram as mulheres direitas um enfado.

— Ai, ai! O céu escurece e o ciúme provoca a discussão! — exclamou Artemiev, rindo. — Evgueny, você foi por demais atencioso com a senhora Obzorov. Cuidado, meu rapaz! Ellen não gostou disso.

— Mas eu somente a cumprimentei. Não podia deixar de fazê-lo — defendia-se o barão, também rindo.

Mas Ellen, irritada, contestou com ênfase:

— O que está dizendo, papai! Por favor, barão, não fique constrangido e saiba que desprezo o ciúme. Mesmo me tornando a baronesa Ravensburg, permanecerei em espírito na comunidade "Paraíso sem Adão", à qual pertencerão minhas obras e estudos. Minha colaboração com nossa revista me ocupará o suficiente para me preservar dessas insignificantes fraquezas.

Uma ruga de insatisfação vincou a testa do barão. Em suas faces surgiu, um rubor escuro e no olhar dirigido a Ellen já não havia admiração. Mas imediatamente dominou-se e respondeu com um sorriso:

— Tudo isso são sonhos de moça, que perderão qualquer interesse quando você se tornar uma mulher casada. Visitas, recepções, teatros, bailes, trajes, tudo isso ocupa tanto a mulher da alta sociedade que não lhe sobra tempo para colaborar com revistas, sem falar nas obrigações de esposa e mãe, que devem estar em primeiro lugar. Espero que você, minha querida, seja um exemplo de todas as virtudes familiares e não desista de sua verdadeira vocação para continuar a ser jornalista.

O tom era amável e brincalhão, mas algo em sua voz agiu sobre Ellen como uma agulhada e ela pensou:

"Ah! O esperto Adão só aguarda tornar-se o senhor para me proibir de escrever! No fundo, detesta a minha independência e minhas críticas ao sexo masculino. Mas aguarde! Vou prescrever-lhe um remédio tal, que vai curá-lo dessa vaidade."

Pela primeira vez, surgiu uma frieza entre o noivo e a noiva.

Um dia depois, no baile em homenagem à "jovem" princesa, Ellen encontrou novamente a condessa e Artemiev apressou-se a apresentar-lhe a filha. A senhora Varatov tratou Ellen amigavelmente e observou com um sorriso que assistira a suas palestras.

— Minha filha logo reparará o mal que causou ao nosso sexo, tornando-se baronesa Ravensburg —

disse Artemiev, rindo.

— A senhorita resolveu renegar tudo? — perguntou a senhora Varatov.

Pareceu a Ellen que nos olhos da condessa faiscou uma expressão de pena, o que lhe causou uma estranha impressão. A condessa levou-a para um canto e fê-la sentar-se para conversar e se conhecerem. Ellen perguntou:

— Condessa, percebi em seus olhos uma certa compaixão. A senhora está com pena de mim por ter abandonado a causa para a qual fui educada e considera isso uma baixeza?

A condessa olhou-a, séria e pensativa.

— Sim, tenho pena da senhorita! Mas não porque está abandonando a causa que impede o seu caminho para um dos mais legítimos direitos do ser humano, a procura da felicidade e do amor. Todos trazemos no coração a instintiva tendência para esses dois grandes elementos do Universo. Se os achamos é uma outra questão, mas procurá-los é nosso direito. Sinto pena da senhorita pela luta que trava sua alma; ela vai confundir sua vida, pois quem enxerga já não pode tornar-se cego. Rompendo com o passado, a senhorita ficará como um sacerdote que tira o hábito e, misturando-se à multidão, ainda traz no fundo da alma a saudade do seu cargo, conhecimento e segredos da iniciação.

Estarrecida com a agudeza dessa observação, Ellen se calou por instantes. Uma incontrolável simpatia a conduzia para essa pálida e tranquila mulher, que parecia ter vencido todas as tempestades cotidianas. Tomada por esse sentimento, disse, ruborizando:

— Eu ficaria extremamente feliz, condessa, se me permitisse um dia visitá-la para conversarmos à vontade. Acredito que somente a senhora pode solucionar as dúvidas que me torturam, apesar de amar meu noivo. Sua experiência pode me ajudar a suportar as decepções que pressinto.

A condessa apertou-lhe a mão e respondeu com olhar bondoso e claro:

— Ficarei feliz se minha experiência lhe puder ser útil. Portanto, sem qualquer cerimônia, venha visitar-me amanhã à tarde. Poderemos conversar à vontade e espero que nos tornemos amigas.

Ellen agradeceu calorosamente a condessa e ficaram absortas, cada uma nos próprios pensamentos. Através da porta da sala de visitas, onde estavam sentadas, dava para ver o salão de baile. Acabavam de dançar a valsa e os pares passeavam pelo salão, tagarelando alegremente. De repente, o olhar distraído de Ellen notou Inna, de braço com um jovem marinheiro e conversando alto com ele.

Ela estava ainda mais pálida e magra do que na última visita de Ellen, há alguns dias. Mas, naquele instante, suas faces ardiam e os olhos brilhavam com entusiasmo febril. Seu riso e seus gestos refletiam algo nervoso e ela tentava demonstrar que adorava a corte do acompanhante.

— Meu Deus! Ela nem parece a mesma! — disse Ellen, estremecendo.

— A pobrezinha se sente feliz por não estar sozinha nem abandonada, enquanto o seu querido maridinho corteja descaradamente a senhora Müller que, por sua vez, demonstra que ele lhe agrada — observou a condessa com um suspiro. — Aquele bonito marinheiro é primo de meu marido. Ele não deixará de aproveitar a confusão espiritual de Inna, que a empurra para o primeiro homem que aparece à sua frente. Antes de casar, entretanto, ela se destacava por seus rígidos princípios.

— Coitadinha! Será que espera despertar o ciúme do marido com essa atitude?

A senhora Varatov pensou um pouco e disse:

— Parece que no presente momento Inna só pensa em sua necessidade de provar ao marido que é indiferente ao comportamento dele e que pode agradar a outros homens. Acredite, nessa fase perigosa, nenhuma mulher consegue prever como reagirá e o que lhe ditará o amor-próprio ferido. Frequentemente, basta um sorriso dúbio e zombeteiro, ou um mau conselho de alguma amiga para dar o passo fatídico.

Ellen nada respondeu. Sua atenção concentrouse em Evgueny Pavlovitch, que conversava com uma dama demasiadamente maquiada, de vestido extremamente decotado e aparência bem ousada e leviana. Essa dama flertava com ele, cobrindo-o de sorrisos e olhares provocantes. O barão parecia gostar daquela tagarelice, a julgar por seu comportamento gentil e o riso que lhe provocavam as palavras de sua interlocutora.

Um forte rubor cobriu as faces de Ellen. Cerrando os lábios, apertou o leque que trazia na mão a ponto de quase quebrar as finas varetas de marfim.

— Minha querida — disse a condessa, com voz tranquila e harmoniosa —, eis o meu primeiro conselho: nunca deixe seu marido notar que você tem ciúmes dele, especialmente por bobagens. Agora, vamos indo! Mas lá vem o seu noivo, e também o cavalheiro que me convidou para dançar a quadrilha.

Por todo o resto da noite Ellen não teve oportunidade de conversar com a condessa, mas a certeza de ter encontrado uma mulher capaz de entendê-la e lhe dar bons conselhos deixou-a mais tranquila.

No dia seguinte, Ellen recebeu uma cartinha de Nelly. Apesar do tom alegre da carta, percebia-se que a senhorita Sinclair estava com saudades, sentia-se sozinha sem a amiga e preocupada com o seu destino. Ao cumprimentar Ellen e desejar felicidades Nelly pedia-lhe que informasse o dia e a hora do casamento, para orar por ela nessa significativa hora e pedir a Deus que a livrasse do retorno ao abrigo com as asas quebradas e coração partido.

Em seguida, Nelly contava as novidades da comunidade e enviava o relatório sobre os assuntos financeiros que Ellen deixara a seu encargo:

> Na sua casa deixei tudo do jeito que pediu; está pronta para o seu retorno a qualquer momento. Os seis apartamentos do prédio, no jardim que você destinou às pobres trabalhadoras intelectuais, foram ocupados por viúvas com família numerosa. Você não pode imaginar a alegria e o reconhecimento daquelas pobres para as quais a sua nobre causa garante um teto, liberando-as da pior carga: o aluguel. Encontrei o senhor Brown e discutimos as normas do abrigo para garotos órfãos, ao qual você prometeu sua ajuda. Imagine! Descobri que sua mãe é parente da senhora Oliver, que permitiu a ele visitá-la ocasionalmente. Realmente, é um homem sério e respeitável. Nossa bondosa chefe diz que se existissem mais pessoas como ele, não haveria necessidade de abrigos como os nossos.

Depois, seguiam inúmeras lembranças das irmãs do abrigo e comentários da sociedade, especialmente dos ex-pretendentes à mão de Ellen, sobre sua mudança de atitude e o próximo casamento.

Junto com a carta vieram dois bilhetes. No primeiro, a senhora Oliver pedia insistentemente a sua colaboração, pelo menos escrita, com a causa que por tanto tempo considerou como sua própria. O outro bilhete era do senhor Brown, relatando a ideia básica do abrigo para órfãos, que desejava realizar com a ajuda da prioresa da comunidade. Esse instituto deveria receber principalmente os filhos de mães que já se encontravam no abrigo e que só podiam mantê-los consigo até a idade de sete anos.

Esses jovens, educados pelos princípios da virtude, acostumados ao rígido sistema de vida e mantidos, pelo menos no início, por sua comunidade, poderiam, com o tempo, casar com moças do seu abrigo. Assim, sem impedir a grande lei do amor, inerente a qualquer pessoa, surgiria a oportunidade de unir pessoas de idêntica opinião quanto à honra e ao dever, em vez de entregar moças direitas a homens imorais ou ligar um rapaz discreto a uma criatura devassa.

O senhor Brown pedia a Ellen que pensasse nesse projeto, apresentasse sua opinião sobre ele e dissesse quanto dinheiro poderia doar para essa boa causa. Com essas informações, ele saberia por onde começar a execução do projeto.

Cerrando o cenho, Ellen encostou-se na mesa e pensou. A carta reavivara nela tudo o que por tantos anos fora o principal objetivo de sua vida. Sentiu-se, repentinamente, uma estranha naquele lugar, como uma planta sem raízes. Seu espírito e interesses encontravam-se do outro lado do oceano, numa casa branca, entre crianças e órfãs abandonadas, onde crescera. Sentiu, pela primeira vez, aquele conflito da alma ao qual se referiu a condessa, e lágrimas amargas brilharam sobre seus longos cílios.

Como pôde esquecer de escrever ao senhor Brown e indicar a soma de dinheiro que prometera? Sentia-se roubando os pobres que aguardavam sua ajuda.

Ellen abriu a gaveta com impaciência, preencheu um cheque e em seguida começou a redigir uma carta. A caneta parecia voar pelo papel, tal era a necessidade que sentia de discutir questões e interesses que lhe eram tão caros, apesar do abismo que parecia separá-la do passado desde a catástrofe que mudara seu destino.

Estava completamente absorta, quando a camareira interrompeu, dizendo que a costureira a aguardava. Ellen largou a caneta, contrariada, irritada com essa interrupção, mas como fora convidada para diversas festas promovidas por Lídia Andreevna e amigos de seu pai em homenagem ao noivado, era necessário preparar os vestidos para essas ocasiões. Deixando as cartas sobre a mesa, foi ver a costureira.

Alguns minutos depois, Artemiev e o barão entraram em seu gabinete. Aguardando sua volta, sentaram-se no divã e continuaram a conversar.

De repente, Vladimir Aleksandrovitch notou a carta sobre a mesa e, ao ler o cabeçalho: “Prezado senhor Brown”, soltou uma gargalhada.

— Ela está escrevendo àquele idiota do casto. Parabéns, Evgueny! Se sua esposa mantiver correspondência somente com adeptos da castidade masculina, você não terá motivo algum para ciúmes.

— Mas o que ela estaria escrevendo para aquele imbecil? — perguntou Ravensbrug, curioso e desconfiado.

Artemiev correu os olhos pela carta, examinou o cheque e disse ironicamente:

— Trata-se da abertura de um orfanato para garotos. Ellen está doando vinte mil dólares, com a intenção de presentear o mundo com um semeador de homens virgens.

O barão ficou carrancudo. Após brincar por alguns momentos com a ponta do bigode, respondeu com insatisfação disfarçada:

— Ouça, Vladimir. Acho que é seu dever pôr um fim a essas bobagens de sua filha. Ela vai acabar gastando toda a sua fortuna em filantropias tolas, esquecendo-se completamente dos próprios filhos que poderá ter. Eu esperava que ela rompesse de vez com aquela sociedade de loucos; mas, pelo jeito, as damas do "Paraíso sem Adão" são bem espertas, especialmente aquela comprida e nojenta, a senhorita Sinclair. Elas vão aproveitar a amizade para explorar Ellen. Eu não posso dar um pio sobre isso, pois ela interpretaria minhas palavras como opressão, ou pior, como má intenção. Mas, você como pai, deveria fazê-la entender que poderia empregar melhor sua fortuna. Será preciso, mais cedo ou mais tarde, pôr fim a essa correspondência nociva, que somente irá despertar as lembranças sobre a "fama" passada.

— O que você pretende jogar sobre as minhas costas é um assunto muito delicado — respondeu Artemiev, após pensar um pouco. — Durante muito tempo, Ellen se acostumou a ser independente, com total liberdade de ação. Agora, é extremamente indelicado me intrometer em seus negócios. Até o presente momento, entre nós jamais foi levantada a questão dos bens dela, cujo valor ignoro. Ela recebeu a herança de Crawford, que era arquimilionário. O velho tinha fábricas de tecidos, minas de carvão e sete casas em Nova Iorque, das quais a menor valia, no mínimo, uns quinhentos mil dólares; a casa onde ele morava era um verdadeiro palácio. Acredito que, para melhor ocultar de mim os vestígios de Vitória e da filha, vendeu todos os imóveis e mudou para Boston; mas não sei o que Crawford fez com sua fortuna. A julgar por essas insanas doações filantrópicas ao "Paraíso sem Adão", Ellen deve dispor de haveres consideráveis, pois acho-a prática demais para esbanjar seu capital.

— O que sabe das ideias filantrópicas dela?

— Entre outras coisas, na sua propriedade ela abrigou gratuitamente sessenta famílias pobres; também faz doações à revista da comunidade; além disso, tendo reservado para si um apartamento na cidade, doou também ao abrigo o apartamento que foi de minha esposa. Resumindo, essas brincadeiras custam uma fortuna! Mas como impedi-las? Minha autoridade paterna é ainda muito recente para que eu possa ter pretensões aos bens da senhorita Rutherford e aconselho você também a ser bem cuidadoso quanto a esse aspecto. Provavelmente o nosso maior aliado será o amor materno. Mesmo assim, sua insatisfação é justa; assim que surgir a oportunidade, conversarei com Ellen e tentarei desvendar essa questão monetária.

Evgueny Pavlovitch nada respondeu. A independência financeira da futura esposa enfurecia-o. Será que ela pensava que ia continuar desperdiçando rios de dinheiro sem consultá-lo, como se isso não fosse da conta dele? Ela era capaz até de, em caso de morte, deixar os milhões para aquele absurdo "paraíso" em vez de empregá-los para realçar o brilho de sua coroa de baronato...

Um pouco mais tarde entrou Ellen e logo notou que o barão estava descontente com algo. Olhando para a mesa, percebeu que seus papéis foram mexidos e isso lhe provocou um sorriso sardônico. Ela nada demonstrou e passou a conversar alegremente com o pai e o noivo.

Quando Ravensburg despediu-se amuado, alegando um assunto qualquer, isso reforçou a suspeita de Ellen de que o noivo não aprovara o envio de dinheiro ao senhor Brown, e achou divertido.

À tardinha, Ellen foi à casa da senhora Varatov. Já era esperada e o mordomo conduziu-a ao *boudoir* da condessa, que estava só e lia junto à escrivaninha. O caderno aberto e a caneta sobre ele indicavam que andara escrevendo.

Ellen lançou um olhar rápido e curioso ao amplo quarto, que era o retiro espiritual daquela mulher excepcional. Uma grande lâmpada de bronze, suspensa no teto, e duas outras, em altos suportes, no estilo romano, cobertas por abajures de seda, espalhavam uma luz suave. Sobre a escura forração da parede estavam pendurados alguns quadros de mestres famosos. Dois grandes armários de madeira trabalhada estavam abarrotados de livros, brochuras e revistas dos mais diversos tamanhos. Sobre as estantes havia antiguidades: vasos gregos e etruscos, estatuetas egípcias, ídolos indianos e outros objetos pertencentes a diversos povos de todas as épocas históricas. Apesar disso, toda essa coleção não parecia colorida em excesso e o aposento, com o tapete macio, os pesados cortinados e o luxo sóbrio, respirava harmonia e paz.

Quando a visitante entrou, a condessa levantou-se, abraçou-a e disse com um sorriso:

— Desculpe-me por recebê-la sem cerimônia no meu recanto favorito! Este é meu gabinete de trabalho e, ao mesmo tempo, *boudoir* e biblioteca. Em suma, o meu mundo, onde trabalho e vivo, esquecendo o que não me agrada.

— Um abrigo de causar inveja! Como gostaria de ter um igual, pois também adoro antiguidades e tudo o que se refere a elas. Você trabalha muito, condessa? — indagou Ellen, dando uma olhada no caderno aberto.

— Sim — respondeu a senhora Varatov com simplicidade. — É preciso ocupar-me com alguma coisa e tenho muito tempo livre, pois não gosto de reuniões sociais. Na medida do possível, tento evitar a multidão que não me entende e com a qual não compartilho gostos nem opiniões. Para mim, é suficiente o mundo que me cerca aqui. — acrescentou, fazendo Ellen sentar-se no divã. — Você agirá muito bem se fizer algo semelhante; por suas palestras, percebi que está acostumada ao trabalho mental. Conhecendo parcialmente detalhes de sua trágica infância, compreendi porque trabalha com tanto fervor pela libertação das mulheres. É uma boa e sagrada causa, apesar de não livrá-la da provação.

— Você diz provação? Talvez meu futuro não seja uma provação, mas uma felicidade completa, sem nuvens — observou Ellen, jocosamente.

Os grandes olhos luminosos da senhora Varatov olharam para Ellen com compaixão, que ela já notara várias vezes.

— Você ironiza o próprio destino antes da hora, isso é mau sinal! Deve-se olhar as coisas de um ponto de vista real. Qualquer obrigação na vida serve de provação, mais ou menos pesada; o dever de esposa é um dos mais complexos e difíceis de ser cumprido com dignidade. Na minha opinião, o casamento é uma escola de disciplina moral, onde se devem praticar o amor, a condescendência, o perdão das ofensas, a paciência e a compaixão.

— Nesse caso, é preciso deixar de ser uma pessoa e adquirir asas de querubim! — exclamou Ellen.

— Oh, não! — respondeu a condessa sorrindo. — Basta possuir uma única virtude, que contém todas as outras, ou seja, o amor, que é misericordioso, paciente, invencível e imortal. Esse amor, naturalmente não é aquele grosseiro e sensual, mas pura emanação do espírito, um sentimento sem cobiça, que não pode ser apagado pela carne. Foi por isso que Deus, conhecendo a imperfeição de suas criaturas, introduziu a grande lei do amor na base do Universo.

— Essa lei até pode ser magnífica, mas para aplicá-la, especialmente no casamento, é preciso modificar o caráter e a alma na própria raiz.

— Não nego isso! O casamento é uma edificação que se constrói a dois. Nada se pode fazer quando um dos parceiros é trabalhador e o outro é preguiçoso e relaxado. Apesar de tudo, a construção avança e, algum dia, estará diante do Senhor, demonstrando o esforço dos construtores.

Naquele instante, ouviram-se vozes infantis e no quarto irromperam, de mãos dadas, um encantador garoto de uns quatro anos e uma menina de dois, acompanhados pela governanta. As crianças despediram-se da mãe para ir dormir e, após deixarem Ellen beijá-los, saíram do quarto.

— Que crianças lindas! Quanta felicidade elas devem lhe proporcionar! — exclamou Ellen, assim que elas saíram.

— Sim, são a minha felicidade, minha estrela-guia e suporte no espinhoso caminho da vida — respondeu a senhora Varatov, emocionada. — Sem elas, nem vale a pena viver. Desde o momento em que aqueles olhinhos inocentes viram o mundo, nunca mais me senti inútil e passei a interessar-me novamente pela vida. Elas são a minha âncora de salvação por entre os destroços de inúmeras ilusões.

O rosto de Ellen obscureceu-se.

— Se entendi direito, condessa — disse ela, indecisa —, ao casar-se é preciso desistir da própria privacidade e procurar as alegrias e esperanças exclusivamente na maternidade. Mas nem todos são capazes de tal resignação. Eu odiaria o destruidor de meus sonhos e me vingaria dele.

A condessa balançou a cabeça.

— Estaria agindo de modo pouco prático: o ódio e a vingança não lhe devolveriam a paz perdida. O ódio somente aguça o amor e aumenta o sofrimento; a vingança irá induzi-la à humilhação e provocará o desprezo de quem você quer castigar. Se não se pode apagar a paixão, o único remédio é transformá-la em amizade.

— Não, sinto que eu não seria capaz de tal troca. Amo Evgueny Pavlovitch, e desejo que ele me ame da mesma maneira; por isso, não suportarei traições nem humilhações da parte dele! — contestou Ellen, e seu olhar brilhou desafiadoramente.

Em seguida, agarrando a mão da condessa, prosseguiu com entusiasmo:

— Não considere minha pergunta indiscreta: você teve forças para perdoar e aplicar esse amor desinteressado do qual falou? Leio em seus lindos e tristes olhos que passou por inúmeras decepções.

— É verdade! Muitos dos meus sonhos dissiparam-se — respondeu a senhora Varatov, com franqueza. — Só que não posso culpar ninguém nem tenho de quem me vingar. Ninguém tem culpa por eu ter alimentado sonhos e ilusões irrealizáveis na vida real. O homem que escolhi jamais me enganou: ele sempre foi o que é hoje, mas eu o enxergava à minha maneira e o enfeitava com todos os atributos do meu ideal.

De longe, Vsevolod me parecia totalmente diferente do que se revelou de perto, semelhante à seda pura e à seda misturada ao papel ou lã: idênticas no brilho e maciez, a diferença sente-se somente no tato. Da mesma forma, as fraquezas do meu marido aparecem apenas na vida doméstica, jamais nos salões. Mesmo assim, não considero a minha felicidade definitivamente perdida; pelo contrário, ele está em minhas mãos e espero conseguir um dia transformar o tecido de papel em seda pura e dourada — concluiu alegremente a condessa.

Ellen estava por demais emocionada naquele instante para rir, e respondeu com um sorriso amargo:

— Reconheço a justiça de suas conclusões, condessa; mas perdi toda a confiança em mim mesma e me considero incapaz de tal autodomínio. Julgue por si mesma o quanto a minha queda foi triste. Eu estava armada da cabeça aos pés para proteger os outros e a minha própria causa. De repente, me entreguei praticamente sem lutar. Após prevenir contra os perigos do casamento, estou me atirando nele de cabeça. Após louvar a liberdade, escolho a escravidão. Realmente sinto desprezo por mim mesma! Sou uma renegada e mereço que sobre mim recaiam todas as desgraças que descrevia para os outros!

— Pare com isso! Não se exalte! Sem dúvida, é mais fácil pregar o "Paraíso sem Adão" do que reinar no "paraíso com Adão". Você pode conseguir tudo com sensatez e boa vontade. Na vida a dois é sempre possível adaptar-se e ceder, exceto em casos extremamente raros. Primeiro, antes do casamento, tire o barão do pedestal em que o colocou e deixe-o ao nível das pessoas comuns, boas, mas sujeitas às fraquezas próprias dos homens. Você descreveu isso tão bem em suas palestras que não lhe seria difícil colocar em prática essa teoria. Em seguida, evite a Lei de Talião:[3] "Olho por olho, dente por dente!" Não seja vingativa em relação às fraquezas do marido e tente não notá-las, ou, quando muito, caçoe delas. Ele lhe agradecerá por essa delicadeza. Os homens detestam que lhes digam na cara de que nada valem, e escândalos frequentes acabam perdendo qualquer efeito, pois parecem uma meia-tempestade que, em vez de purificar o ar, somente torna pesada a atmosfera. Portanto, jamais queira saber das safadezas dele, como se não existissem, e ganhará uma silenciosa gratidão.

— Mas como? Fingir que não sei das safadezas e traições do marido? — indignou-se Ellen, vermelha como um pimentão. — Mas ele pode pensar que sou uma idiota, loucamente apaixonada!

— Deixe que pense isso, em vez de algo pior. Ainda teremos tempo de conversar após o casamento. Então, me entenderá melhor. Agora, vamos tomar chá! Acalme-se! Você está muito nervosa. Mais tarde vou lhe mostrar alguns livros que acabei de receber e acredito que lhe interessarão.

Ellen retornou à casa extremamente nervosa e preocupada. Não conseguiu dormir por muito tempo, repensando tudo o que ouvira da condessa. O amor, que dominava sua alma apaixonada, por tanto tempo reprimida, era por demais ardente e egoísta para admitir tais concessões. Ellen chegou à conclusão de que a senhora Varatov não possuía nervos e que seu orgulho estava completamente atrofiado. Se o barão ousasse traí-la, ela o faria pagar caro por isso. Quanto

3 Lei de Talião — Castigo igual à culpa. Pela chamada Lei de Talião, o castigo deve ser idêntico ao dano causado. Essa concepção de direito penal foi adotada pelas legislações primitivas.

às amantes dele, naquele momento sequer conseguia imaginar o que faria com elas.

Passaram-se duas semanas sem nada de especial. Entre os noivos reinava plena paz e eles faziam muitas visitas. O barão ensinava à futura esposa o idioma russo e frequentemente a divertida pronúncia dela provocava risos em Artemiev, Ravensburg e até na própria Ellen.

Certa vez, numa rara ocasião, pai e filha ficaram a sós. Artemiev fumava após o café e Ellen folheava uma nova revista de moda, quando Vladimir Aleksandrovitch disse repentinamente:

— Ellen, se você não está muito ocupada com moda, gostaria de lhe falar sobre um assunto que julgo importante.

Ellen, imediatamente, deixou a revista de lado e, sentando-se no divã, disse alegremente:

— Diga, papai! Sou toda ouvidos.

Artemiev passou carinhosamente a mão pelos cabelos da filha e disse, com um sorriso:

— O que vou dizer pode não lhe agradar, minha livre-pensadora. Entretanto, meu amor me obriga a fazer-lhe algumas observações. Outro dia, vi por acaso sobre a mesa sua carta ao senhor Brown. Referia-se à doação que você fez para alguma atividade filantrópica fundada por esse senhor. A quantia era bastante significativa. Embora não saiba o tamanho de suas posses e sempre tente evitar assuntos monetários, acho que está agindo um pouco levianamente, ao dispor de seu dinheiro desse modo. Você vai se casar, pode ter filhos, até muitos, pois seu noivo e você são jovens. Em tal situação, sua principal obrigação seria garantir financeiramente a própria família, certo? Evgueny é rico, mas o tipo de vida que vocês terão de viver não lhe permitirá fazer grande economia. Julgo que os cônjuges devem tratar um ao outro com plena confiança e decidir juntos todos os negócios. Por isso, acho que deveria aconselhar-se com Evgueny antes de fazer tais doações. Você é muito jovem, minha querida, e sua educação teve um caráter muito especial. Seus ideais lhe são muito caros e ainda a atraem, mas o casamento muda tudo isso. Como mãe de família, mais tarde poderá arrepender-se amargamente por ter feito doações excessivas em seus caprichos de moça solteira.

Ellen ouvia em silêncio, sem interromper o pai. Quando ele se calou, ficou sentada, pensativa por alguns instantes.

— Caro papai, o que me disse até seria justo em outras circunstâncias — disse ela, calma mas decidida. — No meu caso, sou quase independente desde os doze anos de idade. Mamãe, antes de morrer, contoume a situação em que se encontravam minhas posses e as ordens tanto dela quanto as do tio Tomas. Desde a sua morte todos os dividendos eram guardados, exceto a parte que a mamãe designou para o abrigo, como pagamento pela minha manutenção. Aos dezoito anos eu já dispunha de todos os dividendos e, ao completar vinte e um anos, entrei na posse de todo o capital. Fiquei tão rica que poderia satisfazer amplamente todos os meus "caprichos de moça", como você chamou a ideologia na qual e pela qual fui educada. Eu tinha decidido jamais me casar, mas o destino obriga-me a desistir da liberdade. Isso não é motivo para que desista também de meus bens. Confesso que jamais admitirei qualquer intromissão em meus negócios mesmo por parte do marido. A lei russa me protege nesse caso e providenciarei tudo para cumprir todas as formalidades.

Sabendo que sou rica, meu marido tem o direito de exigir de mim uma participação com um valor igual ao que ele designar para o nosso lar comum. Concordo em dar até o dobro e depositar para cada filho que nascer um capital que garanta inteiramente o futuro deles. Além disso, estou pronta a liberar o pai de quaisquer despesas quanto à educação dos filhos. Por isso quero permanecer a única dona do capital pertencente à senhorita Rutherford-Ardi. Esse dinheiro está na América e lá permanecerá, onde tenho o meu banqueiro, meu tabelião, ótimos investimentos e... querido papai, sei fazer contas muito bem.

Portanto, Evgueny Pavlovitch não precisa temer pela minha inexperiência. Considero completamente desnecessário informar a ele o valor exato de minhas posses; nem a você direi, pois sei que levantou este assunto por insistência do barão. Há alguns dias ele viu minha carta ao senhor Brown e notei perfeitamente como ficou furioso, pensando que eu estava esbanjando enorme fortuna. Ele, naturalmente, acharia muito sensato se minhas posses entrassem como dote, para o brilho do nome Ravensburg. Ele não gosta de que eu tenha liberdade de dispor das minhas posses a meu bel-prazer. Como jamais cederei nessa questão, peço-lhe, papai, que informe ao barão que ainda somos livres e, se ele acha que minhas ideias não correspondem às dele, ainda podemos romper o noivado.

À medida que falava, Ellen entusiasmava-se cada vez mais. Sua voz e gestos tornaram-se ríspidos e nos grandes olhos azuis luziam o orgulho e a sombria desconfiança.

— Não se envergonha dessas palavras, Ellen? E ainda afirma que ama Evgueny — exclamou Artemiev com desaprovação. — Por causa de uma suspeita injustificada e ofensiva, você está pronta a fazer um escândalo e separar-se. Ravensburg jamais contou com as minhas nem com as suas posses. Entretanto, se ele quisesse a sua confiança pelo menos no mesmo nível de pessoas como, por exemplo, a senhorita Sinclair, qualquer um acharia justo e reconheceria que ele está com a razão. Cuidado, Ellen! Sua avidez americana por dólares pode servir para Boston, mas nada vale em sua situação atual. Você vai casar e não realizar uma transação comercial; sua fortuna pode não ter qualquer importância para seu marido.

Devo acrescentar — e um forte rubor cobriu as faces de Artemiev — que foi exatamente essa grosseira arrogância ianque o principal motivo de nossa mútua desgraça. Se Crawford tivesse aprovado o meu casamento com Vitória, evitaria todas as condições adversas que me empurraram para o caminho do pecado. Mas, não! O nababo, orgulhoso de seus sacos de ouro, ofendido em sua tirania, preferiu afastar e abandonar sua única parenta em vez de ceder e estender a mão à pessoa que, para a infelicidade dela, não lhe agradara. Mais tarde, ao ver sua mãe sofrendo, ele preferiu deixá-la morrer a me aceitar e não procurou a reconciliação.

Crawford me julgou e me condenou sem qualquer concessão. Será que ele não tinha fraquezas? Teve uma juventude bem agitada, seu romance escandaloso com uma certa bailarina, com quem se casaria se ela não falecesse de repente, repercutiu em toda Nova Iorque.

Então, seja sensata, minha criança, e não arrisque a própria felicidade por sua teimosia e orgulho improcedentes. Evgueny é um nobre; é orgulhoso e guarda ciosamente seus bens. Não deve pressioná-lo com o bolso cheio de dólares.

— Não tenho qualquer pretensão de pressioná-lo com meus dólares — respondeu Ellen, cerrando o sobrolho. — Quero somente gastá-los à minha vontade e o farei sem a permissão dele. Jamais conversamos sobre meus bens pessoais, pois ele afirma que se casará comigo por amor. Portanto, espero que no futuro ele seja suficientemente delicado para não se intrometer nos assuntos financeiros que não lhe dizem respeito.

Artemiev nada respondeu, deu de ombros e pegou uma revista, percebendo que, naquele momento, nada conseguiria.

À noite, conversando com o barão, Vladimir Aleksandrovitch transmitiu-lhe o que falou com a filha, omitindo, naturalmente, certos detalhes. Lembrou-lhe ironicamente que Ellen pretendia assumir a metade das despesas da casa, mas que insistia em manter em segredo o montante de seus bens. Evgueny Pavlovitch não fez qualquer observação, somente sorriu com desdém. Mas no fundo estava furioso e pensava: "Aguarde-me! Assim que possível, vou dar um jeito em você e sufocarei seu orgulho."

Esse assunto criou uma surda desavença entre os noivos. De parceiros transformaram-se em oponentes; cada um pensava somente em defender os próprios direitos.

Como ambos não escondiam sentimentos, a inimizade acabava escapando, às vezes por motivos fúteis, prenunciando um futuro nada agradável. Em tais momentos, Ellen pensava com tristeza que para ela, casar era uma loucura. Mesmo assim, uma força muito mais poderosa que a vontade e o bom senso incitava-a a se casar com o barão, e ela estremecia só de pensar em recusá-lo. Uma paixão, misto de ciúme e egoísmo, dominava o coração ávido de Ellen, herdado do pai. Por isso, o homem que amava deveria pertencer-lhe de corpo e alma e não o cederia a mais ninguém. Por outro lado, não queria sacrificar por ele um mínimo dos próprios caprichos.

Os sentimentos de Evgueny Pavlovitch também eram complexos. Estava loucamente apaixonado por sua encantadora noiva e não desistiria dela por nada no mundo. Mas seu amor-próprio fora ferido pela supremacia financeira de Ellen, além da raiva disfarçada de tudo o que ela pregava contra o casamento e os homens. Inteligente, o barão percebia que uma mulher tão orgulhosa e independente não iria se submeter facilmente à obediência conjugal que ele pretendia lhe impor. Mas esse desafio o atraía ainda mais e ele saboreava, antecipadamente, toda a complexidade da rígida educação que pretendia impor à indômita "amazona". Primeiramente, proibiria qualquer colaboração dela na imbecil revista da comunidade, onde poderia publicar qualquer bobagem que houvesse entre eles e envergonhá-lo.

Desse modo, as partes encontravam-se em pé de guerra; a cada ocasião oportuna ou não, ironizavam um ao outro. Assim, quando foram alugar uma residência, Ellen achou-a um pouco discreta; mas o barão observou amigavelmente que sua condição financeira não lhe permitia uma casa maior e que não pretendia alugar um palácio às custas da esposa.

Ellen mordeu os lábios, não insistiu, mas fez para si um majestoso dote e gastava quantias insanas em obras de arte e jóias. Além disso, mandou vir da América uma camareira, que Evgueny Pavlovitch detestou. Ao ver a enorme quantidade de objetos caros, perguntou ironicamente a Ellen se estava pensando em alugar e mobiliar mais um imóvel.

Capítulo 14

Aproximava-se o dia do casamento e a divergência entre os noivos, em vez de amainar, tornava-se cada vez mais profunda e aguda. À medida que transcorriam seus últimos dias de liberdade, a tristeza de Ellen e seu medo diante do futuro aumentavam cada vez mais. Parecia-lhe, às vezes, que não teria forças para desistir de sua ilimitada liberdade e submeter-se, mesmo parcialmente, ao "amo" que ela própria escolhera. Em sua imaginação excitada, a pessoa amada era um obstáculo em seu caminho, transformando-se quase num inimigo.

Os últimos três dias ela se trancou no quarto, alegando sentir-se mal. Estava tão abalada que não conseguia olhar o barão. Até mesmo o pai, quando quis conversar com ela sobre alguns detalhes da cerimônia, ela afastou, dizendo num tom suplicante:

— Poupe-me, papai, deixe-me em paz! A ideia de renegar tudo em que acreditava e a fraqueza que me incita a tornar-me escrava moral de alguém deixam-me num estado de espírito tão horrível que nem consigo expressá-lo.

— Como pode haver escravidão entre duas pessoas que se amam, Ellen? Você está seguindo um mau caminho. Ama Evgueny mas, mesmo assim, cria um inferno espiritual como se a levassem à força para o altar — observou Artemiev, quase com severidade.

Em seguida, acrescentou com amargura:

— Nesse momento, sua atitude me condena mais uma vez. Arrependo-me amargamente de ter sido o motivo de sua educação artificial e seu afastamento do meio onde deveria crescer; vejo com dor no coração que o "Paraíso sem Adão" tornou-a infeliz para toda a vida.

Agarrando a mão do pai, Ellen apertou-a aos lábios, mas nada respondeu. Quando ele saiu do quarto, ela caiu em prantos.

Finalmente, chegou o "dia fatal", como o chamava secretamente Ellen. Muito antes da hora marcada, ela começou a se vestir. Como não quis ter madrinhas, duas camareiras ajudaram-na a colocar o vestido de cetim branco, prenderam o véu de noiva com a coroa de flores e se retiraram.

Ficando só, Ellen olhou no espelho para o próprio rosto, mortalmente pálido, no qual somente os olhos pareciam vivos. O coração batia forte e as mãos tremiam de nervoso. Sentia vergonha e raiva. Vejam só, a orgulhosa pregadora do "Paraíso sem Adão" enfeitada de flores, pronta para subir ao altar! Será que os ex-ouvintes de suas palestras e todo o público que se reunirá na igreja não irá gritar a frase que São Remígio gritou a Clovis:[1] "Queime aquilo que adorava e adore aquilo que queimava!"

Ellen virou as costas e, com um sorriso de desprezo, caiu na poltrona. Naquele instante, sentia somente

1 Clóvis I (Clodoveu Clovis 466 — 511): Rei dos francos a partir de 482; tornou-se católico após casar-se com a princesa Clotilde, em 496, sendo batizado com a frase acima por São Remígio (439 — 535), na época, bispo de Reims.

o fel da total queda moral. Um sentimento rude e mau enchia sua alma e ela se perguntava com tristeza se realmente amava o homem com quem iria se casar. Nesse caso, ainda havia tempo para desistir. Mas essa questão bastou para alterar completamente o fluxo de seus pensamentos e despertar nela um agudo ciúme.

"Desistir? Devolver a liberdade a Evgueny para outra mulher ocupar meu lugar e ele jurar amor e fidelidade a ela? Nunca!", pensava.

Ellen levantou-se decidida, ajeitou o véu e saiu para a sala de visitas. Naquele instante, a equipagem estacionou junto ao saguão. Provavelmente tinham chegado seus padrinhos.

O tempo que antecedeu a cerimônia de casamento também não foi dos melhores para o barão. Ele percebera perfeitamente o estado de espírito da noiva e estava ofendido com isso.

Estragado pelo assédio das mulheres, Evgueny Pavlovitch considerava uma ofensa pessoal o estranho desespero de sua prometida, pois, na sua opinião, para pertencer a ele podia-se deixar o "Paraíso sem Adão" de bom grado.

Essa mulher a quem ele sacrificava a própria liberdade, amava-o menos que as outras, que ele as abandonava por causa dela. Ele, com a meticulosidade alemã, rompera todas as suas atividades de solteiro, separarase de todas as amantes e, uma delas, uma bonita polonesa, lhe aprontou uma cena trágica na despedida.

A resistência silenciosa de Ellen, o oposto do ardor das outras, enfurecia o barão. Havia momentos em que a irritação despertava dúvidas em sua mente: era sensato continuar com um casamento que prometia tão pouca felicidade e tantas complicações? Nas veias de Evgueny Pavlovitch corria o sangue teutônico; ou seja, estava impregnado de ideias sobre a supremacia masculina e decidira reeducar Ellen, obrigando-a a obedecê-lo, por mais escândalos que isso pudesse causar. No fundo, odiava "cenas". Se sua noiva fosse menos bela, ele naturalmente já a teria deixado. Mas a beleza de Ellen, sua mente refinada e extremamente desenvolvida, encantavam-no e o prendiam a ela.

Desejando afastar esses tristes pensamentos, Evgueny Pavlovitch decidiu despedir-se da vida de solteiro com uma festa. A despedida foi tão animada que os futuros padrinhos do barão levaram-no para casa em estado próximo ao coma.

Em consequência da noite agitada, levantou muito tarde e, quando tomou o desjejum, já era hora de se vestir para o casamento.

Evgueny Pavlovitch aprontou-se em silêncio. Também sentia uma certa apreensão. A nova vida à sua frente, a responsabilidade que assumia, o futuro incerto, tudo isso pesava sobre sua alma que, na realidade, era bondosa e nobre, mas depravada pelos maus exemplos à sua volta, por causa do sucesso com as damas.

Com um suspiro, aproximou-se do grande retrato de Ellen sobre a mesa, que ainda não fora levado para a nova residência. O barão ficou olhando por muito tempo para o rosto fino e encantador daquela que, dentro de algumas horas, iria se tornar a companheira de sua vida, e seu coração amainou-se.

Conseguiria ele tratá-la com rigor? Seria justo condená-la por ser totalmente diferente das moças da alta sociedade? Ela crescera em condições anormais. Será que a solidão e a riqueza faziam-na cometer essas bobagens e caprichos absurdos?

O culpado era Artemiev, por ter abandonado a filha. A culpa do pai refletia-se na pobre Ellen, que viveu e cresceu como planta selvagem. Agora, recaíam sobre o barão a sina e a obrigação de endireitar com amor e paciência essa flor de caule torto, para colocá-la em condições normais de vida.

No *boudoir* contíguo ao salão de recepções, Ellen encontrou o pai. Quando este, assustado com sua palidez, abraçou-a, ela encostou a cabecinha em seu peito e sussurrou baixinho:

— Oh, papai! Por que fui ficar aqui? Estou indo cegamente para a minha destruição, pois não fui educada para ser esposa de ninguém!

— Não fica bem falar assim numa hora tão solene, minha querida! Cumpra somente seu dever, procure a felicidade não na satisfação do próprio orgulho, mas no amor, e os problemas lhe parecerão fáceis — respondeu Artemiev, beijando-a carinhosamente.

Mas suas palavras não provocaram em Ellen o efeito desejado.

"Ele também fala de amor. Entretanto, que significado tem essa palavra para ele, que abandonou a mim e a minha mãe?", esse pensamento passou como um raio em sua mente dolorida. Mas nada respondeu, pois naquele instante, chegaram os padrinhos e era a hora de ir à igreja.

A cerimônia agiu ainda mais negativamente sobre os nervos já abalados de Ellen, que embarcou na equipagem como um autômato e, quando chegou à igreja, seu nervosismo atingiu o clímax. O murmúrio da multidão elegante, a forte iluminação, o canto enlevado e o ambiente solene e místico, tudo isso a perturbava. Parecia-lhe estar com os olhos cobertos por uma névoa. Como num sonho, apareceu diante do altar ao lado do noivo, mas sequer levantou os olhos para ele. Foi tomada por um sentimento de completa indiferença e langor, a ponto de nem se dar conta do ritual sagrado.

Evgueny Pavlovitch ficou surpreso com a palidez mortal da noiva. Olhou compadecido para os olhos abaixados de Ellen, entendendo que ela rompia com o próprio passado, princípios e opiniões; em suma, com todo o seu mundo interior. Não era uma moça inocente e simplória que estava lá, pronunciando o juramento de amor, mas a orgulhosa pregadora da famosa ideologia que renegava publicamente os próprios conceitos ao pronunciar o "sim", que lhe escapou dos lábios como um sopro vacilante.

Quando o padre uniu as mãos dos nubentes, o barão apertou os dedinhos gelados com sua mão quente e olhou com ar encorajador para Ellen, cujos olhos permaneciam vazios.

Finalmente a cerimônia encerrou-se. Após receber as primeiras congratulações, Ellen sentou-se na equipagem ao lado do marido. Tudo estava irremediavelmente acabado e ela se tornara a baronesa de Ravensburg.

— O que você tem, Ellen? — perguntou Evgueny Pavlovitch, inclinando-se para ela. — Está com uma aparência tão abatida, como se tivesse sido forçada a se casar. Anime-se, minha querida! Esqueça o seu absurdo "paraíso" e acredite que desejo sinceramente fazer a sua "escravidão" menos rigorosa do que imagina.

Pela primeira vez, Ellen levantou os olhos para ele, mas, ao encontrar um olhar que luzia com amor e alegria, ficou embaraçada de vez. Reconhecia que seu comportamento era ofensivo ao marido e que precisava dizer algo conciliador, algumas palavras de desculpa. Seus pensamentos, entretanto, misturavam-se e ela não conseguia encontrar as expressões adequadas. Por fim, balbuciou com esforço:

— Tentarei esquecer... Mas é difícil romper com um passado como o meu. Perdoe-me barão; não se zangue!

— Por que esse tratamento formal? Será que também devo tratá-la por baronesa? — disse Evgueny Pavlovitch, rindo.

— Oh, me perdoe! Esqueci — respondeu Ellen, corando.

— Mas como? Esqueceu-se que para você já não sou mais o barão? Ah, ah, ah! Isso até parece piada. Definitivamente, você precisa tratar seus nervos, pois está muito doente, minha querida. Aliás, esse é um castigo merecido. Se em vez de evitar seu noivo e se trancar em seu orgulho e utopias, aceitasse abertamente o meu amor e me entregasse o seu, seríamos agora menos estranhos um ao outro. Mas, acalme-se! Todos esses pequenos erros podem ser corrigidos.

Ele inclinou-se e beijou a esposa, enquanto Ellen encostou a cabeça em seu ombro, num gesto de cansaço. Quando ele a apertou ao peito, sentiu tanta felicidade e paz que esqueceu o arrependimento e os maus pressentimentos.

Artemiev reuniu em sua residência as pessoas mais próximas e, após o chá da tarde, os recém-casados deveriam ir para a própria casa.

Com grande esforço, Ellen recuperou a tranquilidade aparente. Sorrindo, amável, conversava animada com os convidados e retrucava alegremente a algumas piadas mais picantes. Tudo corria bem, para enorme satisfação de Evgueny Pavlovitch e Artemiev, quando, de repente, um infeliz acaso pôs tudo a perder.

Após as frutas e doces, o mordomo entregou à noiva um telegrama. Ela o abriu rapidamente e viu que era do abrigo "Paraíso sem Adão".

A comunidade enviava aos cônjuges as melhores saudações e votos de felicidades e desejava, especialmente à sua ex-pregadora, que fosse tão corajosa no cumprimento de suas novas obrigações como o fora na defesa da causa da comunidade.

Ellen ficou abalada. Todo o seu descontrole emocional despertou com nova energia. O passado entrou em choque com o presente e esse golpe foi demais para seus nervos, desgastados pelas emoções do dia. Apesar do esforço sobre-humano para manter a presença de espírito, sentia-se enfraquecida. Sua cabeça girava, tudo à sua volta parecia ruir com estrondo e caía num sombrio e frio abismo...

Vendo que a noiva desmaiara, todos os presentes, encabeçados por Evgueny, correram para acudi-la. O barão levantou a jovem esposa, ajudado por Artemiev, levou-a para seu quarto de solteira e, durante esse trajeto, deu uma olhada no malfadado telegrama.

— Imbecis! Quem precisa dos cumprimentos deles? — resmungou furioso.

Em seguida, voltando-se para Artemiev, acrescentou:

— Esse telegrama idiota arrasou-a. Mas, assim que ela voltar a si, iremos embora. Não precisamos mais dar espetáculo a pessoas estranhas.

Quando ambos retornaram ao salão, Artemiev explicou em tom de brincadeira:

— Aquilo foi um telegrama de congratulações da comunidade "Paraíso sem Adão". Como minha filha ainda não se esqueceu que "desertou" daquela estranha instituição, o telegrama agiu negativamente sobre ela.

O barão nada disse. Ficou furioso por notar alguns olhares sardônicos e sorrisos de duplo sentido. Como fora Ellen envergonhá-lo com essa imprópria e indecente fraqueza? Esse desmaio o deixara numa posição ridícula, fazendo-o parecer um raptor que a arrastara à força para o altar. Isso não parecia um casamento decente, mas uma cena de ridículo melodrama.

O orgulho ferido fazia-o sofrer. Além disso, sentia-se ainda mais furioso com diversos pensamentos que fustigavam seu amor-próprio.

A única pessoa que observava a cena com sincera comiseração era a condessa Varatov. Ela lera no rosto sombrio do barão o prenúncio da primeira tempestade conjugal e sentia pena da moça, inexperiente e perdida, abandonada como um barco sem leme em meio às ondas agitadas do mar. A condessa entendia o estado de espírito de Ellen, a confusão de seus sentimentos e o peso da humilhação pela própria inconsequência. Aproximou-se de Artemiev e disse-lhe que desejava ver Ellen para conversar com ela.

— Ah, condessa, fico-lhe muito grato por essa boa ideia! — disse ele, beijando a mão da senhora Varatov. — A pobre Ellen está precisando muito de um conselho amigo. Temo que, com o caráter e as ideias absurdas que tem, ela tenha cometido uma bobagem se casando. Queira Deus que consiga assimilar ao menos uma partícula da sabedoria da senhora, a quem todos, começando pelo próprio marido, consideram uma esposa ideal.

Um sorriso quase imperceptível e sarcástico passou pelos lábios da senhora Varatov. A condessa sabia perfeitamente que era uma "esposa confortável" e merecia a admiração do marido.

Quando a condessa entrou no quarto, Ellen já tinha recobrado a consciência e a camareira arrumava seu penteado e vestido. Parecia estar se aprontando para retornar ao salão. Ao ver a senhora Varatov, Ellen ficou vermelha e, estendendo-lhe a mão, murmurou:

— Veio me repreender, condessa? Sinto que mereço isso. Cometi uma bobagem imperdoável, mas meus nervos me traíram.

— Adivinhou, minha querida! Vim ralhar com você, porque exatamente nessas situações é que deveria dominar os nervos, para não ferir o amor-próprio do seu marido. Você sabe melhor que eu que na vida é preciso sempre dominar-se quando se quer conseguir algo; as primeiras horas, dias e meses do casamento servem de base para toda a vida futura. Cada palavra deve ser medida, cada ato calculado, pois os nossos "senhores" são inconstantes e caprichosos por causa dos mimos e lisonjas de "damas" pouco discretas. A esposa honesta precisa ser sábia, como a cobra, e delicada como a pomba. Combinando com arte a própria dignidade com a condescendência e evitando cenas, ela deve reeducar o marido sem que ele perceba. Também deve aparentar não ter outra vontade senão a dele e, mesmo assim, agir a seu modo. Com beijos e brincadeiras, carinhos e palavras doces é possível domesticar até um tigre.

Ellen escutava em silêncio, batucando com os dedos na cômoda. Naquele momento, sentia irritação e até desprezo por aquela bela, inteligente e sábia mulher, que lhe propunha um programa inteiro de fingimento, humilhação e pequenos truques. Será que ela própria usava dessa hipocrisia? Então, a escravidão da mulher, através dos tempos acabara arrancando dela toda a vontade de lutar pela independência. Ellen sentia-se muito grata por seus conselhos, mas jamais iria se humilhar a ponto de concordar com os caprichos de seu "tirano" ou ficar esperando o feliz momento em que ele iria lhe permitir ter seus próprios desejos.

A condessa pareceu ler esses pensamentos no rosto expressivo de sua interlocutora e, sorrindo, respondeu tranquilamente:

– Vejo que não compartilha de minhas ideias e pretende desencadear uma luta inútil entre um anão e um gigante. Não faça isso, minha querida! Assim você somente afastará a pessoa com quem se casou, condenando-se à solidão e ao arrependimento tardio. Permita-me acrescentar que você não tem razão quando rejeita e considera humilhante o trabalho de construção da felicidade conjugal. É um desafio honroso e digno de total respeito, pois é a base da moralidade social.

O seu "Paraíso sem Adão" é uma instituição nobre e útil, pois acolhe vítimas de desastres do destino, consola mulheres infelizes e restitui-lhes algum interesse pela vida, mas esses abrigos não podem acolher todo o gênero feminino. Eles se opõe a leis básicas, que nenhuma educação consegue destruir. Você é a prova viva do que estou dizendo. A força imortal e invencível do amor obrigou-a a se casar e ninguém tem o direito de desprezá-la por isso, assim como ninguém poderia escarnecer de uma mulher que preferiu ficar livre e sozinha. Cada um deve ocupar no mundo o lugar de acordo com suas forças, que lhe é destinado por Deus. Muitas mulheres preferem não estudar o misterioso pentagrama que o destino colocou em suas mãos sob a forma de um marido, como pretexto para evitar a responsabilidade que recaiu sobre seus ombros. Sei que considera tempo perdido o meu grande esforço para manter a paz no cotidiano do meu lar. Mas eu lhe digo: esse esforço não é inútil. Sou amada e muito amada pelo meu marido, apesar de todas as fraquezas dele. Se eu morresse ele sentiria uma dor muito profunda e em sua vida se abriria um enorme vazio, difícil de preencher. Eu não lamento.

A condessa foi interrompida pela chegada de Artemiev, que fora saber da saúde da filha e disse-lhe que o marido desejava ir para casa.

A senhora Varatov saiu imediatamente do quarto, e pai e filha ficaram por instantes a sós.

— Minha querida filha! — disse Vladimir Aleksandrovitch, abraçando Ellen. — Como gostaria de vê-la feliz e estar convicto de que o mal que cometi não irá repetir-se com você! Evgueny é melhor do que eu. Ame-o como sua santa mãe me amou, apesar dos meus defeitos; ame-o com todos os defeitos e qualidades, pois o amor é o maior talismã da vida conjugal. Eu sou um exemplo de que o amor tudo vence, mesmo depois da morte.

Ellen beijou-o, mas nada respondeu. Reconhecia que o pai estava certo e também a condessa. Cada palavra dela lhe fora ditada pela experiência e amizade, mas sua alma revoltada não queria aceitar isso.

Ao entrar na sala, o barão foi imediatamente em sua direção. Estava pálido e frio, mas, com amabilidade impecável, perguntou sobre a saúde da jovem esposa e, em seguida, ajudou-a a vestir o casaco.

Alguns minutos mais tarde, o jovem casal já estava na equipagem, mas entre eles se interpusera o fantasma da discórdia, fazendo-os permanecer em silêncio.

Ellen encolheu-se num canto, segurando um grande buquê de flores, enquanto Evgueny Pavlovitch olhava pela janela. Ambos estavam calados, observando-se de soslaio, como inimigos. O barão notou a aparência assustada, mas teimosa de Ellen. Ela, por sua vez, percebeu-lhe o cenho franzido e o ar sombrio e insatisfeito. Será que ele lamentava a liberdade perdida?

Durante todo o caminho, não trocaram uma única palavra. Uma aguda tristeza invadiu a alma de Ellen e seu coração bateu forte enquanto subia os degraus da escada enfeitada de flores e passava pelos quartos iluminados, acenando aos cumprimentos dos criados.

Junto à porta do dormitório, o barão lhe fez uma leve reverência e foi embora. Ellen foi recebida pela camareira americana, uma mulher alta e magra, de aparência severa e taciturna, invariavelmente vestida de negro, com touca, gola e avental branquíssimos.

Sara Witshell era melhor internamente do que na aparência. A infeliz criatura, recolhida no sótão de uma das funcionárias da comunidade, achou o abrigo que a acolhera um verdadeiro paraíso. Seu marido, pintor de cartazes, revelou-se um bêbado inveterado; sacrificou à bebida tudo que possuía, inclusive o dote e as economias da esposa, depois abandonou a ela e a filha.

Ellen interessou-se por essa infeliz que, na época, estava gravemente doente. Quando ela sarou, tomou-a como sua camareira e garantiu a vida da filha com um pequeno capital.

Sara apegou-se a Ellen como um cão fiel e, sem a menor hesitação, foi a seu chamado para a Rússia. Sabia que sua filha estaria bem no abrigo. Além disso, prometeram-lhe que também trariam a menina para perto dela. Os cinco anos da vida conjugal, marcados mais por surras do que carinhos, eram um espantalho para Sara. Tornou-se uma inflamada adepta das ideias do "Paraíso sem Adão", encarava o casamento de Ellen como uma grande desgraça e considerava Ravensburg o pior inimigo de sua patroa. Sua hostilidade para com o barão e Artemiev era ostensiva e estes também a odiavam, apelidando-a de "pedra tumular do Paraíso sem Adão".

O dia fora muito duro para Sara; seus olhos estavam vermelhos e inchados. A palidez e o ar desolado de Ellen deixaram-na ainda mais triste, mas, ao mesmo tempo, serviam-lhe de consolo, provavam que a moça estava arrependida por abandonar a sua causa.

Balbuciando algumas palavras de congratulações, às quais Ellen nada respondeu, Sara despiu-a, fez uma trança nos vastos cabelos e ofereceu-lhe um luxuoso penhoar branco, todo coberto de finos bordados prateados.

Quando a camareira saiu, Ellen encostou-se na cômoda e ficou pensativa. Um furacão de sentimentos contraditórios desencadeava-se em sua alma. "Não havia dúvidas de que Evgueny estava furioso e ofendido. Ele talvez acabasse dormindo em seu próprio quarto. Seria ótimo, mas, e se não ficasse? Como isso tudo iria acabar? Deus do céu, que situação terrível!"

O marido, entretanto, ansiava despejar todo o seu fel e fazer a esposa compreender toda a indecência do seu comportamento; em suma, colocá-la no seu devido lugar.

Trocando rapidamente de roupa, o barão ficou andando nervosamente pelo quarto. A ira reprimida a tarde inteira e a amargura do amor-próprio ferido ferviam em seu espírito, obscurecendo completamente suas boas intenções de ser amoroso e compreensivo. Naquele instante, era somente um marido ofendido, achando-se no direito de desiludir definitivamente a esposa quanto à grandeza de seu passado e fazê-la sentir todas as "vantagens" de sua posição atual. Quanto mais pensava, mais irritado ficava. Quando abriu a porta do dormitório, estava disposto a desempenhar a primeira cena conjugal e demonstrar a Ellen o verdadeiro sentido do paraíso "com Adão".

A pose de desespero da jovem esposa, ainda sentada junto à cômoda com a cabeça abaixada sobre os braços, nem de longe foi capaz de acalmar o barão. Furioso, ficou olhando-a por instantes com ar irônico. Em seguida, aproximou-se e disse sem rodeios:

— Querida, levante a cabeça e ouça atentamente o que tenho a lhe dizer!

Ellen estremeceu e endireitou-se. O tom desafiador e zombeteiro do marido provocou-lhe uma surda insatisfação, mas ela se controlou e respondeu:

— Vamos deixar essa conversa para outro dia. Estou muito cansada. Além disso, me parece que ambos não estamos em condições de ter uma conversa séria.

O barão, em vez de sair como ela supunha, empurrou a poltrona e, para grande desgosto dela, sentou-se calmamente ao seu lado.

— Estou completamente calmo e, a julgar pelo seu comportamento de hoje, não se pode ter certeza de que você estará mais sensata amanhã. Portanto, vamos nos entender agora, pois você está completamente enganada quanto à nossa situação e ao papel que lhe cabe nisso.

— Pelo menos, o senhor não perdeu tempo em tirar a máscara e provar como me enganei redondamente ao considerá-lo um verdadeiro cavalheiro — contestou Ellen, e em seus olhos acendeu-se um relampejar de desprezo.

— Pelo amor de Deus, só falta você sacar um punhal e me matar no afã de sua indignação! Está muito enganada se pensa em me intimidar e assim me impedir de explicar claramente as obrigações da esposa. Vim exatamente para isso.

— Nesse caso, também serei franca — respondeu

Ellen, que parecia estar sufocando. — Reconheço que nosso casamento foi uma lamentável loucura cuja culpa maior cabe a mim. Não fui educada para o papel de esposa, tal como o senhor o imagina. Não desejo ser uma escrava sem opinião, que aguarda resignadamente a condescendência do seu amo. Portanto, vamos nos separar! Será melhor para ambos.

Evgueny Pavlovitch soltou uma gargalhada.

— Separar? Ah, ah, ah! Não, minha querida, agora é tarde demais! Hoje pela manhã você estava livre e podia não ter se casado comigo, mas agora é minha esposa e permanecerá assim. Por que diz que não foi educada para ser esposa, tal como imagino? Você é feita da mesma massa que todas as outras mulheres. Bastará assumir o seu papel para que tudo corra às mil maravilhas. Quanto a isso, pode ficar tranquila. Mas quanto às vontades e liberdades, você usou e abusou disso enquanto solteira. Para uma mulher casada, não pode existir outra vontade senão a do marido. Concedo-lhe total liberdade de tomar pela manhã chá ou chocolate, sair para passear a pé ou de equipagem, usar vestidos de lã ou de seda, dispor dos criados e, em geral...

— Chega! Chega de zombarias e ofensas! — interrompeu-o Ellen, irada. — Acaso pensa que está falando com uma idiota ou uma escrava? Não ficarei nem mais uma hora sob o seu teto! Agora mesmo voltarei à casa de meu pai e amanhã retorno para Boston.

Com essas palavras, ela correu para a campainha. Mas, antes que pudesse apertar o botão, o marido agarrou-a pelo braço. Um forte rubor cobriu o rosto do barão e sua voz tornou-se surda de fúria:

— Chega de escândalos! Felizmente, você não está em condições de cumprir suas ameaças. Não estou brincando: ou você sofre dos nervos ou enlouqueceu.

Não compreende que, deixando essa casa na noite de núpcias, dará a qualquer pessoa o direito de supor que o "Paraíso sem Adão" não é nem de longe um abrigo de virgens virtuosas? Por amizade e respeito a seu pai, não permitirei que me envergonhe. Você não irá nem para a casa dele nem para a América. Onde quer que você esteja, posso exigir que as autoridades a tragam de volta à minha casa. Não me obrigue a fazê-la sentir o meu poder e submeta-se voluntariamente às minhas exigências. A partir de hoje, foi colocada uma cruz sobre seu passado, eu lhe proíbo qualquer relação com essa comunidade ou colaboração com sua absurda revista. Seu mundo agora é o seu lar, sua casa, e você irá viver conforme as minhas posses e não as suas. Pode fazer o que quiser com seu dinheiro. Para mim, não importa se você vai cobrir com seus dólares o quintal do "Paraíso sem Adão" ou as ruas de Boston. Mas, na minha casa, não quero nem saber desses seus milhões. Você mesma quis que tivéssemos tudo em comum! Que assim seja! Farei tudo conforme seu desejo, mas não pense que vou me rebaixar diante de sua riqueza, permitir que mande em mim e suportar seus caprichos.

Ellen ouvia-o, muda de ira e com todo o corpo tremendo. Seus olhos, ardendo de orgulho e teimosia, e o sorriso de desdém dos lábios entreabertos atestavam que não estava vencida. Em compensação, jamais pareceu tão linda como naquele momento de excitação, ainda mais em trajes caseiros, no qual o barão a via pela primeira vez.

Um ímpeto de paixão acendeu-se no coração de Evgueny Pavlovitch, suavizando um pouco sua ira. Seu olhar corria embevecido pela figura da esposa, tão delicada e graciosa em seu macio e sedoso penhoar, cercada de uma nuvem de rendas que tão bem combinavam com sua nobre e esguia beleza.

Mas Ellen não notava a admiração do marido. A tempestade que se desencadeava nela atrapalhava seus pensamentos e cortava-lhe a respiração.

— O senhor... o senhor ousa ameaçar e me ofender como a uma criada! Pois muito bem! Vou lhe mostrar o que acho de suas ordens. Vou embora agora mesmo! E não tente me impedir! — conseguiu pronunciar com dificuldade, irada ao extremo.

Ellen quis tocar a campainha, mas o barão impediu-a novamente, resolvendo encerrar rapidamente aquela cena. Era tarde demais para recuar, sem abalar para sempre a própria autoridade, também era perigoso obrigar aquela moça especial a cometer algum desatino. Entretanto, precisava dominá-la definitivamente e, para esse golpe decisivo, o barão contava com a fraqueza feminina.

— Está bem! Vá embora! — disse friamente e cerrando o cenho. — Já que quer assim, eu mesmo tocarei a campainha e ordenarei que a levem para a casa de seu pai. Amanhã, a cidade inteira ficará sabendo que o barão Ravensburg, no meio da noite, expulsou de casa a própria esposa, como se expulsa alguma sacerdotisa do amor. Em seguida, a senhora estará livre para me processar e provar sua inocência. Agora, escolha: ou deixa a minha casa para nunca mais voltar e aguenta as consequências de sua insana teimosia, ou fica e submete-se à minha vontade, como toda esposa. Dou-lhe cinco minutos para pensar.

É difícil descrever o que sentiu Ellen naquele momento. O tom e o olhar do barão convenceram-na imediatamente de que ele agiria exatamente como dissera e que o momento era extremamente grave.

Em sua imaginação, levantava-se como uma hidra ameaçadora a opinião pública de mil bocas, o escárnio da turba e a vergonha irreparável que recairia sobre ela e o abrigo que a educara. Naturalmente, poderia voltar para a América, mas humilhada para sempre, morta para a causa que defendia.

Sufocada e branca como o penhoar que vestia, apertou as mãos ao peito. Seu olhar sombrio e cheio de ódio fixava-se naquele "amo", a quem descuidadamente se entregara. Naquele momento, provava-lhe que sua energia e teimosia nada valiam diante dos direitos do marido. Ele olhava, frio e decidido, para o relógio, pronto para entregá-la à vergonha ou encerrá-la em sua casa como uma resignada prisioneira.

Uma terrível luta acontecia na impetuosa e impávida alma de Ellen. Naquele instante, ela o odiava e preferia morrer para evitar aquele terrível sofrimento.

— Então? Posso tocar a campainha? — perguntou ele, estendendo a mão para o botão.

— Não... — disse Ellen, segurando-lhe a mão.

Pareceu-lhe que o som daquela campainha iria jogá-la no abismo. Aquela palavra, pronunciada de forma surda, quase inaudível, foi o último esforço consciente de sua vontade. Uma dor aguda premeu-lhe o coração, dificultando a respiração, o corpo cobriu-se de suor frio e as pernas não lhe obedeciam. Tudo escureceu à sua volta e sua mão procurou inutilmente um apoio no espaço.

Evgueny Pavlovitch suspirou aliviado, pois temia perder a jogada em que apostara todas as suas cartas, mas na mesma hora ficou estarrecido ao olhar para a esposa. Ellen, mortalmente pálida, com o olhar sem brilho e o rosto deformado pela dor, oscilava como ébria e parecia não notar que ele a estava segurando. Inconscientemente, deitou a cabeça no ombro do marido.

Assustado, esquecido de tudo, levou a esposa para o sofá, borrifou-a com diversas fragrâncias que estavam sobre a cômoda, tentando, de vários modos, fazê-la voltar a si.

Ellen, entretanto, não tinha desmaiado; encontrava-se somente num estado de profundo esgotamento, por causa da enorme emoção que sentira. O grande afluxo de sangue ao coração e ao cérebro provocou uma dor aguda. A segunda onda de dor a fez sair do torpor e ela abriu os olhos.

O barão, mesmo aliviado com isso, ainda estava preocupado com o desmaio e sentia profunda pena dela. Então, abraçou-a e disse carinhosamente:

— Insensata! O que fez? Por que me obrigou a dizer palavras tão cruéis? Por que me odeia? Nos nos casamos por amor, mas, em vez de paz e felicidade, você me cria um verdadeiro inferno, logo nos primeiros momentos de vida conjugal.

Ellen nada respondeu. Mas sua tensão nervosa logo se transformou num rio de lágrimas. O barão não impediu essa reação benéfica, que dissipou de vez toda sua raiva. Num ímpeto de amor, ajoelhou-se junto ao sofá, abraçou carinhosamente a sua encantadora oponente, vencida e confusa, sussurrando-lhe palavras de amor e consolo. Sem o saber, ele havia escolhido o melhor caminho. Seus beijos ardentes derreteram a crosta gelada que envolvera o coração de Ellen durante suas tormentas espirituais. A poderosa atração oculta dentro dela, a empurrava para os braços do barão, despertando ao contato com seu amor. Contra a sua vontade, sentiu uma surpreendente felicidade.

Quando as lágrimas foram secando, o barão inclinou-se para ela e perguntou:

— Diga-me somente uma coisa: você me ama?

— Sim — respondeu Ellen.

Apesar dessa palavra ter sido pronunciada de forma quase incompreensível, Evgueny Pavlovitch ouviu-a e exultou:

— Então, está tudo salvo! Espero que nossa primeira briga tenha sido também a última.

Uma hora mais tarde, com os olhos vermelhos e inchados, mas sorridente e linda, Ellen jantava com o marido. Todas as rusgas foram esquecidas. O olhar do barão brilhava de admiração e paixão quando encheu as taças e brindou com a esposa pela felicidade mútua. Como Ellen baixou a cabeça, ele sussurrou-lhe ao ouvido:

— Querida, você vai me obedecer? Foi tudo acertado? Da minha parte, procurarei dar-lhe somente ordens agradáveis.

— Nesse caso, você não vai impedir a minha correspondência com os amigos da comunidade? — perguntou Ellen, em tom de brincadeira, mas não sem malícia.

— Escreva o quanto quiser, já que não pode viver sem eles, contanto que suas amigas não queiram incitá-la a reagir contra mim.

Ellen balançou a cabeça, encostou-se no ombro dele e fechou os olhos. Vieram-lhe à mente as palavras da senhora Varatov. É melhor ceder antes da tempestade, que ser obrigada a submeter-se mais tarde. Como é limitada a liberdade de uma alma ligada a outra com todas as suas fibras! Enfim, o amor masculino não seria uma poderosa arma nas mãos da mulher? Ellen suspirou. Ela, aparentemente, deveria agir como as outras, e dirigi-lo às escondidas.

Capítulo 15

Os primeiros meses de casamento se passaram como um sonho. Ellen sentiu-se transportada para um novo mundo, levada pelo furacão de novos pensamentos e sensações. O passado empalideceu e o presente resplandecia.

Completamente apaixonado pela esposa, Evgueny Pavlovitch a cercava de dedicada atenção, submetia-se alegremente aos seus caprichos, afastava com piadas desavenças que apareciam, interessava-se por seus trajes, admirava-a e cuidava dela como de um luxuoso brinquedo.

A lembrança da triste cena na noite de núpcias, ocultava-se no coração de Ellen como uma nuvem de tempestade. Ela, entretanto, evitava pensar nisso e nem tinha tempo de analisar friamente o acontecido. Além disso, nada tinha a reclamar, pois o marido tentava sempre adivinhar e realizar todos os seus desejos.

Apesar da autorização, sua correspondência com o "Paraíso sem Adão" quase acabou, pois Ellen parecia ter vergonha de reconhecer que era feliz. Imaginava que deveria informar à comunidade somente as ofensas de que seria vítima.

Ao receber do senhor Brown a carta de agradecimento pelo generoso donativo, Ellen mostrou-a ao marido. Este somente deu uma gargalhada e declarou, zombeteiro, que era absolutamente incapaz de avaliar as vantagens e a utilidade daquele fazedor de idiotas.

Decidiram passar o verão em Petergof.[1] Após um dia inteiro à procura de um imóvel apropriado, Ellen achou que seria melhor comprar uma casa de campo e assim livrar-se de vez dessas incômodas viagens. Mas o barão foi contra, dizendo que ela não tinha o direito de gastar o dinheiro de seus futuros filhos. Irritada, Ellen aproveitou uma viagem do marido e comprou uma magnífica casa de campo no "Velho Petergof". Recebeu uma boa reprimenda do barão, por ter pago mais caro que o valor real da propriedade.

Ellen não se ofendeu com a repreensão. Fez tudo a seu modo, mobiliou a casa de campo com bom gosto e transformou o jardim num recanto paradisíaco.

O verão seguia alegremente. Em fins de julho, Evgueny encontrou um velho amigo e colega de escola, que dera baixa no serviço, recebera uma grande herança e fora passar alguns anos no estrangeiro.

As consequências desse encontro amigável foram desastrosas: o barão tornou-se desleixado, atrasava para o almoço, aceitava convites para passeios de bicicleta sem a esposa, passava tardes na casa de companheiros solteiros e frequentemente retornava para casa às três, quatro horas da madrugada. Ellen desconfiava de sua infidelidade. Extremamente impulsiva para conseguir disfarçar o ciúme, passou a provocar cenas muito desagradáveis e os cônjuges retornaram à cidade, tratando-se com hostilidade.

---

1 Petergof — Cidade periférica de São Petersburgo. Na época, era local de residência de verão da família imperial e da nobreza em geral. Após 1944, foi rebatizada com o nome de "Petrodvorets".

Evgueny Pavlovitch prosseguiu com suas aventuras. Então, a jovem esposa passou a ignorá-lo. Saía quando ele almoçava em casa, convidava amigos quando ele pretendia sair e visitava, assiduamente, Lídia Andreevna e Inna. Tentava, de todas as maneiras, mostrar ao marido que a presença dele era-lhe completamente indiferente. A discórdia aumentava a cada dia e Ellen sentia-se ainda mais solitária, porque o pai havia se ausentado, pois fora cuidar da administração de suas propriedades, das quais tinha se descuidado. Desde a partida, ele enviara somente uma carta lacônica informando que voltaria para o Ano Novo.

Evgueny Pavlovitch estava cada vez mais irritado. Certa manhã, quando a esposa se preparava para sair, perguntou-lhe se retornaria para o almoço; caso contrário, ele iria almoçar na casa de algum amigo, pois estava cansado de sentar-se sozinho à mesa.

Mais irritada ainda que o marido, Ellen respondeu, com indiferença, que estando ela em casa ou não, ele podia almoçar, jantar e até passar a noite onde bem entendesse.

O barão ficou vermelho, nada respondeu, mas não retornou para o almoço nem para o jantar.

A ira e o ciúme não deixaram Ellen pregar o olhos e ela ficou sentada em seu *boudoir*. O barão retornou muito tarde. Encontrando o dormitório vazio, foi até o *boudoir* e tentou desculpar-se e abraçar a esposa. Mas Ellen, não conseguindo se dominar, empurrou-o para longe, cobriu-o de reprimendas e acusações e, por fim, disse ter nojo de uma pessoa que ousava falar-lhe de amor após retornar de alguma aventura amorosa. Furioso e ofendido, o barão saiu e se trancou no gabinete.

Ellen chorou amargamente e escreveu uma longa carta a Nelly, descrevendo todas as indecências do marido. Em seguida, fez o rascunho de um artigo venenoso para a revista da comunidade. Isso a acalmou um pouco e adormeceu no sofá.

O dormitório continuava vazio, pois os jovens cônjuges dormiam um no gabinete e outro no *boudoir*. Na manhã seguinte, Ellen soube, por Sara, que o barão tomara o desjejum cedo e saíra de bicicleta, sem dizer quando retornaria.

Ofendida, vestiu-se rapidamente e foi para casa de Inna. Apesar de ser ainda cedo, ela já tinha uma visita: o jovem marinheiro. Durante a refeição, o tratamento franco e desembaraçado entre a jovem anfitriã e o visitante, surpreendeu Ellen. Quando o marinheiro partiu, ela observou, zombeteira:

— Parece-me que você não perde tempo e se distrai na ausência de Nicolai Lvovitch. Acho até que o serviço no Ministério teria problemas, se seu marido soubesse que você recebe visitas frequentes desse primo.

Inna ficou vermelha até as orelhas e correu para os braços dela.

— Ah! Não me julgue tão severamente! O que posso fazer? Estou sempre só. Nicolai não me ama e me trai a cada passo. Rejeitou com frio desprezo as minhas melhores intenções, não sente ciúmes de mim e fica muito satisfeito quando não o incomodo. Então, para passar o tempo, eu me permito ser amada. Dissiparam-se todos os meus sonhos. Deixei-me arrastar pela correnteza e já não sofro tanto, como no início do meu casamento. Pensei muito em divórcio, mas tenho medo do escândalo que isso provocaria. Entretanto, vivendo desse jeito, até mantenho a aparência de uma união extremamente feliz.

Enquanto Nicolai segue para a direita, vou para a esquerda. De comum, só nos restaram os assuntos da casa e eu, naturalmente, recebo seus convidados. Mas quando o encontro com alguma cocote ou ele me vê com Anatoly, fingimos não nos ver.

Ellen nada respondeu e ficou pensando. Talvez Inna estivesse certa e essa vida fútil e festiva, alegrada por aventuras amorosas, representasse a saída mais fácil e natural do labirinto de um casamento infeliz.

Inna, que a observava, agarrou repentinamente sua mão.

— Querida Ellen, pelo seu rosto percebo que também é infeliz. Isso não me surpreende, se levarmos em consideração o caráter e as manias do barão. Evgueny Pavlovitch é um bom rapaz, mas sempre foi muito leviano e amigo demais de meu Nicolai, de Obzorov e outros farristas, inclusive Patov, que reencontrou no último verão. Toda essa companhia devassa faz com que cometa grandes indecências e frequente ambientes horríveis.

— Como sabe tudo isso? Se sabe de algo sobre Evgueny, em nome de nossa amizade, exijo que me conte tudo.

— Anatoly andou tagarelando que Obzorov frequenta muito o meio artístico; como agora ele trocou a Jobar por uma cantora de operetas, acabou introduzindo seus amigos nesse encantador ambiente, onde o banquete corre solto.

Inna inclinou-se para Ellen.

— Há muito tempo eu pretendia lhe informar de que seu marido também sustenta uma cantora de operetas. Certa vez, quando eu estava na casa de minha mãe, cujas janelas dão para a rua que beira o rio, vi, com meus próprios olhos, Evgueny Pavlovitch e Patov numa equipagem aberta com duas mulheres muito elegantes, uma morena e uma loira. Só não sei quem estava com a loira ou com a morena — concluiu Inna, rindo.

Ellen ficou tão abalada com essa notícia, que quase teve uma vertigem. Nada respondeu porque sentiu a garganta se apertar. Como podia Inna rir dessa situação nojenta? Ellen sentia que, se naquele momento seu marido estivesse presente, ela o teria matado.

— Meu Deus! Você não deve ligar para tais bobagens. Atualmente não existem maridos exemplares e a vida deve ser encarada como realmente é. Faça como eu, em vez de chorar, procure consolo. Isso talvez tenha mais efeito sobre Evgueny Pavlovitch do que lágrimas ou repreensões. Chega! Por que desolar-se assim? Basta estender a mão. O hussardo Toto Samburov é louco por você. É parente do meu marinheiro e confiou a ele que não consegue dormir nem comer por causa de seus olhos azuis. Conquistar Toto pode ser motivo de orgulho: é muito rico, belo como Apolo,[2] solteiro e todas as damas disputam o seu coração. Se quiser, posso convidá-lo para almoçar aqui na sexta-feira. Você virá também, e deixará feliz o pobre apaixonado. Mais tarde, nós quatro podemos ir à opereta. E lá, quem sabe, você poderá encontrar o seu "patrão" com a dama amada.

— Muito bem! Gostei do convite e o aceito. Na próxima sexta-feira, venho almoçar com você. Agora devo me despedir, pois tenho mais algumas visitas a fazer.

Sufocando de ira e ciúme, Ellen ansiava voltar rapidamente para casa. Ao chegar, trancou-se no

2 Apolo: Na mitologia grega, deus do Sol, da música, da poesia, da juventude, dos esportes e da caça. Filho de Zeus, representava o ideal grego da juventude e beleza masculina.

quarto e tentou, sem resultado, colocar os pensamentos em ordem. Para a felicidade de Ellen, o barão voltou para casa somente pela manhã. Ellen fingiu estar dormindo para não falar com ele. Decidiu visitar a senhora Varatov, a quem se afeiçoava cada vez mais, e pedir-lhe conselhos. Talvez ela, tão inteligente e tranquila, pudesse devolver-lhe o equilíbrio emocional.

Evgueny Pavlovitch ainda estava acordando quando Ellen partiu para a casa da condessa, mas, infelizmente, não a encontrara em casa. Após avisar ao mordomo que retornaria à tarde, foi andar pelas lojas para se distrair e fazer algumas compras.

Ao entrar numa grande loja de perfumes, encontrou uma dama muito elegante e bonita fazendo compras. A baronesa olhou para ela distraidamente, mas, de repente, aquele rosto lhe pareceu familiar. Onde teria visto aquele narizinho arrebitado, a grande boca com belos dentes brancos, a brancura luminosa do rosto e os espessos cabelos ruivos, cujos reflexos dourados destacavam-se sobremaneira sobre a capa de pelúcia lilás? A dama, por sua vez, também olhou para a baronesa e, de repente, exclamou:

— Ellen Rutherford! É você ou alguma sósia?

— Blanche Clairval! Você por aqui? — respondeu Ellen, contente por encontrar a amiga do abrigo, com quem perdera contato há tanto tempo.

As amigas beijaram-se ternamente.

— Que encontro inesperado! — disse Blanche, entusiasmada. — Estava morrendo de vontade de vê-la, Ellen. Temos tanto para conversar! Se não tem nada importante para fazer agora, vou raptá-la.

— Estou completamente livre.

— Nesse caso, venha comigo! Moro perto daqui e podemos almoçar juntas. Dispense a sua equipagem.

A minha está lá fora! Você poderá usá-la quando quiser voltar para casa.

No caminho, Ellen notou que a amiga estava bem maquiada, mas isso agora era tão comum que não deu qualquer importância ao fato. Blanche devia ter se casado com um homem rico, a julgar pelos trajes e o veículo particular; essa impressão confirmou-se quando ela levou a amiga ao seu apartamento.

A porta foi aberta por uma elegante camareira, e Blanche imediatamente ordenou que fosse servida uma refeição e chocolate. Depois, mostrou o apartamento, que consistia numa encantadora sala de visitas, sala de jantar, um *boudoir* muito aconchegante, revestido de seda verde-clara bordada com rosas, e um dormitório tão luxuoso que Ellen ficou estupefata: surpreendeu-se especialmente com a enorme cama, revestida de cetim rosa, sob um baldaquim sustentado por cupidos dourados e enfeitado com espelhos na cabeceira e no teto. Mas a anfitriã desviou os pensamentos de Ellen, pedindo-lhe que ficasse no *boudoir* enquanto ela colocaria uma roupa mais caseira.

Pouco depois, Blanche apareceu. As duas se sentaram no sofá e começaram a conversar. No início, falaram do abrigo e de algumas alunas, cujo destino interessava a Blanche. Em seguida, ela passou a contar sua vida desde o momento em que partira de Boston. Seu pai a levara a Paris, onde vivera por alguns anos em grande luxo. De repente, ele ficou arruinado, e essa desgraça lhe provocou um ataque apoplético, do qual veio a falecer, deixando-a praticamente na rua.

— Como veio parar em São Petersburgo? Você, assim como eu, se casou com um russo? A julgar por sua casa, vocês devem ser bastante ricos. Surpreendome por não tê-la encontrado até hoje em alguma reunião social — disse Ellen.

— Oh! Antes de chegar até aqui, passei por muitas dificuldades — respondeu Blanche, suspirando. — Quando fiquei órfã, privada de praticamente tudo, a última amante de meu pai, uma famosa cantora, compadeceu-se de mim e me adotou. Ela me ensinou canto, me ajudou a estrear num pequeno teatro e, sem dúvida, teria arranjado um brilhante futuro para mim, se não tivesse falecido. Sem o apoio de mais ninguém, suportei muitas desgraças e desilusões. No palco, às vezes, conseguia um estrondoso sucesso, e outras vezes, nada. Num desses maus momentos, conheci um estrangeiro que me trouxe a São Petersburgo e me engajou na companhia de operetas. Devo confessar que me adaptei bem por aqui.

Ellen ficou desagradavelmente surpresa ao saber que a ex-amiga era uma atriz, mas dominando-se, disse:

— Então, você deve ganhar muito bem, para ter uma equipagem e vestir-se com tanto luxo.

— Oh! Isso tudo não me vem da generosidade do empresário — riu Blanche. — Tive a felicidade de encontrar um "querido amigo". É um rapaz jovem, bonito, rico e generoso. Muito generoso! Mobiliou meu apartamento e me presenteou com a equipagem; ele me paga mil rublos por mês, sem contar muitas outras coisas. Antes dele, tive um outro "amigo", um tal de Obzorov, também rico, mas envelhecido, desgastado e de péssimo caráter. Por isso, quando senti que o outro gostava de mim, rompi imediatamente com ele.

O nome Obzorov fez Ellen estremecer. Lembrou as palavras de Inna, sobre a ligação amorosa de Evgueny com uma atriz de opereta. Seu coração bateu forte e ela exclamou, recuando:

— Meu Deus, Blanche! Você é uma cocote?

— Mas que nome horroroso! — exclamou ela, tapando os ouvidos. — Pelo amor de Deus, Ellen, jamais repita esse grosseiro e ridículo apelido, se não quiser perder minha amizade. Eu sou cantora, atriz e peço que não se esqueça disso.

Ellen mal conseguia conter o sorriso de desprezo que aflorava aos seus lábios. Queria comprovar suas suspeitas e, por isso, respondeu calmamente:

— Oh! Se isso lhe desagrada, não o direi mais. Mas, diga-me: como se chama esse seu "querido amigo"?

— Ai! Sempre esqueço seu sobrenome alemão, difícil de pronunciar. Seu único defeito é ser alemão e casado. Mas esse último detalhe não é da minha conta. Tanto pior para a esposa dele, se não sabe mantê-lo perto de si. Vou mostrar-lhe o retrato de Evgueny. Veja! Aqui está o bilhete que me enviou; por ele você perceberá como me adora.

Blanche deu a Ellen um papel de carta cor-de-rosa, perfumado, no qual ela imediatamente reconheceu a caligrafia do marido. Com olhar ávido, leu as seguintes linhas:

> Caríssima Blanche! Deposito a seus pés primeiramente meu coração e depois o estojo, as flores e uma caixa de perfumes, que acompanham esta carta. Hoje à noite, após deliciar-me com seu canto, espero estar com você para receber o prêmio pelo meu amor.

Ellen baixou a cabeça e pareceu-lhe que ia sufocar. O coração batia pesadamente e o sangue afluiu com tanta força ao cérebro que teve receio de cair.

Blanche, que estava de costas para ela, nada percebeu, ocupada em procurar algo na frasqueira. Acabou encontrando um grande estojo de marroquim vermelho e retirou de lá o retrato de Ravensburg. Ao entregá-lo à amiga, notou o ar desolado de Ellen e o seu rosto vermelho.

— Deus do céu! O que você tem? Está se sentindo mal? Tome um pouco de água!

— Não, não quero nada — disse Ellen, empurrando para longe o retrato, que caiu no chão. — Até quando permacerá aqui? Qual a soma de dinheiro que a satisfaria para romper o contrato de cantora, deixar o "querido amigo" e retornar imediatamente à França?

Blanche parecia acuada e a olhava surpresa.

— Essa não! Quero que a minha língua caia se entendi alguma coisa nessa sua tagarelice — respondeu, dando de ombros. — O que lhe importa o meu "amigo"? Ou você pretende disputá-lo comigo ou simplesmente tem ciúmes do meu amante. O que tem você a ver com isso?

— Esqueça suas estúpidas suposições — disse Ellen, num tom sério. — Não posso condená-la por ter escolhido a torpe profissão de mulher pública, mas posso e devo defender meus direitos. O barão Ravensburg é meu marido. Como não me agrada dividi-lo com você, reitero a minha proposta de premiá-la por sua partida imediata. Não importa o valor. Sou suficientemente rica para pagá-lo, desde que amanhã mesmo você junte suas coisas e desapareça de São Petersburgo. Para você, tanto faz quem vai pagar, certo?

Ao saber que a amiga era esposa de seu amante, a cantora ficou furiosa e enciumada. Além disso, estava mortalmente ofendida por ter sido chamada de "cocote". Medindo a visitante com olhar venenoso, Blanche exclamou com insolência:

— Pensa que para mim é indiferente quem vai pagar? Então saiba que não desejo que me pague! Não posso avaliar a minha permanência aqui, pois não pretendo partir. Tente me obrigar! Não é minha culpa se seu marido foge de você e me adora. Você não gosta de dividi-lo, mas eu gosto de mantê-lo comigo. Vou ficar e viver aqui o quanto quiser!

Envolvidas na discussão, nenhuma delas ouviu a campainha. Somente quando a alta figura de Evgueny Pavlovitch apareceu na porta os olhares das rivais dirigiram-se para ele. Se o chão se abrisse de repente aos pés do barão, ele ficaria menos constrangido e assustado do que naquele momento. Apesar de a camareira ter-lhe dito que a senhorita estava com uma amiga, como poderia ele adivinhar que essa amiga era exatamente a sua esposa?

— Ah! Aí está o devasso e desavergonhado traidor! — exclamou Ellen, fora de si.

Mas o excesso de ira impediu-a de continuar falando.

— Pelo amor de Deus, Ellen, acalme-se! Posso explicar tudo, mas não aqui. Venha comigo!

O barão quis pegar a esposa pela mão, mas ela o empurrou e, amassando a carta que ainda segurava na mão, jogou-a no rosto do marido. Em seguida, saiu correndo do ***boudoir***, arrancou do cabide a sua capa e arremeteu escada abaixo.

Evgueny Pavlovitch, correu atrás dela. Segurando o sobretudo, alcançou-a no andar inferior, onde o mordomo, com um quase imperceptível sorriso zombeteiro, ajudou-os a se vestirem.

O barão chamou o cocheiro e dirigiram-se para casa, sem trocar uma palavra. Ellen evitava até olhar para o marido, enquanto o pobre barão, mordendo os bigodes, tentava adivinhar qual de seus amigos poderia ter aprontado para ele aquela terrível peça.

Ao chegar em casa, os cônjuges separaram-se em silêncio. Ellen trancou-se em seu *boudoir*; o barão ficou andando agitado pelo gabinete, jantou sozinho e, finalmente, foi bater à porta da esposa. Mas a porta permaneceu trancada e atrás dela havia apenas um silêncio mortal. Então, voltou ao gabinete, deitou no sofá e começou a fumar com raiva até, finalmente, adormecer.

Enquanto isso, o estado de espírito de Ellen era terrível. Ira, desespero e desejo de vingança, lutavam dentro dela. Ora desejava se separar, ora pretendia transformar a vida do marido num inferno. Se por um lado o escândalo a assustava, por outro, temia a própria fraqueza. No final das contas, não sabia o que fazer.

Pensou, então, em procurar a ajuda e o conselho da condessa. Imediatamente escreveu um bilhete à senhora Varatov, implorando-lhe que viesse visitá-la, pois encontrava-se em terrível confusão mental que a impedia de sair. Enviou o bilhete por Sara.

A condessa chegou logo, atendendo ao pedido.

— Meu Deus! O que aconteceu? — perguntou ela, vendo o ar desolado da amiga e beijando-a.

O coração de Ellen transbordou. Com voz entrecortada pela emoção, contou à senhora Varatov todos os acontecimentos de sua vida conjugal, sem omitir a cena da noite de núpcias.

Iraida Antonovna, ouvia-a, pensativa, sem interromper. Quando se calou, balançou a cabeça:

— Querida Ellen! Não aprovo seu comportamento, que foi insensato desde o primeiro dia. Não se consegue nada com gritos, grosseria e reprimendas. Permita-me dizer que, se pretende conservar sua dignidade feminina, só lhe restam duas opções: o rompimento definitivo ou o silêncio absoluto. Essa escolha é extremamente importante e merece uma reflexão madura.

Os escândalos públicos são sempre catastróficos para as mulheres e marcam-nas para toda a vida. É sempre melhor evitá-los, na medida do possível. Na minha opinião é preferível o silêncio, pois a discrição é uma poderosíssima auxiliar, que nos livra de dores de cabeça, fel e emoções negativas. "Falar é prata, calar é ouro", diz o sábio provérbio. Quando pensamos antes de falar, acabamos expressando somente o necessário, provando que não somos imbecis, apesar da nossa aparente ignorância.

Não posso dizer que tal "flexibilidade" de sentimentos seja fácil de adquirir, mas ela é salvadora para ambas as partes; os senhores cavalheiros estão acostumados a enfrentar as tempestades de peito aberto. Você acredita que a senhorita Blanche irá expressar sua insatisfação calada? Claro que não! Tudo o que lhe cair nas mãos será arremessado à cabeça do culpado; provavelmente, após o bombardeio, haverá combate corpo a corpo. Aquilo que o homem suporta da "criatura decaída, mas adorável", não consegue tolerar da própria esposa, por mais legítima que seja sua ira. Querida Ellen, é necessário que sejamos distintas em algo das mulheres desse tipo, mesmo tendo de admitir que elas são mais valiosas para os homens do que nós. Portanto, aconselho-a a perdoar. Perdoe sempre, mesmo quando não conseguir perdoar por dentro; acredite sempre naquilo que seu marido disser, mesmo sabendo que ele mente.

— Mas você me aconselha a usar de humilhante esperteza e mentiras ignóbeis! — balbuciou Ellen, com lábios trêmulos.

— O que fazer, minha querida? Sem diplomacia não dá para sobreviver, especialmente no casamento — respondeu a senhora Varatov com um suspiro. — Repito:

é preciso acreditar sempre no que nos dizem nossos maridos e nunca procurar a verdade, a qual, conforme as circunstâncias, sofrerá as necessárias mudanças. Jamais deve surpreender-se e tentar provar a falsidade de uma história mal contada. O melhor é nada saber, manter uma modesta discrição em relação as escapadas do marido, que, de qualquer modo, são difíceis de verificar. Quando você não é convidada, esteja certa de que isso é para o seu bem. Veja, minha querida, as esposas oficiais são por demais constrangedoras e não se deve levá-las a todos os lugares, como um prisioneiro arrastando suas correntes.

A condessa sorriu, mas era um sorriso amargo, e em seus olhos luzia uma expressão séria de desprezo.

Ellen percebeu que, para pôr em prática tal disciplina moral, ou seja, perdoar sempre, fingir acreditar, manter-se discreta para não constranger o marido com a própria presença, e viver uma vida particular e especial, a condessa deveria ter sofrido muito e desistido de muitas boas intenções e desejos.

— Quanta luta, esforço e humilhações são necessários para se conseguir uma paz condicional e uma falsa felicidade! — murmurou Ellen, com desânimo.

— Não vamos exagerar. Basta encarar a vida como ela é. Deus deu a nós, mulheres, uma fraqueza aparente que é um valioso talismã, uma grande vantagem, sob a qual podemos ocultar honrosamente nossas derrotas, chagas, orgulho ferido e, ainda assim, garantir o reconhecimento dos nossos maridos. Essa fraqueza, que é ao mesmo tempo uma defesa, consiste no perdão. Posso até prever que hoje à noite Evgueny Pavlovitch virá implorar-lhe o perdão. Você deverá perdoá-lo, por mais raiva que sinta dele.

Cuidado, Ellen, para não rejeitar seu primeiro

arrependimento, exagerar nas acusações e destacar demais seu vergonhoso comportamento; evite também demonstrar-lhe indiferença e desprezo.

Para a mulher, é vantajoso quando o marido reconhece o próprio erro; mas ele deve sentir-se amado e que pode contar com o amor e a condescendência da legítima esposa. Isso o prende ao lar e o faz retornar, mais cedo ou mais tarde, ao convívio conjugal. Ainda hoje o barão irá prometer-lhe tudo e jurar que vai se corrigir...

— Serei uma imbecil se acreditar nele! — interrompeu Ellen, com irritação.

— Por dentro você pode não acreditar, mas externamente aceite suas promessas, exija um mínimo de provas de seu arrependimento e não imponha quaisquer condições. Ele, de bom grado e agradecido pelo feliz desfecho desse desagradável acidente, provavelmente deixará aquela criatura. Os carinhos daquelas "damas" custam caro e o lado bom das ligações com elas é que são passageiras. Talvez o barão fique até muito satisfeito de arranjar um motivo para largar Blanche e deixá-la para outros.

Quanto às carinhosas frases no bilhete, que tanto a enfureceram e ofenderam, não as aceite literalmente. São frases fúteis e comuns, repetidas com insignificantes variações a qualquer nova amante. E, em tais casos, os presentes são inevitáveis.

— Meu Deus! Que vida é essa, de eterna hipocrisia e vergonhosa dependência? Viver com um homem depois de saber que ele me troca por qualquer cantorazinha de teatro? — observou Ellen, desolada.

— A vida está vinculada a duras obrigações e coloca a pessoa dependente de alguém. Acaso uma mulher, mesmo solteira, não depende da própria família, da situação financeira e das circunstâncias?

As moças pobres, que trabalham em escritórios de empresas, ou como governantas, sofrendo para educar crianças mimadas, também pagam por sua suposta independência e pelo pão de cada dia, suportando inúmeras situações desagradáveis e humilhações.

Dê graças a Deus, Ellen, por tê-la livrado das duras provações da vida, agradeça cumprindo honestamente seu dever, tentando aproximar, e não rejeitar o coração de seu marido.

— Mas, como conseguir isso, se meu marido me evita e prefere a companhia de atores, cantoras e notórios paspalhões?

— Eu não disse que seria fácil! São exatamente esses "amigos", preguiçosos e devassos, cuja vida inteira se passa na vadiagem, que servem de núcleo do contágio. Eles são os piores inimigos de uma mulher honesta e da felicidade conjugal.

Eles oferecem a mercadoria feminina da qual se querem livrar, riem do simplório marido caseiro, iniciam-no na sutileza da vadiagem e o contaminam definitivamente, empurrando-o para dentro do imundo e nojento pântano teatral. Nesse devasso mundo dos bastidores, fervilhante de pessoas de origem obscura, com espírito e interesses grosseiros, se acabam definitivamente nossos maridos, irmãos e filhos. Lá, eles são rodeados por toda a podridão; as "damas" do submundo, a quem o palco serve apenas de vitrine, para melhor venderem seu corpo e que anseiam ser princesas e condessas ou, ao menos, cobrir com o título de mulher casada seu passado duvidoso; em segundo lugar, os senhores hipócritas, que se imiscuem na boa sociedade e insolentemente penetram em todos lugares, imaginando que seus "talentos" os tornam iguais a todos.

Digo mais: as pessoas de bem que, por desgraça,

caem neste ambiente, perdem o gosto pela boa sociedade. Sem poderem trazer aqueles boêmios à própria casa, começam a evitar o meio que antes frequentavam. Não há como provar-lhes que aqueles "maravilhosos" senhores do palco não são companhia para pessoas realmente ilustradas e nobres. A insana e cega admiração por atores e atrizes é o mal do século; uma psicopatia que obriga homens e mulheres a se rebaixarem diante de seus ídolos que, em troca, os exploram e desprezam.

Nem vamos falar das damas que correm atrás de qualquer ator, oferecendo-se e perseguindo-os e a de eles as tratarem com grosseria. Em todo lugar onde essas "damas do teatro" desempenham qualquer papel na vida social, como nos bailes e bazares, elas são vendedoras com objetivos beneficentes. Nenhuma mulher que se preze vai a tais reuniões. Os quiosques, onde essas "damas" reinam, estão sempre rodeados por cavalheiros solícitos; ali se reúne a nata militar e burocrática. Nenhuma de nós jamais recebeu tanta preocupação, amabilidade e admiração quanto essas "sacerdotisas da arte". A prova disso são os bazares que organizamos, que sempre estão meio vazios, frequentados somente por quem não pôde evitá-lo.

O cavalheirismo, minha cara, passou há muito tempo, e sem retorno. Já não se levam flores às damas que se destacam pela virtude e beleza, mas enviam-se presentes para qualquer vagabunda, famosa pela insolência e despudor. Para curar esse mal, existe somente a esperança de que essa "digna companhia" acabe se revelando tal como é, e faça alguma grande safadeza com o seu recente "amigo". Com isso, ele se cure do fatal embevecimento e atração por "celebridades". Deve-se aguardar estes momentos para tentar fazer o paciente recuperar a saúde e o tirocínio.

Se pensar em tudo isso, Ellen, notará que nossa sociedade está em plena decadência moral e não consegue produzir os homens de nossos sonhos. Portanto, aja com sensatez e conforme as circunstâncias.

— Sim, percebo que será preciso arrancar da alma qualquer sentimento mais caloroso, tornar-me indiferente e só então aplicar a condescendência à qual se refere. Iraida Antonovna, você deve ser feliz, por ter alcançado essa saída salvadora.

— Está insinuando que já não amo meu marido? Engana-se: adoro o meu Vsevolod. Ele é bom e delicado na vida familiar. Além do mais, é o pai dos meus filhos. O que não faço mais é criar ilusões a seu respeito e somente o encaro como ele é na realidade.

Vendo lágrimas correrem pelas faces de Ellen, a condessa a abraçou ternamente e continuou tentando convencê-la a se acalmar e ser condescendente. Por fim, a senhora Varatov foi embora, achando que o melhor era deixar Ellen sozinha para e pôr em ordem os pensamentos.

Ficando só, Ellen ficou muito tempo pensando sobre o que a senhora Varatov lhe havia dito, e chegou à conclusão de que bastariam uns cinco ou seis anos de sofrimento conjugal para atrofiar completamente seu mundo interior. A condessa parecia nem notar que seu próprio comportamento era ditado pela completa indiferença que sentia pelo marido, que imaginava amar. Na realidade, já nem sentia os golpes que ele lhe aplicava.

Ellen lembrou das vezes que viu Varatov junto com a esposa. Eles eram muito gentis, amáveis e atenciosos um com o outro. Parecia uma união exemplar, onde se evitavam cenas agitadas; mas, ao mesmo tempo, um não se importava com o outro, não havia interesses em comum e jamais houve desabafos. Todo o amor que ainda havia no espírito de Iraida Antonovna concentrava-se nos filhos. Ela procurava na poesia e na ciência o alimento para o coração e a mente, que não conseguia obter no amor conjugal; o restante revestiu-se de uma afável discrição.

Ellen apertou a cabeça com as mãos. Sua vida também era assim. Quando conseguiria disciplinar suficientemente a própria natureza revoltada, sufocando os ímpetos do coração apaixonado para levar essa vida passiva?

Sentindo-se cansada, Ellen chamou Sara, ordenou-lhe que a penteasse para dormir, vestiu o penhoar e deitou-se no sofá. Desta vez, não trancou a porta a chave. Foi tomada por um sentimento de indescritível apatia e até indiferença; o acontecimento daquele dia pareceu-lhe agora menos trágico, mas a vida e o futuro se afiguravam completamente repulsivos.

Após acordar, perto das dez horas da manhã, Evgueny Pavlovitch, sombrio e sisudo, empreendeu novamente a dura peregrinação ao *boudoir* da cara metade. A porta aberta deu-lhe esperanças de que a tempestade estivesse passando. Ao ver Ellen deitada no sofá, de olhos fechados, aproximou-se e balbuciou, apertando os lábios na mão da esposa:

— Perdoe-me, querida! Aquilo foi uma indigna estupidez. Juro que jamais se repetirá!

Ellen estava tão alheia que não ouvira os passos do marido, abafados pelo espesso tapete. Arrancada repentinamente dos próprios pensamentos, estremeceu e ergueu-se. Chegara o momento de acionar os maiores motores do mundo conjugal: o perdão, a fingida condescendência e a fé no arrependimento, infelizmente, passageiro...

O fel e a ira que fervilhavam nela, pela ofensa recebida, apertaram-lhe a garganta. Entretanto, suportou os beijos do marido, ouviu em silêncio as explicações e as promessas nas quais não acreditava. Quando, finalmente, Evgueny Pavlovitch perguntou se ela o perdoava, respondeu laconicamente:

— Sim.

Seu tom de voz era inseguro e ela evitava o olhar do barão. Contudo, aquele "sim" lhe valeu ardorosos carinhos e renovadas promessas.

Durante o chá, o barão cobriu a esposa das maiores atenções. Mas Ellen ainda se encontrava sob o impacto da recente descoberta, para dar o devido valor a isso. Sem dúvida, durante suas visitas diárias à amante, ele era ainda mais amável e, em todo caso, mais sincero...

Alegando uma dor de cabeça nervosa, Ellen disse que gostaria de ir dormir, com o que Evgueny Pavlovitch apressou-se em concordar. Embora satisfeitíssimo com o desfecho feliz da escandalosa aventura em que fora pego em flagrante, sentia-se cansado. Por isso, mal se deitou e, imediatamente dormiu o sono dos justos.

No dia seguinte, após o desjejum, durante o qual foi simplesmente encantador, o barão declarou que precisava ir ao serviço um pouco mais cedo.

"Ele vai fazer as pazes com aquela criatura e rir de mim", pensou Ellen, e o sangue subiu-lhe à cabeça.

Infelizmente, já não havia paz de espírito, e a confiança desaparecera. Agora, cada saída do marido ela iria considerar como traição e cada palavra uma mentira. Meu Deus! Como conseguiria viver sempre torturada pela suspeita e o ciúme, sufocando de raiva, ocultando o desprezo que não podia jogar no rosto de quem o provocara? Ela via à sua frente um inferno tão terrível que, às vezes, até a morte lhe parecia preferível.

Para Ellen, as horas pareciam intermináveis. Nada a distraía: nem a leitura, nem a escultura, nem o cachorro nem o canário domesticado.

— Traidor! Mentiroso! Miserável! — escapou de seus lábios, enquanto brincava com o papagaio. E, quando a ave repetiu a frase, Ellen sorriu involuntariamente.

De repente, lembrou-se de que era sexta-feira e que havia prometido a Inna que iriam almoçar juntas. Ainda era cedo, mas começou a se vestir, deixando ao marido o seguinte bilhete:

> Se quiser almoçar com seus amigos, fique à vontade. Esqueci de lhe comunicar que vou almoçar com Inna e passar a tarde na casa dela.

Colocando o chapéu, Ellen examinou-se no espelho. Blanche era mais bonita que ela? Claro que não! Faltava-lhe somente aquela elegância picante e o alegre cinismo.

Na casa da amiga, Ellen esqueceu os pensamentos que a perturbavam. Inna, jovial e feliz da vida, apressou-se a contar-lhe as mais recentes fofocas da sociedade.

Um pouco mais tarde, quando a anfitriã saiu para tomar providências quanto ao almoço, Ellen, que andava pelo *boudoir*, viu num canto da sala um retrato emoldurado, que não notara antes. Era uma fotografia colorida de duas moças em trajes folclóricos. Uma delas, jovial e mais encorpada, estava sentada, apoiando-se num ancinho, enquanto a outra, delicada e elegante, segurava capim e flores no avental. Era encantadora; seu rostinho infantil, fino, com sorriso malicioso, iluminado por olhos grandes, claros e alegres, parecia a verdadeira encarnação da primavera. A coroa de flores do campo sobre os cabelos escuros e os colares de contas coloridas que enfeitavam seu pescoço, caíam-lhe muito bem.

— Ouça, Inna! De quem é esse retrato? Essa moça em pé parece a senhora Varatov.

— É ela mesma, antes de se casar. Ela e minha irmã, Sonia, são grandes amigas. Quando morávamos em Pavlovsk[3] elas tiraram esse retrato. Desde aquela época, a pobre Iraida mudou muito, emagreceu demais e, além disso, sofre do coração.

Ellen examinou o retrato com mais atenção. Sim, aquela realmente era a condessa. Entretanto, hoje, os grandes olhos cinzentos já não sorriam, a boca adquirira uma expressão séria e enérgica, o rosto alongou-se e pareceu empalidecer.

"Eu também ficarei assim daqui a alguns anos, quando me tornar experiente na complexa arte do fingimento, fé e perdão", pensou Ellen, com um amargo e irônico sorriso.

A chegada do admirador de Inna e de Samburov deu outro rumo a seus pensamentos.

A conversa tornou-se geral. O jovem hussardo não perdeu tempo e passou a cortejar com afinco a linda baronesa. Como era um interlocutor agradável, sua conversa interessou a Ellen. Ainda sob a influência da raiva oculta do marido, tratou-o com maior amabilidade do que o faria numa outra ocasião. O belo "leão dos salões" usou todos os seus truques de sedução. Ele já se imaginava como o conquistador da virtuosa america-

3 Pavlovsk — Cidade russa, próxima de São Petersburgo.

na, quando, no momento em que se preparavam para sentar à mesa do almoço, tocou a campainha e, na sala entrou Evgueny Pavlovitch. O barão pediu desculpas pela ousadia de chegar para o almoço sem ser convidado e explicou que se sentia muito solitário em casa.

"Ah! Ele quer me provar que não foi ver a amante", pensou Ellen. "Como se não tivesse o tempo de vê-la pela manhã inteira."

Inna fingiu satisfação com a visita do barão, mas, na realidade, ele constrangeu o ambiente, impedindo, com sua presença e conversa, o diálogo de ambos os pares.

Apesar da conversa animada, Samburov estava furioso por ter sido atrapalhado quase na reta final da conquista. Inna e Anatoly também sentiam-se contrariados, pois o passeio que estavam planejando não iria acontecer. Somente depois que Inna disse ao hussardo que o passeio fora apenas adiado e prometeu-lhe um novo encontro com Ellen, seu rosto desanuviou-se e ele apertou com firmeza a mão de Evgueny Pavlovitch, quando esse partia com a esposa, que se queixava de dor de cabeça.

"Eis a verdadeira amizade", pensou ironicamente Ellen, vendo os dois apertarem as mãos. "Samburov só pensa em colocar chifres no meu marido, e este em torcer-lhe o pescoço."

Mas os pensamentos maus e vingativos já haviam se dissipado e Ellen pensava com asco o que ganharia trocando o barão pelo hussardo. Este pândego entediado divertia-se com a disputa das damas para conquistá-lo. Interessava-se por mulheres casadas somente para jogá-las na lama e depois, quando se cansava delas, trocava-as por alguma leoa do submundo. Seu despudor e inconstância superavam até os do barão. Na verdade, por ele não valeria a pena decair.

"Mas eu já sabia de tudo isso!", pensou Ellen, com um profundo suspiro. "Nas minhas palestras, eu desmascarava as maldades dos homens, condenava as mulheres que sentiam amor e aconselhava-as a arrancar do coração, como lixo, seus opressores e traidores. Pela fria lógica, imaginava ser suficiente desprezar para ser livre, e que era facílimo destruir o sentimento condenado pela razão. Mas tive de verificar, por mim mesma, que teoria e prática não são a mesma coisa. Arrancar pela raiz esse sentimento fatal é uma operação bastante perigosa, se não mortal."

Agora, Ellen compreendia melhor as sombrias, caladas e distraídas mulheres que encontrava no abrigo, que trabalhavam maquinalmente, sem jamais sorrir, apesar de terem tudo: abrigo, salário honesto e poupança. Pela lógica, deveriam estar alegres e felizes. Certa vez, Ellen até as considerou ingratas com a Providência e traidoras, por lamentarem o próprio passado, que merecia somente ser desprezado. Agora, percebia que aquelas aleijadas morais deixaram no campo de batalha suas almas e que seu psiquismo estava seriamente afetado. Não se queixavam, mas tinham perdido o interesse pela vida. Esse mesmo cansaço moral dominou Ellen. Ela queria parar de lutar, ser indiferente e calma. Retornou à casa sob o peso desse novo sentimento e, pela primeira vez, sentiu necessidade de ficar só.

Capítulo 16

A partir desse dia, a vida conjugal de Ellen entrou numa nova fase. O marido continuava delicado e atencioso. Ele realmente rompera com Blanche, que na verdade o incomodava. Além disso, um de seus "amigos" pretendia ficar com ela.

O barão prometera a si mesmo nunca mais arranjar "amigos", mas, como se sabe, o inferno está cheio de boas intenções. Não era fácil para um homem jovem, bonito e rico, acostumado a anos de vida livre e dissoluta, romper de vez com o passado. Evgueny Pavlovitch sequer considerava pecado cometer, de vez em quando, insignificantes deslizes em suas obrigações conjugais, desde que Ellen nada soubesse. Por essa razão, tomava todas as precauções para ocultar suas pequenas escapadelas. Permanecendo carinhoso e amoroso com a esposa, imaginava que cumpria o seu dever.

Ao mesmo tempo, Ellen esforçava-se ao máximo para seguir os conselhos da condessa. Substituiu o carinho sincero pela discrição que ocultava seus verdadeiros sentimentos. Mas esse disfarce não se sustentava e caía constantemente, mostrando o ciúme, a suspeita e a surda raiva de Ellen, que não mais confiava no marido e via traição em todos os seus atos. Frequentemente, pela própria impetuosidade, ela deixava escapar palavras ofensivas.

No fim de janeiro, Artemiev retornou de viagem e Ellen notou nele uma profunda mudança. Vladimir Aleksandrovitch tornou-se calado, pensativo, evitava a sociedade, aprofundava-se na literatura religiosa, lia obras espíritas e ocultistas que tratavam do Mundo do Além.

Visitava a filha com frequência, almoçando ou passando as tardes com ela, mas se recusava terminantemente a visitá-la quando ela tinha convidados. Artemiev era bom observador e percebeu que as relações entre os cônjuges mudaram para pior: entre eles estabeleceu-se uma tensão de oculta rivalidade, menos evidente em Evgueny, mas notória em Ellen. Ela se tornava desafiadoramente fria ou ironicamente maldosa e era evidente a sua suspeita.

Certa tarde, pai e filha estavam sentados a sós, pois o barão fora almoçar na casa de algum amigo, e tomavam café no *boudoir* da jovem anfitriã.

Artemiev observava com tristeza e pena o nervosismo e a sombria preocupação de Ellen. Finalmente, interrompendo um pesado e longo silêncio, pegou-a pela mão e perguntou carinhosamente:

— O que você tem, Ellen? É evidente que está infeliz. Será que confia em mim o suficiente para revelar tudo o que aconteceu entre vocês?

— Aconteceu aquilo que era previsto, ou seja, que não fui criada para ser uma escrava submissa. Mas, de bom grado, vou lhe contar tudo o que me aflige, pois você é meu único parente no mundo.

Ellen pegou a mão do pai e levou-a aos lábios.

— Obrigado, minha querida, por seu amor, ao qual

não sou digno. Parece-me que você exclui injustamente a Evgueny da lista de seus parentes. Ele é frívolo e gosta de viver solto, mas na realidade, é honesto e bom. Se você conseguir dirigi-lo com amor e paciência, no fim vai criar juízo.

— Não tenho grandes esperanças em relação a isso. Além disso, Evgueny não me ama do modo que eu gostaria e como eu o amo, isto é, ou tudo ou nada! Às vezes eu lhe agrado, mas ele procura na esposa a paixão, e não um carinho tranquilo. Então, para nós seria mais sensato uma separação.

— O que está dizendo, Ellen? Como pode pensar em abandonar o seu posto e destruir uma vida que mal está começando? Acredite, uma separação a faria duplamente infeliz, pois você o ama.

— O que posso fazer? Perdi toda a confiança nele e não consigo aplicar a condescendência e abnegação que você e a senhora Varatov me aconselham. Não consigo encontrar o tom de voz apropriado; sinto que a todo momento meu olhar e minha voz não correspondem às minhas palavras. Eu só passo vergonha.

Artemiev deu um suspiro.

— Certo, minha filha, você realmente não está encontrando o tom correto, mas conseguirá com o tempo.

Ellen endireitou-se, seu olhar inflamou-se e as faces cobriram-se de forte rubor.

— Não, papai! — disse com voz entrecortada. — Somente o nojo, o ódio e o desprezo são fáceis. Ele poderá me devolver a paz que perdi? Poderá me recompensar pelos constantes sofrimentos e pensamentos infernais que me torturam? Será que algum dia ele foi quem deveria ser, ou seja, meu fiel companheiro, partilhando tudo comigo? Para ele, eu desempenho papel idêntico ao das suas amantes, com a diferença de que não posso ser abandonada ou expulsa. Que tipo de vida é essa, feita de eternas traições e suspeitas?

Artemiev balançou a cabeça e um discreto sorriso passou pelo seu rosto.

— Você não deveria ser tão ciumenta e importar-se tanto com bobagens passageiras. No estado de espírito melancólico em que se encontra, talvez acabe imaginando coisas que na realidade nem existem.

— Eu, imaginando coisas?!

— Espere e acalme-se! Estou somente supondo que pode estar enganada. Ah, Ellen! Por que não empresta um pouco do equilíbrio e tranquilidade de Iraida Antonovna?

— Oh! Como prêmio pela sua vitória ela carrega consigo seis anos de sofrimento e uma séria doença cardíaca — contestou Ellen, com amargura. — Talvez daqui a seis anos, se não me separar ou morrer antes disso, eu também consiga essa indiferença e tranquilidade e me adapte àquela morna atmosfera, onde os cônjuges convivem como apenas bons amigos. Varatov e a esposa são quase estranhos um ao outro, vivem sob o mesmo teto, mas não a mesma vida. Aposto que a condessa mantém em seu dormitório a mesma afável discrição que apresenta nos salões, diante de estranhos. Para Vsevolod Dmitrievitch, um bom charuto, sem dúvida, vale mais que a esposa. Entretanto, quem mais merece amor e respeito senão aquela pura e encantadora mulher, que se destaca pela inteligência?

— É verdade, a senhora Varatov possui uma mente profunda e aguçada; a isso acrescenta um temperamento tranquilo e uma frieza inata. Ela não tem o coração impetuoso e a cabecinha teimosa de minha filha.

— Você pode estar enganado, achando que somente a frieza do temperamento dá a Iraida Antonovna o autodomínio que admiramos. Certa vez, quando disse que me sentia absolutamente indiferente a Evgueny, ela perguntou com um sorriso: "Quando o barão não retorna para casa no horário habitual, você fica olhando para o relógio e dorme mal?" Quando confessei que "sim", ela acrescentou: "Entenda, querida, quando não mais olhar o relógio para marcar a saída e o retorno dele, quando passar a almoçar e jantar com apetite na ausência dele, somente então poderá dizer que está curada da desgastante febre que o ciúme provoca." Portanto, foi necessário sofrer e repensar muito para definir, tão precisamente, esse terrível mal.

— Sim, isso foi dito de forma sutil e ácida. Mesmo assim, insisto em dizer que a condessa possui uma natureza fria. Jamais vi em seus olhos o fogo da paixão.

— Você nunca a viu cuidando dos filhos. Nesse momento, seus olhos brilham com um sentimento tão profundo e ardente que equivale a qualquer paixão.

— Pode ser, querida, que Deus também lhe presenteie com um pequeno anjinho, sobre o qual derramará o seu amor, ocupando-se por inteiro e afastando-se dos amargos e nocivos pensamentos — observou Artemiev, apertando a mão da filha.

Ellen inflamou-se.

— Não e não! Não quero isso. Não vejo nenhum prazer em cuidar de crianças enquanto me colocam chifres. Não desejo ter um menino, pois odeio todos os homens. Não quero gerar e educar mais um tirano e malfeitor. Menos ainda quero ter uma filha. Eu me repreenderia por gerar uma criatura sem futuro, a quem nada pode proteger do amor fatal, esse sentimento traiçoeiro que vai jogá-la, indefesa, nos braços de algum egoísta depravado. Este, por sua vez, zombará dela, maculará sua alma e a condenará a vegetar no cumprimento de sua função de mãe e esposa. Em outras palavras, ele a transformará em sofredora, um objeto muito útil, mas totalmente sem personalidade, como uma panela ou um par de botas. Tudo isso pode ser muito elevado, mas é pouco atraente.

Ellen bateu o pé nervosamente e crispou os punhos.

— Como pode uma mulher inteligente encarar com tanta limitação as questões da vida? — observou Vladimir Aleksandrovitch com insatisfação. — Gostaria muito de que você se tornasse mãe, pois com essa péssima relação com o marido, vai sentir-se totalmente só quando eu a deixar.

— Você vai me deixar? Por quê? — perguntou Ellen, empalidecendo.

— Porque sinto uma grande necessidade de isolamento e reflexão. Gostaria de expiar o meu passado pecaminoso, arrepender-me e pagar meus pecados diante de Deus. Não posso repará-los diante da falecida, que por duas vezes provou-me a indubitável existência da vida Além-túmulo. Aqui, em meio ao turbilhão mundano, não consigo isolar-me como gostaria. Portanto, para me dedicar inteiramente ao arrependimento e à oração, decidi tornar-me um monge. Já passei alguns meses num mosteiro nos arredores de Moscou, onde pretendo ingressar.

— Não e não! Isso é loucura! É impossível! — balbuciou Ellen, fora de si.

— Por que não? Estou com mais de cinquenta anos e perto da velhice; nada tenho a lamentar, pois esvaziei por completo a taça dos prazeres da vida. Foi necessário a Providência me castigar pela sua mão, para que caísse o véu do meu orgulho e terminasse a insaciável sede de prazeres. Agora que meus olhos se abriram, acho justo dedicar à oração e ao arrependimento o resto dos dias de um grande pecador como eu. Em minha consciência, pesa a morte do ser mais querido e também a sua vida, desviada do caminho natural em razão do meu comportamento criminoso. Se você tivesse crescido na casa paterna, seria totalmente diferente e as inevitáveis concessões de sua situação atual ser-lhe-iam menos dolorosas.

— Não, papai! Não se culpe por nada em relação a mim. Não me deixe! Não consigo aceitá-lo como um monge. Seria o mesmo que morresse!

Ellen, em lágrimas, pulou no pescoço do pai cobrindo-o de beijos.

— Minha querida, você quer que eu desista de um desejo indispensável. Juro que para mim é muito difícil ficar aqui, no meio dessa sociedade que não suporto mais.

— Mas você pode se isolar em qualquer lugar e lá dedicar-se ao estudo e à meditação, que elevam o espírito e ampliam a nossa visão de mundo muito mais que o estreito clericalismo de uma vida monástica. Vi, no seu quarto, obras sobre espiritismo e ocultismo. Estude essa interessante ciência que lhe revelará um mundo invisível, e talvez lhe dê a possibilidade de entrar em contato direto com o espírito de mamãe.

Expiar seus pecados e fazer o bem é possível em qualquer lugar, pois a desgraça e a infelicidade se espalham em abundância por todo lado. Você pode até levar uma vida monástica sem ser um enclausurado, sujeito a regimes desgastantes e limitações espirituais que, com o tempo, certamente tornar-se-iam insuportáveis.

Ouça o que tenho a lhe propor. Vamos juntos a Boston. Lá, no centro do movimento espiritualista, encontrará médiuns poderosíssimos que lhe facilitarão o estudo da região do Além. Se não suporta mais viver na cidade, podemos nos instalar em minha casa de campo, parecida com um pequeno castelo, no meio de um grande jardim. Lá, encontrará até uma bela biblioteca, pois aquela casa foi construída por um inglês que estudava magia, considerado louco. Quando faleceu numa expedição, comprei a vila com toda a mobília. E, então? Aceita? Verá como viveremos felizes lá. Acho que até a mamãe ficará satisfeita se você for orar no túmulo dela — concluiu Ellen, abraçando o pai e encostando a cabeça em sua face.

Visivelmente comovido, Artemiev apertou a filha ao peito. Nas palavras dela havia muita verdade. A alma dele, obscurecida pelos pecados e torturada pelo remorso, ansiava pela luz. Milhares de questões acumulavam-se em sua cabeça, mas no fundo ele era por demais independente para achar a solução de seus problemas nos estreitos limites da vida monástica.

— Que assim seja! — disse ele, após um curto silêncio. — Concordo com a sua proposta e desisto de ser monge, mas na seguinte condição. Vou sozinho para Boston, enquanto você promete permanecer em seu posto, fazer tudo para reconciliar-se com Evgueny e tornar sua vida mais suportável. Entretanto, se você se convencer de que não consegue manter uma convivência decente, escreva-me e juntos decidiremos como agir.

O barulho da equipagem parando junto ao portão impediu-a de responder, e ela correu para a janela.

— Evgueny chegou — disse Ellen, olhando pela janela. — Bem, papai, vou sumir! Diga-lhe que fui à casa da senhora Varatov. Isso não será mentira, pois vou experimentar um vestido, e depois realmente irei visitar Iraida Antonovna, que está adoentada. Você, fique aqui! Volto para o chá.

Jogando um beijo para o pai, ela saiu sem esperar resposta.

Alguns minutos mais tarde, o barão entrou mo quarto.

— Está sozinho, Vladimir? Pensei que Ellen estivesse aqui — disse ele, apertando a mão do sogro.

— Ela acabou de sair. Foi à casa da senhora Varatov, que está doente.

Evgueny Pavlovitch jogou-se no divã e acendeu um charuto.

— Não entendo que prazer minha esposa encontra na companhia da condessa. Detesto a ostensiva frieza dela e seu jeito de olhar a todos com ar superior. Ela é muito estranha e sua influência pode ser prejudicial a Ellen.

— Você se engana. Seria ótimo se Ellen conseguisse adquirir o equilíbrio e a tranquilidade da senhora Varatov, que o próprio conde é o primeiro a louvar.

— Oh! Ela não o constrange, o que acho absolutamente justo. Mas, em compensação, eles se interessam tanto um pelo outro quanto esta casa se interessa pela casa em frente.

— Essa é uma das boas qualidades de Iraida Antonovna, e você não pode discordar disso. Mas deixemos a condessa em paz e conversemos sobre você.

Em seguida, colocando a mão no ombro do genro, Vladimir Aleksandrovitch acrescentou:

— Temo que sua vida conjugal também não esteja um mar de rosas.

— Realmente, nem dá para falar de rosas — disse

Evgueny Pavlovitch, jogando longe o charuto com um gesto de insatisfação. — É difícil para mim falar de sua filha, pois Ellen possui um caráter que pode acabar com a paciência de um santo. Não consigo conceber o tipo de marido que ela deseja! Alguém como um cãozinho conduzido na corrente, ou um marionete controlado por cordéis? Na opinião dela, o marido deve estar atado à sua saia, sem outra ocupação a não ser admirá-la e cortejá-la como um noivo. Assim que deixo de corresponder a esse ideal, começam imediatamente escândalos, lágrimas, repreensões, cara feia. Isso é um verdadeiro inferno para mim e diversão gratuita para a criadagem.

Ela desaparece quando chego e me deixa almoçando sozinho ou, por causa das suspeitas, muda-se do dormitório para o *boudoir* e começam as infindáveis cenas.

Você entende que esse tipo de vida é insuportável. Amo Ellen demais. Você tem a minha palavra, mas, após um ano de vida conjugal, não se pode ficar flertando eternamente. Isso seria total estupidez na vida íntima, mas ela não quer entender que não posso deixar de existir como indivíduo e desistir de todas as minhas amizades.

— Naturalmente, as exigências dela são exageradas. Mas, diga-me sinceramente, você nunca deu motivos para ela suspeitar de você? Nunca foi pego em flagrante?

Evgueny Pavlovitch ficou um pouco embaraçado.

— Sim, houve alguns probleminhas da minha parte, mas o pior de todos foi aquele maldito caso!

O barão contou sua relação com Blanche Clairval, a antiga amizade dela com Ellen e o malfadado aparecimento dele no momento da briga entre elas.

— Como poderia eu saber que aquela vagabunda

era amiga de minha esposa? — prosseguiu Ravensburg com irritação. — Entrei, e... buuum! Senti vontade de mergulhar de cabeça no chão quando vi Ellen com meu bilhete na mão e meu retrato jogado a seus pés.

Vladimir Aleksandrovitch desandou a rir.

— Realmente, sua situação foi trágica. Como se safou?

— Troxe a esposa para casa e depois tentei consertar tudo. Ellen fingiu me perdoar, mas seu comportamento comprova que guarda rancor, suspeitas e ciúmes de mim. Oh! Ela é ciumenta demais! Isso, às vezes, fica até muito divertido: ela quer demonstrar indiferença mas seus olhos ardem de ciúmes.

Foi a vez do barão de rir.

— Num momento de irritação, até escrevi e coloquei no bolso do paletó alguns bilhetinhos suspeitos, que naturalmente desapareciam; minha amável esposa me presenteava com palavrinhas azedas e indiretas, nada elogiosas em relação a essa falsa correspondência.

— Isso não foi correto de sua parte, meu amigo. Você está atiçando o fogo em vez de apagá-lo. Com o caráter de Ellen, tais brincadeiras podem ter um desfecho muito ruim. Ela é impetuosa, desequilibrada e, infelizmente, por minha culpa, recebeu uma educação muito estranha. Você deve ser bem cuidadoso, paciente e não ficar provocando-a.

— Juro que estou tentando criar juízo, volto cedo para casa, sou carinhoso e atencioso, mas nada funciona. Minha única esperança, meu maior desejo, é ter um filho. Isso mudaria tudo completamente e daria a Ellen uma ocupação salvadora.

O anúncio do mordomo sobre a chegada do conde Varatov impediu Artemiev de responder. Elegantemente vestido e alegre, o conde viera convidar Evgueny Pavlovitch para um piquenique; o programa era tão atraente que o barão ficou entusiasmado, mas Vladimir Aleksandrovitch recusou terminantemente, apesar da insistência de ambos.

Enquanto Evgueny Pavlovitch trocava de roupa, Artemiev perguntou pela saúde da condessa, pois ouvira falar que ela estava adoentada.

— Oh! Ela só está com enxaqueca e levemente nervosa — respondeu Varatov, despreocupado.

Ellen demorou um pouco no quarto e, sem nada suspeitar, quis passar desapercebida pelo corredor da criadagem. O barulho de vozes a deteve junto à porta. Seu marido e o conde preparavam-se para partir e tentavam convencer Artemiev a acompanhá-los.

Ellen voltou-se com irritação, desceu pela escada de serviço e foi embora, antes que o barão e Varatov saíssem.

— Asquerosos, vândalos, ficam aliciando um ao outro, sem um pingo de decência e respeito — murmurou com indignação.

Iraida Antonovna recebeu Ellen no dormitório, deitada na cama após o banho.

— Desculpe, querida, por recebê-la assim, mas estou contente com a sua vinda — disse ela, apertando a mão da visitante e indicando-lhe o assento.

Ellen perguntou sobre a sua saúde e, mentalmente, admirou a beleza da condessa, surpreendendo-se sinceramente de como o conde podia preferir aquelas vulgares e mercenárias criaturas que apareciam em seu caminho. Realmente, Iraida Antonovna parecia a verdadeira encarnação da nobre graça em sua camisola branca de seda com grande gola rendada, os cabelos cheios e soltos, a palidez do rosto fino e as maravilhosas e clássicas mãos.

— Pelo olhar irritado, vejo que temos novidades — disse a condessa, após um curto silêncio.

— Não, nada mudou. O meu amo e senhor foi festejar em algum lugar, junto com o seu marido, que foi buscá-lo em casa.

— Verdade?

— Você não sabia disso?

— Não. Jamais pergunto a meu marido aonde vai e o que faz. Não conheço o ambiente que ele frequenta, pois nada tem a ver comigo.

— Mas eu sempre pergunto a meu marido aonde ele vai.

— E acha que fica realmente sabendo mais com isso? — perguntou a condessa com um sorriso irônico.

— Você acha que ele mente? Também penso assim, pois anda frequentemente em carruagens de aluguel, para que nosso cocheiro não o denuncie.

— Está vendo? Acredite em mim e siga o meu exemplo: não controle, não espione, não complique aquilo que já é muito complicado, e o principal: perdoe e perdoe sempre!

— Tento seguir seu método, mas não me sinto melhor com isso. Uma vida caseira, cheia de mentiras e hipocrisia, quando não se pode desabafar, é uma vida privada do doce e caloroso sentimento da cumplicidade, um verdadeiro inferno! Às vezes, me parece que a morte, mesmo intencional, é preferível a esse tipo de existência.

A condessa acenou com a cabeça.

— Tem razão! Morrer, é mais fácil que viver. Mas será que temos o direito de dispor à nossa vontade do dom sagrado da vida? Geralmente, uma mãe de família cumpre como um severo déspota o dever que a impede de abandonar crianças inocentes em mãos grosseiras de aluguel ou à tutela do pai, que nunca tem tempo para elas. Por mais infeliz que sua mãe tenha sido, ela não escolheu a morte; cuidava de você e, naturalmente, gostaria de viver ainda mais para não deixá-la sozinha.

Sem filhos, você é livre para dispor da própria vida; mas, em razão dos pequenos tropeços, por mais amargos que tenham sido, pense bem se não vale a pena assumir a grande responsabilidade de estudar a religião e a comunicação com o mundo do Além.

A vida é tão curta, tão frágil, e nos arrasta com tão alucinante velocidade para o túmulo, que, realmente, é possível colocar-se acima de suas desgraças, submetendo-se com abnegação e paciência à misteriosa lei do karma, a lei das provações e expiações, que são inevitavelmente vividas em cada existência terrena. Se conseguir elevar-se desse modo, superando a resistência da carne, isso significará que o destino foi vencido. A vitória lhe trará a paz e o que ontem lhe parecia uma questão de vida ou morte, parecerá uma banalidade.

— Mas... para tal elevação é necessário desistir de todos os sentimentos humanos e reprimir tudo em si.

— Sim, se a nossa sina é ser reprimidas é porque não temos forças para resistir. Sem dúvida, não é fácil submeter-se às desconhecidas e severas leis que nos regem. Eu mesma, nem sempre fui como me vê agora. Veja aqui!

Com um triste sorriso, Iraida Antonovna afastou os cabelos escuros e mostrou junto às têmporas inúmeros fios prateados.

— Esses cabelos grisalhos são o prêmio pela coragem espiritual, obtido no campo de batalha da vida e merecido pela luta interior.

Nos primórdios de minhas decepções, todo o meu ser sofria sob o jugo da humilhação imerecida. O sangue indômito indignava-se e sussurrava-me vingança; mas uma vingança seria tão baixa e suja quanto a ofensa que eu tinha recebido. O orgulho deteve-me, jogou um espesso véu sobre minha chaga exposta e vedou-me os lábios, para que nenhuma das mal-intencionadas e vulgares pessoas ao meu redor notasse o meu sofrimento. Então, numa daquelas horas sombrias, quando o espírito reconhece as próprias forças, um invisível nervo no meu coração quebrou-se. De repente, fiquei tranquila e senti como se acordasse de um exaustivo pesadelo. Já não sofria, não me indignava nem odiava Vsevolod. Pelo contrário, amava-o, mas esse sentimento já não era idêntico ao anterior. Desde então, tudo permaneceu como está até hoje. Vivo no meu posto, cumprindo sistematicamente minhas obrigações e procurando a solução para os mistérios da vida oculta, como a verdadeira e eterna existência do espírito.

A condessa animou-se. Seu fino rosto ficou mais corado pela inspiração e os grandes olhos brilharam mais intensamente com o fogo da alma pura.

Ellen ouvia tudo, cabisbaixa. Em seguida, apertando a mão da senhora Varatov, observou com amargura:

— A sua benfazeja paz não é outra coisa senão a apatia de uma vida vegetativa. Assim como um ser mutilado jamais recupera inteiramente a saúde, também um coração ferido não pode ser curado. Vale a pena levar essa ingrata existência, considerando que nem no futuro haverá qualquer solução?

— Mas, querida, você sabia de tudo isso e, mesmo assim, decidiu se casar. Como pregadora do "Paraíso sem Adão" teve diante de seus olhos centenas de vidas arrasadas que encontraram no abrigo a paz, e até um pouquinho de felicidade. Portanto, seja corajosa e, apesar de tudo, acredite no futuro, como eu.

Com sua inata delicadeza, a condessa mudou o assunto para um tema mais alegre e, aos poucos passaram a falar de coisas mundanas.

Depois, Iraida Antonovna convidou Ellen para tomar chá no dormitório. Quando a baronesa se preparou para ir embora, já tinha quase recuperado o bom humor e separaram-se como amigas ainda mais íntimas.

Esse bom humor, entretanto, só durou até chegar em casa. O pai não estava e Evgueny Pavlovitch ainda não havia retornado. Enquanto passeava desanimada pelos aposentos vazios e envoltos na penumbra, Ellen foi tomada por um sentimento desagradável, que aumentou ao chegar na soleira da porta do dormitório, fracamente iluminado por um candeeiro. Em todos os cantos só havia silêncio, vazio e escuridão, o emblema de sua vida solitária.

Sentindo um tremor nervoso, ordenou a Sara que acendesse a lâmpada na cômoda e no ***boudoir***. Em seguida, trocando o vestido por um penhoar branco, dispensou a camareira e foi ler um pouco, pois não estava com sono.

Mas logo se cansou do romance que estava lendo. Deixando o livro, Ellen ficou pensando sobre a conversa com a senhora Varatov, e quanto mais pensava nas palavras da condessa, mais seu espírito parecia envolver-se numa penumbra cinzenta.

Decidiu acabar de vez com os sonhos de amor e que chegara a hora de entender a realidade e adaptar-se a ela. Para o seu marido, parecia difícil e desinteressante ocupar-se em satisfazer o amor dela. Por isso, esse amor era desnecessário, pois existiam meios mais baratos de diversão. Dela se exigia somente que não o constrangesse, não o cansasse com cenas, lágrimas e exigências, e vivesse a própria vida, fingindo ser feliz.

Ellen suspirou profundamente. Para afastar esses incômodos pensamentos, decidiu escrever uma carta a Nelly, pois não respondera à última missiva dela. Não conseguiu encontrar a carta para relê-la e passou a revirar todas as gavetas da mesa. Encontrou um estojo de marroquim e um pequeno livrinho em luxuosa encadernação, com aplicações douradas. Abriu o estojo e retirou de lá um pequeno revólver. Olhou com ar sombrio para o instrumento mortal que tinha nas mãos. Cada um daqueles tubinhos de aço continha a morte, ou seja, a liberdade, o fim da tristeza, dos sofrimentos do orgulho ferido e de todo o inferno que fervia dentro dela.

Pela primeira vez em sua mente surgiu a ideia de suicídio, atraindo-a como o fogo atrai a mariposa. Essa solução rápida para todos os problemas tentou sua mente impetuosa e destemida. Entretanto, dominou a tentação, colocou o revólver de volta no estojo e pensou, jogando-o na gaveta: "Sempre terei essa saída. Se o 'Paraíso sem Adão' é uma utopia, a 'morte sem Adão' é uma realidade tangível".

Ellen voltou para o dormitório e deitou-se, mas o sono continuava a evitá-la. Então, pegou um livro de fábulas filosóficas, de autoria da senhora Varatov, presenteado pela autora.

Ellen gostou do estilo literário da condessa; folheou o livro examinando as ilustrações, também da autora, e começou a ler uma das fábulas, intitulada *O Amor*:[1]

1 *O Amor*: Este conto, originalmente publicado neste livro em 1898, foi posteriormente agrupado a outros contos de Rochester em uma coletânea e publicado na França em 1901 sob o título ***Récits Occultes*** ("Narrativas Ocultas").

Em todas as épocas, os seres humanos ansiaram por se comunicarem com entes celestes e gênios que dirigem suas vidas. Com esse objetivo, sempre tentaram penetrar nos recintos secretos onde, invisíveis aos olhos dos simples mortais, residem os grandes condutores que inspiram e dirigem as almas para grandes realizações ou para crimes.

Uma alma, chamada Psiquê, preparava-se para deixar o Céu, descer à Terra e revestir-se da pesada cobertura da carne. Era uma alma feminina e, portanto, curiosa. Por isso, antes de deixar sua pátria celestial, decidiu experimentar criteriosamente tudo, principalmente o amor, que todos devem suportar na Terra para alcançar a bem-aventurança, o qual, entretanto, traz mais tristezas do que alegrias. Ela pretendia levar o verdadeiro conhecimento sobre esse estranho e traiçoeiro sentimento às suas irmãs terrenas.

Então, pôs-se a caminho, passeando pelas alegres e perfumadas alamedas do Paraíso, enfeitadas de flores. Primeiramente, chamou-lhe a atenção um enorme templo, de arquitetura etérea e especial.

— Este é o templo das artes. Entre sem medo! Mulheres também são admitidas aqui — disse um pequeno querubim, sentado na soleira e brincando com as flores.

Psiquê entrou curiosa no amplo edifício iluminado por raios brilhantes, onde gênios em vestes brancas ocupavam-se de trabalhos artísticos.

— Aproxime-se, filha terrena! — disseram, saudando-a com sorrisos. — A mulher é tão capaz quanto o homem de entender a arte e coroar-se com a estrela da genialidade.

Eles a deixaram admirar a beleza celestial

sob todos os aspectos. Embevecida com tal perfeição e constrangida pela necessidade de ter de deixar o Céu para descer à humilde Terra, Psiquê expôs em ímpetos harmônicos todas as suas alegrias e tristezas terrenas, suas lamentações e saudade da pátria celestial. A Pintura, que a observava com um sorriso, iluminou-a com luzes coloridas e soprou vida em sua obra. Em seguida, os gênios da Poesia e da Escultura beijaram Psiquê, e em sua testa brilhou a estrela da inspiração celestial.

Saindo do Templo das Artes, Psiquê dirigiu-se a uma ampla área, cercada de árvores gigantescas, onde havia seis pequenos templos, três de cada lado, todos enfeitados com emblemas. A alvura deles destacava-os no fundo escuro da espessa folhagem. Entre esses templos, havia uma surpreendente edificação, que superava a todos por suas dimensões. Parecia feita de ouro e pedras preciosas. Os raios que saíam de suas paredes iluminavam tudo em volta, como um Sol. Entretanto, o interior do prédio era escuro e parecia imerso numa neblina distante.

— É a morada das sete virtudes — explicou o gênio que acompanhava Psiquê. — Lá, no primeiro templo, à direita, mora a Justiça. Visite-a primeiro!

Psiquê atravessou a soleira da porta com respeitosa emoção, fez uma profunda reverência diante de uma mulher de beleza clássica, sentada num trono de pedra. Seu olhar era penetrante como o fogo e as vestes brilhavam como raios de luz.

— Aproxime-se filha terrena! — disse com voz metálica, colocando a mão sobre a cabeça baixa de Psiquê. — Vou preencher sua mente com meu sopro, para que possa julgar com justiça o próximo. Mas, para utilizar esse dom sem a influência da ira ou da paixão, peça às minhas irmãs que lhe concedam os seus dons.

No templo vizinho, Psiquê encontrou a Paciência, dócil, delicada e de triste olhar. Esta a abraçou.

— Aproxime-se, para que eu impregne todo o seu ser com o meu sopro! Você é mulher e, mais que todos os outros, precisará de mim a cada passo de sua vida. A paciência é o lema da mulher.

No templo vizinho, morava a Vontade. Seu rosto era pálido, austero e belo; os lábios, firmemente apertados, e o olhar dos grandes olhos escuros era imóvel e inabalável, como o próprio destino. Trajava uma túnica cor de aço.

— Todos os dons são infrutíferos se não houver a força de vontade para aplicá-los — disse ela, com voz poderosa. — Portanto, filha terrena, aprenda somente o bem.

Levantou a mão e dela partiu um raio que transpassou como uma flecha de fogo o cérebro de Psiquê. Ela se sentiu surpreendentemente mais forte. Em seguida, entrou num dos três templos do outro lado da clareira. Esse templo emitia uma luz delicada e vivificante; na soleira da porta estava uma mulher jovem, de aparência tão doce e agradável que Psiquê sentiu uma incontrolável simpatia por ela. No peito daquela mulher via-se um coração que palpitava e ardia como fogo. A mulher cobriu Psiquê com sua capa resplandecente de raios róseos e dourados, e disse:

— Sou a Bondade. Vou dar-lhe o dom da comiseração e o desejo de ajudar. Cubra com a doçura de seu coração todo ser sofredor, como a estou cobrindo com minha capa.

Em seguida, pegou Psiquê pela mão e conduziu-a ao templo vizinho.

— Eu mesma vou apresentá-la às minhas duas irmãs. Elas são: Sacrifício e Perdão. Somos inseparáveis e aquele que recebe uma de nós, deve receber também as outras duas.

Uma penumbra pálida envolvia o templo de Sacrifício, delicado e transparente, de contornos etéreos e vagos. Sacrifício pairava acima do solo, sustentada por grandes asas prateadas; suas vestes amplas e cinzentas pareciam dissipar-se no ar e os grandes olhos azuis eram infinitos e impenetráveis, como o oceano na calmaria.

— Pareço intangível e incorpórea como a fumaça que uma lufada de vento pode dissipar. Entretanto, meu ser é mais firme que o granito — disse com voz harmoniosa e ligeiramente rouca. — Minhas asas são mais leves que o vento e, ao mesmo tempo, mais duras que o aço; elas me conduzem sobre precipícios e os mais instransponíveis obstáculos. Apesar da fragilidade aparente, sou mais forte que as minhas irmãs, que podem fraquejar e cair, vencidas pelas dificuldades do caminho ou pela ingratidão humana. Eu, entretanto, passo por cima de tudo isso, sem nada ver ou sentir, pois me delicio com o mais doce néctar celestial: a abnegação.

Ela entregou a Psiquê uma pequena ânfora azul e transparente como cristal. Quando ela bebeu o conteúdo da ânfora, sentiu-se leve e forte como nunca. Com o coração cheio de fé e enlevo, entrou no templo do Perdão. A alta e imponente figura que a recebeu, de olhar profundo e enérgico, lembrava-lhe a Vontade.

— Saiba, filha terrena, que represento a união das qualidades das minhas irmãs.

Quando se estuda e se compreende a essência da Justiça, Paciência, Sacrifício e Bondade, então, perdoam-se os erros e fraquezas humanas. Saber tudo, significa perdoar tudo. Portanto, filha terrena, perdoe de todas as formas. Entenda a minha essência: eu curo as chagas espirituais, o ódio, a injustiça e a crueldade. Pisoteio os sete pecados capitais e estes rastejam ante mim, bradando de raiva, impotentes, por estarem acorrentados e envenenados pelas próprias paixões, das quais zombo. Perdoe e será forte! Os ferimentos que lhe causarão irão desaparecer e você aliviará pela metade o peso da cruz que carrega. Perdoe, tenha fé, esperança e estará firmemente subindo pela estreita e íngreme trilha da perfeição.

Psiquê, emocionada, parou finalmente diante do estranho e intrigante prédio ao fundo da clareira. Lá estavam reunidas todas as Virtudes e os gênios da Arte. Psiquê notou que a entrada do templo estava fechada por uma cortina de um tecido jamais visto: ele vibrava e ondulava, parecendo tanto ser brilhante quanto sombras compactas. A cada movimento da cortina, emanava um maravilhoso perfume que, em seguida, se tornava áspero e sufocante.

Os sons que provinham do interior do edifício também eram contrastantes. Ora se ouvia uma música divina, como um hino das esferas celestiais, ora tudo se confundia num agitado estrondo de sons distorcidos e cortantes, como gemidos e gritos de pessoas enlouquecidas de terror e de sofrimento, causado por torturas desumanas.

Encantada com a harmonia celestial, Psiquê sentia-se atraída por esse misterioso templo. A felicidade insana que a dominou fê-la esquecer o Céu e as Virtudes. Já estava subindo os degraus, quando estacou e recuou, assustada: aos seus ouvidos chegaram gritos de sofrimento.

— O que significa isso? — perguntava-se ela.

— Aqui mora o Amor. Do templo dele provêm tanto hinos de felicidade quanto esse caos sonoro — responderam as Virtudes e os Gênios. — Psiquê, não atravesse essa soleira! Aquele morador não será seu amigo, nem tutor, mas impiedoso inimigo. Nós armamos e enfeitamos você e lhe demos suporte na vida; mas aquele que vive no templo lutará contra você, e a submeterá a infinitos sofrimentos, se descuidadamente provar do veneno de sua taça. Assim que o provar, ele se espalhará por todo o seu ser e você não mais desejará viver sem essa bebida. Está ouvindo os gritos? São os lamentos de suas vítimas, pois nos altares do Amor não são queimados incensos, mas sim palpitantes e martirizados corações humanos.

Psiquê ouvia, trêmula. Esse duplo mistério a atraía e afastava. Naquele instante, ouviu-se novamente o canto divino, e um estonteante sentimento de bem-aventurança apoderou-se de Psiquê, fazendo-a esquecer tudo. Como se fosse levada por uma onda, subiu os degraus e afastou a cortina que cobria a entrada. Viu-se, de repente, diante do altar do todo-poderoso mandante do mundo.

Diante do olhar embevecido de Psiquê, o Amor levantou-se sorrindo, ciente da própria glória. Seu torso parecia iluminado pelos raios do sol nascente; sobre a cabeça, um gigantesco facho de luz formava uma coroa;

os cachos dourados emolduravam sua testa lisa, sem qualquer ruga nem preocupação. Um lindo sorriso brincava nos lábios rubros do rei, para quem não existiam dúvidas sobre o passado, nem desgraças e desilusões no futuro. Ele admitia somente a bem-aventurança do presente. Estendendo para Psiquê uma taça cheia de um líquido púrpura, o Amor dirigiu-lhe um olhar dominador, ao qual ninguém conseguiria resistir. Então, disse com voz sonora e harmoniosa:

— Pequena alma humana, perca as esperanças de proteger seu coração do fogo do meu altar. Agora que chegou aqui, aos meus pés, está perdida! A dúvida, o medo e o sofrimento não conseguirão detê-la; seus lábios, eternamente sedentos, irão procurar, sem descanso, a taça que contém o prazer celestial, para saciar com ele sua sede. Sou a encarnação do mais poderoso motor do Universo. Todos me reverenciam, desde o átomo até o arcanjo; sobre meus altares derrama-se a essência de qualquer coração, desde o mais puro até o mais asqueroso. Sou a verdadeira essência da vida. Mas só concedo a felicidade àqueles que entendem o verdadeiro sentido do meu ser. Saiba que sou, ao mesmo tempo, o Céu e o inferno! Eis a minha taça! Beba, se tiver coragem!

Psiquê vacilava e tremia, sentindo não ter forças para resistir. Estava irresistivelmente atraída pelo grande mistério estampado no rosto do Amor, que não conseguia decifrar, apesar dos dons que recebera. O passado desapareceu de seu espírito, dominado pelo presente. Com a mão trêmula, pegou a taça — essa taça sempre cheia por alguém, por cada um daqueles que querem compreender, se apoderar da solução do mistério —, e a esvaziou.

Imediatamente sentiu-se elevada nas asas do êxtase e vibrava com a incomparável bem-aventurança. Porém, à medida que o êxtase diminuía, seu coração se enchia de dúvidas, amargura, e da insaciável sede que o Amor obriga a pagar por um curto momento de felicidade.

Num gesto de doentia súplica, Psiquê estendeu as mãos para a inebriante bebida, ansiando matar a sede. Mas a taça estava vazia para ela, e não mais se encheria. Psiquê morria de sede e gemia de dor e tristeza, olhando para o Amor, parado à sua frente, com ar frio e triunfante.

De repente, notou que o autoritário deus começou a mudar surpreendentemente de aspecto. O rosto, que respirava orgulho e triunfo, tornou-se harmonioso e tranquilo. As cores ofuscantes, que impediam vê-lo direito, adquiriram tons infinitamente delicados. Em seguida, uma névoa lilás envolveu a figura do deus, ocultando-o de Psiquê e deixando visível somente a mão erguida com a taça. Eis que do fundo da taça vazia surgiu um ser pequenino e luminoso, de corpinho róseo e delicado, cabelos encaracolados e olhos profundamente azuis. O pequenino esticou os bracinhos rechonchudos, abriu um sorriso encantador e balbuciou com voz tímida:

— Pegue-me e me ame! Ensine-me as virtudes que lhe deram. Faça de mim alguém útil, digno de ser chamado de "ser humano", que entende o verdadeiro sentido das palavras amor e dever.

Esquecendo a própria sede, Psiquê agarrou

a criança e apertou-a ao peito. Uma corrente cálida e vivificante percorreu seu corpo e uma solene paz lhe encheu o coração martirizado. Desapareceu toda a raiva. Não estaria o Amor pagando seus sofrimentos com um presente inestimável? Não estava ela segurando em seus braços uma alma que lhe fora confiada para ser conduzida para a luz da perfeição? Sob a influência desse novo e poderoso sentimento, Psiquê sentiu asas nascerem em suas costas e encheu-se de força sobre-humana para cuidar daquele ser, confiado ao seu amor, ajudá-lo a superar quaisquer obstáculos na vida e protegê-lo do perigo.

O Amor apareceu novamente. Mais calma e equilibrada, Psiquê, que já olhava sem amargura para a taça vazia, notou que o Amor aumentava e adquiria uma luz cada vez mais brilhante. Uma coroa de lírios enfeitava-lhe a cabeça e prendia um véu róseo com reflexos dourados. Como um grande manto, o véu cobria inúmeros seres; desde um inseto até um ser humano. Uns estavam saudáveis, outros mutilados e doentes, mas todos se aconchegavam a ele, procurando calor e luz.

Psiquê notou, surpresa, que sobre ela fora colocada uma capa ampla e quente. Parte dos seres que se reuniram aos pés do Amor, abrigaram-se também perto dela. Sentiu, repentinamente, um indescritível amor e compaixão por aquelas almas que ocupavam todos os degraus da escala do aperfeiçoamento e atravessavam o duro caminho das provações. Inclinou-se e abraçou a todos, enquanto lágrimas de comiseração, quentes como fogo e brilhando como diamantes, rolavam de seus olhos.

Então, o Amor estendeu sua taça, colheu essas lágrimas e disse:

— Agora você entendeu o verdadeiro sentido do meu ser. O inebriante amor sensual é passageiro, misturado com amargura. O amor materno lhe deu asas, enquanto o amor para com todo ser vivo provocou-lhe lágrimas que se incendiaram na minha taça. Veja! Elas refulgem como o fogo eterno, que aquece mas não queima. Todos os dons que lhe deram as Virtudes e os Gênios permaneceriam forças mortas e infrutíferas, até serem vivificados pela chama do verdadeiro amor. Vá para a Terra e pratique a justiça, a misericórdia, o sacrifício e o perdão, inspirando-os com o amor. Cante louvores para mim na arte. Ensine pessoas a entenderem e aplicarem a minha força sagrada em tudo e eu os livrarei da amargura oculta no fundo de minha taça!

Psiquê saiu concentrada e silenciosa do templo onde entendera o sentido da vida. Numa das mãos trazia a criança, e na outra a taça, onde queimava, iluminando-lhe o caminho, a chama do amor pela humanidade.

Logo apareceu diante das Virtudes que a aguardavam. Ali mesmo, dois anjos seguravam um grande espelho. Psiquê viu, com surpresa, que seus cabelos negros embranqueceram como a neve e que uma coroa de espinhos enfeitava sua fronte com um rubro esplendor.

— O que significa isso? — balbuciou, surpresa.

— É o triunfo da sábia alma, que suportou corajosamente a provação terrena, com suas grandes desgraças e sacrifícios e retornou à sua pátria celestial, ornada por respeitáveis cabelos brancos e uma coroa mágica, na qual

> cada pedra preciosa atesta uma vitória sobre si mesma — responderam os luminosos habitantes do Céu.
>
> Em seguida, entregando a Psiquê um ramo de palmeira, acrescentaram:
>
> — Pegue esse último símbolo e ensine às suas irmãs terrenas o sentido do verdadeiro amor! Os homens o procuram, mas não conseguem encontrá-lo, pois desejam apenas beber da taça inebriante e, como cegos, passam sem notar a grande força que é a base do Universo e ilumina a alma em suas provações terrenas.

Ellen fechou lentamente o livro e deitou a cabeça nas almofadas. Lágrimas quentes corriam por suas faces e um sentimento agudo, mas sem qualquer sombra de amargura, preencheu sua alma.

O que lera não parecia correto? Não fora ela feliz enquanto trabalhava com fé e amor em favor da humanidade? Acabou passando indiferente pelo grande motor do Universo quando começou a procurar apenas a satisfação do desejo egoísta de amar e ser amada e, com orgulho e ira, exigir a bebida inebriante. Sim, a condessa, mesmo não sendo doutora em filosofia como ela, decifrara muito melhor o grande enigma da vida.

Capítulo 17

Os dias seguintes corriam tranquilos. A impressão causada pela fábula foi tão forte que abafou o ciúme doentio de Ellen e incutiu-lhe sentimentos mais apaziguadores. Além disso, a partida do pai para a América ocupou-a e afastou os pensamentos sombrios. Ellen mantinha uma ativa correspondência com Nelly e seus procuradores, a fim de tomar as providências necessárias para que a residência em Boston e a vila nos arredores ficasse pronta para receber Artemiev. Sentia grande prazer em receber o pai em sua casa e cercá-lo das maiores atenções. Além disso, deu ao pai cartas para a senhora Oliver e alguns espíritas conhecidos, pedindo-lhes que o levassem aos verdadeiros médiuns, suficientemente fortes para dar-lhe a possibilidade de entrar em contato com o mundo do além.

Em fins de março, Artemiev partiu; ficou decidido que no outono o jovem casal iria a Boston passar um mês com ele.

Nos primeiros dias de maio, os Ravensburg se mudaram para Petergof, para passar o verão. As boas relações entre os cônjuges continuaram, mesmo com momentos de certa tensão. Às vezes, estavam carinhosos e apaixonados como nos primeiros dias de casamento; outras, em virtude de alguma suspeita sem fundamento que a perturbava, ela tratava o marido com reservas. Entretanto, não desejava perder o controle e, por isso, o clima permanecia amigável e as nuvens de tempestade acabavam se dissipando rapidamente. De repente, um acontecimento inesperado interrompeu essa paz, abatendo todas as sensatas decisões de Ellen.

Era início de julho. Certo dia, Evgueny Pavlovitch chegou para almoçar, visivelmente preocupado. Durante a sobremesa, declarou que, por causa de uma carta que recebera da mãe pela manhã, precisava ir a Paris por umas duas semanas.

— Preciso organizar alguns negócios familiares. Parto hoje à noite e tentarei retornar o mais rápido possível. Pela urgência, e como a viagem é exaustiva, minha querida, não posso levá-la comigo, como gostaria — acrescentou o barão, beijando a esposa.

A suspeita passou pela mente de Ellen. Contudo, sabia que a mãe do marido ficara viúva do segundo casamento com um francês, e vivia no estrangeiro. Apesar de manter relações tensas com o filho, era possível que ela exigisse sua presença para acertar algum negócio familiar.

Essa ideia fez Ellen acalmar-se. Cuidou pessoalmente da arrumação das malas e depois acompanhou o marido à estação ferroviária. Despediram-se carinhosamente, prometendo se corresponderem com frequência, apesar da curta separação. À noite, ao despi-la, Sara contou-lhe que o barão recebera um telegrama, que o perturbou terrivelmente, quando retornava de um passeio. Além disso, Sara entregou a Ellen um pequeno molho de chaves que encontrara no tapete, que o barão devia ter perdido quando trocava de roupa para a viagem.

As suspeitas de Ellen retornaram. Começou a procurar o telegrama e, finalmente, o encontrou na escrivaninha do marido, entre um monte de papéis, visivelmente revirados às pressas. O conteúdo da mensagem deixou-a nervosa: "J. pela manhã deu à luz uma menina. A situação piora. Quer vê-lo e confiar-lhe a criança. Apresse-se! Vive somente de esperança. Berten".

Tremendo como estivesse com febre, Ellen desabou na poltrona. Sua cabeça girava. A amargura e o ciúme apertavam dolorosamente seu coração.

Então, essa era a verdade! Não era a mãe, mas uma amante convocava aquele mentiroso e traidor! Ellen não duvidava nem por um instante de que a "grave doença" fora inventada pela miserável, que aproveitava o motivo para obrigar o amante, sem caráter, a ir vê-la e fazê-lo interessar-se por seu rebento.

Talvez, dentro de duas semanas ou um mês, o marido traria a mãe e a filha para São Petersburgo e, às escondidas, se deleitaria com a alegria de ser pai.

Ellen ficou tão indignada que, num piscar de olhos, desapareceram todas as suas boas intenções de concordância, perdão e paciência. Não! Ela não queria mais perdoar, nem suportar tão vil escárnio. Ia se vingar e abandonar para sempre aquele miserável.

Em vez de ficar esperando-o feito uma imbecil, iria para Boston, morar com o pai. Lá, na América, estaria em casa e saberia se defender!

Mergulhada em sua ira e planos de vingança, no dia seguinte voltou para a cidade e começou a preparar-se, às pressas, para partir. Em três dias conseguiu arrumar tudo, decidindo partir no trem noturno.

Tinha ainda um dia inteiro a sua disposição. Para encurtar essas torturantes horas de espera, decidiu ir se despedir da senhora Varatov, que não via há cerca de um mês; corriam boatos de que o conde estava gravemente enfermo.

Iraida Antonovna morava num bairro nos arredores de São Petersburgo, onde acampava o regimento de seu marido. Ellen conhecia o endereço, e a equipagem de aluguel levou-a a uma grande e luxuosa casa de campo, cercada de sombroso jardim.

Perto do portão de entrada, numa clareira ensolarada, encontrou as crianças brincando, sob a vigilância da governanta. Ellen beijou-as e perguntou se a condessa estava em casa. Então, ficou sabendo que a vida do Conde, durante dez dias, ficara por um fio. A condessa cuidara dele incansavelmente todo o tempo, tanto que temiam que ela também adoecesse. Mas agora estava tudo bem. Há alguns dias o médico autorizara levar o paciente para o terraço, numa cadeira de rodas.

Ellen agradeceu à governanta a gentileza de anunciá-la, dizendo que encontraria pessoalmente o caminho para a casa, que se vislumbrava através da folhagem. Saiu andando, pensativa, pela alameda lateral.

Ao aproximar-se da casa, notou por entre as árvores um amplo balcão coberto por um toldo. Numa grande e confortável poltrona com rodas, sentava-se o conde. Trajava uma túnica militar caseira e tinha sobre as pernas um cobertor de pelúcia. Estava muito envelhecido, mas seu rosto magro iluminava-se com a alegre tranquilidade que se nota em doentes que escaparam da morte.

Junto à poltrona, Iraida Antonovna pingava umas

gotas num cálice com água que, em seguida, ofereceu ao marido. Este tomou o remédio e, abraçando a esposa, beijou-a.

Com um profundo suspiro, Ellen abandonou seu posto de observação e saiu para a ampla alameda que levava direto ao terraço. A condessa notou-a imediatamente e correu ao seu encontro.

A anfitriã e a visitante beijaram-se carinhosamente. Ellen disse a Iraida Antonovna que a achava muito pálida e com a aparência cansada. A condessa, por sua vez, notou pelo olhar melancólico da amiga que acontecera algo bastante grave. Entretanto, não fez qualquer comentário e respondeu amigavelmente:

— Sim, ainda estou cansada das noites em claro e, principalmente, pela tensão que passei. Mas agora, graças a Deus, está tudo bem; logo eu e Vsevolod recuperaremos a antiga aparência.

Subindo ao terraço, Ellen apertou a mão do conde e cumprimentou-o pela feliz recuperação.

— Se consegui escapar da morte, que já me segurava pelo colarinho, foi exclusivamente graças ao sacrifício de minha esposa — respondeu ele, apertando aos lábios a mão de Iraida Antonovna.

O olhar que lançou à esposa transbordava de amor e agradecimento. Ellen jamais poderia esperar que aquele pândego mundano fosse capaz de sentimentos tão calorosos e profundos.

— Os próprios médicos disseram que, nesse tipo de doença, o mais importante é a assistência permanente — prosseguiu ele —, e que somente graças à condessa conseguiram me salvar. Sou duplamente grato à minha esposa, pois, para minha vergonha, não mereço tanta dedicação e sacrifício da parte dela.

— Você sabe que merece, sim. Senão, não me

esforçaria tanto para mantê-lo vivo — respondeu a senhora Varatov sorrindo e passando carinhosamente a mão na cabeça do marido.

Após falar mais um pouco sobre a doença do conde e sua intenção de conseguir uma licença para se tratar no estrangeiro, Iraida Antonova perguntou pela saúde de Evgueny Pavlovitch e se ele iria buscar Ellen para levá-la para casa.

— Não, vim sozinha para me despedir. Hoje à noite parto para Boston, para ficar com meu pai — disse Ellen rispidamente.

— E quando pretende voltar?

— Não sei. Talvez, nunca — respondeu Ellen, com um sorriso forçado.

Os Varatov entreolharam-se com surpresa.

— Se isso não for piada, baronesa, o que o barão acha dessa história? — observou o conde, meio rindo, meio sério.

— O barão está em Paris, tratando, aparentemente, de importantíssimos negócios. Por isso, me sinto sobrando por aqui.

— Não está exagerando um pouco na avaliação de seu marido? A mãe dele mora no estrangeiro, talvez tenha sido exatamente para ela que o dever o chamou! As damas sempre são desconfiadas e tendem a tirar conclusões precipitadas — observou Vsevolod Dmitrievitch.

— O senhor acha isso? Asseguro-lhe, conde, que a presença de Evgueny Pavlovitch em Paris foi exigida por obrigações bem mais delicadas e interessantes do que o dever de filho — respondeu Ellen num tom zombeteiro. — Aliás — prosseguiu ela com os lábios muito trêmulos —, não o estou impedindo de cumprir suas obrigações, não importa quais forem. Apenas não desejo desempenhar um papel ridículo. Para não atrapalharmos um ao outro, vou colocar um oceano entre nós.

— Ai-ai-ai, baronesa! Está sendo incisiva e teimosa demais! — e o conde balançou a cabeça. — Acho que a senhora não ama suficientemente seu marido. O verdadeiro amor é bem mais condescendente.

— Oh! O casamento é exatamente a escola em que se ensina a não amar. Como sou objetiva, sempre desejo tudo ou nada, não quero viver de migalhas, algo como uma fria participação ditada pelo dever.

— Mas o que pretende fazer lá, na América?

— Vou cuidar de meu pai e voltar às minhas atividades no "Paraíso sem Adão". Posso fazê-lo, agora, com total conhecimento de causa.

A conversa foi interrompida pela chegada das crianças e da refeição, que foi servida no próprio terraço.

Levantando da mesa, a condessa disse que gostaria de conversar a sós com a amiga. Colocou junto à poltrona do marido uma mesinha com revistas e mandou o estafeta ficar a serviço do conde.

O ***boudoir*** da condessa, revestido de crepom rosa e enfeitado de flores, era um recanto adorável. Lá também havia um pequeno balcão que dava para o jardim, onde a senhora Varatov se instalou, junto com sua convidada.

— Agora, confesse: o que aconteceu desta vez? — perguntou a condessa, fazendo Ellen sentar-se e segurando-lhe as mãos.

Quando ela contou resumidamente tudo, a senhora Varatov observou, após pensar um pouco:

— Na verdade, os fatos parecem testemunhar contra Evgueny Pavlovitch, mas não é bom condená-lo sem antes ouvir a versão dele. O remédio que pretende aplicar é ainda pior que a própria doença;

apesar de tudo, você ama seu marido e, mesmo assim, condena-se à separação voluntária.

— Não e não! Já não o amo mais! A separação é o melhor remédio para esquecer mais rapidamente a minha tola ilusão: o desejo de achar algo impossível, o verdadeiro amor e a felicidade conjugal, em condições criadas para apagar esse sentimento.

A condessa balançou a cabeça.

— Ellen, está enganando a si própria imaginando que apagou o sentimento que liga você ao barão. Lamentará amargamente, quando for muito tarde. Veja, como o coração é um senhor muito inconstante: comprovei isso por mim mesma.

Ainda há algumas semanas, pensando na possível morte de Vsevolod, eu estava convencida de que sentiria apenas uma tranquila tristeza, pois o amor que outrora sentira por ele havia definitivamente acabado. Mas, o que aconteceu na realidade?

Quando meu marido adoeceu e os médicos disseram que a situação era desesperadora, apareceu, não sei de onde, um sentimento ainda mais forte que a antiga paixão. Só em pensar que Vsevolod iria morrer, era para mim uma cruel tortura!

O coração humano é ardiloso! Na hora em que se perde a pessoa amada, esquecem-se todos os males e ofensas; ficam só as boas lembranças das horas de felicidade e entendimento mútuo.

Passei dias e noites junto ao leito de Vsevolod numa tristeza mortal, orando e atenta à sua fraca respiração. Sem ele, minha vida parecia vazia e sem sentido, como um abismo sombrio.

Durante esse difícil período, entendi o justo julgamento do Rei Salomão,[1] que mandou cortar ao meio a criança disputada por duas mães. A mãe verdadeira, para que o filho não morresse, preferiu entregá-la à outra. Experimentei o mesmo sentimento, preferindo manter Vsevolod vivo, com todas as suas fraquezas e inconstância, do que viver sem luta nem sacrifícios, entregando-o ao túmulo. Em tais momentos, surge em nós uma força desconhecida, com a qual só podemos nos conformar...

Sua mãe pode servir-lhe de exemplo da veracidade de minhas palavras. Ela, naturalmente, tinha orgulho e o sentimento de dignidade própria. Mesmo assim, apesar de todos os golpes que recebera de seu pai, ansiava vê-lo novamente, ouvir sua voz e morrer perto dele. Sem dúvida, sua morte foi apressada por essa ansiedade não satisfeita.

Por isso, repito: não "abandone o navio", não vá embora e não se condene voluntariamente ao inferno! É preciso estar absolutamente segura de que o amor morreu definitivamente para empreender tal separação. Nadando contra a corrente pode facilmente perder as forças e afogar-se.

Ellen baixou a cabeça.

— Conto com a minha própria vontade e orgulho para arrancar pela raiz esse sentimento indigno — disse, após um silêncio momentâneo. Em seus olhos acendeu-se uma chama. — Se minha sina é cair e não mais encontrar o "Paraíso sem Adão", resta-me ainda uma saída: a "morte sem Adão"!

A condessa recuou assustada.

---

1 Rei Salomão — Rei hebreu, filho de Davi. A história do referido julgamento está escrita na Bíblia, no Livro 1 de Reis, capítulo 3, versículos 16 a 28.

— Como pode ter essas ideias horríveis? Naturalmente, é mais fácil morrer do que viver e cumprir sua obrigação; você deve orar a Deus com maior fervor por Ele tê-la livrado desta morte sacrílega!

Iraida Antonovna foi até o dormitório e voltou, trazendo de lá um pequeno ícone numa fita e o colocou no pescoço de Ellen.

— Essa pequena imagem ficou por três dias junto ao milagroso ícone de Nossa Senhora — disse, abraçando a amiga. — Estou colocando você sob a guarda de Nossa Senhora. Espero que ela a guie e a convença a não brincar com o próprio destino, como o fez a pobre Inna.

— O que aconteceu com ela? — perguntou Ellen, preocupada, beijando também a condessa.

— Ontem, a irmã dela, Lisa, passou por aqui e contou que toda a família está horrorizada com o escândalo. Inna viajou para Nice[2] com a tia do marido. Lá, apaixonou-se por um tenor e fugiu com ele para a América. Anna Ivanovna quase enlouqueceu ao receber o telegrama com essa notícia, e até agora está acamada, pois Nicolai Lvovitch declarou que vai exigir o divórcio.

Uma hora mais tarde, Ellen despediu-se dos Varatov e retornou a São Petersburgo. Ainda lhe restavam algumas horas até a partida. Após os últimos preparativos, jogou-se na poltrona e entregou-se a tristes pensamentos.

Pensava em Inna, que também "abandonara o navio" embora de forma bem diferente, pois envergonhara a si mesma. Em todo caso, sua vida estava destruída. A família jamais lhe perdoaria o escândalo

---

2 Nice — Cidade francesa, capital do departamento dos Alpes-Marítimos, situada na orla mediterrânea.

público, dar-lhe-ia as costas e, ela, com o tempo, talvez procurasse abrigo no "Paraíso sem Adão".

Já a senhora Varatov encontrara uma solução bem melhor para o grande problema de sua vida. Nos olhos do conde Ellen viu imenso amor e gratidão. Esses sentimentos jamais se apagarão, mesmo que ele volte a se entregar às antigas fraquezas. Talvez a condessa conserve esse marido, que conquistou com sua sabedoria de amar e perdoar.

Com um profundo suspiro Ellen apertou a cabeça nas mãos. Seu coração parecia espremido por ferros; lágrimas chegavam-lhe à garganta. Levantou-se e, como uma alma penada, começou a vagar pelos aposentos vazios. Cada recanto daquela casa lhe trazia lembranças e em todos pairava a imagem do marido. Naquele instante, aconteceu o milagre do qual falara Iraida Antonova: todas as desavenças com o barão empalideceram, cedendo lugar somente aos bons momentos.

Ellen parou diante da escrivaninha, sobre a qual havia um grande retrato do barão. Apertou-o ao peito e caiu em prantos. Nesse instante, teve perfeita consciência do passo sem volta que pretendia dar. Jamais ouviria seu riso sonoro e despreocupado, nem veria seus olhos escuros nos quais, quando a olhava, luziam a malícia e o amor. O que iria fazer sozinha, longe das preocupações cotidianas, cujo centro sempre era o seu marido?

A condessa estava certa. Amava-o demais para ir embora, seria loucura submeter-se a tal sofrimento. Ela ia ficar...

Essa decisão acalmou-a imediatamente. Estendeu a mão para tocar a campainha e cancelar o envio da bagagem, mas baixou-a imediatamente.

Envergonhar-se diante da criadagem e da senhora Varatov, reconhecendo que estava vencida? Não, jamais! Passou a incutir em si própria que seria estupidez ficar com um homem a quem incomodava e que ficaria feliz em se ver livre dela. Tentava convencer-se de que nesses mesmos aposentos seriam realizadas orgias e viria instalar-se uma outra mulher, ante a qual seu marido traidor gastaria as mesmas frases traiçoeiras e olhares amorosos.

Ellen ficou tão irritada que retormou à antiga decisão e partiu. Mas, quando já estava no navio e a terra sumiu no horizonte, a excitação artificial sumiu de vez, cedendo lugar a melancólica apatia. Percebeu que sua alma ficara lá atrás, na longínqua terra que deixara. O que diria Evgueny ao retornar e encontrar a casa vazia? Ela partira sem deixar nenhuma palavra de despedida, nem explicações. Será que ele iria querer a reconciliação? Ou, por causa da ofensa recebida, simplesmente concordaria com o divórcio que ela pretendia exigir?

Enquanto isso, Evgueny Pavlovitch estava em Paris, ocupadíssimo com problemas desagradáveis, mas, dessa vez, estava absolutamente inocente e as suspeitas da esposa não tinham qualquer fundamento. O barão realmente fora a Paris resolver um delicado problema familiar, tão grave que decidira não contar a Ellen aquela triste e vergonhosa história.

Para piorar, a situação complicou-se. Vendo que não conseguiria retornar no prazo previsto e conhecendo o ciúme da esposa, decidiu revelar-lhe parte da verdade. Por fim, o caso já chegava ao seu desfecho e ele se preparou para a viagem de volta, muito preocupado com a falta de resposta da esposa. De repente, chegou uma carta do administrador, informando que a baronesa viajara.

A notícia caiu como um raio sobre Evgueny Pavlovitch. Não conseguia entender o motivo da repentina partida da esposa. Talvez Artemiev tivesse adoecido e ela fora vê-lo. Mas por que não o havia informado disso por telegrama? Ele a seguiria imediatamente. Teria ela ficado indignada por boatos venenosos?

Extremamente preocupado, o barão partiu no dia seguinte para São Petersburgo. Quando lá chegou, perdeu completamente a cabeça ao saber que Ellen partira quatro dias depois dele, sem dizer onde ia e sem qualquer explicação.

Ficou tão perturbado e confuso que sequer lhe passou pela cabeça telegrafar para Artemiev. Então, lembrou-se da amizade da esposa com a senhora Varatov. Ao saber pelo mordomo que no dia da partida a baronesa fora até a casa da amiga, decidiu ir visitar Iraida Antonovna. Ela talvez soubesse a verdade sobre essa misteriosa fuga.

A condessa recebeu o barão com particular amabilidade, pois notou logo que ele estava nervoso e preocupado. Vsevolod Dmitrievitch tinha saído para tratar de negócios e deveria retornar somente para o almoço. Quando ficaram a sós no terraço, o barão, sem maiores preâmbulos, disse o motivo que o trouxera ali. Após uma curta reflexão, a senhora Varatov contou-lhe abertamente tudo o que sabia sobre a partida de Ellen.

Evgueny Pavlovitch ferveu de ira. Após um comentário nada elogioso sobre a esposa, explicou em poucas palavras a razão de sua viagem e acrescentou que, com uma esposa tão louca, seria melhor a separação.

— Não se irrite, barão! — observou Iraida Antonovna, pegando-o pela mão. — Isso seria injusto, pois foi exatamente a falta de comunicação entre vocês que fez com que ela duvidasse, parecendo confirmar sua desconfiança. Tudo foi um simples mal-entendido, que será facilmente sanado. Se quiser, eis meu conselho: vá ver sua esposa em Boston e explique-lhe a verdade. Poupe-lhe o melindroso orgulho e os nervos à flor da pele. Sua presença será o melhor remédio para o machucado coração de Ellen. Ela o ama com paixão e não tem consciência disso. Sem dúvida, esse afastamento temporário lhe revelará toda a força de seus sentimentos, a solidão lhe dará tempo de se acalmar e a sua chegada fará o restante. Estou convencida de que no outono vocês voltarão para cá no melhor dos mundos.

A voz doce e convincente da condessa e seu olhar límpido e amigável acalmaram os nervos de Evgueny Pavlovitch. Pela primeira vez, sentiu uma verdadeira simpatia pela senhora Varatov, que até então sempre o irritara com sua reserva e rígida tranquilidade.

— Condessa, agradeço suas boas e conciliadoras palavras — disse ele, beijando a mão de Iraida Antonovna. — Mas há de concordar que o ciúme de Ellen e sua última atitude ultrapassam todos os limites.

— Não nego que o amor de sua esposa é um pouco egoísta e ciumento, mas a maior culpa por esses pequenos defeitos está na estranha educação que ela recebeu. Mesmo assim, ela nutre pelo senhor um sentimento puro, íntegro, e profundo; por esse dom pode-se perdoar muita coisa.

— Ah! Quando será que ela vai se tornar como a senhora? — observou Evgueny Pavlovitch, com um suspiro.

— Muito em breve, se o senhor souber devolver-lhe o equilíbrio emocional e conquistá-la com seu amor — respondeu a condessa, com um bondoso sorriso.

— Por favor, fique para almoçar conosco! — acrescentou ela quando o barão começou a se despedir. —

No seu estado de espírito não seria bom ficar só, com os pensamentos.

Evgueny Pavlovitch aceitou de bom grado o convite e, mais uma vez, reconheceu a influência benéfica da natureza calma e delicada da condessa.

O conde retornou para o almoço. Estava completamente recuperado e o barão notou, surpreso, o quanto mudara o tratamento entre ele e a esposa. Já não eram mais dois estranhos que se respeitavam, mas amorosos amigos. O barão sentiu até uma pontinha de inveja de Vsevolod Dmitrievitch, que, apesar de suas aventuras e desvios do bom caminho, acabara conseguindo conciliação e harmonia, graças ao amor e paciência da esposa.

Após o almoço, quando o anfitrião e o visitante passeavam pelo jardim, Evgueny Pavlovitch observou, com um suspiro:

— Você é feliz, Vsevolod, por sua esposa ser como é. Ela não o largaria por uma simples suspeita.

Os olhos do conde brilharam com amor e orgulho.

— Sim, sou muito feliz e não mereço o tesouro que possuo. Por todos esses anos, não dei valor a Iraida e causei-lhe muita dor, achando que sua paciência silenciosa era indiferença. Mas seus cuidados, as noites em claro e sua total dedicação durante minha grave enfermidade, abriram-me os olhos. Perguntei-me, envergonhado, o que ela estaria perdendo se eu me fosse: um inveterado farrista que acabou adoecendo num piquenique quando, todo esbaforido, foi tomar champanhe gelado.

Certa noite, o coma passou e senti que estava morrendo. Ao ver Iraida debruçada sobre mim, perguntei-lhe: "Você tem pena de mim? Não vai ficar satisfeita em finalmente livrar-se do devasso que sou?" O que me respondeu, jamais esquecerei: “Não, não! Viva do jeito que você é! Farreie o quanto quiser, mas não me deixe!” E me beijou, com lágrimas nos olhos. Então, jurei tornar-me outra pessoa, se Deus me permitisse viver. Compreendi que era amado com um sentimento sincero e desinteressado e meu coração encheu-se de gratidão e remorso.

Evgueny Pavlovitch suspirou. Adoraria saber se Ellen o amava tanto quanto a condessa amava seu marido. Realmente, ela não tinha a paciência da senhora Varatov. Mesmo assim, ele sentia tanta vontade de rever a esposa, que decidiu ir encontrá-la assim que conseguisse uma licença.

❀ ❀ ❀

Após uma viagem bastante tranquila, Ellen chegou a Boston à noite. Quando viu a cidade que deixara cheia de esperanças de glória e autoconfiança, sentiu uma profunda amargura. Na época, achava-se invulnerável. Tinha pena da mãe pelo amor que sentia por um homem indigno, e condenava rigidamente esse sentimento como uma vergonhosa fraqueza. Agora, ela própria retornava de um desastre conjugal e torturada pelo amor que o seu orgulho condenava, mas que não conseguia expulsar do coração.

Envergonhada e humilhada, parecia-lhe impossível instalar-se no abrigo. Por isso, pegou uma equipagem de aluguel e foi direto para casa, onde Sara deveria levar a bagagem.

Esperava encontrar Nelly, que ocupava alguns quartos em sua residência, mas o porteiro, espantado com sua repentina chegada, disse que a senhorita Sinclair estava há alguns dias morando na comunidade, onde uma grave enfermidade da senhora Oliver provocava grande preocupação.

Apesar da triste notícia, Ellen sentiu um certo alívio ao saber que não veria ninguém aquela noite, pois desejava muito ficar só. Começou a andar melancólica pelos aposentos, que pareciam abandonados; a mobília coberta com capas, os quadros e espelhos com panos e as estátuas, flores, bibelôs, cortinas e tapetes haviam desaparecido. Somente seu dormitório e ***boudoir*** encontravam-se em ordem, conforme seu desejo. Aparentemente, Nelly cuidava desses quartos para, no caso de uma chegada inesperada da amiga, ela ter um lugar para descansar.

Ellen ficou satisfeita ao entrar em seu limpo e luxuoso dormitório, revestido de seda branca, móveis de cor azul-clara e espelhos enfeitados com guirlandas de flores de porcelana, um trabalho tão meticuloso que só se percebia pelo tato que eram artificiais. Ficou ainda mais satisfeita quando a camareira de Nelly acendeu as luzes e serviu o chá e o jantar no ***boudoir***.

Tudo ali lembrava o tranquilo silêncio de sua vida de moça, nada lhe recordava Evgueny, pois naquele tempo ele não existia para ela. Apesar disso, uma dor surda e uma tristeza oculta faziam-na perceber o lugar que ele ocupava em sua vida.

Durante o jantar, Ellen perguntou à camareira sobre seu pai e se ele estava bem de saúde. Ela respondeu que um parente seu, que trabalhava de jardineiro na vila, contara que o senhor Artemiev levava uma vida extremamente isolada; passeava a cavalo pela manhã, quase nunca saía, e frequentemente recebia visitas do famoso médium Lacroix.[3] Sua criadagem consistia de um camareiro que trouxera da Rússia e um cozinheiro, cuja esposa cuidava da limpeza da casa. Em geral, ele se sentia bem e por duas vezes visitou a senhorita Sinclair para tratar de assuntos filantrópicos. Ellen podia ficar sossegada. Seu pai estava bem, entregou-se ao espiritismo que o interessava tanto e isso lhe permitiria ocupar-se exclusivamente de si própria.

Após o chá, apesar do cansaço, mandou chamar o administrador e deu-lhe as instruções para organizar a casa, pois pretendia morar na cidade. O silêncio e o isolamento da vila assustavam-na; além disso, a reforma da residência ajudaria a distraí-la.

No dia seguinte, Ellen foi à vila. Ao saber que o pai estava em casa, foi vê-lo sem ser anunciada.

Artemiev ocupava os quartos onde outrora morava o inglês ocultista. O estilo rigidamente gótico do local fora totalmente preservado. Ellen notou isso ao passar pela ampla biblioteca, perto da qual encontravam-se o laboratório, o dormitório e uma pequena sala de visitas, com um grande terraço que dava para o jardim.

Vladimir Aleksandrovitch estava sentado, rodeado de livros, num simples banco de madeira, à sombra de frondosas árvores, imerso na leitura. Parecia saudável e seu rosto transpirava paz e doçura, como Ellen jamais vira antes.

Com cuidado, pé ante pé, aproximou-se do pai e passou os braços pelo seu pescoço. Artemiev estremeceu de susto e, cerrando o cenho, voltou-se; vendo a filha, soltou um grito de alegria e surpresa.

— Ellen! Minha querida! Que surpresa! — excla-

---

3 Henry Lacroix (1826 – 1897) – Médium e autor dos livros *Espiritismo Americano: Minhas Experiências com os Espíritos*, *O Homem de Fé* e *A Caridade e sua Atual Oportunidade*.

mou abraçando calorosamente a filha. — Quando chegaram? Onde está Evgueny? — perguntou precipitadamente e calou-se.

Somente então notou o quanto Ellen estava magra, pálida e mudada. Ficou particularmente impressionado com a expressão amarga e cansada de seu rosto.

— Confesse, o que aconteceu? — perguntou, fazendo a filha sentar-se ao seu lado. — Mais um mal-entendido? Vai ver que Evgueny cometeu alguma bobagem que você levou a sério demais?!

Ellen balançou a cabeça.

— Não, papai, desta vez não é um mal-entendido nem uma bobagem.

Em seguida, contou em detalhes o que aconteceu, e acrescentou:

— Mesmo sendo um homem casado, ele não se envergonhou de correr para outro lado do mundo para presenciar o parto de sua amante! Depois disso, achei que estava sobrando em sua vida e fui embora.

Artemiev, que ouvia tudo com visível surpresa, balançou a cabeça.

— Existe algo errado em tudo isso; parece-me que você se precipitou em condenar seu marido. Conheço bem Evgueny e sei que ele não é tão sentimental; se fosse a todos os enterros e partos das suas ex-amantes, não teria tempo para mais nada. Nessas circunstâncias, geralmente se livram mandando dinheiro. Esteja certa de que ele não agiria diferente. Quanto mais penso, mais me convenço de que ele não tem nenhuma amante que lhe inspirasse uma paixão tão grande, a ponto de abandonar você e correr para ela. Mas, espere um pouco! — Artemiev coçou a testa. — Será que não se trata de uma infeliz parente dele, sua irmã adotiva, que mora em

Paris? Não conheço os detalhes dessa história, pois Evgueny não gostava de falar disso, mas sei que ele enviava dinheiro àquela infeliz mulher.

Ellen ficou muito vermelha, mas insistiu em sua suspeita.

— Se o caso fosse somente com a irmã, Evgueny teria me explicado o motivo de sua viagem. Mas, deixemos de lado essa questão: o que passou, passou! Ficarei aqui, porque não suporto mais uma vida envenenada por constantes suspeitas, segredos e traições! Não tenho a paciência da senhora Varatov. Evgueny deve me pertencer de corpo e alma, senão, não me interessa!

— Essas exigências tirânicas não podem servir de base para a verdadeira felicidade conjugal. Você se imagina tão perfeita que jamais precisará da complacência de Evgueny? Acho que sua fuga de São Petersburgo será um duro teste de paciência para o seu marido — observou Artemiev, num tom de desaprovação.

Ellen franziu o cenho, mas nada disse. Por fim, após alguns instantes de pesado silêncio, lutando visivelmente consigo mesma para conter a irritação, perguntou como iam as experiências empreendidas pelo pai para contatar o mundo do além.

Artemiev, então, animou-se e descreveu com satisfação alguns eventos ocorridos com ele, tão convincentes quanto maravilhosos.

— Vi sua mãe e senti o contato da mão dela; o que me disse não deixou a menor dúvida quanto a sua identidade. Oh! Como é maravilhoso e, ao mesmo tempo, terrível o mundo invisível, no qual vagamos como cegos, ignorando suas leis misteriosas e sacrificando, aos prazeres grosseiros da existência devassa, a maior das ciências. Fico tomado de medo e remorso quando penso sobre a vida tresloucada e criminosa que levei por tantos anos. Agora, só me resta lamentar por não nos ensinarem desde a infância as grandes verdades que nos instruiriam e preparariam para a vida.

Conversaram muito tempo sobre esse tema, que parecia absorver totalmente Artemiev. Ellen ouvia atentamente, mas sem o antigo interesse que sempre tivera pela ciência oculta e os poderes maravilhosos e desconhecidos da natureza e do homem.

Seus próprios problemas absorveram-na completamente. O ser humano, por seu egoísmo e imperfeição, é capaz de permanecer frio e indiferente às grandes verdades e extraordinárias descobertas, se seu coração estiver ocupado com pequenas preocupações pessoais.

Enquanto nada perturbava a paz de Ellen, sua inteligência ágil interessava-se por tudo e sua atividade não conhecia limites. A educação rígida e estreita não lhe ensinara a submeter ao bom senso o fogoso autoritarismo que era a base do seu caráter, realçado por sua riqueza e independência. Assolada pelo sentimento que lhe doutrinaram a desprezar e evitar, submetida a um dos "tiranos-homens" que costumava ridicularizar com venenosas zombarias, Ellen perdera o equilíbrio emocional. Sem jamais ter sido atingida por uma verdadeira desgraça, tornou-se escrava dos próprios sentimentos caóticos. Ficou apática, irritável e torturava a si mesma, sem energia para sair desse estado doentio.

Após almoçar com o pai, Ellen retornou à cidade. Artemiev não quis retê-la, notando que ela queria ficar só. Mas, naquela noite ela não conseguiu isso, pois, logo após chegar em casa, Nelly veio visitá-la.

As amigas conversaram longamente e, aos poucos, o coração de Ellen amoleceu. Ela confiou à senhorita Sinclair todas as suas desavenças e desilusões. Na opinião de Nelly, esses acontecimentos estavam previstos e eram a inevitável consequência de qualquer casamento, ainda mais com um homem mundano, sem quaisquer princípios morais.

Querendo consolar a amiga, disse:

— Apesar de tudo o que você sofreu, não deve se desesperar. Sei por experiência própria que a dor do amor tem cura; além disso, sempre lhe restará o nosso abrigo e a grande causa pela qual lutamos. Essa experiência colocou em suas mãos uma nova e poderosíssima arma, que pode utilizar para a nossa causa. Aqui você não estará sozinha, pois tem seu pai e amigos. Portanto, enterre o passado e comece uma nova vida!

Ellen ergueu-se. Um rubor febril cobriu-lhe as faces.

— Sou mais infeliz do que imagina, Nelly — disse, num tom constrangido. — Já não sinto firmeza no solo que piso nem acredito na missão do "Paraíso sem Adão"; nada mais é que uma utopia, uma enganosa miragem.

— O que está dizendo? Meu Deus!

— Estou dizendo que podemos construir abrigos para mulheres e órfãos abandonados, mas não temos condições de criar uma nova raça de mulheres, de cujo coração o amor estaria definitivamente extirpado.

O "Paraíso sem Adão" atrai pessoas destruídas e esmagadas pela vida, que não têm onde ficar. A nova geração que cresce ao lado dessas infelizes não aproveita o exemplo delas e, por sua vez, acaba sofrendo o mesmo desastre.

Os homens têm razão de rirem de nós. Eles sabem que não se pode lutar contra o amor nem contra a morte. Não se pode evitar essas forças fatais. Eu sou a prova viva do que estou falando. Após suportar tantas humilhações, perder a paz e a confiança, eu deveria arrancar do coração a imagem de Evgueny, se o orgulho e o bom senso fossem mais poderosos que esse horrível sentimento que continua me torturando. Esteja certa de que mais da metade das mulheres do nosso abrigo está nessa mesma situação e sairia de lá se seus "tiranos" desejassem tê-las de volta.

O que mais me indigna é que essa tortura afeta preferencialmente as mulheres honestas, que procuram o verdadeiro amor e amam um único homem. As devassas, que trocam amantes como de luvas, divertem-se humilhando os homens; as outras, feito cãezinhos, imploram a benevolência desses safados.

— Querida Ellen, a tristeza deixa-a injusta! Nossa comunidade abriga muitas senhoras dignas de respeito, que romperam definitivamente com o passado e sentem-se felizes em poder trabalhar livremente; além disso, muitas moças preparadas por nós para a luta da vida conseguiram uma posição independente e de destaque.

— Ai! Isso até se apaixonarem pela primeira vez. Na maioria dos casos, elas são exceções à regra. Eu, por exemplo, também fui educada para tornar-me a heroína da independência!

Ellen riu secamente.

— Não, Nelly! A grande ideia humanitária do renascimento da mulher através da libertação do jugo masculino é tão irrealizável quanto muitas outras boas intenções. Sobre esse assunto, quero repetir-lhe o que disse a condessa Varatov, uma mulher inteligentíssima, sobre a disseminação da ideologia espiritualista: "Suponho que o espiritualismo pode servir de apoio e consolo para pessoas capazes de entendê-lo; mas é impossível incuti-lo à multidão. As grandes leis do amor, do sacrifício e da responsabilidade, destacadas pelo espiritualismo, bem como a condenação dos vícios e dos prazeres materiais, sempre será odiosa à massa, que vive somente pelos interesses carnais e não deseja ser constrangida em suas tendências animais. O rebanho humano permanecerá sempre surdo, cego e mal-intencionado. Ele pode debochar das verdades que não entende e tentar, de todas as maneiras, destruir os mestres incômodos. As supostas 'utopias' que estes pregam, somente aumentarão o número de vulgares hipócritas, que usarão a grande ciência espiritualista como um traje teatral e, na realidade, permanecerão os mesmos maldosos e egoístas que sempre foram".

Essas palavras, Nelly, são verdadeiras e justas. Um dia você também chegará a essa conclusão.

— Oh, não! Não quero acreditar que semear o bem possa ser uma utopia, mesmo que não vivamos até a colheita. Continuarei a semear a boa semente, deixando seu amadurecimento sob o controle do Provedor Superior dos destinos do mundo!

Capítulo 18

Passaram-se algumas semanas e o estado de espírito de Ellen piorava gradativamente. No início, estava ocupada com a arrumação e decoração da casa. Como se fosse por acaso, decorou com refinado luxo dois quartos, que poderiam servir de gabinete e sala de visitas para Evgueny Pavlovitch.

Sem querer reconhecer, Ellen esperava que o marido viesse fazer as pazes. Mesmo envergonhada, desejava ardentemente revê-lo. Mas passavam semanas, não havia notícias do barão e um sombrio desespero passou a apoderar-se de Ellen. Ela se torturava com a suposição do pai de que o barão fora a Paris só para ajudar sua parenta. Sabia que a mãe de seu marido casara pela segunda vez e vivia em Paris, mas Evgueny falava sobre ela com visível má vontade. Se aquela hipótese se confirmasse, ela arriscara seu futuro por uma fantasia absurda.

O que significaria o silêncio de Evgueny? Será que pretendia castigá-la com aquela humilhante indiferença ou simplesmente aproveitar a oportunidade para divertir-se em liberdade?

Na realidade, o silêncio de Evgueny Pavlovitch fora provocado por outras circunstâncias. Ele tentava conseguir uma licença e finalmente a obteve. Mas quase na véspera de sua partida, recebeu uma carta da mãe que o chamava a Berlim, onde ia ser operada por um famoso cirurgião. A cirurgia era tão perigosa que a paciente só concordava em arriscar a vida com a presença e o apoio do filho.

Evgueny Pavlovitch ficou desesperado com esse adiamento, mas não podia deixar de cumprir o dever de filho e foi a Berlim. Convencido de que, por causa do caráter de Ellen, somente uma explicação pessoal poderia dissipar as suspeitas dela, o barão limitou-se a telegrafar a Artemiev, explicando os motivos de seu atraso e pedindo-lhe para acalmar Ellen. Vladimir Aleksandrovitch nem por um instante duvidou dos argumentos do genro, mas estes eram muito vagos para satisfazer Ellen. Por isso, decidiu não lhe falar sobre o telegrama e aguardar a chegada de Evgueny, que explicaria tudo pessoalmente.

Sem saber de nada, Ellen sofria e pensamentos sombrios dominavam-na cada vez mais. Trancou-se em casa e raramente visitava o pai. Frequentemente visitava o túmulo da mãe, onde encontrava Artemiev, que a cada manhã ia até lá a cavalo.

Vendo o terrível estado de espírito da amiga, Nelly tentava, de todas as maneiras, distraí-la e fazê-la retornar à antiga atividade. Ellen ouvia-a, distribuía donativos aos pobres, administrava novas bolsas do abrigo, mas só ia lá para visitar a senhora Oliver. Quando Nelly propôs que ela fizesse ao menos uma palestra, recusou-se terminantemente.

— O que posso dizer quando eu própria sou uma vergonhosa contestação das belas verdades que devo pregar? Aparentemente, todo mundo deve descer ao inferno para, enfim, acreditar que lá as almas são fervidas em piche. Não tenho eloquência suficiente para convencer qualquer São Tomé descrente.

Nelly nada conseguiu com ela. Para aumentar ainda mais os problemas, dentro da comunidade surgiram agitações e discussões.

Em virtude da grave enfermidade da senhora Oliver, o médico proibiu-a de exercer qualquer atividade durante alguns meses; entretanto, uma instituição daquele porte e com uma organização tão complexa não podia ficar sem controle. No lugar da senhora Oliver foi designada uma substituta, uma mulher muito rica, que trouxera para a comunidade um grande capital.

Infelizmente, essa substituta não possuía o tato nem as ideias da predecessora. Imprimiu aos negócios um caráter visivelmente comercial, muito lucrativo, mas extremamente ofensivo aos membros da comunidade.

Assim, para insatisfação da maioria, ela aceitou no abrigo uma certa "ex-beldade", que juntara um bom dinheiro durante sua vida de muitos amores, enquanto que algumas mulheres muito respeitáveis, mas pobres, não foram admitidas.

Ao saber disso, Ellen acolheu as rejeitadas por sua própria conta; isso aumentou a sua convicção de que o "Paraíso sem Adão"era uma utopia e uma empresa especulativa.

Entretanto, essa atividade servia somente de paliativo para a surda preocupação que incomodava Ellen. O prolongado silêncio de Evgueny Pavlovitch deixava-a desesperada. Por vezes, essa incerteza do futuro tornava-se tão insuportável que ressurgia a ideia de suicídio, não só com o objetivo de libertar-se, mas como uma refinada vingança do homem que ousara tratá-la com tanta indiferença. Com crescente maldade, passou a imaginar a surpresa e o horror do marido ao saber de sua morte, seu arrependimento e remorso. Pintava em cores bem atraentes o efeito que essa notícia causaria em São Petersburgo, em Boston e também o ameaçador exemplo de seu triste e trágico falecimento para as outras mulheres. Após alguns dias, essa ideia criminosa dominou com tanta força seus nervos debilitados que passou a preparar-se para concretizá-la.

Ellen visitou secretamente o tabelião e escreveu um testamento, no qual deixava seus milhões para o abrigo, sob a condição de que fossem publicadas suas memórias e a leitura delas fosse obrigatória para as moças da comunidade. Para o pai, deixava a vila e para a senhora Varatov, suas jóias, como lembrança da boa amizade. O barão receberia somente a casa de campo em Petergof "para que se lembrasse que teve uma esposa", acrescentou com sarcasmo.

Apesar dessa decisão tê-la acalmado um pouco, Ellen continuava com aparência doentia e seu péssimo estado de espírito era tão evidente que deixou o pai preocupado. Quando chegou de Londres o segundo telegrama de Evgueny Pavlovitch, informando que já estava em viagem para a América, Vladimir Aleksandrovitch decidiu verificar que efeito essa notícia causaria em Ellen e, no dia seguinte, foi visitá-la. Encontrou-a triste e pensativa, sentada junto à janela.

— Ellen, vim trazer-lhe uma notícia que, espero, a deixará satisfeita. Evgueny chegará logo, vai se justificar pessoalmente. Tenho certeza de que vocês acabarão se reconciliando. Por isso, minha filha, seja condescendente e não se condene outra vez ao eterno sofrimento. Você ainda tem a felicidade nas mãos; não a deixe escapar por uma inútil teimosia. Contenha a impetuosidade de seu caráter e tudo se arranjará para a felicidade de ambos.

De tudo o que disse o pai, Ellen só prestou atenção a uma coisa: Evgueny estava chegando! Uma calorosa onda de felicidade apossou-se dela, como se um grande peso lhe saísse dos ombros. O rubor em suas faces e o alegre brilho dos olhos despertaram alegria e esperança no coração de Artemiev. Entretanto, ele se precipitara em suas conclusões.

Quando Ellen ficou sozinha, foi novamente dominada por pensamentos sombrios. A alegria que sentira, a consciência da própria fraqueza e a certeza de que, ao ver o marido, esqueceria tudo e cairia em seus braços, despertou em sua alma um sentimento de vergonha e raiva.

"Sou uma covarde e imbecil", pensou. "Estou pronta a perdoar-lhe tudo, mesmo sem saber se ele merece. E se ele vier só para evitar escândalos em São Petersburgo e por respeito a meu pai? Sou rica e não custo nada para ele! É bem possível que, quando me leve de volta à Rússia, retorne às suas antigas farras..."

Ellen amassou nervosamente o lenço de cambraia e pensamentos, cada vez mais sombrios e odiosos, invadiam sua mente, concentrando-se no desejo de castigar Evgueny, fazê-lo sofrer e atingi-lo bem no coração.

Nesse estado doentio e perigoso, passaram-se duas semanas. Ellen aguardava o marido com febril impaciência, mas ao mesmo tempo temia a sua chegada e insistia em instigar-se contra ele. Além disso, sentia fraqueza, calafrios, calor, sofria de insuportável dor de cabeça e debilitante insônia.

Nelly estava preocupada, mas não sabia o que fazer e esperava ansiosamente a chegada de Evgueny Pavlovitch.

Certo dia, Nelly saiu. Ellen estava, como de hábito, sentada em seu gabinete, com três grandes janelas que lhe permitiam ver as ruas em toda sua extensão. Seu olhar vagava indiferente pelos passantes. De repente, viu parar, junto à casa, uma equipagem, da qual saiu um homem que ela conhecia bem e que, após trocar algumas palavras com o porteiro, entrou no saguão.

Ellen deu um salto, como eletrizada. O sangue afluiu com tanta força para o coração que perdeu a respiração. As pernas não obedeciam, o olhar escureceu e em sua mente passou um turbilhão de pensamentos contraditórios. Amor, vergonha, raiva e ciúme lutavam em sua alma doentia. Por fim, a ideia da morte ser preferível àquele inferno, triunfou. Cambaleando, arrastou-se até a escrivaninha e sacou do estojo o revólver. Hesitou por instantes, depois, decidida, encostou a arma ao lado do corpo e com dedo gelado puxou o gatilho.

No primeiro momento, ainda permaneceu de pé, sem nada sentir. Depois, uma dor aguda transpassou seu corpo, tudo rodopiou à sua volta, e uma nuvem de fogo anuviou-lhe a vista. Através dessa luz vermelho-sangue, conseguiu vislumbrar a porta escancarando-se rapidamente. Na soleira do quarto apareceu Evgueny, mortalmente pálido, e atrás dele, Nelly, muito nervosa e desolada. Sentiu-se envolvida por uma profunda escuridão, caindo num sombrio precipício e perdeu os sentidos...

Sem nada pressentir da catástrofe que se aproximava, Evgueny Pavlovitch correu rapidamente escada acima e perguntou ao mordomo o caminho para o gabinete.

Apesar da insatisfação que sentia pela fuga da esposa, ansiava revê-la. Passou rapidamente por uma série de aposentos vazios. Na pequena sala de visitas encontrou Nelly embrulhando alguns livros. Ao ver o barão, ela exclamou alegremente:

— Graças a Deus! Finalmente o senhor chegou, barão! Ellen mudou muito, está tão estranha que até me assusta. Mas ela o ama demais e com a sua chegada tudo voltará ao normal.

No olhar e na voz de Nelly sentia-se tanta sinceridade, que isso causou nele uma agradável impressão. Reconhecido, apertou a mão de Nelly, dizendo:

— Agradeço as boas palavras, senhorita Sinclair. Deus queira que minha chegada possa colocar um fim a essas desagradáveis desavenças!

Naquele instante, ouviu-se o som do tiro.

— Meu Deus, o tiro veio do quarto de Ellen! — exclamou Nelly. — Com certeza aconteceu alguma desgraça!

Com essas palavras, correu para o gabinete. Evgueny, estarrecido, seguiu-a. Mas, junto à porta, afastou Nelly e entrou primeiro.

Viu Ellen ainda de pé. Estava parada, branca como o penhoar de cambraia que usava, os olhos imóveis muito abertos. Em seguida, desabou no tapete e não se moveu mais.

— Ellen! O que você fez!— exclamou Evgueny Pavlovitch, correndo para a esposa e levantando-a.

Mas ela já estava inconsciente. Nem se moveu enquanto o barão a levava para o divã e começou a desabotoar a roupa para cuidar do ferimento.

Apesar do susto e do desespero, Nelly não perdeu a habitual presença de espírito. Num instante, colocou a casa inteira em alerta, acionou o telégrafo e o telefone para chamar os médicos e avisar Artemiev.

Em seguida, Nelly voltou para junto do barão, cujas mãos tremiam como se tivesse febre, e começou a ajudá-lo a limpar e tratar o ferimento. Não restava mais nada a fazer e ambos, sombrios e silenciosos, sentaram-se perto do divã. Evgueny Pavlovitch segurava a mão da esposa e, de vez em quando, inclinava-se para ela, tentando verificar se ainda vivia.

Ambos não conseguiriam dizer quanto tempo se passou nessa espera. Finalmente, quase ao mesmo tempo, chegaram dois famosos cirurgiões.

Evgueny Pavlovitch levantou-se, cedendo o lugar aos médicos, foi até a janela e sentou-se na poltrona que há pouco Ellen tinha ocupado. Mas a emoção fora muito grande e esse golpe, inesperado. Sentiu a cabeça girar e, tomado por súbita fraqueza, encostou-se no espaldar da poltrona. Nelly notou e, aproximando-se do barão, ofereceu-lhe sais de cheiro. Quando ele se ergueu, pálido e trêmulo, trouxe-lhe um pouco de água.

Naquele instante, um dos médicos aproximou-se deles, enquanto o outro arregaçava as mangas e colocava instrumentos cirúrgicos sobre a mesa.

— Senhorita, mande imediatamente preparar água, ataduras e todo o necessário para uma intervenção cirúrgica. Além disso, mande vir da clínica duas enfermeiras, para o acompanhamento permanente da paciente — disse a Nelly, que correu para cumprir as ordens.

— O ferimento é mortal? — perguntou o barão, indeciso.

— Ainda não se pode afirmar nada. Por um feliz acaso a bala se desviou da região do coração e está entalada entre as costelas. Vamos remover o projétil, verificar o estrago, e só então poderemos fazer o prognóstico.

Naquele instante, do divã ouviu-se um gemido. O barão aproximou-se rapidamente e inclinou-se sobre a paciente, que abriu os olhos, nos quais lia-se um indescritível sofrimento.

— Ellen, Ellen! Como pôde fazer isso? — sussurrou Evgueny Pavlovitch com lágrimas nos olhos, ajoelhando-se junto ao divã.

— Eu quero todo o seu coração, ou nada. A morte é preferível a uma vida envenenada por constantes dúvidas e ciúmes — sussurrou Ellen, fechando os olhos novamente.

Os preparativos para a operação foram rapidamente concluídos. Quando um dos cirurgiões começou a examinar o ferimento, Ellen soltou um grito e voltou a si.

— Evgueny... Quero-o perto de mim... Quero morrer perto dele — balbuciou.

— Chegue mais perto, barão! Sua esposa o deseja ao lado dela — disse o médico, já informado por Nelly de todos os detalhes. — Ajude-me a segurar a paciente e seja firme; sua presença vai dar mais coragem a ela.

Pálido e tremendo nervosamente, Evgueny Pavlovitch aproximou-se e ficou segurando a paciente na posição indicada. Ellen agarrou-se ao seu braço e apertando a cabeça ao peito dele, sussurrou:

— Vou morrer... Seja sincero: você me ama pelo menos um pouco?

O barão inclinou-se e beijou-a ternamente nos lábios e na testa.

— O futuro vai lhe provar isso mais do que palavras. Mas economize as forças e tenha coragem!

Quinze minutos mais tarde, a bala foi extraída, o ferimento fechado e Ellen colocada na cama. Os médicos se abstiveram de dar um prognóstico final, porque, independentemente do ferimento, encontraram ainda outros sintomas que poderiam ocasionar complicações.

A notícia da tentativa de suicídio da filha caiu como um golpe de marreta sobre Artemiev. Os velhos pecados da juventude, novamente levantaram suas cabeças venenosas, e a consciência sussurrava: "Se você não a tivesse abandonado e ela tivesse crescido num pacífico convívio familiar, sua mente e seu caráter não teriam esses desvios, essa excitação perigosa e doentia que a levaram ao suicídio."

Ele sequer tinha o direito de repreender o barão; achava-se muito pior que ele, pois dera a Vitória milhares de motivos para desejar o suicídio. Ele achou que ir de equipagem até a casa da filha levaria tempo demais. Por isso, ajudou pessoalmente a selar o cavalo e galopou rapidamente para a cidade. Quando chegou à casa da filha, foi tomado por uma súbita fraqueza e nem teve coragem de perguntar ao porteiro se Ellen ainda vivia.

Vladimir Aleksandrovitch passou rapidamente pelos quartos vazios e encontrou no gabinete um dos médicos que, a pedido do barão, concordara em passar a noite junto ao leito da paciente, para observar pessoalmente as possíveis complicações.

Artemiev e o médico se conheciam da casa de um famoso médium. Vendo a palidez e a aparência desolada de Vladimir Aleksandrovitch, o médico levantou-se e, sem esperar a pergunta, apertou-lhe a mão:

— Ela está viva e a bala foi extraída. Esperamos que o jovem e forte organismo da baronesa nos ajude a salvá-la. No momento está dormindo profundamente, pois a operação e a perda de sangue esgotaram suas forças. Agora, devemos aguardar a inevitável febre e os delírios.

— Fico-lhe muito grato — respondeu, simplesmente, Artemiev, mas a voz abafada e o nervoso aperto de mão traíam sua dor oculta.

No dormitório suavemente iluminado por um

abajur, Nelly conversava baixinho com a enfermeira. Junto ao leito estava sentado Evgueny, pálido e desolado. Ao ver Artemiev, levantou-se rapidamente e abraçaram-se em silêncio.

— Juro que sou completamente inocente! Minha única culpa foi não revelar a ela toda a verdade — disse o barão com amargura, querendo justificar-se.

— Nem me passa pela cabeça acusá-lo de coisa alguma — respondeu Vladimir Aleksandrovitch, inclinando-se para a filha.

Ellen parecia desmaiada, mas a pesada e intermitente respiração e os gemidos surdos que lhe escapavam dos lábios indicavam que estava sofrendo.

À noite, sua temperatura aumentou e começou o delírio. Em seguida, caiu em coma, do qual saía somente para pedir água ou murmurar assustada:

— Evgueny!

E sua mão procurava febrilmente a do marido.

O barão abandonava seu posto somente alguns minutos, para o necessário descanso. Ficava de guarda dia e noite, cobrindo-se de duras repreensões.

Pensava, com profundo arrependimento, sobre as próprias aventuras, a partida inexplicada e as vulgares farras que o afastavam da esposa e motivaram esse fatal desfecho. Jamais Ellen fora tão cara para ele como nesse instante e tremia só de pensar em perdê-la. Nunca pensou que isso fosse possível. Afinal, ela lhe pertencia, conforme todas as leis divinas e humanas! O barão sequer imaginava que a amava tanto. Olhando com tristeza e dor para aquele rostinho encantador, desolado e mudo, perguntava-se como conseguira trocá-la por outras e amargurá-la a ponto de a orgulhosa e ciumenta criatura ter preferido morrer.

Passados alguns dias, Ellen piorava visivelmente.

Certa noite, após um forte ataque de delírio, despertou plenamente consciente. Seu olhar cansado passou do pai para o marido, sentado junto ao leito. Ouvindo seu pesado suspiro, ambos inclinaram-se rapidamente sobre ela. Ellen notou horrorizada o terrível cansaço e desespero de ambos. Em sua mente passou como um raio a consciência do ato criminoso que cometera.

— Pai! Evgueny! — balbuciou, olhando-os com o ar envergonhado e constrangido de criança culpada.

Parecia-lhe ter despertado de um longo e terrível pesadelo, que a empurrara para o abismo. Agora, ao ver o rosto desolado e doentio do pai e o olhar cheio de amor de Evgueny, um amargo arrependimento apertou-lhe o coração e em seu peito despertou um grande desejo de viver.

Por quê? Por que cometera aquele tresloucado ato? Por que arriscara a vida, essa valiosíssima dádiva do Pai Celestial? Uma vida tão maravilhosa, enquanto tantos infelizes, inválidos e abandonados por todos, suportam com paciência e docilidade sua miserável existência...

Mas era tarde demais! A morte estava próxima e iria separá-la da vida, que lhe parecia agora tão desejável.

Lágrimas quentes rolaram por suas faces emagrecidas.

— Não chore, querida! Você ficará boa. Só não se emocione, pois isso pode prejudicá-la — murmurou o barão, terno e preocupado.

— Pai! Evgueny! — repetiu Ellen. — Vocês me perdoam por ter cometido esse ato sacrílego e indigno?

— Minha querida filha! Quem teria coragem de ter raiva de você? Permaneça viva e isso nos deixará felizes — respondeu Artemiev, abraçando a filha.

Mas, para grande horror de ambos, Ellen caiu em prantos e somente um profundo desmaio estancou suas lágrimas.

Não se sabe se foi pela emoção prejudicial, mas a partir daquela noite seu estado começou a piorar rapidamente. Durante alguns dias, sua vida ficou por um fio. Finalmente a febre passou, o ferimento começou a fechar, mas sua fraqueza era tão grande que, certa manhã, o médico chegou a comentar que ela podia morrer de inanição, se não houvesse uma mudança favorável.

O dia transcorreu numa tensão doentia. Artemiev, o barão e Nelly andavam com ar abatido em volta do leito, sobre o qual parecia apagar a vida do seu ente querido. O nervosismo de Vladimir Aleksandrovitch chegou a tal ponto, que o médico achou necessário dar-lhe um sedativo, que o deixou em sono profundo por algumas horas.

Chegou a noite. A paciente continuava a dormitar, num estado de fraqueza apática. A enfermeira deitou-se no sofá para descansar um pouco enquanto Nelly também repousava na poltrona.

Só o barão não dormia. Pálido e desolado, decidido a permanecer acordado, encostou-se em almofadas e ficou observando preocupado a mal perceptível respiração da esposa.

Nesses dias de doença, insônia e torturante preocupação, apegara-se demais a Ellen e amava-a muito mais que antes, quando estava cheia de vida e saúde.

Subitamente a paciente estremeceu e abriu os olhos. Como de hábito, sua primeira palavra foi o nome do marido.

— Estou aqui, querida — disse ele, levantando-se rapidamente.

Vendo que ela pretendia se levantar, o barão a ajudou. No rosto de Ellen liam-se tristeza e horror. De repente, passou os braços fracos em volta do pescoço do marido e balbuciou:

— Oh! O que acontece comigo? Estou sofrendo terrivelmente! Ajude-me! Não quero morrer.

O coração de Evgueny Pavlovitch estacou, oprimido por uma tristeza mortal. Teria chegado o momento da separação? Num ímpeto de terrível desespero, apertou Ellen ao peito e cobrindo seu rosto de beijos, não parava de repetir:

— Você não deve morrer! Viva! Tente desejar viver! Dizem que para a fé tudo é possível e que ela move montanhas. Coloque em ação essa força poderosa, talvez ela realize o milagre que a ciência humana nos nega.

Na voz e olhar dele sentia-se tanta certeza e determinação que isso pareceu passar para Ellen. Um forte rubor cobriu repentinamente seu rosto pálido e os olhos iluminaram-se com um estranho brilho.

Levantando para o alto os punhos cerrados, exclamou com uma fé ardente e arrebatadora:

— Eu quero! Oh, eu quero viver! Ouça-me, meu Pai Celestial! Não me castigue. Perdoe-me! Não me tire a dádiva que desprezei! Conceda-me a vida!

Ellen calou-se, tomada por uma sensação surpreendente e até então desconhecida. À medida que pronunciava sua fervorosa prece, todo o seu ser parecia revigorar-se, absorvendo uma substância invisível segregada pela atmosfera. Como uma torrente vivificante, essa substância espalhava-se por suas veias, devolvendo a vida e a flexibilidade ao seu organismo debilitado.

Ao mesmo tempo, em sua mente surgiu, com incrível nitidez, a lembrança de como rezara à Nossa Senhora na catedral de Kazan, para salvar a vida do pai. A imagem milagrosa da Rainha Celestial parecia pairar à distância, enviando-lhe, como da outra vez, sua infinita misericórdia. Do fundo de sua alma brotavam uma força de vontade e fé tão grandes que a tensão desse desejo paralisava todo o seu ser. O ar à sua volta adensou-se, envolvendo-a numa névoa escura, mesclada de brilhos faiscantes. De repente, como se atingida por um raio, desmaiou nos braços do marido.

O barão deixou escapar um grito que despertou a enfermeira e Nelly. Elas correram para o leito, achando, como Evgueny Palvovitch, que Ellen estava morrendo, mas ela parecia ainda respirar. Sem saber o que fazer, os três ficaram esperando o médico, que deveria chegar a qualquer momento.

Felizmente, a espera durou somente alguns minutos. Ao saber do ocorrido, o médico balançou a cabeça e auscultou cuidadosamente a paciente, que parecia morta, apesar da imperceptível respiração que ainda lhe escapava dos lábios. Por fim, o médico falou, sério:

— Ela está viva, mas numa espécie de letargia. É preciso cobri-la e deixá-la descansando. Agora, na minha opinião, terá início o misterioso trabalho da natureza, graças ao qual ela permanecerá viva ou passará sem sofrimento para o outro mundo. Nesse ponto, a ciência se cala, impotente. Não vamos perturbar o trabalho dessas forças misteriosas, que reconhecemos, mas não conseguimos estudar. Suponho que em duas ou três horas tudo estará decidido.

É difícil descrever o que passaram Nelly e Evgueny nessas intermináveis horas; para sua felicidade, Artemiev, continuava dormindo. Finalmente, o médico, também emocionado e preocupado, aproximou-se do leito da paciente.

Ellen ainda dormia, mas sua letargia transformara-se num sono profundo e tonificante. Um abundante suor cobriu todo o seu corpo, a respiração tornou-se regular e o pulso normal e estável.

O médico ergueu-se com um suspiro de alívio.

— Milagres acontecem! A insondável mágica da natureza, mais uma vez, faz a ciência corar de vergonha! Meus parabéns, barão! Sua esposa está salva e viverá.

Quando a manhã já ia alta, Ellen abriu os olhos, viu o pai e Evgueny, que aguardavam alegres seu despertar, e a cumprimentaram por ter escapado do perigo.

A partir desse dia, a recuperação seguiu com inesperada rapidez. O ferimento sarava, as forças e o apetite aumentavam a cada dia. Seu estado de espírito auxiliava visivelmente a recuperação. Estava tão feliz e grata por Deus ter-lhe concedido a vida, tão terna e amorosa com o marido, o pai e Nelly, que, após as preocupações e medos das últimas semanas, todos se sentiam como no Céu.

Entretanto, o enorme cansaço e a tensão afetaram tanto a saúde de Evgueny Pavlovitch que ele adoeceu. Apesar de seu mal não necessitar de maiores cuidados, teve de ficar de cama durante uma semana. Assim que levantou, o médico prescreveu-lhe permanecer na vila para respirar ar puro e ordenou repouso absoluto. Prometia-lhe que a esposa iria juntar-se a ele em alguns dias, pois ela também precisava de tranquilidade e descanso perto da natureza.

Enquanto isso, a cidade de Boston comentava o drama que se desenrolara entre Ellen e o marido. Eles nem suspeitavam o quanto sua vida pessoal era comentada, de todas as formas.

A tentativa de suicídio da ex-senhorita Rutherford-Ardi, famosa pregadora do "Paraíso sem Adão", despertou a curiosidade geral. A comunidade, por iniciativa de sua diretora temporária, aproveitou a oportunidade para fazer grande propaganda e atrair novas seguidoras.

As senhoritas Smith e Robinson, as melhores oradoras da comunidade, desde o afastamento de Ellen realizaram várias palestras, nas quais, com raios e trovões, levantavam-se contra os perigos do casamento e a infidelidade dos homens, que, por seu comportamento escandaloso, levavam as infelizes esposas ao suicídio. Os detalhes não deixavam dúvidas quanto à identidade dos protagonistas que serviam de tema para as palestras. A multidão, sentindo a veracidade dos fatos e sedenta de novidades picantes, lotava os salões.

Esse enorme sucesso despertou a rivalidade no espírito do senhor Brown. Ele também fizera duas palestras sobre a enorme responsabilidade que o homem assume ao casar-se e sobre as fatais consequências de seus atos insensatos.

Em todas as palestras, o barão Ravensburg desempenhava o papel de marido-monstro. Sua personalidade era tão claramente descrita que não havia qualquer dificuldade em reconhecê-lo.

Entretanto, as pessoas envolvidas, sequer faziam ideia da sua enorme popularidade e dos boatos que a imprensa local publicava a seu respeito. Nos jornais já se discutia o divórcio do barão. Havia suposições de que a "eloquente pregadora", definitivamente curada de sua loucura conjugal, reassumiria sua missão assim que recuperasse totalmente a saúde, e doaria ao abrigo toda sua enorme fortuna.

Cansados demais, física e espiritualmente, para acompanhar notícias de jornais, Artemiev e o genro nem suspeitavam do que estava acontecendo. Somente Nelly, no dia em que Ellen pretendia ir para a vila, soube de tudo quando foi ao abrigo pela manhã.

Ela manifestou diretamente à diretora a sua indignação contra a indiscrição com que foram entregues ao julgamento popular problemas familiares de um dos membros da comunidade. Avisou-a que tal irresponsabilidade poderia privá-las da colaboração e dos ricos donativos de Ellen. Mas o mal já estava feito. Profundamente desgostosa, a senhorita Sinclair voltou para junto da amiga, mas não teve coragem de lhe contar o que soubera.

Ellen sentia-se melhor a cada dia, ardia de vontade de ver o marido e o pai. Fresca e alegre, pela primeira vez após a doença, vestiu um luxuoso traje de viagem e, apoiada por Nelly, já ia embarcar na equipagem quando chegou uma delegação de fanáticas defensoras do abrigo e ardentes admiradoras de sua eloquência, que vieram cumprimentá-la pela pronta recuperação.

Ellen aceitou amavelmente o buquê de flores que ocupou todo o assento dianteiro da equipagem e agradeceu às damas apertando a mão de cada uma.

Viajou com espírito alegre e aspirando profundamente o ar fresco e aromático. Parecia-lhe que jamais o sol estivera tão brilhante e a natureza tão maravilhosa. Oh! Como Deus fora misericordioso concedendo-lhe a vida!

Na vila, Artemiev preparava-se com entusiamo, desde cedo, para receber a filha, ajudado pelo barão. Para passar o tempo à espera da jovem senhora, Evgueny Pavlovitch pegou na escrivaninha um maço de jornais e passou a folheá-los com indiferença.

De repente, forte rubor cobriu seu rosto. Encontrou, por acaso, a descrição da última palestra da senhorita Robinson e a polêmica picante que provocou.

Tremendo de ira, o barão começou a ler tudo o que fora escrito sobre sua pessoa. Encontrou coloridas descrições de suas traições, do sofrimento que levara Ellen a tentar o suicídio e discussões inflamadas sobre esse curioso tema.

Pensou que ia sufocar de fúria. Estava assim, quando leu quase com prazer uma contestação para esse tema de um dos ardentes inimigos do "Paraíso sem Adão":

> Só faltava agora responsabilizar todos os homens pelo fato de uma neurótica, em vez de agradecer de joelhos a Deus por todas as dádivas que lhe concedeu, ter dado um tiro na testa por falta do que fazer e por causa de bobagens. Se as próprias mulheres fossem ilibadas, teriam o direito de berrar pela traição dos maridos; mas a infidelidade dos homens é mais perdoável, por trazer menos consequências danosas à família.
>
> Se todas as esposas excessivamente ciumentas se enforcassem, o mundo estaria livre de muitas tresloucadas, tão perigosas e prejudiciais ao lar conjugal, quanto suas irmãzinhas do hospício denominado 'Paraíso sem Adão', que as autoridades deveriam ter fechado há muito tempo.

Sem suspeitar da tempestade desencadeada no espírito do genro, Artemiev ficou pasmo com o seu rosto vermelho e alterado. Mal conteve sua surpresa quando soube o que acontecera.

— Vou mostrar àquelas bruxas doidas como fazer propaganda com meus problemas particulares! É uma infâmia. Elas não têm o direito de fazer isso. Eis uma boa lição para Ellen! Eis o fruto de suas benfeitorias para essa comunidade: a vergonha pública! — bradava Evgueny Pavlovitch, furioso.

Artemiev tentou acalmá-lo. No fundo, ele também estava irado, mas não o revelava. Temia que a raiva do barão afetasse as boas relações restabelecidas entre os cônjuges. Por isso, tentava transformar tudo em brincadeira e finalmente conseguiu fazer Evgueny Pavlovitch rir.

— Deixe-me ler todo esse absurdo para Ellen. Isso servirá de castigo para sua atitude insana e como o melhor antídoto contra futuras loucuras! — acrescentou Vladimir Aleksandrovitch, enxugando os olhos.

Uma hora mais tarde, Ellen chegou. Quando ela, encantadora e feliz, correu para os braços, primeiro do pai e depois do marido, toda a raiva do barão desapareceu. Ele até se divertia disfarçadamente com o ar preocupado e sério de Nelly, suspeitando que ela já sabia das aventuras oratórias da comunidade.

O almoço transcorreu alegremente. Quando Ellen ordenou que trouxessem um grande vaso para colocar o buquê de flores ganho das admiradoras e começou a contar para o marido sobre a delegação da comunidade que fora visitá-la pela manhã, Evgueny Pavlovitch observou, sorrindo jocosamente:

— Também quero lhe oferecer um buquê, não de flores, mas de eloquência. Ele vai coroar sua peraltice, e espero que lhe sirva de remédio para o futuro.

Entregando-lhe os jornais, acrescentou:

— Leia isso e trema de horror, por ter um marido-monstro como eu!

Confusa e preocupada com essas palavras, Ellen pegou os jornais. À medida que lia, um forte rubor espalhava-se por sua face e os lábios começaram a tremer nervosamente. Ficou especialmente irritada com as ofensas endereçadas a seu marido e a notícia de que pretendia divorciar-se dele.

— Isso é uma infâmia! Vou imediatamente me queixar à senhora Oliver e acusar por difamação a Smith e a Robinson. Nelly, como pôde permitir esse horror?

— Eu nada sabia até hoje de manhã e fiquei tão indignada quanto você. Nada disso teria acontecido se a senhora Oliver não tivesse adoecido e fosse obrigada a entregar a direção da comunidade em mãos incompetentes. Mas, acalme-se! Já visitei o abrigo. Hoje haverá uma assembléia geral. A senhora Spops será naturalmente afastada do cargo e a direção temporária ficará a cargo da senhora Forest.

Ao ver a irritação de Ellen, suas faces ardentes e olhos faiscando, o barão teve medo de tal emoção afetar a convalescença da esposa. Abraçou-a e tentou acalmá-la com piadas. Ellen calou-se, mas ficou triste e preocupada.

Após o chá, quando os cônjuges ficaram finalmente a sós, Evgueny Pavlovitch puxou a esposa para perto de si no divã e perguntou carinhosamente:

— Por que está tão calada e preocupada, Ellen? Para que obscurecer a vida que Deus lhe concedeu novamente?

— Perdoe a preocupação que lhe causei! — disse Ellen baixinho, corando e encostando a cabeça no ombro do marido.

— Com prazer, apesar de me ter causado grande dor de cabeça. Mas perdôo na condição de você jamais repetir o que fez, sua ciumenta incorrigível, que castiga qualquer leviandade com a morte.

— Juro fazer o possível para reduzir a impetuosidade do meu caráter. Não ouso prometer não ser ciumenta, pois não suporto a ideia de você ter outra mulher. Mas, do meu amor e da severa lição que aprendi, extrairei a confiança e a condescendência se você pecar.

O barão não conteve o riso.

— Vejo que o mais sensato é não forçar demais

suas boas intenções. Agora devemos agradecer a Deus, por ter-nos livrado de remorsos infinitos, como os que ainda torturam seu pai. Mas você ainda não me perguntou o motivo de minha viagem a Paris. Vou lhe contar tudo, para me justificar completamente.

— Mas eu confio em você mesmo sem isso! Para que falar de algo que lhe é visivelmente desagradável?

— Não, não! Não haverá mais segredos entre nós: isso eu jurei a mim mesmo. Trata-se de uma história familiar que, mais cedo ou mais tarde você acabaria sabendo! Você sabe que minha mãe vive permanentemente no estrangeiro. Eu pouco lhe falei dela, pois nossas relações são um pouco tensas e considero-a culpada pela tragédia que aconteceu em Paris.

Eu estava com catorze anos quando minha mãe se casou pela segunda vez, com um francês bem mais novo que ela, viúvo e com uma filha de oito anos. Toda a minha família foi contra essa união, pois meu padrasto, apesar de rico, tinha paixões devastadoras: jogava cartas e apostava nas corridas de cavalos. Como era de se esperar, acabou arruinado. Cinco anos após o casamento, ele faleceu, em consequência de uma queda do cavalo, deixando para minha mãe somente migalhas e a filha dele, a pobre Júlia.

Nesse período de cinco anos, passei duas vezes minhas férias de verão na casa de minha mãe e travei amizade com minha meia-irmã, uma moça bonita, animada e sensível, cuja educação, entretanto, foi muito negligenciada. Devo confessar, para vergonha de minha mãe, que ela não gostava de Júlia, não se preocupou com sua educação e a deixava fazer o que bem entendesse.

Quando, no fim do ginásio, visitei novamente minha mãe, Júlia estava com quinze anos. Achei-a ainda mais mal-educada e estranha que há dois anos. Ela se queixava de que a tratavam mal e obrigavam-na a trabalhar demais. Tentei consolá-la e repreendi minha mãe. Aparentemente, as relações entre elas melhoraram; mas, após minha partida, as desavenças recomeçaram.

Oito ou dez meses mais tarde, soube que Júlia fugira com um ator e ficou desaparecida por alguns anos. Um dia, recebi dela uma carta pedindo ajuda monetária. Júlia confessava que, quando o primeiro amante a deixou, ela fora contratada pelo dirigente de um cabaré, onde cantava. Desde então, foi decaindo cada vez mais. Estando na completa miséria, resolveu apelar para o único parente que sempre a tratou bem.

Designei à pobrezinha uma pequena pensão. Ao retornar da América, passei por Paris e fui visitá-la. Pretendia levá-la comigo, instalando-a discretamente na Rússia, mas ela recusou. Confessou-me que tinha um noivo, um oficial da reserva, que se casaria com ela se eu lhes desse um pequeno capital para começarem a vida. Eu, naturalmente, atendi o seu pedido, apesar de o noivo me parecer suspeito. Quanto a Júlia, achei que estava tuberculosa e até pedi a um médico, amigo meu, para ficar observando-a.

Alguns meses mais tarde, ele me escreveu aquilo que eu já suspeitava. O miserável roubou minha irmã e abandonou-a sem casar. Júlia estava grávida e, ainda por cima, muito doente. Minha resposta nem teve tempo de chegar a Paris, quando recebi aquele telegrama que motivou tantos problemas.

Considerando natural que a infeliz vítima da avareza de minha mãe desejasse me ver pela última vez e me entregar a sua filha, decidi ir a Paris. Mas, conhecendo sua opinião e seu desprezo por todas as mulheres tresloucadas, não me atrevi a lhe contar essa história suja. Além disso, entre nós jamais houve confiança e eu temia provocar suas suspeitas.

Encontrei Júlia ainda viva, prometi lhe proteger e educar sua filha. Era necessário dar à criança um nome legal e tive de sair à procura do noivo desaparecido, que acabei encontrando. Por uma quantia razoável, aquele canalha concordou em se casar com Júlia e me passar, de forma legal, todos os direitos sobre a pequenina Geni.

O casamento foi realizado *in extremis.*[1] Júlia faleceu na mesma noite, mas os trâmites de todos esses negócios demoraram muito tempo. Ao voltar do enterro, recebi uma carta informando a sua partida. Então, concluí rapidamente tudo que tinha de fazer e no dia seguinte fui embora com a criança.

— Mas onde você a deixou? — perguntou Ellen, que ouvia o marido, emocionada.

— Graças à senhora Varatov, consegui instalar a pequenina na casa de uma parente dela, viúva e sem filhos, que concordou em cuidar da menina.

— Não. Permita-me ficar com a pobre garotinha. Eu mesma vou educá-la — interrompeu Ellen.

— Isso vai lhe dar muito trabalho. Além disso, espero ter os nossos próprios filhos.

— E daí? Eles terão uma irmã mais velha, só isso! Por favor, deixe-me ficar com ela. Ela será sempre para mim o sinal, que lembrará o meu indigno e insano ato, e servirá de remédio contra minhas fraquezas.

— Será como quiser, minha querida — respondeu Evgueny Pavlovitch, comovido. — Parece que no futuro só me restará agradecer a Deus por tudo o que

1 *In extremis* (ou "in articulo mortis" ou nuncupativo): diz-se do casamento realizado em carater de urgência por um dos nubentes encontrar-se em eminente risco de vida, no qual qualquer pessoa ou os próprios nubentes fazem declarações perante testemunhas.

aconteceu, inclusive os discursos das irmãs da comunidade — acrescentou ele, rindo.

— Oh! Aquilo foi tão torpe! — exclamou Ellen, com irritação.

— Então, depois dessa sujeira, você romperá para sempre com o "Paraíso sem Adão"?

Ela silenciou por instantes, em seguida balançou a cabeça e respondeu:

— Não. O abrigo é uma instituição social e, consequentemente, sujeita a abusos e ilusões; até o próprio nome está errado. Como pode existir um paraíso num lugar onde se abrigam infelizes, irremediavelmente condenadas pelo destino? Apesar disso, é uma instituição útil; quem no mundo merece mais compaixão do que pessoas com o coração partido? Quem teria mais direito a ajuda e apoio do que seres abandonados, justamente por quem deveria sustentá-los?

— Em todo caso, você não pode mais acreditar que a educação dada pela comunidade atinge o seu objetivo — observou Evgueny Pavlovitch, não sem malícia.

— A educação é boa, pois dá à mulher a independência, através do trabalho. Só é necessário mudar um item do programa: é preciso ensinar as jovens a procurar não um "paraíso sem Adão", mas um paraíso em qualquer situação que o destino lhes apresentar. Em outras palavras, elas devem procurar a felicidade no trabalho, no bem e no cumprimento do dever assumido.

São Petersburgo, 1898

FIM

PARAÍSO SEM ADÃO
foi confeccionado em impressão digital, em junho de 2011.
Conhecimento Editorial Ltda
(19) 3451-5440 — conhecimento@edconhecimento.com.br
Impresso em Super Snowbright 70g. - Hellefoss AG